JN195892

実務家のための

医療法人法

医療法第6章

【第2版】

税理士・行政書士
佐々木 克典
［著］

中央経済社

第２版はしがき

初版を執筆した2020年当時，これからは老年人口がピークアウトし需要が減少していくが，それより先に生産年齢人口の労働力不足が問題となると申し上げ，その通りになりました。

今回第２版を執筆するにあたり，いまの医療法人はどうなっているのか再考しました。

病医院の患者数は，新型コロナウィルス蔓延前ほど戻っておらず，医療法人の収益は厳しくなっています。具体的には2019年当時の全国の入院患者数は約123万人であったのに対し，2023年は約112万人と約11万人減少しています。

また，医療施設の老朽化に対応しなければならない状況ですが，建築単価は上昇を続け，新たに医療施設をつくることが難しくなっています。具体的には，2016年当時の平均建築単価は100万円／坪以下でしたが，2021年には140万円／坪となり，最近では180万円／坪という話も聞こえてきます。

しかし，厳しい状況におかれている医療法人であっても，患者に対する治療の継続や，職員の雇用安定のために，さらなる発展とトラブルの少ない法人運営が求められるところです。

医療法人が抱えているいろいろな問題を見聞きしていますが，厳しい時代を迎えていく医療法人に関与する方々が，本書を通じて医療法人制度の理解を深め，適切な経営を通して，安定的な医療の提供に繋がっていくことの一助となれば嬉しく思います。

2024年６月

佐々木 克典

はしがき（初版）

民間病院の95％以上，民間一般診療所の50％以上が，医療法第６章に基づき設立認可がなされた医療法人です。

また，毎年1,000法人前後の医療法人が新たに設立認可がなされ，全国には５万５千を超える医療法人が存在しています。

このような，主だった医療施設の開設者である医療法人は，日本の医療制度を支える重要な役割を持つ法人格であるにもかかわらず，その実務的運用は，多くの厚生労働省通知や都道府県によって作られた手引きによって行われています。

また，近年医療法は頻繁に改正され，改正のたびに複雑な条文構成になりました。

特に，一般社団法人及び一般財団法人に関する法律を準用することとした2016年改正以降は，医療法だけでは制度が理解できない複雑な条文構成になりました。

そこで本書は，医療法第６章に定める医療法人に関して，条文順に解説を行うとともに，多数ある厚生労働省通知の中から重要な通知などを，条文に合わせて明示することによって医療法人制度の理解に役立てることを目指しました。

高齢者が増加していく今日において，医療法人は将来性のある組織体とみる説もありますが，それは間違いです。

日本の人口は，2008年をピークに減少し続けており，団塊ジュニア世代が高齢者となる20年後には老年人口もピークになり，医療サービスを求める者は減少していきます。

さらに，労働集約型産業である医療業は，労働者の確保が重要であるものの，20年後の日本の生産年齢人口は，現在の80％ほどに減少し，医療スタッフの枯渇が予想される状況です。

人口減少により医療法人の経営が厳しくなる時代に向けて，医療法人は生き残るための知恵を絞ることが必要です。

そのような厳しい時代を迎えていく医療法人に関与する方々が，本書によって医療法人制度の適切な運用を通し，安定的な医療の提供に繋がっていけば嬉しく思います。

2020年６月

佐々木 克典

実務家のための医療法人法 逐条解説（第２版）

目　次

医療法

第６章　医療法人

第１節　通　則

第２節　設　立

第3節　機　関

第1款　機関の設置

第2款　社員総会

第3款　評議員及び評議員会

第4款　役員の選任及び解任

第５款　理　事

第６款　理事会

第７款　監　事

第８款　役員等の損害賠償責任

第９款　補償契約及び役員のために締結される保険契約

第４節　計　算

第５節　社会医療法人債

第６節　定款及び寄附行為の変更

第７節　解散及び清算

第８節　合併及び分割

第１款　合　併

第１目　通　則

第２目　吸収合併

第３目　新設合併

第２款　分　割

第１目　吸収分割

第２目　新設分割

第3目　雑　則

第３款　雑　則

第９節　監　督

第10節　医療法人に関する情報の調査及び分析等

凡　　例

本書では，以下の法令等で略称を用いることがあります。

医療法	**医法**
医療法施行令	**医令**
医療法施行規則	**医規**
法人税法	**法法**
法人税法施行令	**法令**
法人税法施行規則	**法規**
法人税基本通達	**法基通**
一般社団法人及び一般財団法人に関する法律	**一社**
会社法	**会法**

第1節　通　則

（医療法人制度）

第39条　病院，医師若しくは歯科医師が常時勤務する診療所，介護老人保健施設又は介護医療院を開設しようとする社団又は財団は，この法律の規定により，これを法人とすることができる。

2　前項の規定による法人は，医療法人と称する。

ポイント

医療法人には，非営利性は求められるが，公益性は求められていない。

1　医療法人制度の基本

（1）医療法人の設立

医療法人は，病院，医師若しくは歯科医師が常時勤務する診療所，介護老人保健施設又は介護医療院を開設することを目的として，医療法を根拠に設立された法人です（医法39）。

医療法人制度は，1950年の医療法施行に際して設けられ，それ以前は，民法33条などに基づき設立されていた法人などが，病院を開設することを認められていました。しかし，民法上の公益は，積極的に広く一般社会の利益を図ることを目的としているのに対し，営利を目的としないものの，積極的に公益を目指すものでもない医業経営には民法法人は適切でないことから，医療法人制度が設けられました。

これは，「私人による病院経営の経済的困難を，医療事業の経営主体に対し，法人格取得の途を拓き，資金集積の方途を容易に講ぜしめること等により，緩和せんとするものであること」という通知（1950年8月2日厚生省発医第

98号各都道府県知事あて厚生事務次官通達）においても示されている制度創設趣旨です。

また，法人税については特例を設けず，一般の営利法人と同様の課税関係にすることとされました。これについては，同通知で「医療法人に対する課税上の特例を設けることは，本法の直接目的とする所ではなく，これについてはむしろ医業一般の問題として別途考慮すべきものとしたこと」という方針が示されています。

（２）診療所を開設する場合

医療法人の開設する診療所には，医師又は歯科医師の常勤が求められます。したがって，巡回診療を受け，常勤医師がいない診療所の開設を目的とする医療法人の設立は認められません。

1986年の医療法施行までは，「医師若しくは歯科医師が常時３人以上勤務する診療所」とする規模要件が設けられていました。この要件が緩和され，それ以降常勤医師１人の診療所を開設するいわゆる１人医師医療法人が多数設立され，2021年３月31日現在，46,761法人が存在します。

常勤医師又は歯科医師が１人以上で医療法人が設立できるようになったのは，診療所経営の近代化を図る目的と，医師の概算経費による所得計算の縮小に伴う政治的代替案と言われています。

なお，市販の書籍には，１人医師医療法人という組織形態があるように記されているものもありますが，そのような組織形態は法的になく，常勤医師の数によって医療法人の制限が変わるものでもありません。

（３）本来業務の範囲

医療法人の事業目的となる病院，診療所，介護老人保健施設及び介護医療院に関する事業を「本来業務」といいます。

医療法人は，本来業務を開設せず，例えば訪問看護ステーションやサービス付き高齢者賃貸住宅の開設のみを行うことは認められません。

本来業務のうち，介護老人保健施設の開設は1997年医療法改正において，介護医療院の開設は2018年医療法改正において，加えられました。

2　医療法人の類型

医療法人には，社員の集合体である社団形式のものと，寄附された財産に法人格を持たせる財団形式のものがあります。それぞれの数は次のとおりで，社団形式の法人が圧倒的に多く設立されています。

■医療法人の数（2024年３月31日現在）

医療法人（総数）					特定医療法人（再掲）			社会医療法人（再掲）		
総数	財団	社　団			総数	財団	社団	総数	財団	社団
		総数	持分有	持分無						
58,005	362	57,643	36,844	20,799	328	49	279	352	37	315

これは，2007年３月31日以前に設立認可申請された社団医療法人ならば，持分の定めを定款に設けることができ，持分の定めのある社団医療法人は，出資者に法人の財産の返還が可能であったことと，設立時に医療法人に課税が生じないことが理由と考えられます。

また，設立認可申請を代行する者に，財団医療法人の設立認可申請のノウハウがないケースが多いことも理由として考えられます。

社団医療法人には持分のある医療法人と持分のない医療法人，持分のある医療法人の一形態である出資額限度法人があります。

そのほか特殊な形態として，租税特別措置法を根拠に国税庁長官の承認を受けた特定医療法人，医療法42条の２を根拠に都道府県知事の認定を受けた社会医療法人があります。

■財団医療法人の類型

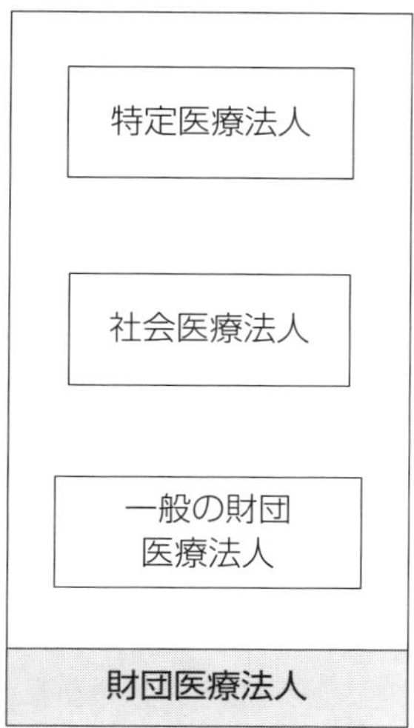

■社団医療法人の類型

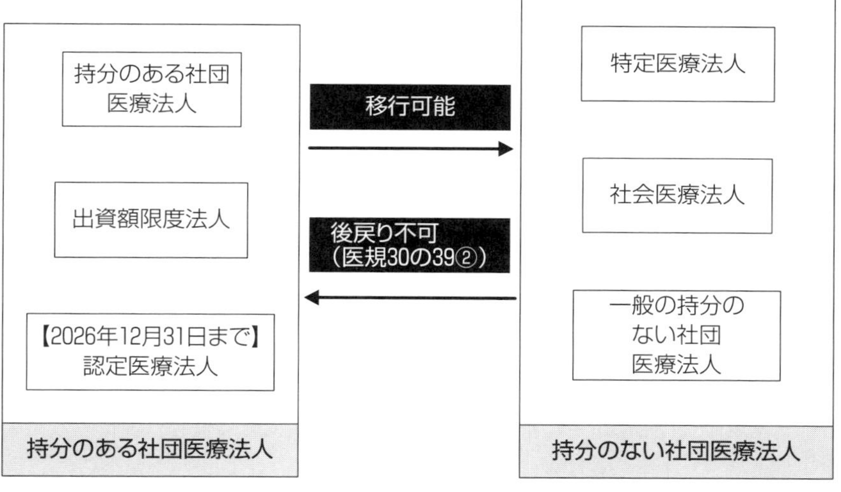

■医療法の一部を改正する法律の施行に関する件（抜粋）

（1950年８月２日）
（発医第98号）
（各都道府県知事あて厚生事務次官通達）

医療法の一部を改正する法律は，本年５月１日公布せられ，これに伴う政令，省令もそれぞれ既に公布をみ，８月１日から施行されることとなつたのであるが，医療法人制度の運用については，医療事業の特殊性に鑑み，種々の問題が予想せられ，又これが運用の適否は，我が国における医療事業の発展に影響する所少からぬものと認められるので，本法の運営に当たつては，特に左記事項に御留意の上，所期目的の達成に遺憾なきを期せられたく，命によつて通知する。

記

第一　一般事項

1　本法制定の趣旨は，私人による病院経営の経済的困難を，医療事業の経営主体に対し，法人格取得の途を拓き，資金集積の方途を容易に講ぜしめること等により，緩和せんとするものであること。

なお，医療法人に対する課税上の特例を設けることは，本法の直接目的とする所ではなく，これについてはむしろ医業一般の問題として別途考慮すべきものとしたこと。

2　医療法人は，病院又は一定規模以上の診療所の経営を主たる目的とするものでなければならないが，それ以外に積極的な公益性は要求されず，この点で民法上の公益法人と区別され，又その営利性については剰余金の配当を禁止することにより，営利法人たることを否定されており，この点で商法上の会社と区別されること。

3　民法による公益法人と医療法人との関係については，本制度はもとより従来設立せられた公益法人に変更を加え，又将来医療事業を行う公益法人の設立せられたることを妨げるものではないが，事業内容が一都道府県内に止まる公益法人につき，その設立を認可するに当たつては，特に公益性の要件に関し必要な基準を設けられたいこと。

4　従来株式会社等商法上の会社組織により医療事業を行つていた者については，できるだけ医療法人によるよう組織変更せしめると共に，今後会社組織による病院経営は認めない方針をとり，本制度を活用せられたいこと。

5　医療機関整備審議会については，本法によりあらたに医療法人の設立認可の決定等につき都道府県知事の諮問に応ずる権利が加えられ，この手続によらないで設立認可等を決定することはできなくなつたので，未だ同審議会に関する条例の制定をみず，又は未だ同審議会を設置していない向にあつては，速やかにこれが整備を図られたいこと。

第二　成立に関する事項

1　医療法人の設立の認可は，公益法人と異なりすべて都道府県知事の行う所であり，数府県に亘る事業内容を有するものについても，その主たる事務所所在地の知事がこれを与えるものであること。

2～3　略

4　医療法人の設立認可と，当該法人の開設する病院又は診療所の開設許可とは，別個のものであり，法人の主たる事務所所在地の知事と，病院又は診療所開設地の知事とが異なる場合には，特に後者の知事において，当該法人の設立認可又は定款若しくは寄付変更の認可がなされているものであるかどうかを確め又は病院開設の許可を速やかに前者の知事に通知する等その間の連絡に十分注意せられたいこと。

（名称の制限）

第40条　医療法人でない者は，その名称中に，医療法人という文字を用いてはならない。

医療法人名の類似チェックに，国税庁法人番号公表サイトが参考になる。

1　法人名の制限

医療法人でない者は，その名称中に，医療法人という文字を用いてはなりません（医法40）。医療法人は，その名称に必ず「医療法人」と付さなければならないわけではありませんが，「医療法人」と付さない法人はまれです。

古くは，「医療法人社団」「医療法人財団」といった，法人形式を法人名に付すよう指導されていた事例もありますが，現在ではモデル定款（2016年３月25日医政発0325第３号医療法人の機関について）においても「医療法人○○会」と例示されていることから，そのような指導が行われる地域は減ってきています。

ただし，公の機関と誤解を招くような「○○センター」といった名称や，営利法人と紛らわしい名称，公序良俗に反する名称等は望ましくありません。

2　類似名称の制限

同一都道府県内に，同一名称の医療法人を認めない地域があります。また，そのような制限がない地域でも，できるだけ同じような名称は避けるべきでしょう。類似名称は，国税庁法人番号公表サイトで確認することができます。

3　法人名に関する留意点

医療法人名には，「○○会」という名称を用いるケースが多く見受けられますが，このような法人名を付すことは，強制されるものではありません。「○○会」という名称を用いる場合は，反社会勢力の名称と類似することがないよう注意が必要です。

また，法人名は日本文字のほか，アラビア数字やローマ字を用いることも可能です。

難易度の高い漢字やローマ字を用いた場合，読み間違えの問題がありましたが，2018年３月12日以降の登記の申請は，申請書に法人名のフリガナを記載することになり，この問題点は解決しました。

なお，医療法人設立認可申請手続きにおいて，法人名を定めた経緯を記す文章の提出を求める都道府県もあります。したがって，安易に法人名を定められないこともあります。

■東京都における法人名に関する指導例「医療法人設立の手引」（2019年６月版）

第２章　医療法人の設立

4　医療法人の名称

(1)「医療法人社団」「医療法人財団」は必ず表記してください。

(2) 誇大な名称は避けてください。

（例）○○クラブ，○○研究会，○○グループ，セントラル，○○センター，第一○○，優良○○

(3) 国名，都道府県名，区名及び市町村名を用いないでください。

(4) 既存の医療法人（都内，他県の隣接地域にあるものを含む。）の名称と，同一又は紛らわしい表記は避けてください。

(5) 取引会社等関係がある営利法人等の名称は用いないでください。

(6) 診療科名を単独で法人名に使用することはできません。ただし，固有名詞（「クリニック」等）と組み合わせて使用することは可能です。

(7) 広告可能な診療科名として認められていないものを名称の中に含めることはできません。

詳細は，「医業若しくは歯科医業又は病院若しくは診療所に関して広告し得る事項等及び広告適正化のための指導等に関する指針（医療広告ガイドライン）（平成30年５月８日付医政発0508第１号）」を参照してください。

(8) 当て字等で通常の漢字と異なる読み方になるもの（アルファベット表記で読めないものを含む。）は避けてください。

(9) 設立認可申請の際は，事前に医療安全課医療法人担当に医療法人名称の照会を行ってください。

（医療法人の義務）

第40条の２　医療法人は，自主的にその運営基盤の強化を図るとともに，その提供する医療の質の向上及びその運営の透明性の確保を図り，その地域における医療の重要な担い手としての役割を積極的に果たすよう努めなければならない。

ポイント

医療法人は，地域医療の担い手であることが求められる。

医療法人は，自主的にその運営基盤の強化を図るとともに，その提供する医療の質の向上及びその運営の透明性の確保を図り，その地域における医療の重要な担い手としての役割を積極的に果たすよう努めなければならないとされています（医法40の２）。

この条項は，2007年４月の医療法施行に伴い設けられたもので，地域における医療の重要な担い手である医療法人について，非営利性の強化などの規律の見直しを行うとともに，医療機能の分化・連携を推進することを通じて，地域において切れ目のない医療の提供を実現し，質の高い医療を安心して受けられる体制の一役を医療法人に求めることとされました（良質な医療を提供する体制の確立を図るための医療法等の一部を改正する法律案提案理由説明)。

ただし，医療法人の運営実務においては，大きな影響を与えた改正ではありません。

■良質な医療を提供する体制の確立を図るための医療法等の一部を改正する法律案提案理由説明

良質な医療を提供する体制の確立を図るための医療法等の一部を改正する法律案提案理由説明

（略）

第四に，地域における医療の重要な担い手である医療法人について，非営利性の強化などの規律の見直しを行うとともに，救急医療，小児医療など地域で必要な医療の提供を担う医療法人を新たに社会医療法人として位置付けることとしております。

（医療法人の資産要件）

第41条　医療法人は，その業務を行うに必要な資産を有しなければならない。

2　前項の資産に関し必要な事項は，医療法人の開設する医療機関の規模等に応じ，厚生労働省令で定める。

（医療法人の資産）

医療法施行規則第30条の34　医療法人は，その開設する病院，診療所，介護老人保健施設又は介護医療院の業務を行うために必要な施設，設備又は資金を有しなければならない。

ポイント

過去には，自己資本比率規制のため，実態のない資産を計上する法人があった。

1　医療法人の資産要件

（1）資産要件の概要

医療法人は，業務を行うために必要な施設や設備などの資産を有することが求められます（医法41①）。

古くは「開設する病院若しくは診療所に必要な施設又はこれに要する資金」と定められていましたが，1985年医療法改正（1985年12月27日法律第109号）に際して，資産要件は，開設する医療機関の規模等に応じ，医療法施行規則に定めることとなったため，「業務を行うに必要な資産」と改正され，医療法41条２項が加えられ今日に至ります。

なお，医療法人は，設立時のみでなく常に施設を開設するに必要な資産を有することが求められます（医規30の34）。

（2）業務に必要な資産

必要な資産とは，病院，診療所，介護老人保健施設又は介護医療院を開設するために最低限必要な資産を指し，土地や建物のほか医療機器も含みます。

医療法人の設立認可申請において，減価償却台帳や財産目録の提出が求められるのは，必要な資産を有していることを確認するためです。

また，必要な資産は，土地や建物の賃借，医療機器のリースなどにより確保することも認められます。この場合は，医療法人の設立認可申請において，賃貸借契約書やリース契約書の確認がなされます。

2　自己資本比率規制の制定と廃止

（1）自己資本比率規制の制定

医療法人の自己資本比率規制は，1986年改正医療法において定められました。

当時，病院又は老人保健施設を開設する医療法人は，安定性及び継続性の確保を目的として，20％以上の自己資本比率（特別医療法人は30％以上）が求められました（旧医規30の34）。

$$\text{自己資本比率} = \frac{\text{資本金の額} + \text{剰余金の額}}{\text{総資産の額}}$$

（医療法人の自己資本額）

旧医療法施行規則第30条の34　病院又は介護老人保健施設を開設する医療法人は，その資産の総額の百分の二十（法第42条第２項に規定する特別医療法人にあつては，百分の三十）に相当する額以上の自己資本を有しなければならない。ただし，厚生労働大臣の定める基準に適合する場合は，この限りでない。

2　前項に規定する自己資本とは，資本金及び剰余金の合計額（繰越損失金がある場合にはその額を控除した額）をいう。

なお，2003年度の厚生労働大臣所管医療法人（２以上の都道府県において，本来事業を開設している医療法人）に係る決算書の自己資本比率の平均値は，32.2％でした（第８回「医業経営の非

営利性等に関する検討会」資料)。

自己資本比率規制は，診療所のみを開設する医療法人には適用されず，また1994年７月以降は，開設する病院及び老人保健施設について，施設の敷地又は施設の建物のいずれかを所有していれば，自己資本比率は求められませんでした（1994年６月８日付健政発第456号)。

(２) 自己資本比率規制の廃止

この自己資本比率規制は，2007年４月施行医療法で廃止されました。

これは，「医業経営の非営利性等に関する検討会」(2003年10月～2005年７月）において，認定医療法人（現在の社会医療法人）の財務状況が広く公開され，公認会計士等の財務監査を受ける前提で，自己資本比率規制の廃止の意見が出たことを受けたものです。

(３) 自己資本比率規制の弊害

当時，医療法人の設立に際して自己資本比率を満たすために，実態のない貸付金や出資差額という勘定科目をもって資産を増加させる方法を採った医療法人がありました。

自己資本比率規制が廃止された今日でも，一部の医療法人では，過去の自己資本比率を満たすために計上した実態のない貸付金などを処理できずに困っている事例が見受けられます。

3　資産の種類

(１) 施設の賃貸借契約

医療法人の施設又は設備は医療法人が所有するものであることが望ましいものの，賃貸借契約でも構いません。ただし，賃貸借契約は長期間にわたり（一般的には10年以上)，かつ，確実なものであることが求められます（2007年３月30日付医政発第0330049号)。

確実な賃貸借契約に該当しないケースとして，競売の申立てや，差押さえがなされている不動産が考えられます。

賃貸借契約書には，次のように長期契約条項と更新条項を設けることが指導されています。

定期借家契約が広がっている今日において，10年以上かつ更新条項を設けた賃貸借契約の締結は，医療法人の設立に際して，大きなハードルになっています。

【賃貸借契約例】

第●条　賃借期間は本契約効力発生の日から10年間とする。ただし，契約満了に際し，甲及び乙において解約の意思表示をしないときは自動的に３年間延長するものとし，その後も同様とする。

（２）賃借権登記

土地や建物を医療法人の理事長など同族でない第三者から賃貸する場合には，土地や建物に賃借権登記をすることが望ましいとされていますが（医療法人運営管理指導要綱Ⅲ管理２資産管理３），借地借家法に基づき，土地や建物の所有権を取得した者に対抗要件を具備した契約であれば，賃借権登記がなくても確実な賃貸借契約と認められます。

したがって，一般的な賃貸借契約であれば，賃借権登記がないことをもって設立認可などを受けられないことはありません。

（３）負担付拠出

医療法人が拠出を受け入れる資産が医療法人に不可欠のものであるときは，借入金などの負担付拠出が認められます。

しかし，医療法人設立認可申請では，負債の引継ぎは主務官庁ごとに一定の制限があり，運転資金や資産の取得後に借入を行っている借入金，資産の価額を超える借入金は，医療法人の設立に際して引き継げない場合があります。

4　資産の受入れ

（１）基金による資産の受入れ

医療法人の設立に際して，必要な資産を基金の拠出を通じて，受け入れることがあります。

基金とは，医療法施行規則や定款，医療法人と基金拠出者との契約に基づき，返還義務（金銭以外の財産については，拠出時の当該財産の価額に相当する金銭の返還義務）を医療法人が負うものです（医規30の37①）。

基金は，医療法人の貸借対照表において純資産の部に計上されますが，一定の取決め等により，基金拠出者に返還を行う負債と考えられます（参考 大阪国税局文書回答事例「基金拠出型の社団医療法人における基金に関する法人税及び消費税の取扱いについて」）。

基金による資産の受入れは，医療法人にとっては，負債の負担をもって資産の拠出を受けたことに他ならないことから，医療法人に特段の課税はなされません。

【仕訳例】	資産（資産の部）／基金（純資産の部）

（２）寄附による資産の受入れ

医療法人の設立などに際して，資産の出捐を受ける場合があります。

資産を受け入れた持分の定めのない医療法人は，負担すべき負債や，渡すべき資本もないことから，出捐者から贈与を受けたものと考えられます。

一般に，医療法人は，全所得に対して法人税が課税されますので（法法２三），資産の寄附を受けた医療法人は，受贈益を計上します。

【仕訳例】	資産（資産の部）／受贈益（特別利益）

しかし，医療法人がその設立について寄附を受けた金銭の額又は金銭以外の資産の価額は，医療法人の益金の額に算入されませんので（法令136の３），設立時に限っては出捐を受けた額に法人税が課税されることはありません。

（３）設立時出捐が課税されない理由

2008年法人税法施行令改正に伴い，医療法人の設立時出捐が益金とされない規定が設けられました（旧法令136の４）。

当時，医療法人設立時の受贈益等は，税務上は資本等取引に該当するものとして，益金の額に算入されていませんでした（『平成20年度税制改正のすべて』319頁)。

これは，法人税法施行令において，設立時の利益が資本金等の額とされることからも理解できます。

> **旧法人税法施行令第８条（資本金等の額）**
>
> 14　財団である医療法人又は社団である医療法人で持分の定めがないものがその設立について贈与又は遺贈を受けた金銭の額又は金銭以外の資産の価額（相続税法（昭和25年法律第73号）第66条第４項（公益を目的とする事業を行う法人に対する課税）の規定によりこれらの資産につき贈与税又は相続税を納付する場合には，その贈与税又は相続税の額に相当する金額を控除した金額）

しかし特段の規定なく，本来利益を構成する設立時受贈益が，税務上は資本等取引に該当するとみなすには無理があります。

そこで，2008年税制改正において法人税法施行令136条の４（現法令136の３）を創設し，医療法人の設立にかかる受贈益を益金不算入とするとともに，利益積立金を構成するものとされました（法令９①一チ)。

5　基本財産の設定

医療法人の所有する不動産及び運営基金等重要な資産は，基本財産として定款又は寄附行為に記載することが望ましいとされています（医療法人運営管理指導要綱Ⅲ管理２資産管理２)。

基本財産とは，その処分又は担保の提供について，定款又は寄附行為の定めにより，社員総会の議決や知事の承認などが求められる，制限の付された資産です。

基本財産に抵当権を設定する場合などに，知事の承認なども必要とすることがあり，円滑な法人運営に支障をきたす事例が見られます。

そこで，基本財産の設定は法的には強制されないことから，社団医療法人は基本財産を設定しないことが実務的な対応です。

財団医療法人の場合は，拠出された財産に基づいて設立される特性から，基本財産を設定することは好ましいと考えます。

（業務範囲）

第42条　医療法人は，その開設する病院，診療所，介護老人保健施設又は介護医療院（当該医療法人が地方自治法第244条の２第３項に規定する指定管理者として管理する公の施設である病院，診療所，介護老人保健施設又は介護医療院（以下「指定管理者として管理する病院等」という。）を含む。）の業務に支障のない限り，定款又は寄附行為の定めるところにより，次に掲げる業務の全部又は一部を行うことができる。

一　医療関係者の養成又は再教育

二　医学又は歯学に関する研究所の設置

三　第39条第１項に規定する診療所以外の診療所の開設

四　疾病予防のために有酸素運動（継続的に酸素を摂取して全身持久力に関する生理機能の維持又は回復のために行う身体の運動をいう。次号において同じ。）を行わせる施設であつて，診療所が附置され，かつ，その職員，設備及び運営方法が厚生労働大臣の定める基準に適合するものの設置

五　疾病予防のために温泉を利用させる施設であつて，有酸素運動を行う場所を有し，かつ，その職員，設備及び運営方法が厚生労働大臣の定める基準に適合するものの設置

六　前各号に掲げるもののほか，保健衛生に関する業務

七　社会福祉法（昭和26年法律第45号）第２条第２項及び第３項に掲げる事業のうち厚生労働大臣が定めるものの実施

八　老人福祉法（昭和38年法律第133号）第29条第１項に規定する有料老人ホームの設置

ポイント

- 附帯業務を開設するには定款変更が必要であり，その期間は３か月程度を要する。
- 本来業務と附帯業務は，区分して経理する必要がある。

1　開設可能な附帯業務

（1）附帯業務の開始

医療法人は本来業務（病院，診療所，介護老人保健施設，介護医療院）に支障がない限り，一定の業務を行うことができます。これを「附帯業務」と言います（医法42）。

医療法人は，附帯業務を他の者に委託することや，本来業務を行わず附帯業務のみを行うことは認められません。

また，附帯業務を定款又は寄附行為に定めるにあたり，都道府県知事の認可が必要であり（医法54の９③），認可を受けるには一般的に３か月程度の期間を要します。

■定款変更認可申請の添付資料例（東京都）

定款変更認可申請書
定款新旧条文対照表
新定款の案文
現行定款（理事長の原本証明付き）
議事録（社員総会，理事会，評議員会）
新附帯業務の概要
　周辺の概略図・平面図・賃貸借契約書（覚書）の写し・登記事項証明書（土地・建物）
事業計画
　借入する場合は金銭消費貸借契約書の写し
　その他契約書の写し（内装工事の見積書等）
変更予算・予算書
　収入予算書・支出予算書（各施設ごと）
　職員給与費内訳書（各施設ごと）
事業報告書等（直近の事業年度分）
　事業報告書・財産目録・貸借対照表・損益計算書・関係事業者との取引の状況に関する報告書・監事の監査報告書・勘定科目内訳書（直近の事業年度分）
法人履歴事項全部証明書
医療法人の概要

定款変更の内容が，第７号の社会福祉事業，第８号の有料老人ホーム事業の実施に関するものである場合，社会福祉法３条（福祉サービスの基本的理念），４条（地域福祉の推進）を踏まえて，適正な運営が行われることも審査されます。

（２）附帯業務の停止命令

医療法人による附帯業務の継続が法令や定款等に違反し，又はその運営が著しく適正を欠くと認めるときは，都道府県知事は，医療法人に対して必要な措置をとるべき旨の命令をすることができます（医法64①）。

また，この必要な措置が見込めないときは，業務の全部又は一部の停止命令や役員解任をさせることができます（医法64②）。

2　附帯業務の内容

医療法人が行える附帯業務は，次の８項目に限られます（医法42一～八）。

（１）医療関係者の養成又は再教育（１号）

医療法人は，看護師，理学療法士，作業療法士，柔道整復師，あん摩マッサージ指圧師など，医療関係者の養成所を開設することができます。

養成所を開設するには，都道府県ごとに定められた基準（「東京都医療関係職種養成所等指導要綱」ほか）や厚生労働省通知（「看護師等養成所の運営に関する指導ガイドラインについて」ほか）に基づき，一定の人員などが求められます。

なお，後継者などに学費を援助し医学部などで学ばせることは，この医療関係者養成事業の対象となりません。

また，医療法人が従業員等に学資を貸与することがありますが，これは貸与を受ける従業員が所属する本来業務などに附随するものと考えられ，単なる貸与事業は，この医療関係者養成事業の対象となりません。

（2）医学又は歯学に関する研究所の設置（2号）

医療提供施設の開設者は，医療技術の普及及び医療の効率的な提供に資するため，当該医療提供施設の建物又は設備を，当該医療提供施設に勤務しない医師など医療の担い手の研究又は研修のために利用させるよう配慮しなければなりません（医法1の4⑤）。

これを受け，結核研究所やがん研究所，脳疾患研究所などを開設し，研究を行っている医療法人があります。ただし，研究所の設置の目的は，定款などに定める医療法人の目的の範囲を逸脱しないことが求められます。

（3）診療所の開設（3号）

1985年医療法改正前は，医師又は歯科医師が常時3人以上勤務する病院又は診療所の開設が医療法人の設立要件として求められ，医師又は歯科医師が常時3人未満の小規模診療所は，附帯業務として開設されていました。

しかし，1985年の医療法改正により，いわゆる1人医師医療法人の設立も認められるようになり，小規模な診療所の開設も本来業務に組み込まれました。

今日ではこの規定は，常勤管理者が存在しない，巡回診療所などの開設の根拠として使われています。なお，施設を設けずに行う巡回診療は，附帯業務に該当せず，定款に定めることも不要です（「巡回診療の医療法上の取り扱いについて」1962年6月20日医発第554号厚生省医務局長通知）。

（4）疾病予防運動施設の設置（4号）

疾病予防運動施設は42条施設と言われ，健康増進を目的とします。医療法人はこの規定を根拠にスポーツジムを開設することも可能です。

この場合の施設は，疾病予防のために診療所が附置された，有酸素運動を行わせる，厚生労働大臣の定める基準に基づいたものであることが求められます（「医療法第42条第1項第4号及び第5号に規定する施設の職員，設備及び運営方法に関する基準」1992年7月1日厚生省告示第186号）。

42条施設を開設することによって，医療法人は，会員からの利用料のほか，生活習慣病（糖尿病・高血圧・脂質異常症）の治療が必要な患者については，生活習慣病管理料の診療報酬算定が可能です。なお，施設には，基準に基づき健康運動指導士やこれに準ずる能力を有する者を配置する必要があります。

（5）疾病予防温泉利用施設の設置（5号）

医療法人は，疾病予防のために温泉を利用させる施設であって，有酸素運動を行う場所を設置することができます。開設には，職員，設備及び運営方法などは，（4）と同様の基準を満たす必要があります。

この場合の温泉とは，温泉法2条1項に規定する鉱泉などであることが求められます。

また，疾病予防のために温泉を利用させる施設と提携する医療機関は，施設の利用者の健康状態の把握，救急時等の医学的処置等を行うことのできる体制であることを求められます。

（6）保健衛生に関する業務（6号）

医療法人は，保健衛生上の観点から，直接国民の保健衛生の向上を主たる目的として行われる一定の業務と，国際協力等の観点から，海外における医療の普及又は質の向上に資する一定の業務を行うことができます（「医療法人の附帯業務について」2007年3月30日医政発第0330053号，「医療法人の附帯業務の拡大について」2014年3月19日医政発0319第4号）。

具体的には，薬局，施術所，衛生検査所，介護福祉士養成施設，ホームヘルパー養成研修事業，難病患者等居宅生活支援事業，乳幼児健康支援一時預かり事業などが認められています（上記「医療法人の附帯業務について」）。

なお，2017年4月からの介護予防・日常生活支援総合事業のサービス開始に伴い，定款には具体的事業でなく，法令ごとの事業を記載すればよいこととなりました（「介護保険法に基づく各種サービスの定款への事業名の記載について」横浜市）。

■定款記載例

サービス名	定款への記載	介護保険法の条項
訪問介護，訪問入浴介護，訪問看護，訪問リハビリテーション，居宅療養管理指導，通所介護，通所リハビリテーション，短期入所生活介護，短期入所療養介護，特定施設入居者生活介護，福祉用具貸与，特定福祉用具販売	介護保険法に基づく居宅サービス事業	第８条第１項

医療法人が不動産賃貸業等を附帯業務として行うことは，国民の保健衛生の向上とならないことから，認められません（1956年２月22日医発第137号医務局長回答）。

ただし，本来業務に当然附随する業務，例えば，患者や見舞客のための有料駐車場，患者専用の売店，将来の業務予定地の賃貸などは認められます（医療法人運営管理指導要綱Ⅲ管理２資産管理８）。

（７）社会福祉事業（７号）

医療法人は，社会福祉法２条２項及び３項に掲げる事業のうち，厚生労働大臣が定めるものを実施することができ，その具体的な事業種別は通知（「厚生労働大臣の定める医療法人が行うことができる社会福祉事業」1998年２月９日厚生省告示第15号）及び一覧（「社会福祉法に基づく社会福祉事業の位置付け」）で明らかにされています。

（８）有料老人ホームの設置（８号）

1997年の医療法改正に伴い，従来７号の規定により実施していた在宅福祉事業のうち，有料老人ホームの設置が独立した附帯業務として明確に位置付けられました。

3 区分経理

医療法人が附帯業務を開始した場合，事業損益計算は，本来業務事業損益と附帯業務事業損益を区分して明らかにしなければなりません。これを，区分経理と言います。

この区分経理を行わなければ，医療法人会計基準に沿った経理処理が行えないことは当然として，事業報告書に添付する損益計算書も作成できません。

医療法人会計基準（2016年厚生労働省令第95号）

（事業損益）

第19条 事業損益は，本来業務事業損益，附帯業務事業損益及び収益業務事業損益に区分し，本来業務（医療法人が開設する病院，医師若しくは歯科医師が常時勤務する診療所，介護老人保健施設又は介護医療院に係る業務をいう。），附帯業務（医療法人が行う法第42条各号に掲げる業務をいう。）又は収益業務（法第42条の２第１項に規定する収益業務をいう。以下同じ。）の事業活動（次条において「事業活動」という。）から生ずる収益及び費用を記載して得た各事業損益の額及び各事業損益の合計額を計上するものとする。

■医療法人の業務範囲（厚生労働省ホームページより）

医療法人の業務範囲

＜令和４年２月22日現在＞

Ⅰ．本来業務

○医療法人は病院，医師若しくは歯科医師が常時勤務する診療所，介護老人保健施設又は介護医療院の開設を目的として設立される法人です。（医療法第39条）

Ⅱ．附帯業務

○医療法人は，その開設する病院，診療所，介護老人保健施設又は介護医療院の業務に支障のない限り，定款又は寄附行為の定めるところにより，次に掲げる業務（これに類するものを含む。）の全部又は一部を行うことができる。（医療法第42条各号）なお，附帯業務を委託すること，又は本来業務を行わず，附帯業務のみを行うことは医療法人の運営として不適当であること。

医療法第42条

第１号　医療関係者の養成又は再教育

- 看護師，理学療法士，作業療法士，柔道整復師，あん摩マッサージ指圧師，はり師，きゆう師その他医療関係者の養成所の経営。
- 後継者等に学費を援助し大学（医学部）等で学ばせることは医療関係者の養成とはならないこと。
- 医師，看護師等の再研修を行うこと。

第２号　医学又は歯学に関する研究所の設置

- 研究所の設置の目的が定款等に規定する医療法人の目的の範囲を逸脱するものではないこと。

第３号　医療法第39条第１項に規定する診療所以外の診療所の開設

- 巡回診療所，医師又は歯科医師が常時勤務していない診療所（例えば，へき地診療所）等を経営すること。

第４号　疾病予防のために有酸素運動（継続的に酸素を摂取して全身持久力に関する生理機能の維持又は回復のために行う身体の運動をいう。）を行わせる施設であって，診療所が附置され，かつ，その職員，設備及び運営方法が厚生労働大臣の定める基準に適合するものの設置（疾病予防運動施設）

- 附置される診療所については，
  ①　診療所について，医療法第12条の規定による管理免除又は２か所管理の許可は原則として与えないこと。
  ②　診療所と疾病予防運動施設の名称は，紛らわしくないよう，別のものを用いること。
  ③　既設の病院又は診療所と同一の敷地内又は隣接した敷地に疾病予防運動施設を設ける場合にあっては，当該病院又は診療所が疾病予防運動施設の利用者に対する適切な医学的管理を行うことにより，新たに診療所を設けなくともよいこと。
  ※「厚生労働大臣の定める基準」については，平成４年７月１日厚生省告示第186号を参照すること。

第５号　疾病予防のために温泉を利用させる施設であって，有酸素運動を行

う場所を有し，かつ，その職員，設備及び運営方法が厚生労働大臣の定める基準に適合するものの設置（疾病予防温泉利用施設）

- 温泉とは温泉法（昭和23年法律125号）第２条第１項に規定するものであること。
- 疾病予防のために温泉を利用させる施設と提携する医療機関は，施設の利用者の健康状態の把握，救急時等の医学的処置等を行うことのできる体制になければならないこと。

  ※「厚生労働大臣の定める基準」については，平成４年７月１日厚生省告示第186号を参照すること。

第６号　保健衛生に関する業務

- 保健衛生上の観点から行政庁が行う規制の対象となる業務の全てをいうのではなく，次のⅠ，Ⅱに記載される業務であること。

  Ⅰ．直接国民の保健衛生の向上を主たる目的として行われる以下の業務であること。

  ①　薬局

  ②　施術所（あん摩マツサージ指圧師，はり師，きゆう師等に関する法律，柔道整復師法に規定するもの。）

  ③　衛生検査所（臨床検査技師，衛生検査技師等に関する法律に規定するもの。）

  ④　介護福祉士養成施設（社会福祉士及び介護福祉士法に規定するもの。）

  ⑤　介護職員養成研修事業（地方公共団体の指定を受けて実施するもの。）

  ⑥　難病患者等居宅生活支援事業（地方公共団体の委託を受けて実施するもの。）

  ⑦　介護保険法に規定する訪問介護，通所介護，通所リハビリテーション，短期入所生活介護，短期入所療養介護，地域密着型通所介護，認知症対応型通所介護，小規模多機能型居宅介護，介護予防訪問介護，介護予防通所介護，介護予防通所リハビリテーション，介護予防短期入所生活介護，介護予防短期入所療養介護，介護予防認知症対応型通所介護，介護予防小規模多機能型居宅介護，複合型サービス（小規模多機能型居宅介護及び訪問看護の組合せに限る。），第一号訪問事業若しくは第一号通所事業又は障害者の日常生活及び社会生活を総合的に支援する

ための法律にいう障害福祉サービス事業，一般相談支援事業，特定相談支援事業，移動支援事業，地域活動支援センター若しくは福祉ホームにおける事業と連続して，又は一体としてなされる有償移送行為であって次に掲げるもの。

ア　道路運送法（昭和26年法律第183号）第４条第１項の規定による一般旅客自動車運送事業

イ　道路運送法第43条第１項の規定による特定旅客自動車運送事業

ウ　道路運送法第78条第３号又は第79条の規定による自家用有償旅客運送等

※介護保険サービス，障害福祉サービスとの関連性が求められ，保険給付の対象とはならず実費徴収の対象となる業務であること。例えば，「乗降介助」の際の移送事業部分の実費徴収，通所サービス等における遠隔地からの送迎費の実費徴収などについて，道路運送法の規定により許可を得て行う業務であること。

※道路運送法の許可を得ずに介護保険サービス又は障害福祉サービスの対象となる移送事業を行うことはできないこと。

※いわゆる「介護タクシー」のように旅行や買い物といった介護保険サービス，障害福祉サービスとの関連性を有しない業務は当該有償移送行為に該当せず，医療法人の附帯業務ではないこと。

⑧　介護保険法にいう居宅サービス事業，居宅介護支援事業，介護予防サービス事業，介護予防支援事業，地域密着型サービス事業，地域支援事業，保健福祉事業，指定市町村事務受託法人の受託事務及び指定都道府県事務受託法人の受託事務のうち，別添において「保健衛生に関する業務」とするもの。

⑨　助産所（医療法第２条に規定するもの。）

⑩　歯科技工所（歯科技工士法に規定するもの。）

⑪　福祉用具専門相談員指定講習（介護保険法施行令に規定するもの。）

⑫　高齢者の居住の安定確保に関する法律（平成13年法律第26号。）第５条に規定するサービス付き高齢者向け住宅の設置。ただし，都道府県知事の登録を受けたものに限る。

※１　高齢者の居住の安定確保に関する法律等の一部を改正する法律（平成23年法律第32号。以下「改正法」という。）の施行の際現に改正法による改正前の高齢者の居住の安定確保に関する法律（平成13年法律第26号）第４条に規定する高齢者円滑入居賃貸住宅の登録を受けている高齢者専用賃貸住宅であって，医療法人が設置しているものについては，改正法の施行後も，その要件を継続して満たし，その居住者に対し，次に掲げるいずれかのサービスの提供を継続的に行うことを約しているものに限り，当面の間，医療法人が設置することができるものとすること。

⑴　居住者に対する生活指導や相談に応じるサービス

⑵　居住者の安否を定期的に確認するサービス

⑶　居住者の容体急変時における応急措置，医療機関への通報等の緊急時対応サービス

※２　高齢者の居住の安定確保に関する法律の一部を改正する法律（平成21年法律第38号。以下「平成21年改正法」という。）附則第１条第１号に掲げる規定の施行の際現に平成21年改正法による改正前の高齢者の居住の安定確保に関する法律第４条に規定する高齢者円滑入居賃貸住宅の登録を受けている高齢者専用賃貸住宅であって，医療法人が設置しているものについては，平成21年改正法附則第４条第１項の規定により登録の効力が失われた場合であっても，その要件を継続して満たし，上記⑴から⑶までに掲げるいずれかのサービスの提供を継続的に行うことを約しているものに限り，当面の間，医療法人が設置することができるものとすること。

※３　※１及び※２については，賃貸住宅の戸数を増やしてはならない。

⑬　労働者派遣事業の適正な運営の確保及び派遣労働者の保護等に関する法律（昭和60年法律第88号。以下「労働者派遣法」という。）第４条第１項第３号及び労働者派遣事業の適正な運営の確保及び派遣労働者の保護等に関する法律施行令（昭和61年政令第95号。以下「労働者派遣法施行令」という。）第２条第１項の規定により派遣労働者に従事させることが適当でないと認

められる業務から除外されている労働者派遣で次に掲げるもの。

(1) 労働者派遣法施行令第２条第１項各号に掲げる業務

ア 労働者派遣法第２条第４号に掲げる紹介予定派遣をする場合

イ 労働者派遣法第40条の２第１項第４号又は第５号に該当する場合

ウ 労働者派遣法施行令第２条第１項各号に規定する施設又は居宅以外の場所で行う場合

(2) 労働者派遣法施行令第２条第１項第１号に掲げる業務

エ 派遣労働者の就業の場所が労働者派遣法施行令第２条第２項に規定するへき地にある場合

オ 派遣労働者の就業の場所が地域における医療の確保のためには労働者派遣法施行令第２条第１項第１号に掲げる業務に業として行う労働者派遣により派遣労働者を従事させる必要があると認められるものとして労働者派遣事業の適正な運営の確保及び派遣労働者の保護等に関する法律施行規則（昭和61年労働省令第20号）第１条第１項各号に掲げる場所（へき地にあるものを除く。）である場合（ただし，医療法施行規則（昭和23年厚生省令第50号）第30条の33の12第２項により，業として労働者派遣を行うことができる医療法人は，病院又は診療所を開設する医療法人に限る。）

⑭ 障害者の日常生活及び社会生活を総合的に支援するための法律第77条に規定する地域生活支援事業として実施する日中一時支援事業（地方公共団体の委託又は補助を受けて実施するもの。）

⑮ 障害者の雇用の促進等に関する法律（昭和35年法律第123号）第34条に規定する障害者就業・生活支援センター

⑯ 健康保険法（大正11年法律第70号）第88条第１項に規定する訪問看護事業

⑰ 学校教育法（昭和23年法律第26号）第１条に規定する学校，同法第124条に規定する専修学校及び同法第134条第１項に規定する各種学校並びに児童福祉法（昭和22年法律第164号）第39条第１項に規定する保育所及び同法第59条第１項に規定する施設のうち，同法第39条第１項に規定する業務を目的とするもの

(以下,「認可外保育施設」という。)において,障害のある幼児児童生徒に対し,看護師等が行う療養上の世話又は必要な診療の補助を行う事業

※病院又は診療所によるものは,医療法人の本来業務に該当すること。

⑱　認可外保育施設であって,地方公共団体がその職員,設備等に関する基準を定め,当該基準に適合することを条件としてその運営を委託し,又はその運営に要する費用を補助するもの。

⑲　医療法人の開設する病院又は診療所の医師が栄養・食事の管理が必要と認める患者であって,

- 当該医療法人が開設する病院若しくは診療所に入院していた者若しくは通院している者,
- 又は当該医療法人が開設する病院,診療所若しくは訪問看護ステーションから訪問診療若しくは訪問看護を受けている者

に対して,当該医療法人が配食を行うもの。

※なお,例えば3年前に入院して現在は受診していないような者は対象外となること。

⑳　児童福祉法(昭和22年法律第164号)第6条の3第9項に規定する家庭的保育事業,同条第11項に規定する居宅訪問型保育事業,同条第12項に規定する事業所内保育事業及び第59条の2第1項に規定する施設(同項の規定による届出がされたもののうち利用定員が6人以上のものに限る。)において第6条の3第12項に規定する業務を目的とする事業のうち,子ども・子育て支援法(平成24年法律第65号)第59条の2に規定する仕事・子育て両立支援事業による助成を受けているもの(以下「企業主導型保育事業」という。)。

※事業所内保育事業及び企業主導型保育事業に限っては委託する場合も認めること。

㉑　産後ケア事業(市町村の委託を受けて実施するもの)

㉒　医療的ケア児及びその家族に対する支援に関する法律(令和3年法律第81号)第14条第1項に規定する医療的ケア児支援センター

Ⅱ. 国際協力等の観点から,海外における医療の普及又は質の向上に資する以下の業務であること。

① 海外における医療施設の運営に関する業務

※当該業務を実施するに当たり必要な現地法人への出資も可能とすること。その際，出資の価額は，繰越利益積立金の額の範囲内とする。

※具体的な運用に当たっては，「医療法人の国際展開に関する業務について」（平成26年医政発0319第５号厚生労働省医政局長通知）を参照すること。

第７号　社会福祉法第２条第２項及び第３項に掲げる事業のうち厚生労働大臣が定めるものの実施

※平成10年２月９日厚生省告示第15号及び本通知の別添を参照すること。

※就学前の子どもに関する教育，保育等の総合的な提供の推進に関する法律（平成18年法律第77号）第３条第２項第２号の認定こども園（ただし，保育所型のみ。）の運営は，上記告示の第１項第２号ハに包括されること。

第８号　有料老人ホームの設置（老人福祉法に規定するもの。）

留意事項

1．役職員への金銭等の貸付は，附帯業務ではなく福利厚生として行うこと。この場合，全役職員を対象とした貸付に関する内部規定を設けること。

2．医療従事者の養成施設に通う学生への奨学金の貸付は，医療施設の運営における医療従事者確保の目的の範囲内において，奨学金の貸付に関する内部規定を設けるなど適切に行われる限り，差し支えないこと。

3．第７号については，社会医療法人のみに認められるものがあること。

4．定款等の変更認可申請とは別に，個別法で定められた所定の手続（許認可，届出等）を要する場合があること。この場合，個別法の手続の前に定款等の変更認可申請をする必要があるが，手続を並行して行う場合は，各手続の進捗状況に伴い，定款等の変更認可日が後れることは，やむを得ないこと。

Ⅲ．収益業務

○社会医療法人は，その開設する病院，診療所，介護老人保健施設又は介護医療院の業務に支障のない限り，定款又は寄附行為の定めるところにより，その収益を当該社会医療法人が開設する病院，診療所，介護老人保健施設又は介護医療院の経営に充てることを目的として，厚生労働大臣が定める業務（収益業務）を行うことができます。
（平成18年法律第84号附則第８条，平成19年厚生労働省告示第92号，改正前の医療法第42条第２項）

収益業務の種類

収益業務の種類は，日本標準産業分類（平成25年10月30日総務省告示第405号）に定めるもののうち，次に掲げるものです。

① 農業，林業
② 漁業
③ 製造業
④ 情報通信業
⑤ 運輸業，郵便業
⑥ 卸売業，小売業
⑦ 不動産業，物品賃貸業（建物売買業，土地売買業を除く。）
⑧ 学術研究，専門・技術サービス業
⑨ 宿泊業，飲食サービス業
⑩ 生活関連サービス業，娯楽業
⑪ 教育，学習支援業
⑫ 医療，福祉（病院，診療所，介護老人保健施設又は介護医療院に係るもの及び医療法第42条各号に掲げるものを除く。）
⑬ 複合サービス事業
⑭ サービス業

（注） 医療法関係法令の規定に基づく定款・寄附行為変更の手続き以外に，それぞれの業務に係る関係諸法令に基づく許認可，届出等の手続きが必要です。

業務要件

収益業務については，次に掲げる要件を満たすものに限られるものであり，その規模，内容等についても，規則第30条の35の３の要件を満たすものであるほか，法の規定により設立された法人の行う業務として社会的に許容される範囲内のものであることに十分留意する必要があります。

① 一定の計画の下に収益を得ることを目的として反復継続して行われる行為であって，社会通念上業務と認められる程度のものであること。

② 医療法人の社会的信用を傷つけるおそれがあるもの（注）でないこと。
③ 経営が投機的に行われるものでないこと。
④ 当該業務を行うことにより，当該医療法人の開設する病院，診療所，介護老人保健施設又は介護医療院の業務の円滑な遂行を妨げるおそれがないこと。
⑤ 当該医療法人以外の者に対する名義の貸与その他不当な方法で経営されるものでないこと。
（注）「社会的信用を傷つけるおそれがあるもの」とは，風俗営業，武器製造業，遊戯場などをいいます。

Ⅳ．附随業務

○開設する病院等の業務の一部として又はこれに附随して行われるものは収益業務に含まれず，特段の定款変更等は要しません。（附随業務として行うことが可能）附随して行われる業務とは，次に掲げるものです。

① 病院等の施設内で当該病院等に入院若しくは通院する患者及びその家族を対象として行われる業務又は病院等の職員の福利厚生のために行われる業務であって，医療提供又は療養の向上の一環として行われるもの。

　したがって，病院等の建物内で行われる売店，敷地内で行われる駐車場業等は，病院等の業務に附随して行われるものとされ，敷地外に有する法人所有の遊休資産を用いて行われる駐車場業は附随する業務に含まれないものとして取り扱います。

② 病院等の施設外で当該病院等に通院する患者を対象として行われる業務であって，当該病院等において提供される医療又は療養に連続して行われるもの。

　したがって，当該病院等への，又は，当該病院等からの患者の無償搬送は，病院等の業務に附随して行われるものとされ，当該病院等以外の病院から同じく当該病院等以外の病院への患者の無償搬送は附随する業務に含まれないものとして取り扱います。

③ ①及び②において，当該法人が自らの事業として行わず，当該法人以外の者に委託して行う場合にあっては，当該法人以外の者が行う事業内容が，①又は②の前段に該当するものであるときは，当該法人以外の者への委託は附随する業務とみなし，①又は②の前段に該当しないものであるときは，附随する業務に含まれないものとして取り扱います。

（社会医療法人の認定）

第42条の２　医療法人のうち，次に掲げる要件に該当するものとして，政令で定めるところにより都道府県知事の認定を受けたもの（以下「社会医療法人」という。）は，その開設する病院，診療所，介護老人保健施設又は介護医療院（指定管理者として管理する病院等を含む。）の業務に支障のない限り，定款又は寄附行為の定めるところにより，その収益を当該社会医療法人が開設する病院，診療所，介護老人保健施設又は介護医療院の経営に充てることを目的として，厚生労働大臣が定める業務（以下「収益業務」という。）を行うことができる。

一　役員のうちには，各役員について，その役員，その配偶者及び三親等以内の親族その他各役員と厚生労働省令で定める特殊の関係がある者が役員の総数の三分の一を超えて含まれることがないこと。

二　社団たる医療法人の社員のうちには，各社員について，その社員，その配偶者及び三親等以内の親族その他各社員と厚生労働省令で定める特殊の関係がある者が社員の総数の三分の一を超えて含まれることがないこと。

三　財団たる医療法人の評議員のうちには，各評議員について，その評議員，その配偶者及び三親等以内の親族その他各評議員と厚生労働省令で定める特殊の関係がある者が評議員の総数の三分の一を超えて含まれることがないこと。

四　救急医療等確保事業（当該医療法人が開設する病院又は診療所の所在地の都道府県が作成する医療計画に記載されたものに限る。次条において同じ。）に係る業務を当該病院又は診療所の所在地の都道府県（次のイ又はロに掲げる医療法人にあつては，それぞれイ又はロに定める都道府県）において行つていること。

イ　二以上の都道府県において病院又は診療所を開設する医療法人（ロに掲げる者を除く。）　当該病院又は診療所の所在地の全ての都道府県

ロ　一の都道府県において病院を開設し，かつ，当該病院の所在地

の都道府県の医療計画において定める第30条の４第２項第12号に規定する区域に隣接した当該都道府県以外の都道府県の医療計画において定める同号に規定する区域において診療所を開設する医療法人であつて，当該病院及び当該診療所における医療の提供が一体的に行われているものとして厚生労働省令で定める基準に適合するもの　当該病院の所在地の都道府県

五　前号の業務について，次に掲げる事項に関し厚生労働大臣が定める基準に適合していること。

イ　当該業務を行う病院又は診療所の構造設備

ロ　当該業務を行うための体制

ハ　当該業務の実績

六　前各号に掲げるもののほか，公的な運営に関する厚生労働省令で定める要件に適合するものであること。

七　定款又は寄附行為において解散時の残余財産を国，地方公共団体又は他の社会医療法人に帰属させる旨を定めていること。

２　都道府県知事は，前項の認定をするに当たつては，あらかじめ，都道府県医療審議会の意見を聴かなければならない。

３　収益業務に関する会計は，当該社会医療法人が開設する病院，診療所，介護老人保健施設又は介護医療院（指定管理者として管理する病院等を含む。）の業務及び前条各号に掲げる業務に関する会計から区分し，特別の会計として経理しなければならない。

（社会医療法人に係る認定の申請）

医療法施行令第５条の５　法第42条の２第１項の規定による社会医療法人に係る認定を受けようとする医療法人は，当該認定を受けようとする旨及び同項各号に掲げる要件に係る事項として厚生労働省令で定めるものを記載した申請書を，当該医療法人の主たる事務所の所在地の都道府県知事に提出しなければならない。この場合において，当該申請書には，厚生労働省令で定める書類を添付しなければならない。

（医療法人の社員等と特殊の関係がある者）

医療法施行規則第30条の35　法第42条の２第１項第１号，第２号及び第３号に規定する役員，社員又は評議員（以下「社員等」という。）と厚生労働省令で定める特殊の関係がある者は，次に掲げる者とする。

一　社員等と婚姻の届出をしていないが事実上婚姻関係と同様の事情にある者

二　社員等の使用人及び使用人以外の者で当該社員等から受ける金銭その他の財産によつて生計を維持しているもの

三　前二号に掲げる者の親族でこれらの者と生計を一にしているもの

（法第42条の２第１項第４号ロの厚生労働省令で定める基準）

医療法施行規則第30条の35の２　法第42条の２第１項第４号ロに規定する厚生労働省令で定める基準は，次のとおりとする。

一　当該医療法人の開設する病院の所在地の都道府県及び当該医療法人の開設する診療所の所在地の都道府県（当該病院の所在地の都道府県が法第30条の４第１項の規定により定める医療計画（以下この号及び次号において「医療計画」という。）において定める同条第２項第14号に規定する区域に隣接した当該都道府県以外の都道府県をいう。）が，それぞれの医療計画において，当該病院及び診療所の所在地を含む地域における医療提供体制に関する事項を定めていること。

二　当該医療法人の開設する全ての病院，診療所，介護老人保健施設及び介護医療院が，当該医療法人の開設する病院の所在地を含む区域（当該病院の所在地の都道府県の医療計画において定める法第30条の４第２項第14号に規定する区域をいう。）及び当該区域に隣接した市町村（特別区を含む。）であつて当該都道府県以外の都道府県内にあるもの（第４号において「隣接市町村」という。）に所在すること。

三　当該医療法人の開設する全ての病院，診療所，介護老人保健施設及び介護医療院が相互に近接していること。

四　当該医療法人の開設する病院が，その施設，設備，病床数その他の医療を提供する体制に照らして，当該医療法人の開設する診療所（隣接市町村に所在するものに限る。）における医療の提供について基幹的な役割を担つていること。

（社会医療法人の認定要件）

医療法施行規則第30条の35の３　法第42条の２第１項第６号に規定する公的な運

営に関する厚生労働省令で定める要件は，次の各号のいずれにも該当するものであることとする。

一　当該医療法人の運営について，次のいずれにも該当すること。

イ　当該医療法人の理事の定数は六人以上とし，監事の定数は二人以上とすること。

ロ　当該医療法人が財団である医療法人である場合にあつては，当該医療法人の評議員は理事会において推薦した者につき，理事長が委嘱すること。

ハ　他の同一の団体（公益社団法人又は公益財団法人その他これに準ずるもの（以下「公益法人等」という。）を除く。）の理事又は使用人である者その他これに準ずる相互に密接な関係にある理事の合計数が理事の総数の三分の一を超えないものであること。監事についても，同様とすること。

ニ　その理事，監事及び評議員に対する報酬等（報酬，賞与その他の職務遂行の対価として受ける財産上の利益及び退職手当をいう。以下同じ。）について，民間事業者の役員の報酬等及び従業員の給与，当該医療法人の経理の状況その他の事情を考慮して，不当に高額なものとならないような支給の基準を定めているものであること。

ホ　その事業を行うに当たり，社員，評議員，理事，監事，使用人その他の当該医療法人の関係者に対し特別の利益を与えないものであること。

ヘ　その事業を行うに当たり，株式会社その他の営利事業を営む者又は特定の個人若しくは団体の利益を図る活動を行う者に対し，寄附その他の特別の利益を与える行為を行わないものであること。ただし，公益法人等に対し，当該公益法人等が行う公益目的の事業のために寄附その他の特別の利益を与える行為を行う場合は，この限りでない。

ト　当該医療法人の毎会計年度の末日における遊休財産額は，直近に終了した会計年度の損益計算書に計上する事業（法第42条の規定に基づき同条各号に掲げる業務として行うもの及び法第42条の２第１項の規定に基づき同項に規定する収益業務として行うものを除く。）に係る費用の額を超えてはならないこと。

チ　他の団体の意思決定に関与することができる株式その他の財産を保有していないものであること。ただし，当該財産の保有によつて他の団体の事業活動を実質的に支配するおそれがない場合は，この限りでない。

リ　当該医療法人につき法令に違反する事実，その帳簿書類に取引の全部若しくは一部を隠ぺいし，又は仮装して記録若しくは記載をしている事実その他公益に反する事実がないこと。

二　当該医療法人の事業について，次のいずれにも該当すること。

イ　病院，診療所，介護老人保健施設及び介護医療院の業務に係る費用の額が経常費用の額の百分の六十を超えること。

ロ　社会保険診療（租税特別措置法（昭和32年法律第26号）第26条第２項に規定する社会保険診療をいう。以下同じ。）に係る収入金額（労働者災害補償保険法（昭和22年法律第50号）に係る患者の診療報酬（当該診療報酬が社会保険診療報酬と同一の基準によつている場合又は当該診療報酬が少額（全収入金額のおおむね百分の十以下の場合をいう。）の場合に限る。）を含む。）（第57条の２第１項第２号イにおいて単に「社会保険診療に係る収入金額」という。），健康増進法（平成14年法律第103号）第６条各号に掲げる健康増進事業実施者が行う同法第４条に規定する健康増進事業（健康診査に係るものに限る。以下同じ。）に係る収入金額（当該収入金額が社会保険診療報酬と同一の基準により計算されている場合に限る。）（第57条の２第１項第２号イにおいて単に「健康増進事業に係る収入金額」という。），予防接種（予防接種法（昭和23年法律第68号）第２条第６項に規定する定期の予防接種等その他厚生労働大臣が定める予防接種をいう。第57条の２第１項第２号イにおいて同じ。）に係る収入金額，助産（社会保険診療及び健康増進事業に係るものを除く。）に係る収入金額（一の分娩に係る助産に係る収入金額が五十万円を超えるときは，五十万円を限度とする。）（第57条の２第１項第２号イにおいて単に「助産に係る収入金額」という。），介護保険法の規定による保険給付に係る収入金額（租税特別措置法第26条第２項第４号に掲げるサービスに係る収入金額を除く。）（第57条の２第１項第２号イにおいて単に「介護保険法の規定による保険給付に係る収入金額」という。）（……略……）の合計額が，全収入金額の百分の八十を超えること。

ハ　自費患者（社会保険診療に係る患者又は労働者災害補償保険法に係る患者以外の患者をいう。以下同じ。）に対し請求する金額が，社会保険診療報酬と同一の基準により計算されること。

ニ　医療診療（社会保険診療，労働者災害補償保険法に係る診療及び自費患者に係る診療をいう。以下同じ。）により収入する金額が，医師，看護師等の給与，医療の提供に要する費用（投薬費を含む。）等患者のために直接必要な経費の額に百分の百五十を乗じて得た額の範囲内であること。

2　前項第１号トに規定する遊休財産額は，当該医療法人の業務のために現に使用されておらず，かつ，引き続き使用されることが見込まれない財産の価額の合計額として，直近に終了した会計年度の貸借対照表に計上する当該医療法人の保有する資産の総額から次に掲げる資産のうち保有する資産の明細表に記載されたものの帳簿価額の合計額を控除した額に，純資産の額（貸借対照表上の資産の額から負債の額を控除して得た額をいう。以下同じ。）の資産の総額に対する割合を乗じて得た額とする。
一　当該医療法人が開設する病院，診療所，介護老人保健施設又は介護医療院の業務の用に供する財産
二　法第42条各号に規定する業務の用に供する財産
三　法第42条の2第1項に規定する収益業務の用に供する財産
四　前三号の業務を行うために保有する財産（前三号に掲げる財産を除く。）
五　第1号から第3号までに定める業務を行うための財産の取得又は改良に充てるために保有する資金
六　将来の特定の事業（定款又は寄附行為に定められた事業に限る。）の実施のために特別に支出する費用に係る支出に充てるために保有する資金

（社会医療法人に係る認定の申請事項）

医療法施行規則第30条の36　社会医療法人の認定を受けようとする医療法人が，令第5条の5に基づき，社会医療法人の要件に係る事項として申請書に記載すべき事項は，次に掲げる事項とする。
一　当該医療法人の業務のうち，法第42条の2第1項第5号の要件に該当するものが法第30条の4第2項第5号に掲げる医療のいずれに係るものであるかの別
二　前号の業務を行つている病院又は診療所の名称及び所在地
2　令第5条の5に規定する厚生労働省令で定める書類は，次に掲げる書類とする。
一　定款又は寄附行為の写し
二　法第42条の2第1項第5号の厚生労働大臣が定める基準に係る会計年度について同号の要件に該当する旨を説明する書類
三　法第42条の2第1項第1号から第4号まで及び第6号に掲げる要件に該当する旨を説明する書類

一定の救急医療等確保事業を行っている社会医療法人は，優遇税制制度がある。

1　社会医療法人制度

（1）社会医療法人創設の経緯

【参考】2008年度税制改正について（財務省）

医療法では，営利を目的として病院等を開設しようとする者に対しては開設の許可を与えない非営利性が規定されています（医法7⑥)。この場合の非営利とは，利益を計上しないことではなく，配当などの利益分配を行わないことを指します（「医療法人制度に関する疑義について」医政発第0207001号)。

しかし，2007年以前に設立認可申請された医療法人の多くが出資持分の定めがある法人であり，持分の払い戻しによって実質的に配当類似行為が行われてきた歴史があります。

こうした現状について，規制改革・民間開放推進会議では，営利法人による医療分野への参入を拒む理由が希薄として，株式会社による医療法人運営の容認などが議論されました（「規制改革・民間開放の推進に関する第1次答申」2004年12月24日)。

対して厚生労働省では，「医業経営の非営利性等に関する検討会」において，医療法人制度の見直しに関する検討が行われ，同検討会における報告書（2005年7月22日）では，出資持分の定めを認めた従前の医療法の運用を見直すとともに，公益性の高い医療を担う医療法人の類型を創設することが提言されました。

提言に基づき医療法が改正され，高齢化の進行や医療技術の進歩，国民の意識の変化など，医療を取り巻く環境が大きく変わる中，誰もが安心して医療を受けることができる環境を整備するための改革が不可欠であるとの観点から，国民の医療に対する安心，信頼を確保し，質の高い医療サービスが適切に提供される医療提供体制を確立するため，患者の視点に立った制度全般にわたる改革を行うこととしています。

その改革の１つとして，地域における医療の重要な担い手である医療法人について，非営利性の強化などの規律の見直しを行うとともに，救急医療，小児医療など地域で必要な医療の提供を担う医療法人を新たに社会医療法人として位置付けられました。

（２）社会医療法人の概要

社会医療法人とは，医療法人のうち，救急医療等確保事業に係る業務を行っていること等の一定の要件に該当するものとして都道府県知事の認定を受けたものをいい，都道府県知事は，認定に当たっては，あらかじめ都道府県医療審議会の意見聴取が求められます（医法42の２①②）。

社会医療法人の主な要件は次のとおりです（医法42の２①，医規30の35の２，2008年３月26日厚生労働告119）。

イ　役員等について，各役員及びその親族関係者等の役員等の総数のうちに占める割合が３分の１以下であること。 ロ　救急医療等確保事業（その開設する病院等の所在地の都道府県が作成する医療計画に記載されたものに限ります。）に係る業務を行っていること。 ハ　救急医療等確保事業に係る業務について，病院等の構造設備，体制及び実績が厚生労働大臣の定める基準に適合していること。 ニ　理事等の報酬等について，不当に高額なものとならないような支給の基準を定めているなど公的な運営に関する厚生労働省令で定める要件に適合するものであること。 ホ　定款等において解散時の残余財産を国，地方公共団体等に帰属させる旨を定めていること。

２　社会医療法人に対する税制上の措置

医療法人のうち社会医療法人としての認定を受けた法人については，収益事業を行う場合に限り法人税の納税義務が生ずる公益法人等とされます（法法別表第２）。

社会医療法人の課税所得の範囲は，各事業年度の所得のうち収益事業から生じた所得とされます（法法４①，７）。また，この場合における各事業年度の所得に対する法人税の税率は19％とされます（法法66③）。そのほか，次の措置が講じられています。

① 社会医療法人が行う医療保健業は法人税法上の収益事業の範囲から除外されます。ただし，医療法42条の規定に基づいて附帯業務として行うもの及び同法42条の２第１項の規定に基づいて収益業務として行うもので医療保健業に該当するものは除外されません（法令５①29チ）。

② 社会医療法人の支出する寄附金の損金算入限度額について，所得金額の50％相当額（年200万円に満たない場合には，年200万円）とします（法令73①三ロ）。

なお，社会医療法人がその収益事業に属する資産のうちから収益事業以外の事業のために支出した金額は，その収益事業に係る寄附金の額とみなして損金算入限度額の計算を行います（法法37⑤）。

3 収益事業の実施

社会医療法人は，本来業務に支障のない限り，定款又は寄附行為の定めるところにより，収益を当該社会医療法人が開設する病院，診療所，介護老人保健施設又は介護医療院の経営に充てることを目的として，収益業務を行うことができます。

収益業務を実施する場合には，社会医療法人が開設する病院，診療所，介護老人保健施設又は介護医療院（指定管理者として管理する病院等を含む）の業務及び附帯業務に関する会計から区分し，特別の会計として経理しなければなりません。

（社会医療法人の認定取消し）

第42条の３　前条第１項の認定（以下この項及び第64条の２第１項において「社会医療法人の認定」という。）を受けた医療法人のうち，前条第１項第５号ハに掲げる要件を欠くに至つたこと（当該要件を欠くに至つたことが当該医療法人の責めに帰することができない事由として厚生労働省令で定める事由による場合に限る。）により第64条の２第１項第１号に該当し，同項の規定により社会医療法人の認定を取り消されたもの（前条第１項各号（第５号ハを除く。）に掲げる要件に該当するものに限る。）は，救急医療等確保事業に係る業務の継続的な実施に関する計画（以下この条において「実施計画」という。）を作成し，これを都道府県知事に提出して，その実施計画が適当である旨の認定を受けることができる。

２　前項の認定を受けた医療法人は，前条第１項及び第３項の規定の例により収益業務を行うことができる。

３　前条第２項の規定は，第１項の認定をする場合について準用する。

４　前三項に規定するもののほか，実施計画の認定及びその取消しに関し必要な事項は，政令で定める。

（実施計画の認定の申請）

医療法施行令第５条の５の２　法第42条の３第１項に規定する実施計画（以下「実施計画」という。）には，厚生労働省令で定めるところにより，次に掲げる事項を記載しなければならない。

一　救急医療等確保事業（法第42条の２第１項第４号に規定する救急医療等確保事業をいう。以下同じ。）に係る業務の内容

二　救急医療等確保事業に係る業務の実施に必要な施設及び設備の整備に関する事項

三　救急医療等確保事業に係る業務の実施期間

四　その他厚生労働省令で定める事項

２　法第42条の３第１項の認定を受けようとする医療法人は，当該認定を受けよ

うとする旨及び次条各号に掲げる要件に係る事項として厚生労働省令で定めるものを記載した申請書を，当該医療法人の主たる事務所の所在地の都道府県知事に提出しなければならない。この場合において，当該申請書には，実施計画，当該医療法人が法第42条の２第１項第１号から第６号まで（第５号ハを除く。）に掲げる要件に該当するものであることを証する書類その他厚生労働省令で定める書類を添付しなければならない。

（実施計画の認定）

医療法施行令第５条の５の３　都道府県知事は，法第42条の３第１項の認定の申請があつた場合において，実施計画が次の各号のいずれにも適合すると認めるときは，その認定をすることができる。

一　実施計画に記載された救急医療等確保事業に係る業務の実施に必要な施設及び設備の整備がその実施期間において確実に行われると見込まれるものであること。

二　実施計画に記載された救急医療等確保事業に係る業務がその実施期間にわたり継続して行われると見込まれるものであること。

三　その他厚生労働省令で定める要件に適合すること。

（実施計画の変更）

医療法施行令第５条の５の４　法第42条の３第１項の認定を受けた医療法人は，当該認定を受けた実施計画（この条の規定により実施計画が変更された場合にあつては，その変更後の実施計画。以下「認定実施計画」という。）を変更しようとするときは，厚生労働省令で定めるところにより，当該医療法人の主たる事務所の所在地の都道府県知事（第３項及び次条において単に「都道府県知事」という。）の認定を受けなければならない。ただし，厚生労働省令で定める軽微な変更については，この限りでない。

2　前条の規定は，前項の認定について準用する。

3　法第42条の３第１項の認定を受けた医療法人は，第１項ただし書の厚生労働省令で定める軽微な変更をしたときは，遅滞なく，その旨を都道府県知事に届け出なければならない。

（実施計画の実施状況を記載した書類等の提出）

医療法施行令第５条の５の５　法第42条の３第１項の認定を受けた医療法人は，厚生労働省令で定めるところにより，毎会計年度終了後三月以内に，当該会計年度における認定実施計画の実施状況を記載した書類その他厚生労働省令で定める書類を，都道府県知事に提出しなければならない。

2　法第42条の３第１項の認定を受けた医療法人は，前項の規定にかかわらず，次の各号に掲げる会計年度においては，厚生労働省令で定めるところにより，当該各号に掲げる会計年度の区分に応じ，当該各号に定める日後三月以内に，当該各号に掲げる会計年度における認定実施計画の実施状況を記載した書類を，都道府県知事に提出しなければならない。

一　次条第１項の規定により法第42条の３第１項の認定が取り消された日の属する会計年度　当該取り消された日

二　次条第３項又は第４項の規定により法第42条の３第１項の認定がその効力を失つた日の属する会計年度　当該効力を失つた日

（実施計画の認定の取消し等）

医療法施行令第５条の５の６　都道府県知事は，法第42条の３第１項の認定を受けた医療法人が，次の各号のいずれかに該当する場合には，その認定を取り消すことができる。

一　法第42条の２第１項各号（第５号ハを除く。）に掲げる要件を欠くに至つたとき。

二　認定実施計画に記載された救急医療等確保事業に係る業務の実施に必要な施設及び設備の整備をその実施期間において行う見込みがなくなつたと認めるとき。

三　認定実施計画に従つて救急医療等確保事業に係る業務を行つていないと認めるとき。

四　定款又は寄附行為で定められた業務以外の業務を行つたとき。

五　収益業務から生じた収益を当該医療法人が開設する病院，診療所，介護老人保健施設又は介護医療院（当該医療法人が地方自治法（昭和22年法律第67号）第244条の２第３項に規定する指定管理者として管理する公の施設である病院，診療所，介護老人保健施設又は介護医療院を含む。次号において同じ。）の経営に充てないとき。

六　収益業務を継続することが，当該医療法人が開設する病院，診療所，介護老人保健施設又は介護医療院の業務に支障を来すと認めるとき。

七　不正の手段により法第42条の３第１項の認定又は第５条の５の４第１項の認定を受けたとき。

八　法若しくはこの政令若しくはこれらに基づく命令又はこれらに基づく処分

に違反したとき。

2　法第64条の２第２項の規定は，前項の規定による法第42条の３第１項の認定の取消しについて準用する。

3　法第42条の３第１項の認定は，認定実施計画に記載された救急医療等確保事業に係る業務の実施期間の末日限り，その効力を失う。

4　法第42条の３第１項の認定を受けた医療法人が，法第42条の２第１項の認定を受けた場合には，法第42条の３第１項の認定は，法第42条の２第１項の認定を受けた日から将来に向かつてその効力を失う。

（法第42条の３第１項の厚生労働省令で定める事由）

医療法施行規則第30条の36の２　法第42条の３第１項に規定する厚生労働省令で定める事由は，天災，人口の著しい減少その他の法第42条の２第１項第５号ハに掲げる要件を欠くに至つたことにつき当該医療法人の責めに帰することができないやむを得ない事情があると都道府県知事が認めるものとする。

（実施計画の様式）

医療法施行規則第30条の36の３　法第42条の３第１項に規定する実施計画の提出は，別記様式第一の二により行うものとする。

（令第５条の５の２第１項第４号の厚生労働省令で定める事項）

医療法施行規則第30条の36の４　令第５条の５の２第１項第４号に規定する厚生労働省令で定める事項は，法第42条の２第１項に規定する収益業務に関する事項とする。

（令第５条の５の２第２項の厚生労働省令で定める事項）

医療法施行規則第30条の36の５　令第５条の５の２第２項に規定する厚生労働省令で定める事項は，次に掲げるものとする。

一　当該医療法人の名称及び主たる事務所の所在地並びに代表者の氏名

二　法第42条の２第１項の認定の取消しの理由

（令第５条の５の２第２項の厚生労働省令で定める書類）

医療法施行規則第30条の36の６　令第５条の５の２第２項に規定する厚生労働省令で定める書類は，定款又は寄附行為の写しとする。

（令第５条の５の３第３号の厚生労働省令で定める要件）

医療法施行規則第30条の36の７　令第５条の５の３第３号に規定する厚生労働省令で定める要件は，令第５条の５の２第１項第３号の実施期間（次条第２項において単に「実施期間」という。）が十二年（当該医療法人の開設する，救急医療等確保事業（法第42条の２第１項第４号に規定する救急医療等確保事業をいう。以下同じ。）に係る業務を実施する病院又は診療所の所在地を含む区域（当該病院の所在地の都道府県の医療計画において定める法第30条の４第２項第14号に規定する区域をいう。）における救急医療等確保事業の実施主体が著しく不足している場合その他特別の事情があると都道府県知事が認める場合にあつては，十八年）を超えないものであることとする。

（実施計画の変更）

医療法施行規則第30条の36の８　令第５条の５の４第１項本文の規定による実施計画の変更の認定の申請をしようとする者は，変更しようとする事項及び変更の理由を記載した申請書に変更後の実施計画を添えて，これらを都道府県知事に提出しなければならない。

２　令第５条の５の４第１項ただし書に規定する厚生労働省令で定める軽微な変更は，当初の実施期間からの一年以内の変更とする。

（実施計画の実施状況を記載した書類等の提出）

医療法施行規則第30条の36の９　令第５条の５の５第１項及び第２項の規定による実施計画の実施状況を記載した書類等の提出は，別記様式第一の三により行うものとする。

２　令第５条の５の５第１項に規定する厚生労働省令で定める書類は，法第42条の２第１項第１号から第６号まで（第５号ハを除く。）の要件に該当する旨を説明する書類とする。

ポイント

社会医療法人の認定が取り消されると課税が生じる可能性があるが，都道県知事の認定により課税が猶予される場合がある。

1　社会医療法人の認定取消しによる課税

(1) 課税猶予制度創設の経緯

収益事業課税法人である社会医療法人が，要件不達などにより認定が取り消され，普通法人である通常の医療法人に移行することなった場合，それまでの収益事業以外の事業から生じた所得の金額の累積額（累積所得金額）は，その移行日の属する事業年度の所得の金額の計算上，益金の額に算入されます（法法64の４①）。

■累積所得課税のイメージ

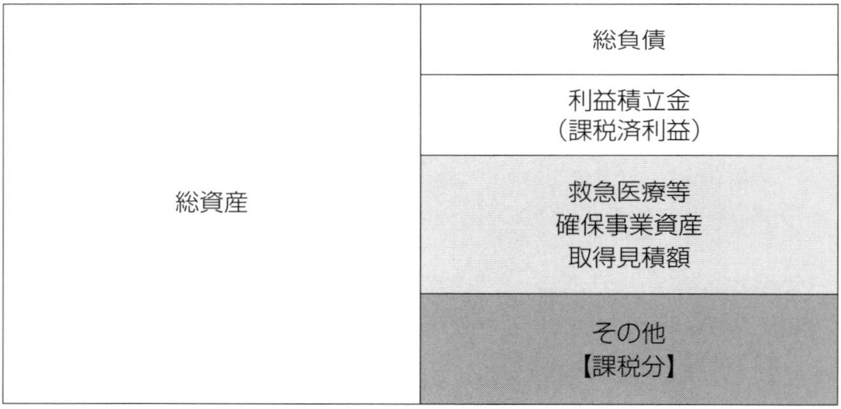

総資産	総負債
	利益積立金 （課税済利益）
	救急医療等 確保事業資産 取得見積額
	その他 【課税分】

この取消し時課税のリスクの大きさから，社会医療法人への移行を躊躇する法人が見受けられていました。

そこで，地域における救急医療等の提供体制を確保する観点から，医療法等の改正が行われ，社会医療法人の認定を受けている医療法人のうちその医療法人の責めに帰することができない事由でその認定に係る実績要件を満たせなくなったことによってその認定を取り消された法人が，救急医療等確保事業に係る業務の継続的な実施に関する計画（以下「実施計画」といいます）を作成し，これを都道府県知事に提出して，その実施計画が適当である旨の認定を受けた場合には，実施計画に係る資産の取得価額が累積所得金額から控除され，引き続き収益業務を行うことができることとする「実施計画制度」が創設されました（医法42の３）。

この実施計画制度の創設によって，社会医療法人の認定を取り消され，普通法人に該当することとなった医療法人であっても，救急医療等確保事業に係る業務の継続的な実施のために支出されることが見込まれる見積額を累積所得金額から控除することができることとなり，認定取消し時の課税リスクが大幅に軽減されました（法令131の５⑤）。

［累積所得金額の計算］
累積所得金額＝税務上の資産の帳簿価額－税務上の負債の帳簿価額－課税済利益積立金額－**救急医療等確保事業資産**

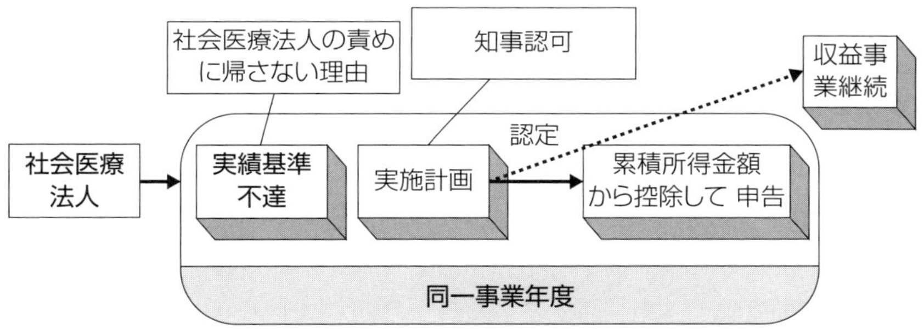

ただし，実施計画の提出ができるのは，救急医療等確保事業の要件不達の場合であり，役員への特別の利益提供などにより取り消された場合は提出が行えず，これまでと同様の課税リスクを負います。

（２）実施計画の添付資料

実施計画には，救急医療等確保事業に係る業務を継続的に実施する趣旨，救急医療等確保事業に係る業務の実施内容，実施期間中に整備される救急医療等確保事業に係る業務の実施に必要な施設及び設備の取得価額の見積などを記載し，将来取得予定資産の「整備される施設及び設備の取得価額の見積額に係る見積書等（写し）の証拠書類」の添付が求められます。

（3）業務継続資産の減価償却費

前述の実施計画書提出により，累積所得金額の控除を受けた場合には，実施期間内に取得をした救急医療等確保事業用資産の取得価額を零とし，減価償却費等の額を損金の額に算入することはできません（法令131の5⑩）。

また，実施期間終了の時又は実施計画の認定を取り消された時において取得未済残額がある場合に，実施期間終了の日又はその取り消された日の属する事業年度においてその取得未済残額相当額を益金の額に算入する措置が併せて講じられていることから，この実施計画制度は，課税の繰延べ措置と言えます。

2　実施計画の策定

（1）実施計画の概要

実施計画制度の認定を受けるには，実施計画にその医療法人がその実施計画の期間（原則12年（特別の事情があると都道府県知事が認める場合は18年）以下「実施期間」）にわたり継続して救急医療等確保事業に係る業務を実施するために必要な施設及び設備の整備に関する事項を記載します。

（2）定期報告

当該医療法人は，医療法人の毎会計年度終了後3月以内に実施計画の実施状況報告書を，都道府県知事に提出しなければなりません。

なお，実施期間内に救急医療等確保事業に係る業務の実施に必要な施設及び設備の整備が行われる見込みがなくなった場合等においては，その実施計画は取り消されます。

（登記）

第43条　医療法人は，政令で定めるところにより，その設立，従たる事務所の新設，事務所の移転，その他登記事項の変更，解散，合併，分割，清算人の就任又はその変更及び清算の結了の各場合に，登記をしなければならない。

2　前項の規定により登記しなければならない事項は，登記の後でなければ，これをもつて第三者に対抗することはできない。

（登記の届出）

医療法施行令第５条の12　医療法人が，組合等登記令（昭和39年政令第29号）の規定により登記したときは，登記事項及び登記の年月日を，遅滞なく，その主たる事務所の所在地の都道府県知事（次条において単に「都道府県知事」という。）に届け出なければならない。ただし，登記事項が法第44条第１項，第54条の９第３項，第55条第６項，第58条の２第４項（法第59条の２において準用する場合を含む。）及び第60条の３第４項（法第61条の３において準用する場合を含む。）の規定による都道府県知事の認可に係る事項に該当するときは，登記の年月日を届け出るものとする。

医療法人は認可を受けただけでは成立せず，登記手続きが必要である。

1　医療法人の登記

（1）概　要

医療法人の存在を公知させるために，設立や一定事項の変更の事実を登記することにより，広くその事実を把握する機会を与える必要があります。

医療法人が登記すべき事項やその手続きは，組合等登記令（1964年政令第29号）に委任されています。

（2）登記の効力

医療法人は，登記によって第三者に対抗します（医法43②）。

また設立（医法46①），吸収合併（医法58の6），新設合併（医法59の4），吸収分割（医法60の7），新設分割（医法61の5）が，効力発生の要件とされています。

（3）登記事項

組合等登記令によって定められている登記事項は，次のとおりです（組合等登記令2②）。

一　目的及び業務
二　名称
三　事務所の所在場所
四　代表権を有する者の氏名，住所及び資格
五　存続期間又は解散の事由を定めたときは，その期間又は事由
六　資産の総額

（4）登記期限

医療法人が成すべき登記の期限は，それぞれ次のとおりです。

原　因	期　限	組合等登記令根拠
設立	設立認可日から2週間以内	2条
登記事項の変更	変更が生じた日から2週間以内	3条1項
資産の総額の変更	事業年度末日から3か月以内	3条3項

2　虚偽登記の賠償責任

医療法人の評議員又は理事若しくは監事が，虚偽の登記を行ったことによって，悪意又は重大な過失があったときは，これらの者は，虚偽の登記によって第三者に生じた損害を賠償する責任を負います（医法48②）。

ただし，虚偽の登記について，注意を怠らなかったことを証明したときは，賠償責任は，負いません。

■医療法人設立登記申請書の記載例

受付番号票貼付欄

医療法人設立登記申請書

1．名　称（フリガナ）

1．主たる事務所

1．登記の事由　　　令和　年　月　日設立の手続終了

1．認可書到達の年月日　　令和　年　月　日

1．登記すべき事項

1．添付書類

定款　通
理事長の選出を証する書面　通
理事長の就任承諾書　通
財産目録　通
認可書（又は所轄庁の認証がある謄本）　通
委任状　通

上記のとおり，登記の申請をします。

令和　年　月　日

申請人

理事長

連絡先の電話番号

法務局　支　局　御中
出張所

■参考資料「医療法人の登記について（昭和39年５月11日）」

（昭和39年５月11日）
（総第26号）
（各都道府県衛生主管部局長あて厚生省医務局総務課長通知）

昭和39年３月23日付けで公布され，同年４月１日から施行されることとなつた組合等登記令（昭和39年政令第29号）により，医療法人登記令（昭和25年政令第220号）が廃止され，医療法人の登記については，組合等登記令の定めるところによることとなつたので，御了知の上管下の医療法人の指導に遺憾のないよう期されたい。

なお，以上により，従来と異なることとなつた主な点は次のとおりであるので留意されたい。

1　登記事項

(1)　理事全員の氏名及び住所を登記する必要がなくなり，代表権を有する者（清算人を含む。）の氏名，住所及び資格を登記することとされたこと。

(2)　公告の方法が登記事項からはずされたこと。なお，定款又は寄附行為の必要的記載事項であることには変わりないこと。

2　登記手続

(1)　法人が主たる事務所を移転した場合の新所在地における登記の申請は，従来は，新所在地を管轄する登記所に対して三週間以内になすこととされていたが，今後は，旧所在地における登記の申請と同時に，旧所在地を管轄する登記所を経由して，二週間以内になすべきこととされたこと。

(2)　資産の総額の変更の登記は，毎事業年度終了後，主たる事務所においては，四週間以内，従たる事務所においては五週間以内にしなければならないこととされていたが，いずれも二月以内にすれば足りることとされたこと。

(3)　合併により，消滅した法人の解散の登記の申請は，合併によつて消滅した法人の理事がその法人の事務所所在地を管轄する登記所に直接なすこととされていたが，今後は，合併後の存続法人又は新設法人を代表すべき者が，合併後の存続法人又は新設法人の主たる事務所を管轄する登記所を経由して，合併の登記の申請と同時になすべきこととされたこと。

第2節　設　立

（設立の認可）

第44条　医療法人は，その主たる事務所の所在地の都道府県知事（以下この章（第３項及び第66条の３を除く。）において単に「都道府県知事」という。）の認可を受けなければ，これを設立することができない。

2　医療法人を設立しようとする者は，定款又は寄附行為をもつて，少なくとも次に掲げる事項を定めなければならない。

一　目的

二　名称

三　その開設しようとする病院，診療所，介護老人保健施設又は介護医療院（地方自治法第244条の２第３項に規定する指定管理者として管理しようとする公の施設である病院，診療所，介護老人保健施設又は介護医療院を含む。）の名称及び開設場所

四　事務所の所在地

五　資産及び会計に関する規定

六　役員に関する規定

七　理事会に関する規定

八　社団たる医療法人にあつては，社員総会及び社員たる資格の得喪に関する規定

九　財団たる医療法人にあつては，評議員会及び評議員に関する規定

十　解散に関する規定

十一　定款又は寄附行為の変更に関する規定

十二　公告の方法

3　財団たる医療法人を設立しようとする者が，その名称，事務所の所在地又は理事の任免の方法を定めないで死亡したときは，都道府県知

事は，利害関係人の請求により又は職権で，これを定めなければならない。

4　医療法人の設立当初の役員は，定款又は寄附行為をもつて定めなければならない。

5　第２項第10号に掲げる事項中に，残余財産の帰属すべき者に関する規定を設ける場合には，その者は，国若しくは地方公共団体又は医療法人その他の医療を提供する者であつて厚生労働省令で定めるもののうちから選定されるようにしなければならない。

6　この節に定めるもののほか，医療法人の設立認可の申請に関して必要な事項は，厚生労働省令で定める。

（設立の認可の申請）

医療法施行規則第31条　法第44条第１項の規定により，医療法人設立の認可を受けようとする者は，申請書に次の書類を添付して，その主たる事務所の所在地の都道府県知事（以下単に「都道府県知事」という。）に提出しなければならない。

一　定款又は寄附行為

二　設立当初において当該医療法人に所属すべき財産の財産目録

三　設立決議録

四　不動産その他の重要な財産の権利の所属についての登記所，銀行等の証明書類

五　当該医療法人の開設しようとする病院，法第39条第１項に規定する診療所，介護老人保健施設又は介護医療院の診療科目，従業者の定員並びに敷地及び建物の構造設備の概要を記載した書類

六　法第42条第４号又は第５号に掲げる業務を行おうとする医療法人にあつては，当該業務に係る施設の職員，敷地及び建物の構造設備の概要並びに運営方法を記載した書類

七　設立後二年間の事業計画及びこれに伴う予算書

八　設立者の履歴書

九　設立代表者を定めたときは，適法に選任されたこと並びにその権限を証する書類
十　役員の就任承諾書及び履歴書
十一　開設しようとする病院，診療所，介護老人保健施設又は介護医療院の管理者となるべき者の氏名を記載した書面

（残余財産の帰属すべき者となることができる者）

医療法施行規則第31条の２　法第44条第５項に規定する厚生労働省令で定めるものは，次のとおりとする。
一　公的医療機関の開設者又はこれに準ずる者として厚生労働大臣が認めるもの
二　財団である医療法人又は社団である医療法人であつて持分の定めのないもの

ポイント

- **定款には，法令に基づく必須事項と法人独自に定める任意事項がある。**
- **解散時の残余財産の帰属者は定款に定める。**

1　医療法人の設立認可

医療法人は，事務所の所在する都道府県知事（政令指定都市は市長）の認可を受けなければ，設立することができません。

一般的には，主務官庁が設立手続きの方法を明らかにしていますので，その方法に基づいて認可申請を行います。

設立手続きにあたり，公表されているチェックリストに基づき，申請書を作成するとともに，申請書の編綴順序を確認します。

■医療法人設立認可申請の手順（東京都版）

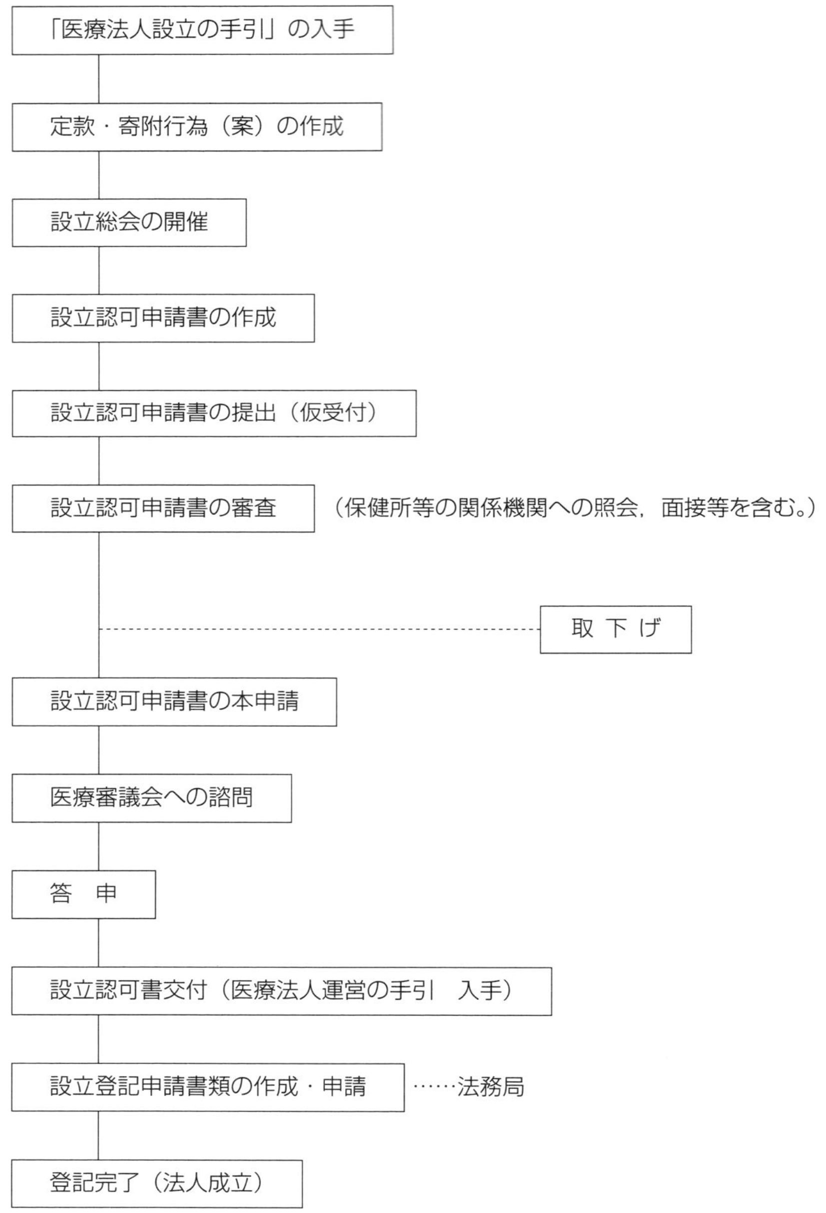

2　医療法人の定款等の定め

（1）定款等記載条項

医療法人の設立認可申請にあたって，社団は定款を，財団は寄付行為を設立総会において，最低限，次の事項を定めた定款等を作成します。

医療法人は独自に，これ以外の条項を定款等に定めることも可能であり，その代表例が社団特定医療法人の評議員の定めです。

①　目的（医政発0325第３号　2016年３月25日医療法人の機関について社団医療法人の定款例　別添１（以下「モデル定款」）第３条）
②　医療法人の名称（モデル定款第１条）
③　開設しようとする病院，診療所，介護老人保健施設又は介護医療院の名称及び開設場所（モデル定款第４条）
④　事務所の所在地（モデル定款第２条）
⑤　資産及び会計に関する規定（モデル定款第４章）
⑥　役員に関する規定（モデル定款第６章）
⑦　理事会に関する規定（モデル定款第７章）
⑧　社団たる医療法人にあつては，社員総会及び社員たる資格の得喪に関する規定（モデル定款第４章，第５章）
⑨　財団たる医療法人にあつては，評議員会及び評議員に関する規定（通知財団医療法人の寄附行為例別添２第４章，第５章）
⑩　解散に関する規定（モデル定款第９章）
⑪　定款又は寄附行為の変更に関する規定（モデル定款第41条）
⑫　公告の方法（モデル定款第47条）

医療法人は，設立や一定事項の変更の事実を登記することにより，広くその事実を把握する機会を与える必要があります。

医療法人が登記すべき事項やその手続きは，組合等登記令（1964年政令第29号）に委任されています。

（2）設立時の役員の定め

医療法人の設立当初の役員は，定款又は寄附行為をもって定めなければならず，設立後の役員の選任・解任は定款等の選任・解任の定めに基づきます。

第44条（設立の認可）

なお，設立後に設立時の役員の条項を削除することも可能です。

【定款記載例】
附　則
本社団設立当初の役員は，次のとおりとする。
理事長　○○○○
理　事　○○○○
　同　　○○○○
監　事　○○○○

3　残余財産帰属者の定め

残余財産の帰属すべき者に関する規定を設ける場合，その帰属者は，国若しくは地方公共団体又は医療法人，医師会などのその他の医療を提供する者のうちから選定されるように，定款等に定めなければなりません（医規31）。

なお，帰属者をこれらの者の中から一部のみを定めることも可能です。

ただし，2007年３月以前に設立された持分のある社団医療法人のように，出資者に払込済出資額に応じて分配する定めは認められません。

■医療法人設立認可申請書チェックリスト（東京都福祉保健局）

医療法人設立認可申請書チェックリスト

1　各書類の「基準日」は申請時期により異なるため，東京都公式ホームページ内の「医療法人設立認可に係る年間スケジュール」から「基準日等一覧表」をダウンロードしてください。

2　次の書類以外に，内容確認のために追加書類の提出をお願いする場合があります。

項　　目 （書類の添付順序）	様式	注意事項
受付表		東京都公式ホームページから直近の申請時期にダウンロードしたもの
医療法人設立認可申請書（様式１）	P.33	日付は東京都が指定した日
定款（寄附行為）	P.35-51	
設立総会議事録（様式２）	P.52-57	仮申請より以前の開催日付
財産目録（様式３）	P.58	基準日：第１回申請は11月30日／第２回申請は５月31日
財産目録明細書（様式４）	P.60	基準日：第１回申請は11月30日／第２回申請は５月31日
不動産鑑定評価書		不動産を拠出する場合
減価償却計算書（様式５）	P.66	基準日：第１回申請は11月30日／第２回申請は５月31日
現物拠出の価額証明書	P.68	基準日における証明
基金拠出契約書等（様式６－１～４）	P.70-77	基金制度を採用する場合に添付
拠出（寄附）申込書（様式６－５）	P.78	基金制度を採用しない場合に添付
預金残高証明書		仮受付時点で発行から３か月以内のもの

診療報酬等の決定通知書		直近２か月分（未収入金を拠出する場合）
設立時の負債内訳書（様式７－１，２）	P.79，81	基準日：第１回申請は11月30日／第２回申請は５月31日
負債の説明資料　（様式８）	P.85	
負債の根拠書類		金銭消費貸借契約書及び支払予定表 借入金で取得した資産の契約書又は請求書及び領収書
債務引継承認願（様式９－１～３）	P.87-89	債権者ごとに作成
リース物件一覧表　（様式10）	P.90	資産計上しないリース契約の場合に添付
リース契約書（写し）		現行のものの写し
リース引継承認願　（様式11）	P.92	リース会社ごとに作成
役員・社員名簿　（様式12）	P.93	基準日：第１回申請は11月30日／第２回申請は５月31日
履歴書　（様式13）	P.95	設立総会の日付
印鑑登録証明書		仮受付時点で発行から３か月以内のもの
委任状　（様式14）	P.97	設立総会の日付
役員就任承諾書　（様式15）	P.99	設立総会の日付
管理者就任承諾書　（様式16）	P.101	設立総会の日付
理事長医師免許証（写し）		原寸大のものを添付のこと
管理者医師免許証（写し）		原寸大のものを添付のこと
理事医師免許証（写し）		原寸大のものを添付のこと
診療所等の概要（様式17－１）	P.103	病院，診療所，介護老人保健施設及び介護医療院
施設等の概要　（様式17－２）	P.107	附帯業務の場合
周辺の概略図		最寄り駅等，交通経路を表示する。
建物平面図		１／50～１／100程度のもの
不動産賃貸借契約書（写し）		

書類	様式掲載頁	備考
賃貸借契約引継承認書（覚書） （様式18）	P.110	
土地・建物登記事項証明書		診療所等の業務で使用する建物等 仮受付時点で発行から３か月以内のもの
近傍類似値について （様式19）	P.112	設立しようとする医療法人の利害関係者等から物件を賃借する場合のみ添付
事業計画書（２か年又は３か年） （様式20）	P.113	法人の初年度が６か月未満の場合は３年分
予算書（２か年又は３か年） （様式21）	P.115	法人の初年度が６か月未満の場合は３年分
予算明細書 （様式22）	P.117-120	
職員給与費内訳書 （様式23）	P.121	
実績表（２年分） （様式24）	P.125	診療所等の２年分の確定申告がない場合は，申請の直近までの試算表を添付すること。
確定申告書（２年分）		①申告書（第一表，第二表）個人番号（マイナンバー）が表示されないように「控用」の写しを添付 ②所得税青色申告決算書 ③所得の内訳書 ④所得税青色申告決算書（一般用）付表≪医師及び歯科医師用≫
診療所の開設届及び変更届の写し		変更届も添付する。

※　東京都医療法人設立の手引き（令和元年６月版）

（認可申請の審査）

第45条　都道府県知事は，前条第１項の規定による認可の申請があつた場合には，当該申請にかかる医療法人の資産が第41条の要件に該当しているかどうか及びその定款又は寄附行為の内容が法令の規定に違反していないかどうかを審査した上で，その認可を決定しなければならない。

２　都道府県知事は，前条第１項の規定による認可をし，又は認可をしない処分をするに当たつては，あらかじめ，都道府県医療審議会の意見を聴かなければならない。

ポイント

設立認可申請は，法令上の基準のほか，都道府県独自の基準に沿うことが実務的な対応である。

１　医療法人の設立認可審査の概要

医療法人の設立認可申請があった場合には，業務を行うに必要な資産を有しているかを審査されます。

医療法人の設立認可申請において，固定資産台帳の提出が求められるのは，この審査のためです。

また，定款又は寄附行為の内容が法令等に違反していないか審査されますが，いわゆるモデル定款に準拠している場合は，審査基準に抵触する可能性は低いと言えます。

一部の都道府県では独自の審査基準を設け，法令上問題がなくても，基準を満たさなければ認可しない例があります。

監事の就任要件は，独自基準の代表的な例です。

■医療法人設立認可申請に対する処分の審査基準（兵庫県の例）

<table>
<tr><td colspan="2">区分</td><td>要件※１</td></tr>
<tr><td colspan="2">資産</td><td>設立される医療法人が業務を行うに必要な資産を有すること（法第41条，45条）</td></tr>
<tr><td colspan="2">定款</td><td>設立される医療法人の定款の内容が法令の規定に違反していないこと（法第45条）</td></tr>
<tr><td rowspan="10">役員</td><td rowspan="3">欠格事由</td><td>役員は成年被後見人又は被保佐人でないこと（法第46条の２）</td></tr>
<tr><td>役員は医療法，医師法，歯科医師法その他医事に関する法令で，罰金以上の刑に処せられ，その執行を受けなくなってから２年以内の者でないこと（法第46条の２）</td></tr>
<tr><td>役員は禁固以上の刑に処せられ，執行を受けていない者であること（法第46条の２）</td></tr>
<tr><td rowspan="2">理事長</td><td>理事長は医師もしくは歯科医師であること（法第46条の３）</td></tr>
<tr><td>理事長は医療法人を代表し，業務を総理できる者であること（県要件，参照法令：法第46条の４）</td></tr>
<tr><td rowspan="2">理事</td><td>理事は３名以上であること（法第46条の２）
＊認可を受けることで，理事を１名もしくは２名とすることが出来る</td></tr>
<tr><td>医療法人の運営する施設の管理者が理事であること（法第47条）</td></tr>
<tr><td rowspan="3">監事</td><td>監事は１名以上であること（法第46条の２）</td></tr>
<tr><td>監事は，理事又は医療法人の職員と兼職しないこと（法第48条）</td></tr>
<tr><td>監事は，監査を客観的に行える者であること（県要件）</td></tr>
<tr><td colspan="2">非営利性</td><td>設立される医療法人は，剰余金の配当を行うものでないこと（県要件，参照法令：法第54条）</td></tr>
<tr><td colspan="2">その他</td><td>医療法等に係る重大な違反事項がないこと（県要件，参照法令：法第66条）</td></tr>
</table>

※１　要件に反すれば不認可となる
※２　補足事項に抵触する場合，要件に反するか否かを具体に判断する
※３　財団形式の申請に対しては，必要な読み替えを行う（定款→寄付行為，拠出→寄付）

<table>
<tr><td colspan="3">補足事項※２</td></tr>
<tr><td colspan="3">２ヶ月間の運転資金が現預金，診療報酬未収金で拠出される計画であること</td></tr>
<tr><td colspan="3">個人等から負債を引き継がない計画であること</td></tr>
<tr><td rowspan="2">一人医師
医療法人
適用外</td><td>土地・建物のいずれかが拠出される計画であること</td><td rowspan="2">当該物件の拠出に伴う負債の引き継ぎは，その拠出額を上限に認められる</td></tr>
<tr><td>医療機械器具，付属備品，薬品衛生材料については，現物拠出される計画であること</td></tr>
<tr><td colspan="3">申請されている定款は，本県の「医療法人設立認可手引き」に添付の定款例を遵守していること</td></tr>
<tr><td colspan="3"></td></tr>
<tr><td colspan="3"></td></tr>
<tr><td colspan="3"></td></tr>
<tr><td colspan="3"></td></tr>
<tr><td colspan="3">設立代表者（理事長予定者）が最も多く拠出する計画であること</td></tr>
<tr><td colspan="3">理事長報酬は，役員報酬のうち最も高額とする計画であること</td></tr>
<tr><td colspan="3">理事を１名もしくは２名とする特例の内容を含まないこと（一人医師医療法人適用外）</td></tr>
<tr><td colspan="3"></td></tr>
<tr><td colspan="3"></td></tr>
<tr><td colspan="3"></td></tr>
<tr><td colspan="3">監事は，理事と３親等以内の親族でないこと</td></tr>
<tr><td colspan="3">監事は，法人顧問の弁護士，公認会計士，税理士でないこと</td></tr>
<tr><td colspan="3">役員は，取引関係にある営利法人等の役職員と兼職する計画でないこと</td></tr>
<tr><td colspan="3">役職員へ不相当に高額な給与を支払う計画でないこと</td></tr>
<tr><td colspan="3">土地・建物を医療法人の関係者から賃借する場合の価額は以下を限度とすること（年額）
・土地：路線価評価額の６％もしくは賃料に係る不動産鑑定評価額
・建物：固定資産税評価額の10％もしくは賃料に係る不動産鑑定評価額
※医療法人の関係者：理事と３親等以内の親族及び左記の者が役職員を務める法人等</td></tr>
<tr><td colspan="3"></td></tr>
</table>

国通知：その内容が厚労省の通知に記載されている補足事項
県独自：兵庫県が独自に設定した補足事項

2　医療審議会の審査

医療法人の設立認可を行うには，あらかじめ医療審議会の意見を聴かなければなりません。

設立認可申請の後，設立認可前までに，医療審議会のスケジュールが組まれているのは，そのためです。

■医療法人設立認可に係る事務日程例（東京都年度下期の例）

1　設立認可までの日程

(1)「申請書」の受付期間

　8月下旬

(2)　設立認可審査期間

　9月から12月まで

＜審査内容＞

・申請書類の内容審査

・施設等について，保健所等関係機関への事前照会

(3)　東京都医療審議会への諮問及び答申

　1月下旬から2月初旬

(4)「設立認可書」の交付

　2月中旬から下旬

（医療法人の設立登記）

第46条　医療法人は，その主たる事務所の所在地において政令の定めるところにより設立の登記をすることによつて，成立する。

2　医療法人は，成立の時に財産目録を作成し，常にこれをその主たる事務所に備え置かなければならない。

（設立の登記）

組合等登記令第2条　組合等の設立の登記は，その主たる事務所の所在地において，設立の認可，出資の払込みその他設立に必要な手続が終了した日から二週間以内にしなければならない。

2　前項の登記においては，次に掲げる事項を登記しなければならない。

一　目的及び業務

二　名称

三　事務所の所在場所

四　代表権を有する者の氏名，住所及び資格

五　存続期間又は解散の事由を定めたときは，その期間又は事由

六　別表の登記事項の欄に掲げる事項

別表（第1条，第2条，第6条，第7条の2，第8条，第14条，第17条，第20条，第21条の3関係）

名称	根拠法	登記事項
医療法人	医療法（昭和23年法律第205号）	資産の総額

ポイント

- 設立認可を受けただけでは医療法人は成立せず，登記を行わなければならない。
- 設立認可申請時とは別に，成立時の財産目録を作成する必要がある。

1　設立登記

(1) 設立登記手続きの概要

都道府県知事より設立認可を受けた場合には，2週間以内に主たる事務所の所在地において設立登記をしなければならず，また，登記をすることによって法人が成立し，認可を受けただけでは医療法人は設立したことにはなりません（医法46①）。

この場合の2週間の起算は，設立の認可のほか拠出金の払込みなどの設立に必要な手続きが終了した日とされていますが（東京都医療法人設立の手引第5章　医療法人設立認可後の手続ほか），登記が完了しなければ金銭の払い込みを受ける医療法人の金融機関口座を開設することができないことから，認可書の交付をもって設立登記を行っていることが実務です。

(2) 登記すべき事項

設立時の登記すべき事項は，次のとおりです。

登記すべき事項	登記例	備　考
目的及び業務	病院を経営し，科学的でかつ適正な医療を普及することを目的とし，次の病院を開設する 東京都○○区○○丁目○番○号 医療法人○団○○会○○病院	病院開設でない場合「病院」を，診療所，介護老人保健施設，介護医療院とする
名　称	医療法人○団○○会	
事務所の所在場所	東京都○○区○○丁目○番○号	定款（寄附行為）で従たる事務所を定めたときは，従たる事務所も登記します。
代表権を有する者（理事長）の氏名住所及び資格	東京都○○区○○丁目○番○号 理事長○○○○	
存続期間又は解散の事由を定めたときは，その期間又は事由		法定の解散事由は通常定めず，登記する必要はありません。

資産の総額	金○○，○○○，○○○円也	財産目録の純資産額（正味資産額）とします。

（3）登記の届出

設立登記が完了した後，速やかに登記事項証明書を添付し，登記完了届を都道府県知事に提出しなければなりません。

■設立登記届の例

様式11

令和　　年　　月　日

埼玉県知事　　様

主たる事務所の所在地
埼玉県熊谷市○○○111番地１
医療法人○○会
理事長　熊谷太郎　　　㊞

医療法人設立登記届

令和６年１０月１６日付指令医第　　　－　号で認可された本法人の設立登記は，令和６年１０月１６日に完了したので，医療法施行令第５条の12の規定により届出します。

■登記事項証明書の添附書類

履歴事項全部証明書

埼玉県熊谷市○○○１１１番地１
医療法人○○会

会社法人等番号	●●●●●●●●●●●●●●
名　称	医療法人○○会
主たる事務所	埼玉県熊谷市○○○１１１番地１
法人成立の年月日	令和６年１０月１６日
目的等	目的及び事業 本社団は，診療所を経営し，科学的でかつ適正な医療を普及することを目的とする。 本社団の開設する診療所の名称及び開設場所は，次のとおりとする。 埼玉県熊谷市○○○１１１番地１
役員に関する事項	埼玉県熊谷市○○○１１１番地１ 理事長　熊谷　太郎
資産の総額	金　　　万　　　　円
登記記録に関する事項	設立 令和　６年１０月１６日登記

（4）開設手続き

医療法人の設立登記を行っただけでは，病院や診療所などの施設の開設はできません。医療法人設立後は，別途開設許可申請などの手続きが必要です。

ただし，施設を開設していなくても医療法人は成立しますので，成立の日から医療法人の事業年度は開始し，法人税の事業年度も開始することに注意が必要です。

設立登記が完了した後，速やかに登記事項証明書を添付し，登記完了届を都道府県知事に提出しなければなりません。

2　財産目録の作成

医療法人は，成立の時に財産目録を作成し，常にこれをその主たる事務所に備え置かなければならず，これは一般的な定款にも定められております。

■定款記載例

> **第3章　資産及び会計**
> **第6条**　2　本社団の設立当時の財産目録は，主たる事務所において備え置くものとする。

しかし，設立時の財産目録をきちんと保管している事例は，稀と言えるでしょう。

また，財産目録は医療法人の設立認可申請書にも添付されていますが，医薬品や診療材料など，必ずしも設立認可申請における財産と設立時の財産が合致するとは限りません。

したがって，設立時に設立認可申請時に作成した財産目録を参考に，改めて財産目録を作成しなければなりません。

この場合，設立総会において議決された基本財産とその他の財産を明確に区分する必要があります。

■設立時財産目録の例

設立時財産目録

医療法人○○会

理事長　　××××

（令和●●年●月●日現在）

1　資　　産　　額　　30,600,000　　円

2　負　　債　　額　　8,000,000　　円

3　純　資　産　額　　22,600,000　　円

（内　訳）

科　目	金額（単位：円）
A基本財産	（　9,000,000　）
建物	9,000,000
B通常財産	（　21,600,000　）
流動資産	（　15,300,000　）
現預金	15,000,000
その他の流動資産	300,000
有形固定資産	（　6,300,000　）
建物附属設備	200,000
医療用器械備品	4,000,000
什器・備品	100,000
リース資産	2,000,000
その他の有形固定資産	（　0　）
無形固定資産	（　0　）
電話加入権	
その他	（　0　）
保証金	0
C資産合計（A＋B）	30,600,000
D負債合計	8,000,000
E純資産（C－D）	22,600,000

第3節　機　関

第1款　機関の設置

（社団及び財団の医療法人の機関）

第46条の2　社団たる医療法人は，社員総会，理事，理事会及び監事を置かなければならない。

2　財団たる医療法人は，評議員，評議員会，理事，理事会及び監事を置かなければならない。

ポイント

社団医療法人の社員は法人の構成員であるが，職員や理事と混同させる例が見受けられる。

1　社員総会

社団医療法人には，社員総会，理事，理事会及び監事という機関を設置しなければなりません。

社員総会を構成する社員とは，法人の構成員であり，法人職員とは別の意味です。

医療法人の社員は，設立総会において選任されるほか，定款に基づき，除名，死亡や退社により社員でなくなり，社員総会の手続きにより入社が行われます。

社員が誰であるかは，その法人に備えられている，社員名簿で確認ができますが（医法46の3の2），社員名簿に不備がある医療法人が多く見受けられます。

2　理事・理事会

社団医療法人は，理事と理事で構成する理事会を設置しなければなりません。

設立時の理事は，設立総会において選任され，定款に記載されます（医法44の２）。

理事には任期があり，理事の選任は社員総会で行われます。

理事長の選任は，社員総会で選任された理事が行います。すなわち，理事長を選任する者を選ぶ権限は社員総会にあることなどから，「社員総会の権利が強い」といわれています。

■社団法人の組織図

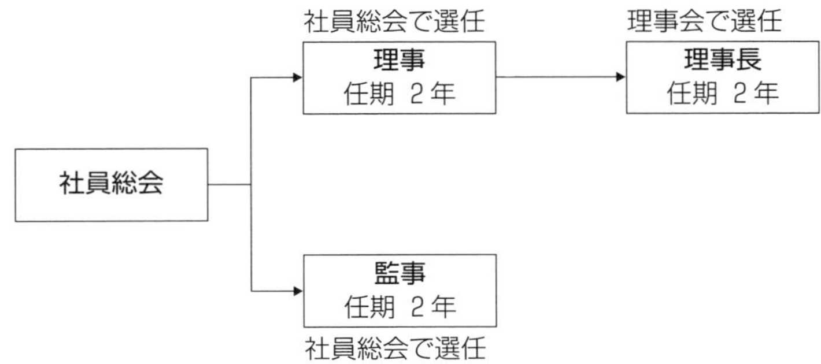

3　理事会設置の強制

きわめて稀な例ですが，2015年９月の改正医療法施行までは，医療法人に理事会を設置しないことが，法令上認められていました。

理事会が設置されていない医療法人は，改正医療法の施行日である2016年９月１日から２年以内に理事会を設置する定款変更が求められました。

医政発0325第３号　2016年３月25日

医療法人の機関について

第２　医療法人の定款例及び寄附行為例の改正について

施行日以後に設立認可等の申請をする医療法人の定款例又は寄附行為例については，次に掲げる一部改正後の定款例又は寄附行為例とすること。

また，施行日において現に存する医療法人の定款又は寄附行為について，理事会に関する規定が置かれていない場合には，改正法附則第６条の規定に基づき，施行日から起算して２年以内に定款又は寄附行為の変更に係る認可申請をしなければならないこと。ただし，理事会に関して，変更前の定款例又は寄附行為例に倣った規定が置かれている場合は，この限りでないこと。

附　則　（2015年９月28日法律第74号）

（定款又は寄附行為の変更に関する経過措置）

第６条　附則第１条第２号に掲げる規定の施行の際現に存する医療法人は，第２号新法の施行に伴い，定款又は寄附行為の変更が必要となる場合には，第２号施行日から起算して二年以内に，第２号新法第54条の９第３項の認可の申請をしなければならない。

第２款　社員総会

（社員総会の決議）

第46条の３　社員総会は，この法律に規定する事項及び定款で定めた事項について決議をすることができる。

２　この法律の規定により社員総会の決議を必要とする事項について，理事，理事会その他の社員総会以外の機関が決定することができることを内容とする定款の定めは，その効力を有しない。

ポイント

重要事項は社員総会の決議がなければならない。

１　社員総会の決議について

（１）強制決議事項

社員総会は，医療法に規定する事項及び定款で定めた事項について決議をすることができます。

医療法に規定する社員総会の決議事項には，次のような項目があります。

決議事項	法　令
社員総会の議長選任	医療法46の３の５
役員の選任	医療法46の５②
役員の解任	医療法46の５の２
役員報酬など	医療法46の６の４
責任の免除	医療法47の２②
事業報告書の承認	医療法51の２③
社会医療法人債の発行	医療法54の２
定款変更	医療法54の９

解散	医療法55①三
認定医療法人への移行	附則（平成18年6月21日法律第84号）10の3四①

また，社員総会において決議すべき事項は，医療法を反映した定款においても定められているため，定款を確認することも重要です。

医療法人の機関について

① **社団医療法人の定款例**（2007年医政発第0330049号） 別添1

第19条 次の事項は，社員総会の議決を経なければならない。

(1) 定款の変更
(2) 基本財産の設定及び処分（担保提供を含む。）
(3) 毎事業年度の事業計画の決定又は変更
(4) 収支予算及び決算の決定又は変更
(5) 重要な資産の処分
(6) 借入金額の最高限度の決定
(7) 社員の入社及び除名
(8) 本社団の解散
(9) 他の医療法人との合併若しくは分割に係る契約の締結又は分割計画の決定

2 その他重要な事項についても，社員総会の議決を経ることができる。

（2）重要事項の決議

社団医療法人の重要事項は，社員総会において決議を要します。

この場合の重要性については，理事若しくは理事長が判断することになります。

重要事項であるにもかかわらず，社員総会の決議を経ないで理事会の決議のみをもって決定した事項が生じた場合，役員が責任を負うことがあり得ますので注意が必要です。

1つの考え方として，すでに社員総会で決議された事業計画に記載された事項や，すでに社員総会において決定された収支予算において盛り込まれた事項については，改めて重要な事項として社員総会の決議は要しないと考えられます。

また，重要かどうか判断が難しい場合は，社員総会の決議を念のため得るという実務が見受けられます。

2　強制決議事項が行われない場合

医療法において社員総会の決議を必要とする事項について，理事会など社員総会以外の機関が決定することは認められず，またそのような定款の定めも効力を有せず，都道府県知事の定款変更認可を受けることができません。

例えば，理事の報酬額の決定は，定款に定めがない限り社員総会の決議が必要であり（医法46の６の４，一社89），理事会のみで決定した理事報酬は効力を有しません。

（社団医療法人の機関としての社員）

第46条の3の2　社団たる医療法人は，社員名簿を備え置き，社員の変更があるごとに必要な変更を加えなければならない。

2　社団たる医療法人の理事長は，少なくとも毎年1回，定時社員総会を開かなければならない。

3　理事長は，必要があると認めるときは，いつでも臨時社員総会を招集することができる。

4　理事長は，総社員の五分の一以上の社員から社員総会の目的である事項を示して臨時社員総会の招集を請求された場合には，その請求のあつた日から二十日以内に，これを招集しなければならない。ただし，総社員の五分の一の割合については，定款でこれを下回る割合を定めることができる。

5　社員総会の招集の通知は，その社員総会の日より少なくとも五日前に，その社員総会の目的である事項を示し，定款で定めた方法に従つてしなければならない。

6　社員総会においては，前項の規定によりあらかじめ通知をした事項についてのみ，決議をすることができる。ただし，定款に別段の定めがあるときは，この限りでない。

ポイント

社員総会の決議は，法令において明確な手続きが定められている。

1　社員名簿の備え付け

（1）概　要

医療法人は，社員特定のためにも，社員名簿を備え付けなければなりません。

社員の変更や持分に関する事項に変更があった場合などには，その都度必要な変更を社員名簿に加えなければなりません。

■医療法人社員名簿

役員及び社員（評議員）の名簿

（令和　年　月　日現在）

	役職名	氏　名	生年月日	年齢	性別	住　所	職　業	拠出額	続柄
役員名	理事長 理　事 〃 〃 〃 監　事 〃							円	
	計	名						円	
社員名								円	
	計	名						円	

（注）1　役員，社員の全員を記入すること。
2　氏名には，ふりがなを付けること。
3　財団である医療法人については，社員名欄を評議員に変えて記載すること。
4　職業は具体的に記載すること。
〈例〉当診療所の管理者，当診療所の看護師，他病院医師，大学病院医師，医学生等
5　拠出額は，純資産額を記載すること。
6　続柄は，理事長（本人）との続柄を記載すること。

（2）社員名簿記載項目

社員名簿には，次の事項を記載します（医療法人運営指導要綱Ⅰ4⑴1）。

【社員名簿の記載事項】

①　氏名
②　生年月日（年齢）
③　性別
④　住所
⑤　職業

⑥　入社年月日（退社年月日）
⑦　出資持分の定めがある医療法人の場合は出資額及び持分割合

（3）社員の特定

その法人の社員が誰であるかは，医療法人設立認可申請書に添付された設立総会議事録のほか，その後に開催された社員総会議事録によってわかります。

ただし，社員総会議事録において社員とされている者が，入社手続きを経ていないこともあることから，必ずしも社員総会の出席社員が社員として就任した者とは限りません。

（4）退社手続き

社員は，定款に基づき除名，死亡，退社により，その地位を失います。

このうち，死亡の事実は明確に確認できることから，社員総会の議決なく，社員であった者を社員名簿から削除することは可能です。

2　法人の社員就任

（1）営利法人の社員就任

営利法人は，医療法人の持分を有することはできますが，社員となることはできません。

医療法人に対する出資又は寄附について
（1991年1月17日）
（指第1号）
（東京弁護士会会長あて厚生省健康政策局指導課長回答）

照会

1　株式会社，有限会社その他営利法人は，法律上出資持分の定めのある社団医療法人，出資持分の定めのない社団医療法人または財団医療法人のいずれに対しても出資者又は寄附者となり得ますか。

2　仮に株式会社，有限会社その他営利法人は上記1の医療法人の出資者又は寄附者となり得るとした場合，医療法人新規設立の場合と既存医療法人に対する追加出資又は追加寄附の場合の２つの場合を含むのでしょうか。

回答

標記について，平成３年１月９日付東照第3617号で照会のあったことについては，下記により回答する。

記

照会事項１については，医療法第７条第４項において「営利を目的として，病院，診療所又は助産所を開設しようとする者に対しては，都道府県知事は開設の許可を与えないことができる。」と規定されており，医療法人が開設する病院，診療所は営利を否定されている。そのため営利を目的とする商法上の会社は，医療法人に出資することにより社員となることはできないものと解する。

すなわち，出資又は寄附によって医療法人に財産を提供する行為は可能であるが，それに伴っての社員としての社員総会における議決権を取得することや役員として医療法人の経営に参画することはできないことになる。

照会事項２については，医療法人新規設立の場合と既存医療法人に対する追加出資又は追加寄附の場合も含むことになる。

（２）非営利法人の社員就任

過去，医療法人の社員は自然人に限られるとする実務運用がされていました。

しかし現在は，非営利法人ならば，医療法人の社員となることができます。

この場合の非営利法人とは，非営利性を徹底した法人を指すのではなく，出資者に配当を行わない法人を指します。

したがって，公益認定法人，社会福祉法人，特定非営利活動法人（NPO法人）などのほか，株式会社と同様に全所得に法人税が課される同族に支配された一般社団法人，一般財団法人も社員になり得ます。

医政発0325第３号　2016年３月25日

医療法人の機関について

第１　医療法人の機関に関する規定等の内容について

２　社員総会に関する事項について（法第46条の３から第46条の３の６関係）

(5)　その他

③　社団たる医療法人の社員には，自然人だけでなく法人（営利を目的とする法人を除く。）もなることができること。

3　社員総会の開催

（1）概　要

社団たる医療法人の理事長は，少なくとも毎年1回，定時社員総会を開かなければなりません。

モデル定款において，社員総会は年2回開催するとなっていますが，医療法上は1回で足り，『社員総会は，収支予算の決定と決算の決定のため年2回以上開催することが望ましい』とされています。

■モデル定款例

第17条　理事長は，定時社員総会を，毎年○回，○月に開催する。

2　理事長は，必要があると認めるときは，いつでも臨時社員総会を招集することができる。

3　理事長は，総社員の5分の1以上の社員から社員総会の目的である事項を示して臨時社員総会の招集を請求された場合には，その請求があった日から20日以内に，これを招集しなければならない。

4　社員総会の招集は，期日の少なくとも5日前までに，その社員総会の目的である事項，日時及び場所を記載し，理事長がこれに記名した書面で社員に通知しなければならない。

（2）招集手続き

社員総会の招集通知は，社員総会の日より少なくても5日前までに行わなければなりません（医法46の3の2⑤）。

郵送による招集通知手続きを行う場合，5日の判定は発送日ではなく，到着日基準が求められると考えられます。

なお，招集通知は郵送による方法を必ず求められていないことから，社員に不利でない限り電子による招集通知の提供も定款に反しない限り否定されないと考えられます。

（社員総会の議決）

第46条の３の３　社員は，各一個の議決権を有する。

2　社員総会は，定款に別段の定めがある場合を除き，総社員の過半数の出席がなければ，その議事を開き，決議をすることができない。

3　社員総会の議事は，この法律又は定款に別段の定めがある場合を除き，出席者の議決権の過半数で決し，可否同数のときは，議長の決するところによる。

4　前項の場合において，議長は，社員として議決に加わることができない。

5　社員総会に出席しない社員は，書面で，又は代理人によつて議決をすることができる。ただし，定款に別段の定めがある場合は，この限りでない。

6　社員総会の決議について特別の利害関係を有する社員は，議決に加わることができない。

ポイント

持分割合にかかわらず社員は，常に１個の議決権を有し，議決権に差異を設けてはならない。

1　社員総会の開催

（1）議決権

社員は，社員それぞれが１個の議決権を有し，出資額や持分割合による議決数を与える旨の定款の定めは効力を有しません。

社員総会の議事は，法律又は定款に別段の定めがある場合を除き，出席者の議決権の過半数で決し，可否同数のときは，議長の決するところによります。

議長となった社員として当初の議決から議決に加わることができません。

（2）社員総会の議長について

社員総会の議長は，議決に加わることができません。

したがって，意見が拮抗する議案の場合，社員総会の議長を選出した派閥の社員側は，議決で1個が減じ，議決で負ける場合があります。

なお，定款に特段の定めがない限り，社員総会の議長は，社員でなくても構いません。

そのため，モデル定款においては社員総会の議長は社員の中から選任することとなっていますが，この規定でよいのか検討すべきです。

2　社員総会の書面議決

定款に別段の定めがない限り，社員総会に出席しない社員は，書面で，又は代理人によって議決をすることができます。

■書面議決の例

書面議決書

医療法人〇〇会
　理事長　××××様
　私は，令和　年　月　日に開催される社員総会において，次の通り書面にて議決権を行使します。

令和　　年　　月　　日
住所
氏名　　　　　　　　　　　　印

⑴　第1号議案　令和　年　月度決算承認について
　　　賛成・反対

3　利害関係者の決議

特定の社員と医療法人が取引を行うことの決議など，特別の利害関係を有する社員は，議決に加わることができませんが，社員総会の出席を止められるものではありません。

どのような取引が特別利害関係であるかについては，医療法において明確に定められているわけではありません。例えば，社員と医療法人との譲渡や賃貸借取引，社員が主要株主である株式会社と医療法人との資産譲渡や賃貸借取引などが該当すると考えられます。

（役員の社員総会での説明責任）

第46条の３の４　理事及び監事は，社員総会において，社員から特定の事項について説明を求められた場合には，当該事項について必要な説明をしなければならない。ただし，当該事項が社員総会の目的である事項に関しないものである場合その他正当な理由がある場合として厚生労働省令で定める場合は，この限りでない。

（法第46条の３の４の厚生労働省令で定める場合）

医療法施行規則第31条の３　法第46条の３の４に規定する厚生労働省令で定める場合は，次に掲げる場合とする。

一　社員が説明を求めた事項について説明をすることにより社員の共同の利益を著しく害する場合

二　社員が説明を求めた事項について説明をするために調査をすることが必要である場合（次に掲げる場合を除く。）

イ　当該社員が社員総会の日より相当の期間前に当該事項を医療法人に対して通知した場合

ロ　当該事項について説明をするために必要な調査が著しく容易である場合

三　社員が説明を求めた事項について説明をすることにより医療法人その他の者（当該社員を除く。）の権利を侵害することとなる場合

四　社員が当該社員総会において実質的に同一の事項について繰り返して説明を求める場合

五　前各号に掲げる場合のほか，社員が説明を求めた事項について説明をしないことにつき正当な理由がある場合

ポイント

- 理事及び監事は，社員総会において社員が説明を求めた事項について説明を果たす責任がある。
- 理由がある場合は，説明を拒むことができる。

1　役員の説明責任の概要

社団医療法人の理事は，法令及び定款又は社員総会の決議を遵守し，医療法人のため忠実にその職務を行わなければなりません。

また，医療法人の監事は，医療法人の業務や財産の状況を監査し，作成した監査報告書を，毎会計年度終了後３月以内に社員総会又は理事会に提出する義務を負います。

これら理事や監事（以下「役員」）は，社員総会において選任され，任された業務や監査の状況について，社員総会において求められれば説明を果たさなければならないことは当然です。

この説明責任を明らかにしたのが，本条です。

2　説明を拒める場合

しかし，役員の説明責任はすべての場合において求められるのではなく，次の場合は説明を行わないことが認められています。

イ　社員が説明を求めた事項について説明をすることにより社員の共同の利益を著しく害する場合

ロ　社員が説明を求めた事項について説明をするために調査をすることが必要である場合。

　ただし，次に掲げる場合を除く。

　(イ)　当該社員が社員総会の日より相当の期間前に当該事項を医療法人に対して通知した場合

　(ロ)　当該事項について説明をするために必要な調査が著しく容易である場合

ハ　社員が説明を求めた事項について説明をすることにより医療法人その他の者（当該社員を除く。）の権利を侵害することとなる場合

ニ　社員が当該社員総会において実質的に同一の事項について繰り返して説明を求める場合

ホ　イからニまでに掲げる場合のほか，社員が説明を求めた事項について説明をしないことにつき正当な理由がある場合

（1）イの共同の利益を著しく害する場合について

社員の共同の利益を著しく害する場合は，社員から説明を求められた理事であっても，その説明を拒否することができます。

この場合の，共同の利益を著しく害する場合とは，例えば特定の社員による敵対的買収行為を助長するようなケースや，医療法人の経営に悪い影響を与えかねない資産の処分に影響すること，特定の社員のみが有利に払い戻し請求が行えるための情報提供などが考えられます。

（2）ホの説明をしないことにつき正当な理由がある場合について

社員が説明を求めた事項であっても，役員は説明をしないことにつき正当な理由がある場合，説明を拒むことができます。

このようなこととして考えられるケースとして，例えば職員からの不法行為に関する情報提供があったものの，職員への不利な処遇を避けるために職員名を伏せることや，医療法人の経営に関係がない職員の私的行為に関する説明を求める場合などが考えられます。

（社員総会の運営）

第46条の３の５　社員総会の議長は，社員総会において選任する。

２　社員総会の議長は，当該社員総会の秩序を維持し，議事を整理する。

３　社員総会の議長は，その命令に従わない者その他当該社員総会の秩序を乱す者を退場させることができる。

ポイント

社員総会の議長は，定款に定めがなければ社員でなくてもかまわない。

1　社員総会の議長

社員総会の議長は，社員総会において選任されますが，定款に別段の記載がない限り，議長は社員に限られず，社員以外の者が議長となることも認められます。

モデル定款をそのまま導入した医療法人は，社員総会の議長は社員の中から選ぶ旨を定めていますので，社員以外の議長選任を望む医療法人は，定款変更が必要です。

モデル定款	医療法
第●条 社員総会の議長は，社員の中から社員総会において選任する。	**第46条の３の５** 社員総会の議長は，社員総会において選任する。

2　社員総会の議事録記載例

社員総会の議長の選任が社員総会の開催の都度行われている場合には，次のような事項を社員総会議事録に記載します。

本社団定款第●条の規定により○○○○は選任されて議長となり，定款第●条第●項に規定する定足数を満たしたことを確認したのち，●時●分開会を宣し，議事に入った。

3　議長の権限発生時期

社員総会の議長としての権限は，選任後，開会を宣したときから生じると考えられます。

しかし，事前の情報などにより選任，開催宣言前に危険行為に及んだりする者がいることも考えられます。

このような場合には，あらかじめ一定期間，社員総会の議長となる者をあらかじめ社員総会で選任しておき，開催前から社員総会の秩序維持を行える権限を与えるという方法も考えられます。

4　社員の退場命令

社員の社員総会への出席は，権利ですので通常は拒むことはできません。

そのため，議長に与えられている秩序を乱す社員の退場の権限は，社員の議決権を奪うことになることから慎重に行うべきです。

事前の警告などを行わずいきなり退場を命じたような場合には，社員総会の適法性に疑義が生じることもありうると考えられます。

（社員総会の議事録）

第46条の３の６　一般社団法人及び一般財団法人に関する法律（平成18年法律第48号）第47条の２（各号列記以外の部分に限る。），第47条の３第１項（各号列記以外の部分に限る。），第47条の４第３項，第47条の５，第47条の６及び第57条の規定は，医療法人の社員総会について準用する。この場合において，同法第47条の２中「次に掲げる資料（第47条の４第３項において「社員総会参考書類等」という。）」とあるのは「医療法（昭和23年法律第205号）第51条の２第１項の事業報告書等」と，「法務省令」とあるのは「厚生労働省令」と，同法第47条の３第１項中「次に掲げる」とあり，及び同法第47条の５第１項中「第47条の３第１項各号に掲げる」とあるのは「医療法第51条の２第１項の事業報告書等に記載され，又は記録された事項並びに当該事項を修正したときは，その旨及び修正前の」と，同法第47条の６中「同項第６号」とあるのは「医療法第46条の３の６において読み替えて準用する同項」と，同法第57条第１項，第３項及び第４項第２号中「法務省令」とあるのは「厚生労働省令」と読み替えるものとするほか，必要な技術的読替えは，政令で定める。

（医療法人の社員総会に関する技術的読替え）

医療法施行令第５条の５の７　法第46条の３の６において医療法人の社員総会について一般社団法人及び一般財団法人に関する法律（平成18年法律第48号）第47条の２（各号列記以外の部分に限る。），第47条の３第１項（各号列記以外の部分に限る。），第47条の４第３項，第47条の５，第47条の６及び第57条の規定を準用する場合においては，法第46条の３の６の規定によるほか，次の表の上欄に掲げる一般社団法人及び一般財団法人に関する法律の規定中同表の中欄に掲げる字句は，同表の下欄に掲げる字句に読み替えるものとする。

第47条の2	理事	理事長
第47条の３第１項	第39条第２項各号に掲げる場合には，社員総会	社員総会
	同条第１項	医療法第46条の３の２第５項
	を発した	が発せられた
第47条の４第３項	第41条第１項，第42条第１項及び第125条	医療法第51条の２第２項
	第39条第１項	同法第46条の３の２第５項
	社員総会参考書類等を交付し，又は	同法第51条の２第１項の事業報告書等を
第47条の５第１項	社員（第39条第３項の承諾をした社員を除く。）	社員
第47条の５第２項	第39条第１項	医療法第46条の３の２第５項

（社員総会の議事録）

医療法施行規則第31条の３の３　法第46条の３の６において読み替えて準用する一般社団法人及び一般財団法人に関する法律（平成18年法律第48号）第57条第１項の規定による社員総会の議事録の作成については，この条の定めるところによる。

2　社員総会の議事録は，書面又は電磁的記録をもつて作成しなければならない。

3　社員総会の議事録は，次に掲げる事項を内容とするものでなければならない。

一　社員総会が開催された日時及び場所（当該場所に存しない理事，監事又は社員が社員総会に出席した場合における当該出席の方法を含む。）

二　社員総会の議事の経過の要領及びその結果

三　決議を要する事項について特別の利害関係を有する社員があるときは，当該社員の氏名

四　次に掲げる規定により社員総会において述べられた意見又は発言があるときは，その意見又は発言の内容の概要

イ　法第46条の５の４において読み替えて準用する一般社団法人及び一般財団法人に関する法律第74条第１項

ロ　法第46条の５の４において読み替えて準用する一般社団法人及び一般財団法人に関する法律第74条第２項

ハ　法第46条の８第４号

ニ　法第46条の８第７号後段

ホ　法第46条の８の３において読み替えて準用する一般社団法人及び一般財団法人に関する法律第105条第３項

五　社員総会に出席した理事又は監事の氏名

六　社員総会の議長の氏名

七　議事録の作成に係る職務を行つた者の氏名

（法第46条の３の６において読み替えて準用する一般社団法人及び一般財団法人に関する法律第57条第３項の厚生労働省令で定める措置）

医療法施行規則第31条の３の４　法第46条の３の６において読み替えて準用する一般社団法人及び一般財団法人に関する法律第57条第３項に規定する厚生労働省令で定める措置は，医療法人の使用に係る電子計算機を電気通信回線で接続した電子情報処理組織を使用する方法であつて，当該電子計算機に備えられたファイルに記録された情報の内容を電気通信回線を通じて医療法人の従たる事務所において使用される電子計算機に備えられたファイルに当該情報を記録するものによる措置とする。

（電磁的記録に記録された事項を表示する方法）

医療法施行規則第31条の３の５　次に掲げる規定に規定する厚生労働省令で定める方法は，次に掲げる規定の電磁的記録に記録された事項を紙面又は映像面に表示する方法とする。

一　法第46条の３の６において読み替えて準用する一般社団法人及び一般財団法人に関する法律第57条第４項第２号

二　法第46条の４の７において読み替えて準用する一般社団法人及び一般財団法人に関する法律第193条第４項第２号

三　法第46条の７の２第１項において読み替えて準用する一般社団法人及び一般財団法人に関する法律第97条第２項第２号

【読み替え】

（電子提供措置をとる旨の定め）

一般社団法人及び一般財団法人に関する法第47条の２　医療法人は，理事長が社員総会の招集の手続を行うときは，医療法（昭和23年法律第205号）第51条の２第１項の事業報告書等の内容である情報について，電子提供措置（電磁的方法により社員が情報の提供を受けることができる状態に置く措置であって，厚生労働省令で定めるものをいう。）をとる旨を定款で定めることができる。この場合において，その定款には，電子提供措置をとる旨を定めれば足りる。

（電子提供措置）

一般社団法人及び一般財団法人に関する法第47条の３　電子提供措置をとる旨の定款の定めがある医療法人の理事は，社員総会の日の三週間前の日又は医療法第46条の３の２第５項の通知が発せられた日のいずれか早い日（第47条の６第３号において「電子提供措置開始日」という。）から社員総会の日後三箇月を経過する日までの間（第47条の６において「電子提供措置期間」という。），医療法第51条の２第１項の事業報告書等に記載され，又は記録された事項並びに当該事項を修正したときは，その旨及び修正前の事項に係る情報について継続して電子提供措置をとらなければならない。

（社員総会の招集の通知等の特則）

一般社団法人及び一般財団法人に関する法第47条の４第３項　医療法第51条の２第２項の規定にかかわらず，電子提供措置をとる旨の定款の定めがある医療法人においては，理事は，同法第46条の３の２第５項の通知に際して，社員に対し，同法第51条の２第１項の事業報告書等を提供することを要しない。

（書面交付請求）

一般社団法人及び一般財団法人に関する法第47条の５　電子提供措置をとる旨の定款の定めがある医療法人の社員は，医療法人に対し，医療法第51条の２第１項の事業報告書等に記載され，又は記録された事項並びに当該事項を修正したときは，その旨及び修正前の事項（次項において「電子提供措置事項」という。）を記載した書面の交付を請求することができる。

２　理事は，第47条の３第１項の規定により電子提供措置をとる場合には，医療法第46条の３の２第５項の通知に際して，前項の規定による請求（以下この条において「書面交付請求」という。）をした社員に対し，当該社員総会に係る電子提供措置事項を記載した書面を交付しなければならない。

３　書面交付請求をした社員がある場合において，その書面交付請求の日（当該社員が次項ただし書の規定により異議を述べた場合にあっては，当該異議を述べた日）から一年を経過したときは，医療法人は，当該社員に対し，前項の規定による書面の交付を終了する旨を通知し，かつ，これに異議のある場合には一定の期間（以下この条において「催告期間」という。）内に異議を述べるべき旨を催告することができる。ただし，催告期間は，一箇月を下ることができない。

4　前項の規定による通知及び催告を受けた社員がした書面交付請求は，催告期間を経過した時にその効力を失う。ただし，当該社員が催告期間内に異議を述べたときは，この限りでない。

（電子提供措置の中断）

一般社団法人及び一般財団法人に関する法第47条の６　第47条の３第１項の規定にかかわらず，電子提供措置期間中に電子提供措置の中断（社員が提供を受けることができる状態に置かれた情報がその状態に置かれないこととなったこと又は当該情報がその状態に置かれた後改変されたこと（医療法第46条の３の６において読み替えて準用する同項の規定により修正されたことを除く。）をいう。以下この条において同じ。）が生じた場合において，次の各号のいずれにも該当するときは，その電子提供措置の中断は，当該電子提供措置の効力に影響を及ぼさない。

一　電子提供措置の中断が生ずることにつき医療法人が善意でかつ重大な過失がないこと又は医療法人に正当な事由があること。

二　電子提供措置の中断が生じた時間の合計が電子提供措置期間の十分の一を超えないこと。

三　電子提供措置開始日から社員総会の日までの期間中に電子提供措置の中断が生じたときは，当該期間中に電子提供措置の中断が生じた時間の合計が当該期間の十分の一を超えないこと。

四　医療法人が電子提供措置の中断が生じたことを知った後速やかにその旨，電子提供措置の中断が生じた時間及び電子提供措置の中断の内容について当該電子提供措置に付して電子提供措置をとったこと。

（議事録）

一般社団法人及び一般財団法人に関する法第57条　社員総会の議事については，厚生労働省令で定めるところにより，議事録を作成しなければならない。

2　医療法人は，社員総会の日から十年間，前項の議事録をその主たる事務所に備え置かなければならない。

3　医療法人は，社員総会の日から五年間，第１項の議事録の写しをその従たる事務所に備え置かなければならない。ただし，当該議事録が電磁的記録をもって作成されている場合であって，従たる事務所における次項第２号に掲げる請求に応じることを可能とするための措置として厚生労働省令で定めるものをとっているときは，この限りでない。

4　社員及び債権者は，医療法人の業務時間内は，いつでも，次に掲げる請求をすることができる。

一　第１項の議事録が書面をもって作成されているときは，当該書面又は当該書面の写しの閲覧又は謄写の請求

二　第１項の議事録が電磁的記録をもって作成されているときは，当該電磁的記録に記録された事項を厚生労働省令で定める方法により表示したものの閲覧又は謄写の請求

ポイント

- 社員総会の議事録作成者は，出席社員とは限らない。
- 社員及び債権者は，社員総会議事録の閲覧権を有し，適切な議事運営の確認機会を有する。

1　社員総会資料の電子提供

会社法において，株主総会資料について電子提供措置を取ることができる旨の規定及びその手続に係る規定を新設され，一般社団法人の社員総会について同趣旨の規定を新設することとなったため，社団たる医療法人についても社員総会の規定があることから，同様の措置を設けられました（医令５の５の７（令和４年政令287号・追加））。

改正により医療法人は，社員総会の招集手続きの際，事業報告書等の内容である情報について，電子提供措置，すなわちクラウドフォルダなどに掲載し，当該アドレスを社員総会招集通知に記載して社員に通知し，書面の送付を割愛することができることとなりました。

電子提供を行う場合には，社員総会の日の３週間前の日又は社員総会招集通知発信日のいずれか早い日から社員総会の日後３か月経過日まで事業報告

書等を継続して電子的に提供することが求められます。

2　社員総会議事録の概要

（1）社員総会議事録の形式

医療法人の社員で組織をする社員総会が開催された場合には，議事の経過などを記載した議事録を作成しなければなりません（医法46の3の6，一社57①）。

社員総会議事録は理事会議事録と同様に，書面によるほか，電磁的記録，すなわちPDFなどの電子データにより作成することも認められます（医規31の3の2②）。

2016年9月医療法改正前までは，議事録の作成方法は法定化されておらず，医療法人運営管理指導要綱（1990年3月1日健政発110号ほか）において「会議開催の都度，議事録は正確に記録され，保存されていること」が定められている程度でした。

（2）条文構成

2016年9月の医療法改正において，医療法では一般社団法人及び一般財団法人に関する法律（以下「一般法人法」といいます）の読み替え規定を多用しています。

例えば，社員総会議事録に関しては，医療法に具体的方法を定めるのではなく，医療法46条の3の6において一般法人法57条に準拠して定められております。

また，一般法人法57条において省令委任している条項は，医療法46条の3の6において，「法務省令」とあるのは「厚生労働省令」と読み替えられ，医療法施行規則31条の3の2～31条の3の5によります。

さらに，医療法施行規則31条の3の3において，一般法人法74条1項に監事の選解任について，意見を述べることができる旨が定められております。

（3）議事録作成者は社員でなくても構わない

社員総会議事録が書面により作成された場合は，議事録作成者は全員，議事録に署名又は記名押印しなければなりませんが，社員総会の議事録作成者は，社員であることは求められておりません。

そのため，社員総会に出席した社員が議事録作成者となる場合もありますし，社員総会に出席した役員が議事録作成者となることもあるでしょう。

社員総会において，社員である議長は社員として決議に加わることができません（医法46の３の３④）から，すべての社員の意見を反映させるために，社員総会の議長は社員でない者が就任することもあります。

社員総会の議事録作成者は法律において当然に定められておりませんので，社員総会でその都度決議を行うか，定款に基づき定められた社員総会議事細則に定める必要があります。

この点は，医療法において当然に出席役員が議事録署名人となる理事会議事録とは異なる点です。

（４）電子署名の形式

社員総会議事録をPDFなどで電磁的に作成することが可能となりました。

電磁的記録による社員総会議事録は理事会議事録同様，署名又は記名押印に代えて，議事録作成者は電子署名をしなければならないと考えます。

3　社員総会議事録の記載事項

社員総会議事録には，次の７項目を記載しなければなりません（医規31の３の２③）。

（１）日時に関する事項：社員総会が開催された日時及び場所（当該場所に存在しない理事，監事又は社員が社員総会に出席した場合における当該出席の方法を含む）

医療法人の社員総会の開催は，社員の出席を害することがない限り，その場所は制限されません。

また，「当該場所に存しない理事，監事又は社員が社員総会に出席した場合における当該出席の方法を含む」旨が医療法施行規則に定められておりますので，テレビ会議システムなどを使用し，社員総会に出席することも想定できます。

（2）議事経過：社員総会の議事の経過の要領及びその結果

社員総会議事録には，会議で発言された内容を記載します。記載すべき発言内容はすべてである必要はなく，検討内容がわかる程度の概要で構いません。

また，議案の可否についての結果も，議事録に記載します。

（3）利害関係社員に関する事項：決議を要する事項について特別の利害関係を有する社員があるときは，当該社員の氏名

法令に明文規定はありませんが，特別の利害関係を有する社員は，社員総会議決に加わることができないと解します。例えば，社員が有する資産を医療法人が購入する場合は利益相反関係にあることから，その社員は議決に加わることができないと考えられます。

この利害関係を有する社員の氏名を議事録に記載することによって，議決に加わらなかったことを明確にさせます。

（4）重要事項：下記に関する意見又は発言内容の概要

① 監事の選任，解任，辞任

② 辞任した監事の辞任理由

③ 監査の結果，不正行為や重大な違反事実を発見したこと

④ 理事が社員総会に提出しようとする議案，書類などを調査し，その結果法令や定款に違反し，又は著しく不当な事項があると認めること

⑤ 監事の報酬等

監事は，医療法人の業務及び財産の状況を監査する義務を有する重要な機関です。

監査執行のために，時には社員に苦言を呈さなければならず，そのため疎ましい監事を社員総会の決議により解任することもありえます。

解任された監事は，監事としての職責を負いませんが，社員総会において選任・解任経緯などを述べる権利を有します。

また，医療法人の財産に重大な事実を発見した監事が，その事実を理事などに伝える前に，紛争に巻き込まれないために自ら監事を辞任する場合もありえます。そのような行動を監事が起こした場合，不正事実が隠ぺいされるおそれがありますので，辞任した監事は辞任後最初に招集される社員総会に出席して，辞任した旨及びその理由を述べることができます。

(5) 出席役員の氏名：社員総会に出席した理事又は監事の氏名

社員でない理事や監事が，社員総会の議事を円滑に進めるために，社員総会に出席することは問題ありません。ただし，社員の地位を有さない理事や監事は，その議決に加わることができません。

また，監事は重要な会議に出席するなどの方法により，社員総会が適法に開催されたか確認する義務を有します。

このようなことを明らかにするために，社員総会に関与した理事や監事の氏名を社員総会議事録に記載します。

(6) 議長の氏名：社員総会の議長の氏名

社員総会の議長は，社員総会において選任されますが，議長は社員や理事以外の者を選任することも認められます。

議長を明らかにするために，社員総会議事録に議長氏名を明確に記載しなければなりません。

(7) 議事録作成者の氏名：議事録の作成に係る職務を行った者の氏名

社員総会の議事録作成者は，社員に限られません。

社員総会において議事録作成者に選任された者は，その作成した社員総会議事録に署名又は記名押印を行います。

4　社員総会議事録の保存

社員総会議事録は，社員総会開催の日から主たる事務所には10年間，従たる事務所には５年間据え置かなければなりません（医法46の３の６，一社57②③）。

主たる事務所，従たる事務所の所在地はその医療法人の登記簿謄本や定款を確認すればわかりますが，従たる事務所を定めている医療法人は稀です。

ただし，社員総会議事録がPDFなど電磁的に記録されている場合には，従たる事務所のパソコンからインターネット回線などを通じて主たる事務所にある議事録を閲覧できるようにしておく方法も可能です（医規31の３の３）。

5　社員総会議事録の閲覧

社員及び債権者は，医療法人の業務時間内にいつでも，社員総会議事録の閲覧を請求することができます（医法46の３の６，一社57④）。

社員においては，社員総会の議事が適切に議事録に反映されているか，社員総会の議事録閲覧において確認する機会を有することになります。

また，債権者においては，基本財産の設定及び処分や借入金額の最高限度の決定など，債権者にとって重要な事項が，社員総会において適切に議決を経ているか確認する機会を有することになります。

第３款　評議員及び評議員会

（財団医療法人の評議員）

第46条の４　評議員となる者は，次に掲げる者とする。

一　医療従事者のうちから，寄附行為の定めるところにより選任された者

二　病院，診療所，介護老人保健施設又は介護医療院の経営に関して識見を有する者のうちから，寄附行為の定めるところにより選任された者

三　医療を受ける者のうちから，寄附行為の定めるところにより選任された者

四　前三号に掲げる者のほか，寄附行為の定めるところにより選任された者

２　次の各号のいずれかに該当する者は，医療法人の評議員となることができない。

一　法人

二　心身の故障のため職務を適正に執行することができない者として厚生労働省令で定めるもの

三　この法律，医師法，歯科医師法その他医事に関する法律で政令で定めるものの規定により罰金以上の刑に処せられ，その執行を終わり，又は執行を受けることがなくなつた日から起算して二年を経過しない者

四　前号に該当する者を除くほか，拘禁刑以上の刑に処せられ，その執行を終わり，又は執行を受けることがなくなるまでの者

３　評議員は，当該財団たる医療法人の役員又は職員を兼ねてはならない。

４　財団たる医療法人と評議員との関係は，委任に関する規定に従う。

（医事に関する法律）

医療法施行令第５条の５の８　法第46条の４第２項第３号（法第46条の５第５項において準用する場合を含む。）の政令で定める医事に関する法律は，次のとおりとする。

一　あん摩マツサージ指圧師，はり師，きゆう師等に関する法律（昭和22年法律第217号）
二　栄養士法（昭和22年法律第245号）
三　保健師助産師看護師法（昭和23年法律第203号）
四　歯科衛生士法（昭和23年法律第204号）
五　診療放射線技師法（昭和26年法律第226号）
六　歯科技工士法（昭和30年法律第168号）
七　臨床検査技師等に関する法律（昭和33年法律第76号）
八　薬剤師法（昭和35年法律第146号）
九　理学療法士及び作業療法士法（昭和40年法律第137号）
十　柔道整復師法（昭和45年法律第19号）
十一　視能訓練士法（昭和46年法律第64号）
十二　臨床工学技士法（昭和62年法律第60号）
十三　義肢装具士法（昭和62年法律第61号）
十四　救急救命士法（平成３年法律第36号）
十五　介護保険法（平成９年法律第123号）
十六　精神保健福祉士法（平成９年法律第131号）
十七　言語聴覚士法（平成９年法律第132号）
十八　公認心理師法（平成27年法律第68号）
十九　臨床研究法（平成29年法律第16号）

（法第46条の４第２項第２号の厚生労働省令で定める者）

医療法施行規則第31条の３の６　法第46条の４第２項第２号の厚生労働省令で定める者は，精神の機能の障害により評議員の職務を適正に行うに当たつて必要な認知，判断及び意思疎通を適切に行うことができない者とする。

（評議員に関する規定の準用）

医療法施行規則第31条の４の３　第31条の３の６の規定は，医療法人の役員について準用する。この場合において，同条中「第46条の４第２項第２号」とあるのは「第46条の５第５項において準用する法第46条の４第２項第２号」と，「評議員」とあるのは「役員」と読み替えるものとする。

ポイント

医療法改正により，評議員と役員又は職員の兼務が禁止となった。

１　評議員の選任

（１）評議員の選任に関する規定

財団医療法人は，理事，理事会，監事のほかに，評議員及び評議員会の機関設置が求められます（医法46の２②）。

従来から，財団医療法人には評議員及び評議員会の設置が義務づけられていましたが，2016年９月改正医療法において，職員が評議員に就任することが禁止されました（医法46の４③）。

なお，評議員と役員は兼務できませんが，この規定は従来どおりです（旧医法49の４②）。

（２）評議員の変更届の可否

医療法人における役員は，理事及び監事を指し（医法46の５①），評議員は役員に含まれませんので，評議員の変更があっても役員変更届の提出は求められません。

ただし，社会医療法人と特定医療法人は，毎期提出する事業報告書には，評議員の氏名と就任理由を記載します。

様式1

事　業　報　告　書
（自　令和●●年●●月●●日　至　令和●●年●●月●●日）

(5) 役員及び評議員

	氏　名	備考
理事長	○○　○○	
理　事	○○　○○	
同	○○　○○	
同	○○　○○	○○病院管理者
同	○○　○○	○○病院管理者
同	○○　○○	○○診療所管理者
同	○○　○○	介護老人保健施設○○園管理者
監　事	○○　○○	
同	○○　○○	
評議員	○○　○○	医師（○○医師会会長）
同	○○　○○	経営有識者（○○経営コンサルタント代表）
同	○○　○○	医療を受ける者（○○自治会長）

注）1.「社会医療法人，特定医療法人及び医療法第42条の3第1項の認定を受けた医療法人」以外の医療法人は，記載しなくても差し支えないこと。
2. 理事の備考欄に，当該医療法人の開設する病院，診療所又は介護老人保健施設（医療法第42条の指定管理者として管理する病院等を含む。）の管理者であることを記載すること。（医療法第46条の5第6項参照）
3. 評議員の備考欄に，その選任理由を記載すること。（医療法第46条の4第1項参照）

(3) 評議員の選任の経過措置

2016年9月の改正医療法施行日において，すでに評議員となっていた職員については，施行日から起算して2年を経過する日（2018年8月31日）まで職員と評議員の兼務が可能とする経過措置が存在していました。

一般的に寄附行為において，評議員の任期は2年であり，改正時の評議員は，経過措置期間中に任期を迎えますので，その任期満了時点で評議員を交代させ実務的な対応がなされてきました。

2018年８月に評議員を改選することは，任期途中の評議員改選となり，辞任届を徴するなど煩雑な手続きとなることが理由です。

2　評議員の個性

（1）資　格

評議員は，次のいずれかに該当しなければなりません（医法46の４①）。

一　医療従事者 二　病院，診療所又は介護老人保健施設の経営に関して識見を有する者 三　医療を受ける者 四　寄附行為の定めにより選任された者

この場合の，医療従事者とは，医師，歯科医師，薬剤師のほか，保健師，助産師，看護師，准看護師，理学療法士，作業療法士，視能訓練士，言語聴覚士，義肢装具士，歯科衛生士，歯科技工士，診療放射線技師，臨床検査技師，臨床工学技士などを指します。

介護福祉士や介護支援専門員など介護関連の者は，一般的に医療従事者に該当しないことから，これら職種の者を評議員に選任する場合は，医療従事者以外の規定を用いるべきでしょう。

（2）法人にあった評議員の資格

寄附行為により，選任する評議員に一定の制限を設けることが可能です。

例えば，次のような寄附行為も，医療法１条に規定された目的「国民の健康の保持に寄与」の趣旨の範囲内で有効と考えます。

• 医療施設の所在する市町村に居住している者 • 介護の資格を有する者 • ある種の疾病にり患したことがある者

ただし，理事の利益を目的とした評議員の選任方法を，寄附行為に定めてはならないと考えます（医規31の３の３）。

（3）欠格事由

次の者は，評議員となることはできません。

> 一　法人
> 二　心身の故障のため職務を適正に執行することができない者として厚生労働省令で定めるもの
> 三　この法律，医師法，歯科医師法その他医事に関する法律で政令で定めるものの規定により罰金以上の刑に処せられ，その執行を終わり，又は執行を受けることがなくなつた日から起算して２年を経過しない者

社団医療法人の社員に，営利性のない法人は就任することができますが，評議員は法人が就任することができません。

また精神の機能の障害により評議員の職務を適正に行うに必要な認知，判断及び意思疎通を適切に行うことができない者も評議員に就任することができません。

過去においては，評議員に就任できない者として，成年被後見人又は被保佐人とされていましたが，成年被後見人でない認知機能が低下した高齢者が評議員に就任される例も多く見受けられ，問題となっておりました。

そこで医療法46条の４第２項２号が改正され，意思疎通が行えない者は，評議員の欠格事由に該当することとされました。欠格事由ですから，任期中であったとしても評議員を続けることはできません。

ただし，精神機能の障害により評議員の職務が適正に行えない者が心身の故障のため職務を適正に執行することができない者とされましたので（医規31の３の６），精神機能は悪化していないが，身体機能が悪化して評議員会に出席できない者の扱いは難しいところです。

このような評議員会に出席できない者は，辞任を促すのが実務的な対応と思われます。

また，職務を適正に行うに必要な認知，判断及び意思疎通を適切に行うことができないものとして欠格事由に該当するのは評議員だけでなく，役員も欠格事由に該当します（医規31の４の３）。

医事に関する法律で罰金以上の刑に処された者などは評議員の欠格事項と

なり医事に関連する法律により罰金に上の刑に処された者が該当します（医令5の5の8）。

したがって例えば，道路交通法により罰金以上の刑に処されても，評議員の欠格事由に直ちに該当しません。

また評議員の欠格規定は，2016年9月施行医療法において定められたものであり，施行日以後にした行為により刑に処せられた者について欠格規定が適用される経過措置が設けられていました。

3　評議員の兼務禁止

（1）概　要

財団医療法人の評議員は，役員又は職員を兼ねてはなりません。

この規定は，2016年9月の改正医療法において定められた規定です。

（2）社団組織の特定医療法人の評議員

特定医療法人（租税特別措置法67の2）は，社団たる医療法人であっても，運営組織の適正性を保つ見地から，理事の数の2倍以上の数の評議員を設置することが求められますが，医療法における評議員とは別の機関構成です。

医療法における評議員は，財団たる医療法人において設置されるものを指し（医法46の2②），社団たる特定医療法人の評議員とは異なる機関と理解しなければ，医療法上の整合性がとれません（医法46の4の2など）。

そのため，法令上は社団組織の特定医療法人の評議員は職員と兼務が可能と考えられますが，モデル定款を通じて評議員と職員の兼務禁止が指導されており，実務においては誤った指導でないかとの指摘もあります。

指導の根拠は，医療法ではなく通知による定款例とされており，評議員の監督的な立場及び機能の実効性を鑑みると役職員との兼任を禁止することが適切であるとの意見によるものですが，この意見には疑義があると考えられます。

■特定医療法人の定款例（2003年医政発第1009008号）別添３

現行モデル定款	旧モデル定款
第45条　評議員は，次に掲げる者から理事会において推薦した者につき，理事長が委嘱する。 (1)　医師，歯科医師，薬剤師，看護師その他の医療従事者 (2)　病院，診療所又は介護老人保健施設の経営に関して識見を有する者 (3)　医療を受ける者 (4)　本財団の評議員として特に必要と認められる者	**第16条**　評議員は，理事会が選任し，理事長が委嘱する。
2　評議員を選任するにあたっては，評議員の数が理事の数の，２倍の数を下ることがなく，かつ，親族等の数が，評議員の総数の３分の１以下としなければならない。	2　評議員を選任するにあたっては，評議員の数が理事の数の，２倍の数を下ることがなく，かつ，親族等の数が，評議員の総数の３分の１以下としなければならない。
3　評議員は，役員又は職員を兼ねることはできない。	3　評議員は，理事又は監事を兼ねることはできない。

（３）経過措置

この規定は，2016年９月施行医療法において定められたものであり，施行日において現に存する医療法人の評議員について，施行日から起算して２年を経過する日（2018年８月31日）までは経過措置として，評議員と役員（理事及監事）の兼務のみ禁止されていました。

(評議員会の開催①)

第46条の４の２　評議員会は，理事の定数を超える数の評議員（第46条の５第１項ただし書の認可を受けた医療法人にあつては，三人以上の評議員）をもつて，組織する。

２　評議員会は，第46条の４の５第１項の意見を述べるほか，この法律に規定する事項及び寄附行為で定めた事項に限り，決議をすることができる。

３　この法律の規定により評議員会の決議を必要とする事項について，理事，理事会その他の評議員会以外の機関が決定することができることを内容とする寄附行為の定めは，その効力を有しない。

評議員会の開催方法は，法令によって定められている。

1　評議員の数

(1) 概　要

評議員は，理事の定数を超える数が求められます（医法46の４の２①）。

例えば，寄附行為における理事定数が，３名以上６名以内の場合，たとえ理事の現員数が３名であっても，６名に１を加えた７名の評議員を設置しなければなりません。

財団医療法人の理事の最大数は，評議員の人選数にも影響するため，慎重に検討すべきです。

ただし，都道府県知事の認可を受け（医法46の５①ただし書），理事数を１人又は２人とした財団医療法人は，３人以上の評議員で足りますが，この認可が受けられる医療法人は，市区町村がへき地診療所を開設するようなケースを除き稀です。

特に理事１名の医療法人の認可は難しく，医療法人運営指導要綱において，理事３人未満の都道府県知事の認可は，医師，歯科医師が常時１人又は２人勤務する診療所を１か所のみ開設する医療法人に限り，その場合であっても，可能な限り理事２人を置くことが望ましいとされています（要綱Ⅰ　2⑴3備考）。

（２）税法の要件

租税特別措置法40条による譲渡所得等の非課税や，相続税法66条４項による持分の定めのない法人に対する財産の贈与に関する個別通達において，運営組織が適切である財団法人と認められるためには，評議員の定数は，理事の定数と同数以上であることが求められています。

この点，医療法と税法の最低数が異なりますが，医療法の定めに従う限り，評議員の定数は理事の定数以上であることから，税法の影響は受けません。

（その運営組織が適正であるかどうかの判定）
ハ　学校法人，社会福祉法人，更生保護法人，宗教法人その他の持分の定めのない法人
⑶　上記ハの⑴以外の法人
B　事業の管理運営に関する事項を審議するため評議員会の制度が設けられており，評議員の定数は，理事の定数の２倍を超えていること。ただし，理事と評議員との兼任禁止規定が定められている場合には，評議員の定数は，理事の定数と同数以上であること。

なお前述の内容は，通達において，理事と評議員の兼任禁止規定が定められている場合に限られますが，医療法人の評議員は，財団たる医療法人の役員又は職員を兼ねられないため，（医法46の４③）この規定に該当する場合はありません。

2　評議員会の決議

（１）評議員会の諮問事項

理事長は，医療法人が予算の決定や事業計画の決定など一定の行為をするには，あらかじめ，評議員会の意見を聴かなければなりません（医法46の４の５）。

また，理事及び監事の選任など一定の事項は評議員の決議を要します。

第46条の４の２（評議員会の開催①）

ただし，評議員会は法令又は寄附行為に定めた事項に限り決議することができ，それ以上の権限を有しておりません。

仮に，事業年度の事業計画の内容について評議員会の諮問結果が不適当であったとしても，諮問を受けたことに変わりありませんので，意見聴取を行ったことになります。

■評議員会への諮問事項・決議事項（財団医療法人の寄附行為例（医療法人の機関について 2016年３月25日））

① 寄附行為の変更
② 基本財産の設定及び処分（担保提供を含む。）
③ 毎事業年度の事業計画の決定及び変更
④ 収支予算及び決算の決定
⑤ 剰余金又は損失金の処理
⑥ 借入金額の最高限度の決定
⑦ 本財団の解散
⑧ 他の医療法人との合併契約の締結
⑨ 理事及び監事の選任
⑩ 医療機関債の発行，購入
⑪ その他重要な事項

（２）重要事項の決議

財団医療法人の重要事項は，評議員会において決議を要します。

この場合の重要性については，理事若しくは理事長が判断することになります。

重要事項であるにもかかわらず，評議員会の決議を経ずに理事会の決議のみをもって決定した事項が生じた場合，役員が責任を負うことがありえますので注意が必要です。

重要かどうか判断が難しい場合は，評議員会の決議を念のため得る，という実務は見受けられます。

3　強制決議事項が行われない場合

医療法において評議員会の決議を必要とする事項について，理事会など評議員会以外の機関が決定することは認められず，またそのような定款の定めも効力を有せず，都道府県知事の寄附行為変更認可を受けることができません。

例えば，理事の報酬額の決定は，定款に定めがない限り評議員会の決議が必要であり（医法46の６の４，一社89），理事会のみ決定した理事報酬は効力を有しません。

（評議員会の開催②）

第46条の4の3　財団たる医療法人の理事長は，少なくとも毎年一回，定時評議員会を開かなければならない。

2　理事長は，必要があると認めるときは，いつでも臨時評議員会を招集することができる。

3　評議員会に，議長を置く。

4　理事長は，総評議員の五分の一以上の評議員から評議員会の目的である事項を示して評議員会の招集を請求された場合には，その請求のあつた日から二十日以内に，これを招集しなければならない。ただし，総評議員の五分の一の割合については，寄附行為でこれを下回る割合を定めることができる。

5　評議員会の招集の通知は，その評議員会の日より少なくとも五日前に，その評議員会の目的である事項を示し，寄附行為で定めた方法に従つてしなければならない。

6　評議員会においては，前項の規定によりあらかじめ通知をした事項についてのみ，決議をすることができる。ただし，寄附行為に別段の定めがあるときは，この限りでない。

ポイント

評議員会は年1回開催しなければならないが，厚生労働省のモデル寄附行為では年2回となっている。

1　評議員会の開催回数

財団医療法人の理事長は，少なくとも毎年1回，定時評議員会を開催し，必要があると認めるときは，いつでも臨時評議員会を招集することができます（医法46の4の3①②）。

モデル寄附行為においても，同様の定めになっており，判断に悩むことは少ないと考えられます。

② **財団医療法人の寄附行為例**（2007年医政発第0330049号）別添２
第５章　評議員会
第16条　理事長は，定時評議員会を，毎年○回，○月に開催する。
２　理事長は，必要があると認めるときは，いつでも臨時評議員会を招集することができる。

この場合の定時評議員会は，毎事業年度の事業計画の決定と，収支予算及び決算の決定を目的として開催され，３月決算法人の場合は３月と５月の開催が一般的です。

ただし，年１回５月の開催では，４月の事業年度開始時から，前事業年度の決算決定を行う５月までの間は，収支予算に基づかない医療法人運営がなされてしまう問題があることから，やはり年２回の開催が望ましいと考えられます。

２　議　長

評議員会には，議長が置かれ（医法46の４の３③），その議長は寄附行為に基づき評議員会で選任されます。

理事会においては，１名の理事長の設置が法定化されていますが（医法46の６①），評議員会は，議長を置くことが定められているものの（医法46の４の３③），その選任方法は評議員の互選によるものとされるほかは，特に法定化されていません。

そのため，財団たる医療法人においては，評議員会の議長を，会議の都度選任するほかに，任期を設けて一定期間選任することも可能と考えられます。

財団医療法人の寄附行為例（医療法人の機関について　2016年３月25日）
第17条　評議員会の議長は，評議員の互選によって定める。

■議事録例

評議員会議事録

議長選任の経過

定刻に至り司会者○○○○は開会を宣言し，本日の評議員会は定数を満たしたので有効に成立した旨を告げ，議長の選任方法を諮ったところ，満場一致をもって○○○○が議長に選任された。続いて議長から挨拶の後，議案の審議に入った。

評議員会の議事に関する事項は，寄附行為において定めるほかに，議事細則に詳細に定める方法も考えられます。

■財団医療法人の寄附行為例

第24条　評議員会の議事についての細則は，評議員会で定める。

■評議員会議事細則例

医療法人財団○○会　**評議員会議事細則**

第１条　この規則は，医療法人財団○○会（以下，「本法人」という）の寄附行為第●●条に基づき，評議員会の議事運営に関し，法令及び定款に定めるほか必要な事項を定めることを目的とする。

第２条　評議員会の議長は，会議の都度，出席した評議員の互選により定める。

２　議長は，評議員でない者を選任することは妨げない。

第３条　評議員会の開催場所は，本法人の事務所の存する県において開催しなければならない。

第４条　評議員会は，すべての評議員をもって構成する。

２　理事長は，評議員会の書面による招集通知を評議員に発するとともに，理事及び監事に評議員会開催を通知しなければならない。

３　評議員会に出席した理事は，議長の求めに応じて意見を述べることができる。

4　評議員会に出席した監事は，意見を述べることができる。
第５条　評議員会の議事については，医療法施行規則第31条の４に定めるところにより，書面又は電磁的記録をもって議事録を作成しなければならない。
2　評議員会議事録は，会議において選任された議事録作成者が作成する。
第６条　評議員会の議長は，前条に基づく議事録を作成し，作成後遅滞なく理事長及び監事にその写しを交付しなければならない。
第７条　この規則の改廃は，評議員会の決議を経て行う。

3　評議員による評議員会の招集請求

総評議員の５分の１以上の評議員から評議員会の目的である事項を示して評議員会の招集を請求された場合，理事長は請求日から20日以内に，評議員会を招集しなければなりません。

このような場合に該当するケースとして，特定の理事が医療法人の譲渡を検討している情報が評議員に入り，その真偽を確かめるために，評議員会の招集を求めることなどが考えられます。

財団医療法人の理事は，評議員会において選任されますが，無限定に経営に関する判断を任されているとは言えないからです。

4　招集手続き

評議員会の招集の通知は，その評議員会の日より少なくとも５日前に，その評議員会の目的である事項を示し，寄附行為で定めた方法に従ってしなければなりません。

一般的な寄附行為の場合，その方法は書面によってなされますが，電子による方法も寄附行為において定めれば有効と考えられます。

■モデル定款例（医療法人の機関について 2016年３月25日）

評議員会の招集は，期日の少なくとも５日前までに，その評議員会の目的である事項，日時及び場所を記載し，理事長がこれに記名した書面で評議員に通知しなければならない。

5 決 議

評議員会においては，あらかじめ通知をした事項についてのみ，決議をすることができます。

したがって，全員出席する評議員会においても，招集手続きに記載されていない，臨時決議は原則として認められません。

ただし，寄附行為に別段の定めがあるときはこの限りでなく，一般的な寄附行為には次のように定められており，緊急性の有する場合は，決議が行えるものと解されます。

第21条 評議員会においては，あらかじめ通知のあった事項のほかは議決することができない。ただし，急を要する場合はこの限りではない。

（評議員会の決議）

第46条の４の４　評議員会は，総評議員の過半数の出席がなければ，その議事を開き，決議をすることができない。

２　評議員会の議事は，この法律に別段の定めがある場合を除き，出席者の議決権の過半数で決し，可否同数のときは，議長の決するところによる。

３　前項の場合において，議長は，評議員として議決に加わることができない。

４　評議員会の決議について特別の利害関係を有する評議員は，議決に加わることができない。

利害関係を有する評議員は決議に加われない。

1　評議員会の決議方法

評議員会は，総評議員の過半数の出席がなければ，その議事を開き，決議をすることができず，また，評議員会の議事は，原則として出席者の議決権の過半数で決し，可否同数のときは，議長の決するところによります。

■モデル定款（医療法人の機関について 2016年３月25日）

第19条　評議員会は，総評議員の過半数の出席がなければ，その議事を開き，決議することができない。

２　評議員会の議事は，法令又はこの寄附行為に別段の定めがある場合を除き，出席した評議員の議決権の過半数で決し，可否同数のときは，議長の決するところによる。

３　前項の場合において，議長は，評議員として議決に加わることができない。

2　議長の議決権

評議員会の議長は評議員の互選，すなわち評議員のお互いの中から選挙して選び出すため，評議員会の議長は必ず評議員となります。

そして，可否同数の際に議長が決するところによりますが，議長は評議員として決議に加わることができません。言い換えれば評議員会の議長は，議決権過半数の際は必ず決議に加わることができないということになります。

この点は，社員以外の議長を選任できる社団医療法人の社員総会と異なる点と言えます。

3　利害関係がある決議

評議員会の決議について特別の利害関係を有する評議員は，決議に加わることはできません。

議長は決議に加わることができないものの，評議員会の出席まで禁止されるものでないと考えられますが，利害関係者の支配下における評議員会は適切といえないため，議長は必要に応じて利害関係者を議場から退出させることができるものと考えられます。

どのような取引が特別利害関係であるかについては，医療法において明確に定められているわけではありません。例えば，評議員と医療法人との資産譲渡や賃貸借取引，評議員が主要株主である株式会社と医療法人との資産譲渡や賃貸借取引などが該当すると考えられます。

（評議員の意見聴取）

第46条の４の５　理事長は，医療法人が次に掲げる行為をするには，あらかじめ，評議員会の意見を聴かなければならない。

一　予算の決定又は変更

二　借入金（当該会計年度内の収入をもつて償還する一時の借入金を除く。）の借入れ

三　重要な資産の処分

四　事業計画の決定又は変更

五　合併及び分割

六　第55条第３項第２号に掲げる事由のうち，同条第１項第２号に掲げる事由による解散

七　その他医療法人の業務に関する重要事項として寄附行為で定めるもの

２　前項各号に掲げる事項については，評議員会の決議を要する旨を寄附行為で定めることができる。

ポイント

一定事項は評議員の意見聴取が必要だが，同意は必ずしも必要ない。

１　評議員会の同意

財団医療法人の理事長は，予算の決定や重要な資産の処分など，一定の行為をする場合には，評議員会の意見を聴かなければなりません。

この場合，意見の聴取は行為の決議ではないため，意見聴取の結果が反対であったとしても，理事長は必ずその意見に従う必要はありません。

例えば，評議員会において予算を否決する意見があったとしても，寄附行為に反しない限り理事会の決議をもって予算を成立させることができます。

ただし，評議員会の意見を尊重しない理事は，評議員会の決議により，理事の解任がなされることがあることを理解しておくべきです。

2　評議員会の決議の加重

一定の項目は評議員会の意見聴取が必要ですが，寄附行為に定めることにより，これら項目を評議員会の決議とすることもできます。

財団医療法人の寄附行為を定める場合，モデル寄附行為には次のとおり，評議員会の意見聴取となっていることから，それぞれの法人が評議員会の意見聴取とする寄附行為が適切か検討すべきです。

■モデル寄附行為（医療法人の機関について 2016年３月25日）

第18条　次の事項は，あらかじめ評議員会の意見を聴かなければならない。

(1)　寄附行為の変更

(2)　基本財産の設定及び処分（担保提供を含む。）

(3)　毎事業年度の事業計画の決定又は変更

(4)　収支予算及び決算の決定又は変更

(5)　重要な資産の処分

(6)　借入金額の最高限度の決定

(7)　本財団の解散

(8)　他の医療法人との合併若しくは分割に係る契約の締結又は分割計画の決定

2　その他重要な事項についても，評議員会の意見を聴くことができる。

（役員からの意見聴取）

第46条の４の６　評議員会は，医療法人の業務若しくは財産の状況又は役員の業務執行の状況について，役員に対して意見を述べ，若しくはその諮問に答え，又は役員から報告を徴することができる。

ポイント

評議員は常勤でないため情報が不足するケースが多く，役員から状況を確認する権利がある。

評議員会は，医療法人の業務の状況，財産の状況又は役員の業務執行の状況について，役員に対して意見を述べ，役員の諮問に答え，又は役員から報告を徴することができます。

これは，評議員会はあらかじめ定めた予算が適切に執行されていない場合など，業務執行に疑義が生じる場合，役員に意見を述べることができる場合などの情報収集のためです。

また評議員会は，役員から報告を徴する権利を有しています。

評議員は役員や職員でなく，常に医療法人に勤務しているケースは稀のため，医療法46条の４の６で，意思決定のための情報を得る権利を保障しています。

(評議員会議事録)

第46条の４の７　一般社団法人及び一般財団法人に関する法律第193条の規定は，医療法人の評議員会について準用する。この場合において，同条第１項，第３項及び第４項第２号中「法務省令」とあるのは，「厚生労働省令」と読み替えるものとする。

【読み替え】（議事録）

一般社団法人及び一般財団法人に関する法律第193条

評議員会の議事については，厚生労働省令で定めるところにより，議事録を作成しなければならない。

2　財団医療法人は，評議員会の日から十年間，前項の議事録をその主たる事務所に備え置かなければならない。

3　財団医療法人は，評議員会の日から五年間，第１項の議事録の写しをその従たる事務所に備え置かなければならない。ただし，当該議事録が電磁的記録をもって作成されている場合であって，従たる事務所における次項第２号に掲げる請求に応じることを可能とするための措置として厚生労働省令で定めるものをとっているときは，この限りでない。

4　評議員及び債権者は，財団医療法人の業務時間内は，いつでも，次に掲げる請求をすることができる。

一　第１項の議事録が書面をもって作成されているときは，当該書面又は当該書面の写しの閲覧又は謄写の請求

二　第１項の議事録が電磁的記録をもって作成されているときは，当該電磁的記録に記録された事項を厚生労働省令で定める方法により表示したものの閲覧又は謄写の請求

(電磁的記録に記録された事項を表示する方法)

医療法施行規則第31条の３の５　次に掲げる規定に規定する厚生労働省令で定める方法は，次に掲げる規定の電磁的記録に記録された事項を紙面又は映像面に表示する方法とする。

一　略

二　法第46条の４の７において読み替えて準用する一般社団法人及び一般財団

法人に関する法律第193条第４項第２号

（評議員会の議事録）

医療法施行規則第31条の４　法第46条の４の７において読み替えて準用する一般社団法人及び一般財団法人に関する法律第193条第１項の規定による評議員会の議事録の作成については，この条の定めるところによる。

2　評議員会の議事録は，書面又は電磁的記録をもつて作成しなければならない。

3　評議員会の議事録は，次に掲げる事項を内容とするものでなければならない。

一　評議員会が開催された日時及び場所（当該場所に存しない理事，監事又は評議員が評議員会に出席した場合における当該出席の方法を含む。）

二　評議員会の議事の経過の要領及びその結果

三　決議を要する事項について特別の利害関係を有する評議員があるときは，当該評議員の氏名

四　次に掲げる規定により評議員会において述べられた意見又は発言があるときは，その意見又は発言の内容の概要

イ　法第46条の５の４において読み替えて準用する一般社団法人及び一般財団法人に関する法律第74条第１項

ロ　法第46条の５の４において読み替えて準用する一般社団法人及び一般財団法人に関する法律第74条第２項

ハ　法第46条の８第４号

ニ　法第46条の８第８号後段

ホ　法第46条の８の３において読み替えて準用する一般社団法人及び一般財団法人に関する法律第105条第３項

五　評議員会に出席した評議員，理事又は監事の氏名

六　評議員会の議長の氏名

七　議事録の作成に係る職務を行つた者の氏名

（社員総会の議事録に関する規定の準用）

医療法施行規則第31条の４の２　第31条の３の４の規定は法第46条の４の７において読み替えて準用する一般社団法人及び一般財団法人に関する法律第193条第３項の厚生労働省令で定める措置について準用する。

議事録作成者の署名又は記名押印がない評議員会議事録は有効と考えられる。

1　評議員会の開催時期

財団たる医療法人の理事長は，毎年１回以上評議員会を開催し（医法46の４の３①），評議員会の議事経過などを記載した議事録を作成しなければなりません（医法46の４の７，一社193①）。

論点となるのは，理事会と評議員会の開催順序です。

一般財団法人は招集通知に理事会の承認を受けた計算書類を添付する義務があるため，理事会の開催が先になります（一社125，199）。

対して医療法人はこのような規定はなく，予算の決定などは「あらかじめ」意見を聴取しなければならないことから（医法46の４の５），評議員会が先に開催されるものと考えられます。

評議員会議事録は理事会議事録と同様に，書面によるほか，電磁的記録，すなわちPDFなどの電子データにより作成することも認められますが（医規31の４②），このような評議員会議事録の作成方法が法定化されたのは，2016年９月施行の改正医療法からであり，それ以前は寄附行為などに基づき，書面による議事録が作成されてきました。

2　評議員会の議事録

（1）議事録作成者

評議員会議事録は，評議員会において選任された者が作成しますが，この議事録作成者は評議員であることを求められていません。

したがって，評議員会に出席した評議員のほかに，理事や監事を評議員会議事録の作成者に選任することも可能です。

これは，評議員会の議事録は，評議員会の記録・証拠にすぎず，理事会の議事録のように出席理事の議案同意のような法的拘束力はないからと考えられます。

なお，議事録作成者が署名又は記名押印を行わない議事録も有効とする説もあります（新たな公益法人制度への移行等に関するよくある質問　問Ⅱ－7－⑤）。

（2）電子署名の形式

評議員会議事録はPDFなどで電磁的に作成することができます。

電磁的記録による評議員会議事録は理事会議事録と異なり，署名又は記名押印は求められないと考えられますが（新たな公益法人制度への移行等に関するよくある質問　問Ⅱ－7－⑤），署名を行う場合には，議事録作成者は電子署名により行います。

3　評議員会議事録の記載事項

評議員会議事録には，次の7項目を記載しなければなりません（医規31の4③）。

（1）日時に関する事項：評議員会が開催された日時及び場所（当該場所に存しない理事，監事又は評議員が評議員会に出席した場合における当該出席の方法を含む。）

医療法人の評議員会の開催は，評議員の出席を害することがない限り，その場所は制限されます。

また，テレビ会議システムなどを使用し，評議員が会場に存しなくても，評議員会に出席することも可能と考えられます。

（2）議事経過：評議員会の議事の経過の要領及びその結果

評議員会議事録には，会議で発言された内容を記載します。記載すべき発言内容はすべてである必要はなく，検討内容がわかる程度の概要で構いません。

また，議案に関する評議員会の意見についても，議事録に記載します。

(3) 利害関係者に関する事項：決議を要する事項について特別の利害関係を有する評議員があるときは，当該評議員の氏名

特別の利害関係を有する評議員は，評議員会の議決に加わることができないと，寄附行為で定められていることが一般的です。

この利害関係を有する評議員の氏名を議事録に記載することによって，議決に加わらなかったことを明確にさせます。

(4) 重要事項：評議員会において述べられた意見又は発言があるときは，その意見又は発言の内容の概要

① 監事の選任若しくは解任又は辞任について述べられた監事の意見

② 監事であった者の辞任した旨及びその理由

③ 監査の結果，医療法人の業務又は財産に関し不正の行為又は法令若しくは定款若しくは寄附行為に違反する重大な事実があることを発見した監事の報告

④ 理事が評議員会に提出しようとする議案等が法令若しくは寄附行為に違反し，又は著しく不当な事項がある旨の監事の報告

⑤ 監事の報酬等に関する監事の意見

監事は，医療法人の業務及び財産の状況を監査する義務を有する重要な機関です。

解任された監事は，監事としての職責を負いませんが，評議員会において選任・解任経緯などを述べる権利を有します。

(5) 出席評議員の氏名：評議員会に出席した評議員，理事又は監事の氏名

理事や監事が，評議員会の適切な運営のために，評議員会に出席することは問題ありません。

また，監事は重要な会議に出席するなどの方法により，評議員会が適法に開催されたか確認する義務を有します。

このようなことを明らかにするために，評議員会に関与した理事や監事の氏名を評議員会議事録に記載します。

（６）議長の氏名：評議員会の議長の氏名

評議員会の議長を明らかにするために，評議員会議事録に議長の氏名を記載しなければなりません。

（７）議事録作成者の氏名：議事録の作成に係る職務を行った者の氏名

評議員会議事録の作成者は，評議員に限られません。

議事録作成者に選任された者は，医療法施行規則や寄附行為に基づき，評議員会議事録を作成する義務を有します。

第４款　役員の選任及び解任

（役員の選任，解任）

第46条の５　医療法人には，役員として，理事三人以上及び監事一人以上を置かなければならない。ただし，理事について，都道府県知事の認可を受けた場合は，一人又は二人の理事を置けば足りる。

２　社団たる医療法人の役員は，社員総会の決議によつて選任する。

３　財団たる医療法人の役員は，評議員会の決議によつて選任する。

４　医療法人と役員との関係は，委任に関する規定に従う。

５　第46条の４第２項の規定は，医療法人の役員について準用する。

６　医療法人は，その開設する全ての病院，診療所，介護老人保健施設又は介護医療院（指定管理者として管理する病院等を含む。）の管理者を理事に加えなければならない。ただし，医療法人が病院，診療所，介護老人保健施設又は介護医療院を二以上開設する場合において，都道府県知事の認可を受けたときは，管理者（指定管理者として管理する病院等の管理者を除く。）の一部を理事に加えないことができる。

７　前項本文の理事は，管理者の職を退いたときは，理事の職を失うものとする。

８　監事は，当該医療法人の理事又は職員を兼ねてはならない。

９　役員の任期は，二年を超えることはできない。ただし，再任を妨げない。

（一人又は二人の理事を置く場合の認可の申請）

医療法施行規則第31条の５　法第46条の５第１項ただし書の規定による認可を受けようとする者は，次に掲げる事項を記載した申請書を都道府県知事に提出しなければならない。

一　当該医療法人の開設する病院，診療所，介護老人保健施設又は介護医療院の数

二　常時勤務する医師又は歯科医師の数
三　理事を一人又は二人にする理由

（管理者の一部を理事に加えない場合の認可の申請）

医療法施行規則第31条の５の２　法第46条の５第６項ただし書の規定による認可を受けようとする者は，次に掲げる事項を記載した申請書を都道府県知事に提出しなければならない。

一　理事に加えない管理者の住所及び氏名
二　当該管理者が管理する病院，診療所，介護老人保健施設又は介護医療院の名称及び所在地
三　当該管理者を理事に加えない理由

２　前項に規定する申請書の提出と同時に，第33条の25第１項の規定により，いかなる者であるかを問わずその管理者を理事に加えないことができる病院，診療所，介護老人保健施設又は介護医療院を明らかにする旨の定款又は寄附行為の変更の認可の申請書の提出を行う場合は，前項第１号の記載を要しない。

ポイント

役員の任期が２年とされていることで，任期切れに間に合うように社員総会を開催したこととすることがある。

１　役員の選任方法

（１）2016年９月医療法改正

2016年９月医療法改正の特徴の１つは，ガバナンスの強化を目的に，モデル定款で定められていた事項を法定化する点であり，その１つが役員選任に関する規定です。

改正により，社団医療法人の役員は社員総会において，財団医療法人の役員は評議員会によって選任することが定められました（医法46の５②③）。これは，医療法改正前と同じ手続きですが，医療法改正前は役員選任方法を，定款又は寄附行為に「役員に関する規定」の１つとして定めていたにすぎませんでした（旧医法44②六，七，八）。

> **旧医療法第44条**
> 2　医療法人を設立しようとする者は，定款又は寄附行為をもつて少なくとも次に掲げる事項を定めなければならない。
> 六　役員に関する規定
> 七　社団たる医療法人にあつては，社員たる資格の得喪に関する規定
> 八　財団たる医療法人にあつては，評議員に関する規定

そのため改正までは，定款又は寄附行為に定めることにより，医療法人の役員の選任権限を社員又は評議員でない者，例えば特定の個人に帰属させることも可能でした。

しかし，このような定款又は寄附行為を認めさせては，医療法人の非営利性を担保することができません。そこで，役員の選定方法を法制化し，役員の選任は社員総会又は評議員会で決議することが強制されることになりました。

■医療法人のイメージ図（社団の場合）

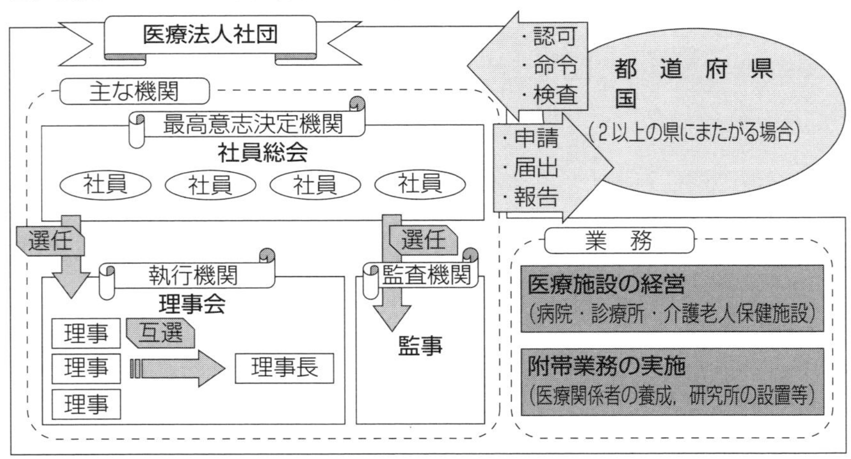

（出所）　第13回社会保障審議会医療部会（2010年11月11日）

（2）役員の選任方法

医療法人は，理事を3人以上，監事を1人以上設置しなければなりません

が，都道府県知事の認可を受けた場合は，理事を１人又は２人とすることができます。

認可を受けるには，都道府県知事に「理事数特例認可申請書」を提出する必要がありますが，認可は医師，歯科医師が常時１人又は２人勤務する診療所を１か所のみ開設する医療法人に限られ（医療法人運営管理指導要綱），この認可を受けられるケースは稀です。

社団医療法人は，社員総会において，財団医療法人は，評議員会において役員の選任を行います。

なお，理事長は社員総会や評議員会でなく，理事会の選任事項です。

医療法人社団○○　定時社員総会議事録

１．日　時　　令和●年●月●日　時　分～　時　分
２．場　所　　○　○　○　において
３．出席社員　○○○○，○○○○，○○○○，○○○○，○○○○
（本社団社員総数●名のうち，●名出席）
４．出席理事及び監事
理事長　○○○○，常務理事　○○○○，理事　○○○○，理事　○○○○
監事　○○○○
５．議事録作成者　○○○○

本社団定款第●条の規定により○○○○は選任されて議長となり，定款第●条第●項に規定する定足数を満たしたことを確認したのち，●時●分開会を宣し，議事に入った。

第１号議案　理事及び監事全員任期満了につき改選の件

議長は，理事及び監事全員任期満了につき改選の件を付議したところ，社員○○○○から議長の指名に一任したいとの発言があり，全員これに賛成したので，議長は，下記の者を理事及び監事に選任する旨報告し，これを一同に諮ったところ，全員異議なく承認可決した。

なお，被選任者は，いずれも席上その就任を承諾した。

理事○○○○（重任）
理事○○○○（重任）
理事○○○○（重任）

理事○○○○（重任）
監事○○○○（重任）
以上をもって本日の議事を終了したので，議長は閉会を宣した。（●時●分）
本日の決議を確認するため，出席社員の全員が記名押印する。
社　員○　○　○　○　印
〃　○　○　○　○　印
〃　○　○　○　○　印

2　役員の地位

改正医療法において，医療法人と役員の関係は，委任関係にあることが明確にされました（医法46の5④）。

具体的な委任の内容は民法第3編第2章第10節に定める委任に関する条項に拠ることとされています（医政発0325第3号 2016年3月25日医療法人の機関について）。

この条項によって例えば，役員は善良な管理者の注意をもって，事務を処理する義務を負うことや，社員や評議員の請求があるときは，いつでも事務の処理の状況を報告する義務などを負うことが明確になりました（民法644，645）。

ここで疑問なのが，委任に関する条項を，民法に委ねた点です。

2006年医療法改正において，監事の業務範囲を民法に委ねる条項を取りやめ，医療法本文に定められました。理事の委任関係においても，医療法人と役員の委任関係は，民法に拠らず医療法に定めるべきではなかったかと考えられます。

現行医療法	2007年改正前医療法
第46条の8 監事の職務は，次のとおりとする。 一　医療法人の業務を監査すること。 二　医療法人の財産の状況を監査すること。（略）	第19条 五　監事は，民法第59条に規定する職務を行う。

3　管理者の理事就任

医療法人は，本来事業の管理者は，理事でなければなりません。

本来事業とは，病院，診療所，介護老人保健施設又は介護医療院及び，指定管理者として管理する病院等を指します。

また，本来事業の施設を２以上開設する場合，「管理者特例認可申請書」を提出し，都道府県知事の認可を受けたときは，管理者の一部を理事に加えないことができます。

この特例が認められるのは，多数の病院等を開設し，離島など主たる事務所から遠隔地にある病院等の管理者など，限定された場合によります。

> ６　病院，診療所又は介護老人保健施設（以下「病院等」という。）の管理者の理事就任
>
> (1)　法第47条第１項の規定の趣旨は，医療施設において医療業務に関する実質的な責任を有している管理者の意向を法人の運営に正しく反映させることを目的としたものであること。
>
> (2)　２以上の病院等を開設する場合における同項ただし書の規定に基づく都道府県知事の認可は，病院等の立地及び機能等を総合的に勘案し，同項の規定の趣旨を踏まえた法人運営が行われると認められるときに行われるものであること（例えば，病院等が隣接し業務に緊密な連携がある場合や病院等が法人の主たる事務所から遠隔地にある場合などが考えられるが，これらに限定されるものではないこと。）。なお，恣意的な理由ではなく，社員総会等の議決など正当な手続きを経ていること等を確認すること。
>
> (3)　同項ただし書の規定に基づく認可について，医療法人の定款又は寄附行為において，理事に加えないことができる管理者が管理する病院等を明らかにしているときは，当該病院等の管理者が交替した場合でも当該認可は継続できるものとすること。

（出所）・医療法人制度の改正及び都道府県医療審議会について（1986年６月26日健政発第410号）
・医政発0930第１号2015年９月30日　医療法人が開設する病院等の管理者の理事就任について

4　監事の地位

監事は，医療法人の理事又は職員を兼ねてはなりません。この場合の職員は，常勤職員のみを指すものではありません。

なお，医療法人の業務・財産状況の監査等を行う，中立的な立場でなければなりませんが，医療法人の理事の親族が監事に就任することは法令上禁止されていません。

5　役員の任期

役員の任期は，２年を超えることはできません。また，定款等に定めることにより，任期を１年とすることも認められます。

ここで問題となるのは，前回役員の選任を行った社員総会等の日から，２年後に開催する社員総会等の日が２年を超える場合です。

■事　例

前回選任社員総会開催日	X1年５月23日
役員任期満了日	X3年５月23日
今回選任社員総会開催日	X3年５月25日

この場合，X3年５月23日に役員の任期が満了するので，X3年５月25日に開催される社員総会における選任では，役員の任期が切れるため間に合いません。

このような場合は，社員総会の開催日を調整するほか，別途役員選任のための社員総会開催を行うべきです。

一般社団法人においては，理事の任期は，選任後２年以内に終了する事業年度のうち最終のものに関する定時社員総会（評議員会）の終結の時とされています（一社66①）。

このような法律ならば，前述のような問題は生じませんでした。

2016年９月医療法改正において，このような改正を行わなかった理由が理解できず，現行の役員任期に関する規定のため，「開催したことにする」社員総会や理事会が引き続きまかり通っています。

6　評議員会決議の無効

（1）概　要

役員の選任（医法46の5③），役員の解任（医法46の5の2④）などは，評議員会の決議によらなければならず，医療法において，評議員会以外の機関が決定することができることを内容とする寄附行為の定めは，その効力を有しません。

（2）評議員会の同意事項

なお，次の項目は評議員会の決議ではなく，評議員会においてあらかじめ意見聴取が必要です。

医療法第46条の4の5
一　予算の決定又は変更
二　借入金（当該会計年度内の収入をもつて償還する一時の借入金を除く。）の借入れ
三　重要な資産の処分
四　事業計画の決定又は変更
五　合併及び分割
六　第55条第3項第2号に掲げる事由のうち，同条第1項第2号に掲げる事由による解散
七　その他医療法人の業務に関する重要事項として寄附行為で定めるもの

（役員の解任）

第46条の５の２　社団たる医療法人の役員は，いつでも，社員総会の決議によつて解任することができる。

２　前項の規定により解任された者は，その解任について正当な理由がある場合を除き，社団たる医療法人に対し，解任によつて生じた損害の賠償を請求することができる。

３　社団たる医療法人は，出席者の三分の二（これを上回る割合を定款で定めた場合にあつては，その割合）以上の賛成がなければ，第１項の社員総会（監事を解任する場合に限る。）の決議をすることができない。

４　財団たる医療法人の役員が次のいずれかに該当するときは，評議員会の決議によつて，その役員を解任することができる。

一　職務上の義務に違反し，又は職務を怠つたとき。

二　心身の故障のため，職務の執行に支障があり，又はこれに堪えないとき。

５　財団たる医療法人は，出席者の三分の二（これを上回る割合を寄附行為で定めた場合にあつては，その割合）以上の賛成がなければ，前項の評議員会（監事を解任する場合に限る。）の決議をすることができない。

ポイント

- 社団医療法人の役員は，いつでも解任が可能であり，その理由も問われない。
- 財団医療法人の役員は，限定された理由のみ解任できる。

1　役員の解任

（1）2016年9月医療法改正まで

2016年9月改正医療法まで，役員の解任に関しては医療法に規定されておらず，定款においても定めていないことが一般的であったことから，どのような場合に，どのような手続きをもって役員が解任できるか不明確でした。

そこで改正によって，役員の解任に関する事項が定められました（医法46の5の2）。

また，役員の解任に関する訴訟が行われ，一般社団法人の規定を根拠に，理事の解任が自由に行える旨の判決があったことも，改正に影響を与えたと推察できます（札幌地裁2012年4月18日判決，2010年ワ第3580号）。

判決では，医療法人は一般社団法人法70条1項及び2項の規定が類推適用され，いつでも社員総会の決議によって解任できるとされることとなりました。

	社団たる医療法人	財団たる医療法人
解任可能時期	いつでも	事由が生じた時
解任決議	社員総会の決議（監事解任は出席社員の3分の2以上の決議）	評議員会3分の2以上の決議
解任の正当理由	求められない（損害額の請求可能）	一　職務上の義務に違反し，又は職務を怠ったとき。 二　心身の故障のため，職務の執行に支障があり，又はこれに堪えないとき。

（2）社団医療法人の役員解任

社団医療法人は，総社員の過半数の出席があった社員総会において，出席社員の過半数の決議により，理事の解任が行えます（医法46の5の2）。

この場合，解任理由は問われず，社員総会の普通決議により，いつでも理事の解任が可能です。

また，監事を解任する場合には，出席者の３分の２（これを上回る割合を定款で定めた場合にあっては，その割合）以上の賛成がなされた社員総会の決議により解任が可能です。

理事，監事いずれも，解任に特段の理由は問われません。すなわち，役員に不法行為や職務怠慢がなくても解任することが可能です。

ただし，正当な理由なく役員を解任した場合には，医療法人はその損害を負わなければならず，一般的には，役員の残存任期期間に対応する役員報酬を損害額として支払うこととなります。

（３）財団医療法人の役員解任

財団医療法人の場合，社団医療法人と異なり理事の解任は容易ではありません。

これは，評議員の任命権を有する理事を自由に解任することができると，評議員と理事の相互選任によるバランスが崩れてしまうからです。

■モデル定款第15条（医療法人の機関について 2016年３月25日）

> 評議員は，次に掲げる者から理事会において選任した者につき，理事長が委嘱する。

財団医療法人においては，

① 職務上の義務に違反し，又は職務を怠ったとき

② 心身の故障のため，職務の執行に支障があり，又はこれに堪えないとき

のいずれかに該当したときのみ，評議員会の３分の２以上の決議をもって理事を解任することができます。

したがって，財団医療法人の理事を任期途中で解任することは，これら特別の理由がない限り不可能と考えるべきです。

ただし，任期満了に伴う理事の再任を行なわないことは，評議員会において自由に決議できます。

2　評議員の解任

(1) 評議員の解任

評議員の解任については，医療法において，特段の定めはありません。

また，財団医療法人は，寄附行為に評議員に関する規定を定めなければなりません。

そこで，寄附行為に評議員の解任に関する事項を定めていれば，評議員の解任も可能と考えられます。

(2) 評議員の解任の制限

評議員の解任権限を，評議員会が有してしまうことは，評議員会にとって都合の悪い者を排除することが可能となり，財団医療法人の最高意思決定機関である評議員会のあるべき組織形態としては，適切ではありません。

また，理事会において評議員の解任が可能とする寄附行為も，評議員会と理事会が利益相反関係となった場合，医療法人が機能不全に陥る可能性もでてきます。そこで，評議員の解任をするための機関を定款に定め，中立的な立場にある者の合議により評議員を解任する方法などが考えられます。

（役員に欠員が生じた場合の措置）

第46条の５の３　この法律又は定款若しくは寄附行為で定めた役員の員数が欠けた場合には，任期の満了又は辞任により退任した役員は，新たに選任された役員（次項の一時役員の職務を行うべき者を含む。）が就任するまで，なお役員としての権利義務を有する。

２　前項に規定する場合において，医療法人の業務が遅滞することにより損害を生ずるおそれがあるときは，都道府県知事は，利害関係人の請求により又は職権で，一時役員の職務を行うべき者を選任しなければならない。

３　理事又は監事のうち，その定数の五分の一を超える者が欠けたときは，一月以内に補充しなければならない。

ポイント

役員が存在しなかった場合，一時役員選任を行うことができる。

1　役員の欠亡

（1）概　要

役員が，定款等で定める役員の最低員数が欠けた場合には，任期の満了又は辞任により退任した役員であっても，新たに選任された役員が就任するまで，役員としての権利義務を有し，医療法人の業務に支障が生じないようにされています。

（2）一時役員の選任

前述のとおり，役員が不足する場合，引き続き役員の権利義務を有しますが，役員が不足し，代わりの役員を選任する社員総会を開催招集できない場合などにおいては，解任された役員であっても，引き続き業務執行が行えることとなってしまいます。

そこで，利害関係人の請求により，一時役員の職務を行うべき者の選任を，都道府県知事に求めることができます（168頁参照）。

2　補充時期

理事又は監事のうち，その定数の５分の１を超える者が欠けたときは，１か月以内に補充しなければなりません。しかし，１名でも欠員が生じた場合には，速やかに補充することが望ましいと考えられます。

役員の定数は，まず定款又は寄附行為を確認します。

第26条　本社団に，次の役員を置く。
(1)　理事　４名以上６名以内
　　うち理事長１名
(2)　監事　１名

この場合，理事が３名となるか，監事が１名となった場合，速やかに補充することが求められます。

（役員の選任に関する同意）

第46条の５の４　一般社団法人及び一般財団法人に関する法律第72条及び第74条（第４項を除く。）の規定は，社団たる医療法人及び財団たる医療法人の役員の選任及び解任について準用する。この場合において，社団たる医療法人の役員の選任及び解任について準用する同条第３項中「及び第38条第１項第１号に掲げる事項」とあるのは「並びに当該社員総会の日時及び場所」と読み替えるものとし，財団たる医療法人の役員の選任及び解任について準用する同法第72条及び第74条第１項から第３項までの規定中「社員総会」とあるのは「評議員会」と，同項中「及び第38条第１項第１号に掲げる事項」とあるのは「並びに当該評議員会の日時及び場所」と読み替えるものとする。

（監事の選任に関する監事の同意等）（社団医療法人　読み替え後）

一般社団法人及び一般財団法人に関する法律第72条　理事は，監事がある場合において，監事の選任に関する議案を社員総会に提出するには，監事（監事が二人以上ある場合にあっては，その過半数）の同意を得なければならない。

２　監事は，理事に対し，監事の選任を社員総会の目的とすること又は監事の選任に関する議案を社員総会に提出することを請求することができる。

（監事の選任に関する監事の同意等）（財団医療法人　読み替え後）

一般社団法人及び一般財団法人に関する法律第72条　理事は，監事がある場合において，監事の選任に関する議案を評議員会に提出するには，監事（監事が二人以上ある場合にあっては，その過半数）の同意を得なければならない。

２　監事は，理事に対し，監事の選任を評議員会の目的とすること又は監事の選任に関する議案を社員総会に提出することを請求することができる。

（監事等の選任等についての意見の陳述）（社団医療法人　読み替え後）

一般社団法人及び一般財団法人に関する法律第74条　監事は，社員総会において，監事の選任若しくは解任又は辞任について意見を述べることができる。

２　監事を辞任した者は，辞任後最初に招集される社員総会に出席して，辞任した旨及びその理由を述べることができる。
3　理事は，前項の者に対し，同項の社員総会を招集する旨並びに当該社員総会の日時及び場所に掲げる事項を通知しなければならない。

（監事等の選任等についての意見の陳述）（財団医療法人　読み替え後）
一般社団法人及び一般財団法人に関する法律第74条　監事は，評議員会において，監事の選任若しくは解任又は辞任について意見を述べることができる。
2　監事を辞任した者は，辞任後最初に招集される評議員会に出席して，辞任した旨及びその理由を述べることができる。
3　理事は，前項の者に対し，同項の評議員会を招集する旨並びに当該評議員会の日時及び場所に掲げる事項を通知しなければならない。

監事は，２人目の監事の選任に関する議案を提出することができる。

1　監事の選任に関する監事の同意

（1）概　要

理事は，監事の選任に関する議案を社団医療法人の場合は社員総会に，財団医療法人の場合は評議員会に提出することとなりますが，この場合すでに就任している監事の同意を得なければなりません。

理事は，議案，書類，電磁的記録を社員総会又は評議員会に提出します。この議案のうち，監事の選任に関しては，監事の同意を得なければならず，その同意は，社員総会又は評議員会の招集手続きまでには，必要と考えられます。

（2）監事による選任請求

監事は，理事に対し，監事の選任を社員総会若しくは評議員会の目的とすること，又は監事の選任に関する議案を社員総会若しくは評議員会に提出することを請求することができます。

これは，監査が適切に行えないなどの理由により，監事を辞任する場合において，その理由を社員総会などに報告する機会を設けるためでもあります。

この場合，理事会議事録には，監事の請求を受けて招集されたものであることを記載しなければならないと考えられます。

2　監事の選任などの時の意見

（1）監事の意見

監事は社員総会又は評議員会において，監事の選任若しくは解任又は辞任について意見を述べることができます。

監事は，理事長に辞任届を提出することによって，いつでも辞任することができます。監査が適正に行えないために監事を辞任する場合，医療法人の適正な運営のために，監事に意見具申の機会を設けなければなりません。

（2）辞任後の意見

監事を辞任した者は，辞任後最初に招集される社員総会又は評議員会に出席して，辞任した旨及びその理由を述べることができます。

また理事は，監事を辞任した者に対し，社員総会又は評議員会を招集する旨並びに当該社員総会又は評議員会の日時及び場所を通知する義務を負い，監事の辞任意見を発言する機会を設ける必要があります。

第5款　理　事

（理事長の選任）

第46条の6　医療法人（次項に規定する医療法人を除く。）の理事のうち一人は，理事長とし，医師又は歯科医師である理事のうちから選出する。ただし，都道府県知事の認可を受けた場合は，医師又は歯科医師でない理事のうちから選出することができる。

2　第46条の5第1項ただし書の認可を受けて一人の理事を置く医療法人にあつては，この章（次条第3項を除く。）の規定の適用については，当該理事を理事長とみなす。

（一人又は二人の理事を置く場合の認可の申請）

医療法施行規則第31条の5　法第46条の5第1項ただし書の規定による認可を受けようとする者は，次に掲げる事項を記載した申請書を都道府県知事に提出しなければならない。

一　当該医療法人の開設する病院，診療所，介護老人保健施設又は介護医療院の数

二　常時勤務する医師又は歯科医師の数

三　理事を一人又は二人にする理由

ポイント

1985年の医療法改正によって，理事長が医師又は歯科医師であることが求められた。

1　理事長の選任

（1）概　要

医療法人の理事のうち1人は，理事長とし，医師又は歯科医師である理事のうちから理事会において選出し，代表権を有します。

理事長は，都道府県知事の認可を受ける場合を除き，医師又は歯科医師でなければなりません。

なお，歯科診療所を開設する医療法人の理事長に医師が就任することや，医科診療所を開設する医療法人の理事長に歯科医師が就任することは認められます。

（２）理事長登記

理事長の就任による変更の登記の申請書には，変更を証する書面（組合等登記令（1964年政令第29号）17条１項本文）の一部として，医師若しくは歯科医師であることを証する書面又は都道府県知事の認可書を添付が求められます。

医師又は歯科医師であることを証する書面には，医師免許証又は歯科医師免許証の写し（原本証明したもの）が該当し，重任の場合も免許取消しの処分などがないことを証明するために添付が求められます。

（３）理事が１名の場合

都道府県知事の認可を受けて，理事が１名の医療法人の理事は，理事長とみなされます。

医療法46条の２第１項ただし書の規定に基づき都道府県知事の認可を受けて１人の理事を置く医療法人の場合は，理事が理事長とみなされ（医法46の６②）ますが，この場合の就任による変更の登記の申請書には，その変更を証する書面（組合等登記令17①本文）の一部として，都道府県知事の認可書を添付します（2003年４月22日法務省民商第1223号民事局商事課長通知）。

法務省民商第１２２３号
平成１５年４月２２日

法務局民事行政部長 殿
地 方 法 務 局 長 殿

法務省民事局商事課長

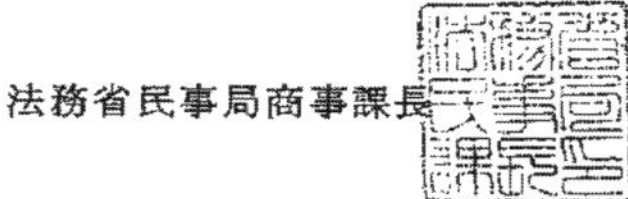

医療法人の理事長の就任による変更の登記の申請書に添付すべき書面について（通知）

標記の件については，下記の点に留意するよう貴管下登記官に周知方取り計らい願います。

記

１　医療法人の理事長は，定款又は寄附行為の定めるところにより，医師又は歯科医師である理事のうちから選出する（都道府県知事の認可を受けた場合には，医師又は歯科医師でない理事のうちから選出することができる。）とされている（医療法（昭和２３年法律第２０５号。以下「法」という。）第４６条の３第１項）ことから，その就任による変更の登記の申請書には，当該変更を証する書面（組合等登記令（昭和３９年政令第２９号）第１７条第１項本文）の一部として，その者が医師若しくは歯科医師であることを証する書面又は都道府県知事の認可書を添付しなければならない。

医師又は歯科医師であることを証する書面には，医師免許証又は歯科医師免許証の写しが該当する。

２　法第４６条の２第１項ただし書の規定に基づき都道府県知事の認可を受けて１人の理事を置く医療法人にあっては，当該理事が理事長とみなされる（法第４６条の３第２項）が，この場合の理事長の就任による変更の登記の申請書には，当該変更を証する書面（組合等登記令第１７条第１項本文）の一部として，都道府県知事の認可書を添付しなければならない。

2　非医師の理事長選任の申請

医療法46条の3第1項により医療法人の理事長は原則，医師又は歯科医師とされています。これは医師又は歯科医師でない者の実質的な支配下にある医療法人において，医学的知識の欠陥に起因し問題が惹起されるような事態を未然に防止するためであり，いわゆる富士見産婦人科病院事件を受けて，1985年に改正された医療法において定められました。

昭和56年3月11日

社会保障制度審議会会長大河内一男殿

厚生大臣園田　直

諮問書

医療法の一部を別添要綱のとおり改正することについて，社会保障制度審議会設置法（昭和23年法律第266号）第2条第2項の規定に基づき，貴会の意見を求めます。医療法の改正案要綱第1　改正の趣旨　国民の医療の確保を図るための都道府県医療計画の策定及び医療法人の指導監督規定等の整備について所要の改正を行うものであること

第2　改正の要点

医療法人の指導監督規定等の整備に関する事項

ア　医療法人の役員の欠格事由並びに理事及び監事の定数を定めるものとするほか，医療法人の有する病院等の管理者はすべて理事にしなければならないものとすること。

イ　医療法人の理事長は，医師又は歯科医師である理事のうちから選出しなければならないものとすること。ただし，都道府県知事の許可を受けた場合は，この限りでないものとすること。

ウ　都道府県知事は，必要があると認めるときは，医療法人に対する立入検査を行うことができるものとするとともに，その運営が法令違反等適正を欠くと認めるときは，必要な措置を命じ，これに従わないときは，当該医療法人の役員の解任等を命ずることができるものとすること。

エ　社団たる医療法人の継続性を図るため，社員に対する退社時の払戻額及び解散時の残余財産の帰属額を出資額の範囲内に定めた定款については，その後における当該規定に関する定款変更を認めないものとすること。

ただし，都道府県知事の認可を受けた場合は，医師又は歯科医師でない理事のうちから，理事長を選出することができます。

認可は，法令の趣旨に照らし，各都道府県知事による個別の判断によりなされます。

この「ただし書」に基づく都道府県知事の認可要件は，医療法人制度の改正及び都道府県医療審議会について（1986年６月26日健政発第410号厚生労働省医政局長通知）に示されており要件の概要は次のとおりです。

① 理事長が死亡し，又は重度の傷病により理事長の職務を継続することが不可能となった際に，その子女が，医科又は歯科大学（医学部又は歯学部）在学中か，又は卒業後，臨床研修その他の研修を終えるまでの間，医師又は歯科医師でない配偶者等が理事長に就任しようとするような場合。

② 特定医療法人又は社会医療法人，地域医療支援病院を経営している医療法人，公益財団法人日本医療機能評価機構が行う病院機能評価による認定を受けた医療機関を経営している医療法人

③ 候補者の経歴，理事会構成（医師又は歯科医師の占める割合が一定以上であることや，親族関係など特殊の関係のある者の占める割合が一定以下であること。）等を総合的に勘案し，適正かつ安定的な法人運営を損なうおそれがないと認められる場合。

この場合，認可の可否に関する審査に際しては，あらかじめ都道府県医療審議会の意見を聴くこととされています。

医療法人の機関について（医政発0325第３号　2016年３月25日）

５　医療法人の理事長

(1) 法第46条の３第１項の規定の趣旨は，医師又は歯科医師でない者の実質的な支配下にある医療法人において，医学的知識の欠落に起因し問題が惹起されるような事態を未然に防止しようとするものであること。

(2) 同項ただし書の規定に基づく都道府県知事の認可は，理事長が死亡し，又は重度の傷病により理事長の職務を継続することが不可能となった際に，その子女が，医科又は歯科大学（医学部又は歯学部）在学中か，又は卒業後，臨床研修その他の研修を終えるまでの間，医師又は歯科医師でない配偶者等が理事長に就任しようとするような場合には，行われるものであること。

(3) 次に掲げるいずれかに該当する医療法人については，同項ただし書の規定に基づく都道府県知事の認可が行われるものであること。①特定医療法人又は社会医療法人②地域医療支援病院を経営している医療法人③公益財団法人日本医療機能評価機構が行う病院機能評価による認定を受けた医療機関を経営している医療法人

(4) (3)に掲げる要件に該当する以外の医療法人については，候補者の経歴，理事会構成（医師又は歯科医師の占める割合が一定以上であることや，親族関係など特殊の関係のある者の占める割合が一定以下であること。）等を総合的に勘案し，適正かつ安定的な法人運営を損なうおそれがないと認められる場合には，都道府県知事の認可が行われるものであること。この場合，認可の可否に関する審査に際しては，あらかじめ都道府県医療審議会の意見を聴くこと。

(5) (3)及び(4)の取扱いに当たっては，暴力団員による不当な行為の防止等に関する法律（平成３年法律第77号）第２条第２号に規定する組織の構成員又は関係者が役員に就任していないこと，また，就任するおそれがないことを十分確認すること。

（理事長の代表権）

第46条の６の２　理事長は，医療法人を代表し，医療法人の業務に関する一切の裁判上又は裁判外の行為をする権限を有する。

２　前項の権限に加えた制限は，善意の第三者に対抗することができない。

３　第46条の５の３第１項及び第２項の規定は，理事長が欠けた場合について準用する。

ポイント

過去は理事全員が代表権を有していた時代があった。

１　理事長の権限

（１）概　要

理事長は，医療法人を代表し，医療法人の業務に関する一切の裁判上又は裁判外の行為をする権限を有し，この権限に加えた制限は，善意の第三者に対抗できません。

（２）理事長の任期満了時の権限

任期の満了又は辞任により退任した理事長は，新たに選任される理事長（一時理事長の職務を行うべき者を含む）が就任するまで，なお理事長としての権利義務を有します。

また理事長が退任し，新たな理事長が選任されない場合において，医療法人の業務が遅滞することにより損害を生ずるおそれがあるときは，都道府県知事は，利害関係人の請求により又は職権で，一時理事長の職務を行うべき者を選任しなければなりません。

２　一時理事長の選任請求

医療法人の理事長が急逝した場合において，理事会招集権限を理事長が有している場合に，新たな理事長を選任しようとしても理事会が開催できない場合や，理事長が存在しないことから各種届出の提出が行えないなど，医療法人の業務が遅滞し，損害が生じる場合があります。

そこで，役員や社員，債権者などが，都道府県知事に一時理事長の選任請求を行うことができます。

■医療法人一時理事長選任請求書の例（愛媛県）

様式第35号（第３条関係）　**医療法人一時役員（一時理事長）選任請求書**

医療法人一時役員（一時理事長）選任請求書

年　月　日

愛媛県知事　　　　様

住所（法人にあっては，主たる事務所の所在地）

請求者　氏名（法人にあっては，名称及び代表者の氏名）　㊞

医療法人の名称		
主たる事務所の所在地		
選任しようとする一時役員（一時理事長）	住所	
	氏名	
	性別	
	生年月日	年　月　日
	職業	
選任の理由		

注１　不要の文字は，抹消すること。

２　請求者が個人の場合にあっては，記名押印に代えて署名することができる。

３　次に掲げる書類を添付すること。

(1)　一時役員又は一時理事長に選任しようとする者の就任承諾書及び履歴書

(2)　その他知事が必要と認める書類

（理事の報告義務）

第46条の６の３　理事は，医療法人に著しい損害を及ぼすおそれのある事実があることを発見したときは，直ちに，当該事実を監事に報告しなければならない。

ポイント

理事は，損害を及ぼす可能性を監事に報告する義務があり，報告を怠る理事は賠償責任を負う。

1　理事の報告義務の概要

理事は，医療法人に著しい損害を及ぼすおそれのある事実があることを発見したときは，直ちに，当該事実を監事に報告しなければなりません。

監事は，医療法人の役員や職員でないことから，常勤でないことが一般的です。そのため，医療法人の情報を入手する機会が乏しくなりやすいことから，理事から報告を受けることによって適切な監事職務を行えるようになっています。

2　報告を怠った場合

報告を怠り，医療法人に損害が生じた場合には，理事は医療法人に対して，生じた損害を賠償する責任を負います（医法47①）。

（代表理事についての一般社団法人及び一般財団法人に関する法律の準用）

第46条の６の４　一般社団法人及び一般財団法人に関する法律第78条，第80条，第82条から第84条まで，第88条（第２項を除く。）及び第89条の規定は，社団たる医療法人及び財団たる医療法人の理事について準用する。この場合において，当該理事について準用する同法第84条第１項中「社員総会」とあるのは「理事会」と，同法第88条第１項中「著しい」とあるのは「回復することができない」と読み替えるものとし，財団たる医療法人の理事について準用する同法第83条中「定款」とあるのは「寄附行為」と，「社員総会」とあるのは「評議員会」と，同法第88条の見出し及び同条第１項中「社員」とあるのは「評議員」と，同項及び同法第89条中「定款」とあるのは「寄附行為」と，同条中「社員総会」とあるのは「評議員会」と読み替えるものとするほか，必要な技術的読替えは，政令で定める。

【社団医療法人読み替え規定】

（代表者の行為についての損害賠償責任）

一般社団法人及び一般財団法人に関する法律第78条　社団たる医療法人は，理事長その他の代表者がその職務を行うについて第三者に加えた損害を賠償する責任を負う。

（理事の職務を代行する者の権限）

一般社団法人及び一般財団法人に関する法律第80条　民事保全法（平成元年法律第91号）第56条に規定する仮処分命令により選任された理事又は理事長の職務を代行する者は，仮処分命令に別段の定めがある場合を除き，社団たる医療法人の常務に属しない行為をするには，裁判所の許可を得なければならない。

２　前項の規定に違反して行った理事又は代表理事の職務を代行する者の行為は，無効とする。ただし，社団たる医療法人は，これをもって善意の第三者に対抗することができない。

（表見代表理事）

一般社団法人及び一般財団法人に関する法律第82条　社団たる医療法人は，代表理事以外の理事に理事長その他社団たる医療法人を代表する権限を有するものと認められる名称を付した場合には，当該理事がした行為について，善意の第三者に対してその責任を負う。

（忠実義務）

一般社団法人及び一般財団法人に関する法律第83条　理事は，法令及び定款並びに社員総会の決議を遵守し，社団たる医療法人のため忠実にその職務を行わなければならない。

（競業及び利益相反取引の制限）

一般社団法人及び一般財団法人に関する法律第84条　理事は，次に掲げる場合には，理事会において，当該取引につき重要な事実を開示し，その承認を受けなければならない。

一　理事が自己又は第三者のために社団たる医療法人の事業の部類に属する取引をしようとするとき。

二　理事が自己又は第三者のために社団たる医療法人と取引をしようとするとき。

三　社団たる医療法人が理事の債務を保証することその他理事以外の者との間において社団たる医療法人と当該理事との利益が相反する取引をしようとするとき。

2　民法第108条の規定は，前項の承認を受けた同項第２号又は第３号の取引については，適用しない。

（社員による理事の行為の差止め）

一般社団法人及び一般財団法人に関する法律第88条　社員は，理事が社団たる医療法人の目的の範囲外の行為その他法令若しくは定款に違反する行為をし，又はこれらの行為をするおそれがある場合において，当該行為によって当該社団たる医療法人に回復することができない損害が生ずるおそれがあるときは，当該理事に対し，当該行為をやめることを請求することができる。

（理事の報酬等）

一般社団法人及び一般財団法人に関する法律第89条　理事の報酬等（報酬，賞与その他の職務執行の対価として社団たる医療法人等から受ける財産上の利益をいう。以下同じ。）は，定款にその額を定めていないときは，社員総会の決議によって定める。

【財団医療法人読み替え規定】

（代表者の行為についての損害賠償責任）

一般社団法人及び一般財団法人に関する法律第78条　財団たる医療法人は，理事長その他の代表者がその職務を行うについて第三者に加えた損害を賠償する責任を負う。

（理事の職務を代行する者の権限）

一般社団法人及び一般財団法人に関する法律第80条　民事保全法（平成元年法律第91号）第56条に規定する仮処分命令により選任された理事又は理事長の職務を代行する者は，仮処分命令に別段の定めがある場合を除き，財団たる医療法人の常務に属しない行為をするには，裁判所の許可を得なければならない。

2　前項の規定に違反して行った理事又は理事長の職務を代行する者の行為は，無効とする。ただし，財団たる医療法人は，これをもって善意の第三者に対抗することができない。

（表見代表理事）

一般社団法人及び一般財団法人に関する法律第82条　財団たる医療法人は，理事長以外の理事に理事長その他財団たる医療法人を代表する権限を有するものと認められる名称を付した場合には，当該理事がした行為について，善意の第三者に対してその責任を負う。

（忠実義務）

一般社団法人及び一般財団法人に関する法律第83条　理事は，法令及び寄附行為並びに評議員会の決議を遵守し，財団たる医療法人のため忠実にその職務を行わなければならない。

（競業及び利益相反取引の制限）

一般社団法人及び一般財団法人に関する法律第84条　理事は，次に掲げる場合には，理事会において，当該取引につき重要な事実を開示し，その承認を受けなければならない。

一　理事が自己又は第三者のために財団たる医療法人の事業の部類に属する取引をしようとするとき。

二　理事が自己又は第三者のために財団たる医療法人と取引をしようとするとき。

三　一般社団法人が理事の債務を保証することその他理事以外の者との間において財団たる医療法人と当該理事との利益が相反する取引をしようとするとき。

2　民法第108条の規定は，前項の承認を受けた同項第２号又は第３号の取引については，適用しない。

（評議員による理事の行為の差止め）

一般社団法人及び一般財団法人に関する法律第88条　評議員は，理事が財団たる医療法人の目的の範囲外の行為その他法令若しくは寄附行為に違反する行為をし，又はこれらの行為をするおそれがある場合において，当該行為によって当該財団たる医療法人に回復することができない損害が生ずるおそれがあるときは，当該理事に対し，当該行為をやめることを請求することができる。

（理事の報酬等）

一般社団法人及び一般財団法人に関する法律第89条　理事の報酬等（報酬，賞与その他の職務執行の対価として財団たる医療法人等から受ける財産上の利益をいう。以下同じ。）は，寄附行為にその額を定めていないときは，評議員会の決議によって定める。

（社団たる医療法人及び財団たる医療法人の理事に関する技術的読替え）

医療法施行令第５条の５の９　法第46条の６の４において社団たる医療法人及び財団たる医療法人の理事について一般社団法人及び一般財団法人に関する法律第78条，第80条，第82条から第84条まで，第88条（第２項を除く。）及び第89条の規定を準用する場合においては，法第46条の６の４の規定によるほか，一般社団法人及び一般財団法人に関する法律第78条，第80条及び第82条中「代表理事」とあるのは，「理事長」と読み替えるものとする。

ポイント

理事及び監事の報酬は社員総会又は評議員会の決議を受けなければならない。

1　理事長の損害賠償責任の概要

医療法人は，理事長がその職務を行うについて第三者に加えた損害を賠償する責任を負います。

例えば，業務の執行状況の報告を怠り，医療法人の損害が大きくなった場合などが該当すると考えられます。

2　職務代行者の権限

（1）仮処分命令により選任された理事等

理事長が医療法人の資産を私的に流用する場合や，不当な取引を行うおそれがある場合など，医療法人の財産に損害が生じるおそれがある場合，理事長の職務執行を一時的に停止させる仮処分命令が発令される場合があります。

仮処分命令により選任された理事又は理事長の職務代行者は，仮処分命令に別段の定めがある場合を除き，医療法人の常務に属しない行為をするには，裁判所の許可を得なければなりません。

（2）違反した場合

（1）に違反して裁判所の許可なく，理事又は理事長の職務を代行する者が行った医療法人の常務に属さない行為は無効となります。

ただし，善意の第三者には対抗することはできません。

3　表見代理

民法において，契約の相手方が代理人の権限があると信じるべき正当な理由があるときには，本人は相手方に対して責任を負わなければなりません（民法110）。

これを，表見代理と言います。

例えば，法人の印鑑証明書が添付されるなど，信じるに値する委任状をもって理事長に代えて取引を行う代理人の相手方は，たとえその委任状が不法なものであったとしても，一定程度守られます。

これは，医療法でも同様に定められており，理事長以外の理事に医療法人を代表する権限を有するものと認められる名称を付した場合には，当該理事がした行為について，善意の第三者に対してその責任を負います。

4　役員報酬の決定

（1）損金に算入される役員報酬

医療法人の損金の額に算入されない不相当に高額な役員報酬とは，法人が各事業年度においてその役員に対して支給した報酬の額が実質基準に係る金額又は形式基準に係る金額を超える場合の，超える額とされています（法法34②，法令70①）。

① 実質基準

役員の職務の内容，法人の収益，使用人に対する給与の支給の状況などに照らし，役員の職務に対する対価として相当な額

② 形式基準

定款の規定又は株主総会，社員総会若しくはこれらに準ずるものの決議により，役員に対する給与限度額などを定めている法人の限度額

（2）医療法人における形式基準

形式基準が求められるのは，会社法において役員の職務執行の対価は，定款に定める場合を除き株主総会の決議によらなければならないからです（会法361）。

2016年９月の医療法改正までは，役員報酬を社員総会などにより定めなければならない法令はなく，形式基準は必ずしも求められませんでしたが，医療法の改正により医療法人が役員報酬を支給する際は，定款に記載されている場合を除き，社員総会又は評議員会の決議を要します。

第46条の６の４（代表理事についての一般社団法人及び一般財団法人に関する法律の準用）

第6款　理事会

（理事会の権利義務）

第46条の7　理事会は，全ての理事で組織する。

2　理事会は，次に掲げる職務を行う。

一　医療法人の業務執行の決定

二　理事の職務の執行の監督

三　理事長の選出及び解職

3　理事会は，次に掲げる事項その他の重要な業務執行の決定を理事に委任することができない。

一　重要な資産の処分及び譲受け

二　多額の借財

三　重要な役割を担う職員の選任及び解任

四　従たる事務所その他の重要な組織の設置，変更及び廃止

五　社団たる医療法人にあつては，第47条の2第1項において準用する一般社団法人及び一般財団法人に関する法律第114条第1項の規定による定款の定めに基づく第47条第1項の責任の免除

六　財団たる医療法人にあつては，第47条の2第1項において準用する一般社団法人及び一般財団法人に関する法律第114条第1項の規定による寄附行為の定めに基づく第47条第4項において準用する同条第1項の責任の免除

ポイント

重要財産の処分など重要な業務執行は理事長の単独行為が認められない。

1　理事会に関する定め

2016年9月に改正された医療法まで，理事会に関する定めは設けられていませんでした。

そのため，理事会が存していない医療法人が存在しており，理事会に関する規定が置かれていない医療法人の定款又は寄附行為については，2018年9月末までに定款又は寄附行為の変更認可申請をする必要がありました（改正法附則6条）。

2　理事会の職務

理事会は，すべての理事で組織される，必置の機関です。

理事会は，法人の業務執行を決定し，理事の職務執行を監督するとともに，理事長を選定・解職する権限を持っています。

理事長が職務上の義務に違反し又は職務を怠っている等の場合には，理事長の解職権限を有しているのも理事会です。

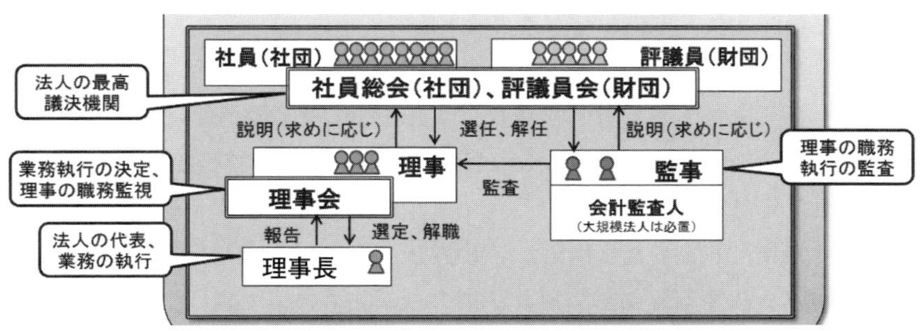

（参考）「公益法人の各機関の役割と責任」（内閣府）に加筆。

3　重要事項の決議

理事会は，次の事項及び重要な業務執行の決定を理事に委任することができません。すなわち，これらの行為は理事長の単独行為で行ってはなりません。

① 重要な資産の処分及び譲受け

② 多額の借財

③ 重要な役割を担う職員の選任及び解任

④ 従たる事務所その他の重要な組織の設置，変更及び廃止

⑤ 一定の定款の定めがある場合において，重大なか過失なく任務を怠った理事の賠償責任の免除

（理事会の議事録についての一般社団法人及び一般財団法人に関する法律の準用）

第46条の7の2　一般社団法人及び一般財団法人に関する法律第91条から第98条まで（第91条第1項各号及び第92条第1項を除く。）の規定は，社団たる医療法人及び財団たる医療法人の理事会について準用する。この場合において，当該理事会について準用する同法第91条第1項中「次に掲げる理事」とあり，及び同条第2項中「前項各号に掲げる理事」とあるのは「理事長」と，同法第95条第3項及び第4項並びに第97条第2項第2号中「法務省令」とあるのは「厚生労働省令」と読み替えるものとし，財団たる医療法人の理事会について準用する同法第91条第2項，第93条第1項，第94条第1項，第95条第1項及び第3項並びに第96条中「定款」とあるのは「寄附行為」と，同法第97条第2項中「社員は，その権利を行使するため必要があるときは，裁判所の許可を得て」とあるのは「評議員は，財団たる医療法人の業務時間内は，いつでも」と読み替えるものとするほか，必要な技術的読替えは，政令で定める。

2　前項において読み替えて準用する一般社団法人及び一般財団法人に関する法律第97条第2項及び第3項の許可については，同法第287条第1項，第288条，第289条（第1号に係る部分に限る。），第290条本文，第291条（第2号に係る部分に限る。），第292条本文，第294条及び第295条の規定を準用する。

【社団医療法人読み替え】

（理事会設置一般社団法人の理事の権限）

一般社団法人及び一般財団法人に関する法律第91条

2　理事長は，三箇月に一回以上，自己の職務の執行の状況を理事会に報告しなければならない。ただし，定款で毎事業年度に四箇月を超える間隔で二回以上その報告をしなければならない旨を定めた場合は，この限りでない。

（競業及び理事会設置一般社団法人との取引等の制限）

一般社団法人及び一般財団法人に関する法律第92条

2　社団医療法人においては，第84条第１項各号の取引をした理事は，当該取引後，遅滞なく，当該取引についての重要な事実を理事会に報告しなければならない。

（招集権者）

一般社団法人及び一般財団法人に関する法律第93条　理事会は，各理事が招集する。ただし，理事会を招集する理事を定款又は理事会で定めたときは，その理事が招集する。

2　前項ただし書に規定する場合には，同項ただし書の規定により定められた理事（以下この項及び第101条第２項において「招集権者」という。）以外の理事は，招集権者に対し，理事会の目的である事項を示して，理事会の招集を請求することができる。

3　前項の規定による請求があった日から五日以内に，その請求があった日から二週間以内の日を理事会の日とする理事会の招集の通知が発せられない場合には，その請求をした理事は，理事会を招集することができる。

（招集手続）

一般社団法人及び一般財団法人に関する法律第94条　理事会を招集する者は，理事会の日の一週間（これを下回る期間を定款で定めた場合にあっては，その期間）前までに，各理事及び各監事に対してその通知を発しなければならない。

2　前項の規定にかかわらず，理事会は，理事及び監事の全員の同意があるときは，招集の手続を経ることなく開催することができる。

（理事会の決議）

一般社団法人及び一般財団法人に関する法律第95条　理事会の決議は，議決に加わることができる理事の過半数（これを上回る割合を定款で定めた場合にあっては，その割合以上）が出席し，その過半数（これを上回る割合を定款で定めた場合にあっては，その割合以上）をもって行う。

2　前項の決議について特別の利害関係を有する理事は，議決に加わることができない。

3　理事会の議事については，厚生労働省省令で定めるところにより，議事録を作成し，議事録が書面をもって作成されているときは，出席した理事（定款で議事録に署名し，又は記名押印しなければならない者を当該理事会に出席した代表理事とする旨の定めがある場合にあっては，当該理事長）及び監事は，これに署名し，又は記名押印しなければならない。

4　前項の議事録が電磁的記録をもって作成されている場合における当該電磁的記録に記録された事項については，厚生労働省令で定める署名又は記名押印に代わる措置をとらなければならない。

5　理事会の決議に参加した理事であって第３項の議事録に異議をとどめないものは，その決議に賛成したものと推定する。

（理事会の決議の省略）

一般社団法人及び一般財団法人に関する法律第96条　社団医療法人は，理事が理事会の決議の目的である事項について提案をした場合において，当該提案につき理事（当該事項について議決に加わることができるものに限る。）の全員が書面又は電磁的記録により同意の意思表示をしたとき（監事が当該提案について異議を述べたときを除く。）は，当該提案を可決する旨の理事会の決議があったものとみなす旨を定款で定めることができる。

（議事録等）

一般社団法人及び一般財団法人に関する法律第97条　社団医療法人は，理事会の日（前条の規定により理事会の決議があったものとみなされた日を含む。）から十年間，第95条第３項の議事録又は前条の意思表示を記載し，若しくは記録した書面若しくは電磁的記録（以下この条において「議事録等」という。）をその主たる事務所に備え置かなければならない。

2　社員は，その権利を行使するため必要があるときは，裁判所の許可を得て，次に掲げる請求をすることができる。

一　前項の議事録等が書面をもって作成されているときは，当該書面の閲覧又は謄写の請求

二　前項の議事録等が電磁的記録をもって作成されているときは，当該電磁的記録に記録された事項を厚生労働省令で定める方法により表示したものの閲覧又は謄写の請求

3　債権者は，理事又は監事の責任を追及するため必要があるときは，裁判所の許可を得て，第１項の議事録等について前項各号に掲げる請求をすることができる。

4　裁判所は，前二項の請求に係る閲覧又は謄写をすることにより，当該理事会

設置一般社団法人に著しい損害を及ぼすおそれがあると認めるときは，前二項の許可をすることができない。

（理事会への報告の省略）

一般社団法人及び一般財団法人に関する法律第98条　理事，監事又は会計監査人が理事及び監事の全員に対して理事会に報告すべき事項を通知したときは，当該事項を理事会へ報告することを要しない。

2　前項の規定は，第91条第２項の規定による報告については，適用しない。

【財団医療法人読み替え】

（理事会設置一般社団法人の理事の権限）

一般社団法人及び一般財団法人に関する法律第91条

2　理事長は，三箇月に一回以上，自己の職務の執行の状況を理事会に報告しなければならない。ただし，寄附行為で毎事業年度に四箇月を超える間隔で二回以上その報告をしなければならない旨を定めた場合は，この限りでない。

（競業及び理事会設置一般社団法人との取引等の制限）

一般社団法人及び一般財団法人に関する法律第92条

2　財団医療法人においては，第84条第１項各号の取引をした理事は，当該取引後，遅滞なく，当該取引についての重要な事実を理事会に報告しなければならない。

（招集権者）

一般社団法人及び一般財団法人に関する法律第93条　理事会は，各理事が招集する。ただし，理事会を招集する理事を寄附行為又は理事会で定めたときは，その理事が招集する。

2　前項ただし書に規定する場合には，同項ただし書の規定により定められた理事（以下この項及び第101条第２項において「招集権者」という。）以外の理事は，招集権者に対し，理事会の目的である事項を示して，理事会の招集を請求することができる。

3　前項の規定による請求があった日から五日以内に，その請求があった日から二週間以内の日を理事会の日とする理事会の招集の通知が発せられない場合には，その請求をした理事は，理事会を招集することができる。

（招集手続）

一般社団法人及び一般財団法人に関する法律第94条　理事会を招集する者は，理事会の日の一週間（これを下回る期間を寄附行為で定めた場合にあっては，その期間）前までに，各理事及び各監事に対してその通知を発しなければならない。

2　前項の規定にかかわらず，理事会は，理事及び監事の全員の同意があるときは，招集の手続を経ることなく開催することができる。

（理事会の決議）

一般社団法人及び一般財団法人に関する法律第95条　理事会の決議は，議決に加わることができる理事の過半数（これを上回る割合を寄附行為で定めた場合にあっては，その割合以上）が出席し，その過半数（これを上回る割合を寄附行為で定めた場合にあっては，その割合以上）をもって行う。

2　前項の決議について特別の利害関係を有する理事は，議決に加わることができない。

3　理事会の議事については，厚生労働省省令で定めるところにより，議事録を作成し，議事録が書面をもって作成されているときは，出席した理事（寄附行為で議事録に署名し，又は記名押印しなければならない者を当該理事会に出席した理事長とする旨の定めがある場合にあっては，当該理事長）及び監事は，これに署名し，又は記名押印しなければならない。

4　前項の議事録が電磁的記録をもって作成されている場合における当該電磁的記録に記録された事項については，厚生労働省令で定める署名又は記名押印に代わる措置をとらなければならない。

5　理事会の決議に参加した理事であって第3項の議事録に異議をとどめないものは，その決議に賛成したものと推定する。

（理事会の決議の省略）

一般社団法人及び一般財団法人に関する法律第96条　財団医療法人は，理事が理事会の決議の目的である事項について提案をした場合において，当該提案につき理事（当該事項について議決に加わることができるものに限る。）の全員が書面又は電磁的記録により同意の意思表示をしたとき（監事が当該提案について異議を述べたときを除く。）は，当該提案を可決する旨の理事会の決議があったものとみなす旨を寄附行為で定めることができる。

（議事録等）

一般社団法人及び一般財団法人に関する法律第97条　財団医療法人は，理事会の日（前条の規定により理事会の決議があったものとみなされた日を含む。）から十年間，第95条第３項の議事録又は前条の意思表示を記載し，若しくは記録した書面若しくは電磁的記録（以下この条において「議事録等」という。）をその主たる事務所に備え置かなければならない。

２　評議員は，財団たる医療法人の業務時間内は，いつでも，次に掲げる請求をすることができる。

一　前項の議事録等が書面をもって作成されているときは，当該書面の閲覧又は謄写の請求

二　前項の議事録等が電磁的記録をもって作成されているときは，当該電磁的記録に記録された事項を厚生労働省令で定める方法により表示したものの閲覧又は謄写の請求

３　債権者は，理事又は監事の責任を追及するため必要があるときは，裁判所の許可を得て，第１項の議事録等について前項各号に掲げる請求をすることができる。

４　裁判所は，前二項の請求に係る閲覧又は謄写をすることにより，当該理事会設置一般社団法人に著しい損害を及ぼすおそれがあると認めるときは，前二項の許可をすることができない。

（理事会への報告の省略）

一般社団法人及び一般財団法人に関する法律第98条　理事又は監事が理事及び監事の全員に対して理事会に報告すべき事項を通知したときは，当該事項を理事会へ報告することを要しない。

２　前項の規定は，第91条第２項の規定による報告については，適用しない。

（社団たる医療法人及び財団たる医療法人の理事会に関する技術的読替え）

医療法施行令第５条の５の10　法第46条の７の２第１項において社団たる医療法人及び財団たる医療法人の理事会について一般社団法人及び一般財団法人に関する法律第91条から第98条まで（第91条第１項各号及び第92条第１項を除く。）の規定を準用する場合においては，法第46条の７の２第１項の規定によるほか，一般社団法人及び一般財団法人に関する法律第95条第３項中「代表理事」とあるのは「理事長」と，同法第98条第１項中「，監事又は会計監査人」とあるのは「又は監事」と読み替えるものとする。

（理事会の議事録）

医療法施行規則第31条の5の4　法第46条の7の2第1項において読み替えて準用する一般社団法人及び一般財団法人に関する法律第95条第3項の規定による理事会の議事録の作成については，この条の定めるところによる。

2　理事会の議事録は，書面又は電磁的記録をもつて作成しなければならない。

3　理事会の議事録は，次に掲げる事項を内容とするものでなければならない。

一　理事会が開催された日時及び場所（当該場所に存しない理事又は監事が理事会に出席した場合における当該出席の方法を含む。）

二　理事会が次に掲げるいずれかのものに該当するときは，その旨

イ　法第46条の7の2第1項において読み替えて準用する一般社団法人及び一般財団法人に関する法律第93条第2項の規定による理事の請求を受けて招集されたもの

ロ　法第46条の7の2第1項において読み替えて準用する一般社団法人及び一般財団法人に関する法律第93条第3項の規定により理事が招集したもの

ハ　法第46条の8の2第2項の規定による監事の請求を受けて招集されたもの

ニ　法第46条の8の2第3項の規定により監事が招集したもの

三　理事会の議事の経過の要領及びその結果

四　決議を要する事項について特別の利害関係を有する理事があるときは，当該理事の氏名

五　次に掲げる規定により理事会において述べられた意見又は発言があるときは，その意見又は発言の内容の概要

イ　法第46条の7の2第1項において読み替えて準用する一般社団法人及び一般財団法人に関する法律第92条第2項

ロ　法第46条の8第4号

ハ　法第46条の8の2第1項

ニ　法第49条の4において読み替えて準用する一般社団法人及び一般財団法人に関する法律第118条の2第4項

六　法第46条の7の2第1項において読み替えて準用する一般社団法人及び一般財団法人に関する法律第95条第3項の定款又は寄附行為の定めがあるときは，理事長以外の理事であつて，理事会に出席した者の氏名

七　理事会の議長が存するときは，議長の氏名

4　次の各号に掲げる場合には，理事会の議事録は，当該各号に定める事項を内容とするものとする。

一　法第46条の７の２第１項において読み替えて準用する一般社団法人及び一般財団法人に関する法律第96条の規定により理事会の決議があつたものとみなされた場合　次に掲げる事項
　イ　理事会の決議があつたものとみなされた事項の内容
　ロ　イの事項の提案をした理事の氏名
　ハ　理事会の決議があつたものとみなされた日
　ニ　議事録の作成に係る職務を行つた理事の氏名
二　法第46条の７の２第１項において読み替えて準用する一般社団法人及び一般財団法人に関する法律第98条第１項の規定により理事会への報告を要しないものとされた場合　次に掲げる事項
　イ　理事会への報告を要しないものとされた事項の内容
　ロ　理事会への報告を要しないものとされた日
　ハ　議事録の作成に係る職務を行つた理事の氏名

（電子署名）
医療法施行規則第31条の５の５　法第46条の７の２第１項において読み替えて準用する一般社団法人及び一般財団法人に関する法律第95条第４項の厚生労働省令で定める署名又は記名押印に代わる措置は，電子署名とする。
２　前項に規定する「電子署名」とは，電磁的記録に記録することができる情報について行われる措置であつて，次の要件のいずれにも該当するものをいう。
一　当該情報が当該措置を行つた者の作成に係るものであることを示すためのものであること。
二　当該情報について改変が行われていないかどうかを確認することができるものであること。

ポイント

- **理事会の議事録は，出席役員全員が押印し，議事署名人制度はない。**
- **理事と利害関係がある取引は，理事会議事録に明確に記載しなければならない。**

1　理事等による理事会への報告

（1）業務執行報告

理事長は，医療法人の業務を執行し，3か月に1回以上，自己の職務の執行の状況を理事会に報告しなければなりません。

ただし，定款又は寄附行為で毎事業年度に4か月を超える間隔で2回以上その報告をしなければならない旨を定めた場合は，この定款又は寄附行為に沿って報告をしなければなりません。

（2）競業取引の報告

理事は，競業及び利益相反取引を行う場合には，理事会において，当該取引につき重要な事実を開示し，その承認を受けなければなりません。

また，競業及び利益相反取引をした理事は，当該取引後，遅滞なく，当該取引についての重要な事実を理事会に報告しなければなりません。

2　理事会の議事録

（1）理事会議事録の形式

医療法人の全理事で組織をする理事会が開催された場合には，議事経過などを記載した議事録を作成しなければなりません（医法46の7の2，一社95③）。

従来は書面による理事会議事録の作成が求められていましたが，2016年9月医療法改正以降は，書面によるほか，電磁的記録，すなわちPDFなどの形式による議事録も認められることとなりました。

（2）議事録作成者

理事会議事録が書面により作成された場合は，出席した理事及び監事は全員，議事録に署名又は記名押印しなければなりません。

2016年9月医療法改正後，監事は理事会の出席義務がありますので（医法46の8の2），理事会に出席した監事は，理事とともに議事録に署名又は記名押印する義務を負います。

これまで，議事署名人を選任する実務が行われてきましたが，これからは議事署名人のみが理事会議事録を作成することは認められません。

■理事長を議事録作成者とする定款例

> **第●●条**　理事会の議事については，法令で定めるところにより，理事長が議事録を作成する。
> 2　理事会に出席した理事及び監事は，前項の議事録に署名し，又は記名押印する。

（3）電子署名の形式

理事会議事録をPDFファイルなどで電磁的に作成することが可能となりました。

電磁的記録による理事会議事録は，署名又は記名押印に代えて，議事録作成者が電子署名をしなければなりません（医法46の７の２，一社95④）。

電子署名は，文字や記号，マークなどの情報（電子署名）によって，証明をした個人を特定し，文書の正当性が保証されるものです。

電子署名をすべき者は，書面による議事録と同様に，出席理事全員及び監事です。

電子署名として認められるには，次の①及び②の要件を満たすものでなければなりませんが，一般的なソフトウェア会社の推奨している電子署名であれば，その要件を満たします。

①　電子署名の情報が電子署名を行った者の作成に係るものであることを示すためのものであること。

②　電子署名の情報について改変が行われていないかどうかを確認することができるものであること。

（4）理事全員が署名する理由

理事会議事録に議事署名人方式が認められなくなった理由の１つに，理事の推定賛成方式が定められたことが考えられます。

第46条の７の２（理事会の議事録についての一般社団法人及び一般財団法人に関する法律の準用）

理事会の決議に参加した理事で，理事会議事録に異議をとどめないものは，その決議に賛成したものと推定されます（医法46の７の２，一社95⑤）。

出席理事が理事会の議案に異議を述べたか否か明確にする機会を設けるために，議事録署名人を出席理事全員にしたものと考えられます。

3　理事会議事録の記載事項

理事会の議事録には，次の７項目を記載しなければなりません（医規31の５の４）。

（1）日時に関する事項：開催された日時及び場所（当該場所に存在しない理事又は監事が出席した場合における当該出席の方法を含む）

医療法人の理事会は，主たる事務所で開催する必要は必ずしもありません。実際に理事会が開催された場所が理事長の自宅というケースも考えられます。

あらかじめ通知された理事会の議案に関して書面をもって議決権を行使した理事がいる場合は，その旨を理事会議事録に記載します。

また，テレビ会議で理事会に参加した理事がいる場合には，その旨を理事会議事録に記載します。

（2）招集に関する事項：理事会が，次のいずれかに該当する場合は，その旨

①　理事会招集権者である理事長以外の理事から請求を受け，招集された理事会の場合はその内容。

②　招集請求があっても理事長が理事会を開催しない場合において，理事長に代えて理事が招集したもの。

③　監事の請求を受けて招集されたもの。

医療法人の理事会は，定款において理事長が招集するものとされていることが一般的です。

理事長に事故があり，理事長以外の理事が招集する場合には，その旨を理事会議事録に記載します。

また，理事長以外の理事から理事会の招集請求があった場合にはその旨を，

理事会議事録に記載します。

監事が，監査の結果，医療法人の業務又は財産に関し不正の行為又は法令若しくは定款若しくは寄附行為に違反する重大な事実があることを発見し，これを報告するために理事会の招集を行った場合には，その旨を理事会議事録に記載します（医法46の８五）。

（３）議事経過：議事の経過の要領及びその結果

理事会議事録には，理事会で発言された内容を記載します。記載すべき発言内容はすべてである必要はなく，検討内容がわかる程度の概要で構いません。

また，議案の可否についての結果も，議事録に記載します。

（４）利害関係理事に関する事項：決議を要する事項について特別の利害関係を有する理事があるときは，当該理事の氏名

特別の利害関係を有する理事は，理事会決議に加わることができません（医法46の７の２，一社95②）。

例えば，医療法人の理事を解任する場合は，その解任される理事は，医療法人と特別の関係を有することから，決議に加わることができません。

この利害関係を有する理事の氏名を議事録に記載することによって，決議に加わらなかったことを明確にさせます。

（５）重要事項の記載：次について述べられた意見又は発言の内容の概要

① 理事が行った利益相反取引に関する報告

② 監査の結果，医療法人の業務又は財産に関し不正の行為又は法令若しくは定款若しくは寄附行為に違反する重大な事実があることを発見した場合の監事が行った報告

③ 理事会での監事が述べた意見

理事と医療法人が行う取引は利益相反関係にあるため，理事会の決議を要します（医法46の６の４，一社84）。

この取引が終了した場合には，後日理事会において報告をすることが求め

られています。

また監査の結果，医療法人の業務又は財産に関し不正の行為などを見つけた監事は，その旨を発言し理事会議事録に記載しなければなりません。

ただし，不正を見つけた監事は，都道府県知事，社員総会，評議員会，理事会のいずれかに報告すれば足りることから，監事が必ずしも理事会でその旨を報告するとは限りません。

（6）議事署名人以外の理事の記載：議事署名人を理事長及び監事とした定款又は寄附行為の定めがあるときは，理事長以外の理事であって，出席した者の氏名

理事長及び監事を議事署名人とする定款又は寄附行為は有効です。

その際，出席した理事が特定できない可能性があることから，理事長及び監事を議事署名人とする定款等を定めた医療法人の理事会議事録には，出席理事及び監事のすべての氏名を記載します。

（7）議長氏名

理事会議事録には，議長氏名を記載します。理事会の議長は，定款の定めにより理事長が就任します。

第7款　監　事

（監事の職務）

第46条の8　監事の職務は，次のとおりとする。

一　医療法人の業務を監査すること。

二　医療法人の財産の状況を監査すること。

三　医療法人の業務又は財産の状況について，毎会計年度，監査報告書を作成し，当該会計年度終了後三月以内に社員総会又は評議員会及び理事会に提出すること。

四　第1号又は第2号の規定による監査の結果，医療法人の業務又は財産に関し不正の行為又は法令若しくは定款若しくは寄附行為に違反する重大な事実があることを発見したときは，これを都道府県知事，社員総会若しくは評議員会又は理事会に報告すること。

五　社団たる医療法人の監事にあつては，前号の規定による報告をするために必要があるときは，社員総会を招集すること。

六　財団たる医療法人の監事にあつては，第4号の規定による報告をするために必要があるときは，理事長に対して評議員会の招集を請求すること。

七　社団たる医療法人の監事にあつては，理事が社員総会に提出しようとする議案，書類その他厚生労働省令で定めるもの（次号において「議案等」という。）を調査すること。この場合において，法令若しくは定款に違反し，又は著しく不当な事項があると認めるときは，その調査の結果を社員総会に報告すること。

八　財団たる医療法人の監事にあつては，理事が評議員会に提出しようとする議案等を調査すること。この場合において，法令若しくは寄附行為に違反し，又は著しく不当な事項があると認めるときは，その調査の結果を評議員会に報告すること。

監事は会計監査のほか，業務監査を行う義務がある。

1　機関としての監事

（1）監事の概要

医療法人の監事は，株式会社における監査役に相当する機関であり，法人の業務及び財産の状況を監査することができるなど，重要な権限が与えられています。

監事は，特定の事項について説明を求められた場合，社員総会において必要な説明をしなければならないことから（医法46の３の４），いつでも，理事及び使用人に対し事業の報告を求める権限や，法人の状況を調査する権限が与えられていると考えられます。

2016年９月に医療法が改正されるまでは，監事に理事会出席義務はありませんでしたが，現行の医療法では，監査業務の一環として理事会に出席し，必要があると認めるときは意見を述べなければなりません（医法46の８の２）。理事会に出席した監事は，理事会議事録に署名又は記名押印しなければならないことも，忘れてはならないポイントです。

（2）監事の人数

医療法人は，１名以上の監事を置かなければなりません（医法46の５①）。

ただし，社会医療法人（医法42の２①）と特定医療法人（租税特別措置法67の２①）は，通知により２名以上の監事を置くことが求められます。

（3）監事としての能力

監事は，医療法人の運営の適正性を担保する重要な職責を担い，その業務を執行できる能力を有する自然人でなければなりません。

成年被後見人又は被保佐人は監事に就任できず，未成年者が監事に就任することも適当ではありません。

また，医療法人と取引関係にある営利法人の役員が医療法人の監事に就任することは，非営利性という観点から原則認められません。また，職員や理事が就任できないほか（医法46の5⑧），医療法人の理事の親族や社員も監事として適切でないと指導される場合もあります。

監事に選任される者は，監査が行える一定の能力が必要と考えられ，例えば次のような者が望ましいといえます。

① 法人の業務運営に一定の知見を有し，業務監査能力を備えている者
② 会計制度に一定の知見を有し，計算書類の監査能力を備えている者
③ 関係法令に一定の知見を有し，理事会の職務等が法令に違反しないよう監視できる能力を備えている者

税理士や公認会計士に医療法人の監事への就任を求めるケースをよくみかけますが，これらの者は会計制度には一定の知見があるものの，関係法規や業務運営の監査が得意でない場合が多いと考えられます。そのため，２名以上監事を設置する場合は，これらの者のほかに医療関連法規の知見を有する者を選任することも検討すべきです。実際に，定年退職した医事課長や事務長が監事として就任している例があります。

2　監事の職務

医療法人の監事が執行する職務は，次の６項目に整理できます（医法46の8）。

（1）業務監査

医療法人の業務を監査すること

監事は，医療法人の業務を監査する義務を有します。

一般社団・財団法人の監事は，理事の職務の執行を監査する義務を有しますが（一社99①），医療法人の監事の場合，監査すべき業務の範囲は理事の職務執行に限られません。

監事の業務監査の対象は，医療法人が組織として執行する「業務」のすべてとされ，一般社団・財団法人の監事より広い範囲と考えられます。例えば，診療報酬の請求に関して理事でない職員が重大な不正を行っていたことを発

見した場合，監事は報告義務を負います。

病院を開設している医療法人は，人員基準や構造設備基準などを確認することを目的に，１年に１回の立ち入り検査がありますが（医法25①），その立ち入り検査の結果を確認することも，業務監査の一環と考えます。

（２）財産状況の監査

医療法人の財産の状況を監査すること

監事は，医療法人の財産状況を監査する義務を負います。

財産状況の監査の１つとして，事業報告書等（事業報告書，財産目録，貸借対照表，損益計算書，関係事業者との取引の状況に関する報告書）が適切に作成されているかを監査します。

注意が必要なのは，医療法人会計基準にどこまで準拠しなければならないかという点です。医療法人会計基準（2016年４月20日厚生労働省令第95号）の適用が求められているのは次の法人です。

■医療法人会計基準対象法人

① 医療法人（社会医療法人を除く）

貸借対照表の負債の部に計上した額の合計額が50億円以上又は損益計算書の事業収益の部に計上した額の合計額が70億円以上

② 社会医療法人

イ 貸借対照表の負債の部に計上した額の合計額が20億円以上又は損益計算書の事業収益の部に計上した額の合計額が10億円以上

ロ 社会医療法人債発行法人

この基準に達しない医療法人は，医療法人会計基準の厳密な適用は求められていないことから，退職給付会計やリース会計を導入しない経理処理をしていたとしても，財産の状況が適切でないとはいえません。

（3）監査報告書の作成・提出

医療法人の業務又は財産の状況について，毎会計年度，監査報告書を作成し，当該会計年度終了後3月以内に社員総会又は評議員会及び理事会に提出すること

監事は，毎会計年度監査報告書を作成し，会計年度終了から3か月以内に，社団医療法人は社員総会と理事会に，財団医療法人は評議員会と理事会に提出しなければなりません。監査報告書は，一般に閲覧の対象となることから，監査結果が公知されることを考慮した上で作成する必要があります。

従来，医療法人は事業年度終了の日から2か月以内に資産の総額登記を行わなければなりませんでしたが，2016年4月1日以降開始する事業年度から，事業年度終了の日から3か月以内に改正されました（組合等登記令3③)。

また，監査報告書の提出期限が会計年度終了後3か月以内とされていることから，定款変更を経ることによって，確定申告書の提出期限を決算終了の日から3か月以内に延長する申請（法法75）が可能となりました。

一般的な3月決算法人の定款例	延長申請された3月決算法人の定款例
第●条　本財団の会計年度は，毎年4月1日に始まり翌年3月31日に終わる。 第●条　理事長は，定時社員総会を，毎年2回，3月と5月に開催する。	第●条　本財団の会計年度は，毎年4月1日に始まり翌年3月31日に終わる。 第●条　理事長は，定時社員総会を，毎年2回，3月と6月に開催する。

（4）重大な違反事実の報告

監査の結果，医療法人の業務又は財産に関し不正の行為又は法令若しくは定款若しくは寄附行為に違反する重大な事実があることを発見したときは，これを都道府県知事，社員総会若しくは評議員会又は理事会に報告すること

監事は，監査の結果重大な違反事実を発見したときは，一定の報告をしなければなりません。

この報告は，社員総会，評議員会，理事会のいずれの機関に対してでも構いません。

また，医療法人を所管する都道府県知事への報告も認められます。これは，医療法人の状況によっては，社員総会などの会議が開催されず，監事が報告の機会を逸してしまうことがありうるためと考えられます。例えば，医療法人が経営破たんなどにより病院を廃止し，職員も不在となったケースなどが想定されます。

(5) 社員総会の招集等

監査の報告をするために必要があるときは，社員総会を招集し，又は理事長に対して評議員会の招集を請求すること

監事は，監査の結果発見した重大な違反事実を報告するために，社団医療法人の場合は，社員総会を招集することができます（医法46の8五）。

また，財団医療法人の場合は，評議員会の招集を理事長に求めることができますが，監事が評議員会を招集することはできません（医法46の8六）。

監事が招集を求めても，社員総会や評議員会が開催されない場合は，医療法を適切に執行していないとして（4）のとおり都道府県知事にその旨を報告することになります。

(6) 議案等の調査

理事が社員総会又は評議員会に提出しようとする議案，書類，電磁的記録その他の資料を調査すること。この場合において，法令若しくは定款若しくは寄附行為に違反し，又は著しく不当な事項があると認めるときは，その調査の結果を社員総会又は評議員会に報告すること

監事は，理事が社員総会や評議員会に提出しようとする議案や書類などを調査し，その内容に不当な事実が認められる場合には，その資料の提出を取りやめさせるほか，その内容を直接社員総会や評議員会に報告することができます。

例えば，作成された貸借対照表や損益計算書に重大な違反があることを知った場合には，監査手続きとして，理事にその是正を求めます。この是正がなされず，理事が社員総会などに貸借対照表や損益計算書を提出する場合には，監事はその提出を取りやめさせるとともに，重大な違反事実を社員総会や評議員会に伝えることにより，決算の承認がなされない選択肢を与えます。

（理事会出席義務）

第46条の８の２　監事は理事会に出席し，必要があると認めるときは，意見を述べなければならない。

２　監事は，前条第４号に規定する場合において，必要があると認めるときは，理事（第46条の７の２第１項において準用する一般社団法人及び一般財団法人に関する法律第93条第１項ただし書に規定する場合にあつては，同条第２項に規定する招集権者）に対し，理事会の招集を請求することができる。

３　前項の規定による請求があつた日から五日以内に，その請求があつた日から二週間以内の日を理事会の日とする理事会の招集の通知が発せられない場合は，その請求をした監事は，理事会を招集することができる。

出席義務のある監事が出席しなくても，理事会の開催は適法である。

１　概　要

医療法人の監事は，理事会へ出席しなければなりません（医法46の８の２①）。

2016年９月改正前の医療法においては，理事会出席義務は法定化されておらず，監事の監査報告書記載例に，事例として示されている程度でした。

■監事監査報告書例

監事監査報告書

● 監査の方法の概要

私たちは，理事会その他重要な会議に出席するほか，理事等からその職務の執行状況を聴取し，重要な決裁書類等を閲覧し，本部及び主要な施設において業務及び財産の状況を調査し，事業報告を求めました。

従来，監督官庁より監事の理事会への出席が強く指導されていなかったことや，法令において出席が強制されていなかったことから，昨今においても，監事が理事会に出席していない例が見受けられますが，これは問題です。

また，監事が決算承認以外の理事会に出席していない例も見受けられますが，理事会は定款の定めに基づき，1年度中に複数回開催されますので，監事はすべての理事会に出席しなければなりません。

理事会に出席した監事は，理事会議事録に署名又は記名押印をしなければならないことから（医法46の7の2，一社95③），理事会議事録をみれば，監事の理事会出席状況が確認できます。

2　監事が出席しない理事会

監事は理事会に出席し，必要があると認めるときは，理事会で意見を述べなければなりません（医法46の8の2①）。

これは監事が，理事の職務の執行を監査するとともに，法人の業務及び財産の状況を調査することができるなどの広範で重大な権限が与えられているからと考えられます。

監事が，その権限を有効かつ適切に行使して職務を遂行するために，重要な業務執行の決定や報告が行われる理事会に自らも出席し，法人の業務運営状況を把握して，法令・定款に違反する決議や著しく不当な決議等が行われるのを監視することは，監査の一環です。

監事の出席の機会を担保するため，理事会を招集する際には，原則として理事会の日から1週間前に，監事に対しても招集通知を発しなければなりません（医法46の7の2，一社94①）。

療養など正当な理由がないのに監事が理事会を欠席し，そのことにより理事の監督や監査が不十分になってしまい，法人やその関係者が損害を受けた場合には，監事は，職務上の義務違反として損害賠償責任を負う可能性があります。

ただし，監事が理事会に出席しなくても理事会は適法に成立しうるので，監事が理事会に出席しないことにより業務執行が滞る可能性は低いと考えられます。

3　監事の理事会招集

監事は，医療法人の業務又は財産に関し，不正の行為又は法令若しくは定款，寄附行為に違反する重大な事実があることを発見したときに，必要があると認めるときは，理事会招集権者に対し，理事会の招集を請求することができます（医法46の8の2②）。

また，監事による請求があった日から5日以内に，請求があった日から2週間以内の日を理事会の日とする招集通知が発せられなかった場合には，理事会の開催を請求した監事自らが理事会を招集することができます（医法46の8の2③）。

この5日あるいは2週間の期限に日曜日や祝祭日は考慮されないと考えられますので，監事から理事会招集請求があった場合に対応できる時間はきわめて短いと言えます。

（理事会出席義務についての一般社団法人及び一般財団法人に関する法律の準用）

第46条の８の３　一般社団法人及び一般財団法人に関する法律第103条から第106条までの規定は，社団たる医療法人及び財団たる医療法人の監事について準用する。この場合において，財団たる医療法人の監事について準用する同法第103条第１項中「定款」とあるのは「寄附行為」と，同法第105条第１項及び第２項中「定款」とあるのは「寄附行為」と，「社員総会」とあるのは「評議員会」と，同条第３項中「社員総会」とあるのは「評議員会」と読み替えるものとする。

【財団医療法人読み替え】

（監事による理事の行為の差止め）

一般社団法人及び一般財団法人に関する法律第103条　監事は，理事が財団医療法人の目的の範囲外の行為その他法令若しくは寄附行為に違反する行為をし，又はこれらの行為をするおそれがある場合において，当該行為によって当該監事設置一般社団法人に著しい損害が生ずるおそれがあるときは，当該理事に対し，当該行為をやめることを請求することができる。

2　前項の場合において，裁判所が仮処分をもって同項の理事に対し，その行為をやめることを命ずるときは，担保を立てさせないものとする。

（監事設置一般社団法人と理事との間の訴えにおける法人の代表）

一般社団法人及び一般財団法人に関する法律第104条　第77条第４項及び第81条の規定にかかわらず，財団医療法人が理事（理事であった者を含む。以下この条において同じ。）に対し，又は理事が財団医療法人に対して訴えを提起する場合には，当該訴えについては，監事が財団医療法人を代表する。

2　第77条第４項の規定にかかわらず，次に掲げる場合には，監事が財団医療法人を代表する。

一　財団医療法人が第278条第１項の訴えの提起の請求（理事の責任を追及する訴えの提起の請求に限る。）を受ける場合

二　財団医療法人が第280条第３項の訴訟告知（理事の責任を追及する訴えに

係るものに限る。）並びに第281条第２項の規定による通知及び催告（理事の責任を追及する訴えに係る訴訟における和解に関するものに限る。）を受ける場合

（監事の報酬等）

一般社団法人及び一般財団法人に関する法律第105条　監事の報酬等は，寄附行為にその額を定めていないときは，評議員会の決議によって定める。

2　監事が二人以上ある場合において，各監事の報酬等について寄附行為の定め又は評議員会の決議がないときは，当該報酬等は，前項の報酬等の範囲内において，監事の協議によって定める。

3　監事は，評議員会において，監事の報酬等について意見を述べることができる。

（費用等の請求）

一般社団法人及び一般財団法人に関する法律第106条　監事がその職務の執行について財団医療法人に対して次に掲げる請求をしたときは，当該財団医療法人は，当該請求に係る費用又は債務が当該監事の職務の執行に必要でないことを証明した場合を除き，これを拒むことができない。

一　費用の前払の請求

二　支出した費用及び支出の日以後におけるその利息の償還の請求

三　負担した債務の債権者に対する弁済（当該債務が弁済期にない場合にあっては，相当の担保の提供）の請求

ポイント

月額給与のない役員への報酬は，年１回払いであっても損金となる。

1　理事の行為の差止め

（1）概　要

監事は，理事が医療法人の目的外行為や法令・定款や寄附行為に違反する行為をし，又はそのおそれがある場合において，医療法人に著しい損害が生ずるおそれがあるときは，理事に対し，その行為をやめることを請求できま

す（医法46の８の３，一社103①）。

（２）医療法人の目的の策定

医療法人の目的は，定款や寄附行為に定められています。

■定款記載目的例

> **第●条**
> 本社団は，病院（診療所，介護老人保健施設，介護医療院）を経営し，科学的でかつ適正な医療（及び要者に対する看護，医学的管理下の介護及び必要な医療等）を普及することを目的とする。

定款等に定める目的を，いわゆるモデル定款（社団医療法人の定款例（「医療法人制度について」（2007年医政発0330049号））ほか）をそのままねているケースが多くの医療法人で見受けられますが，監事の行為差止めにも影響し，法人の登記事項でもあることから，医療法人の目的は慎重に策定すべきと考えます。

（３）仮処分による差止め

著しい損害のおそれがある理事の行為に対し，監事は，行為差止めの仮処分を裁判所に申し立てることができます。仮処分の申立てを行うと，裁判所は相手方にも意見を聞いた上で，仮の手続きとして行為をやめさせることができます。

一般的に，仮処分による差止めを受けた者は損害を被る可能性があり，また，不必要な申立てが行われるおそれもあります。そのため，仮処分命令がなされるにあたっては，申立人に対し担保の提供が命じられることがあります。ただし，医療法人の場合，裁判所が理事に対し仮処分をもって行為をやめることを命ずるときは，担保の提供は求められません（医法46の８の３，一社103②）。

2 監事の報酬

（1）報酬の定め方

監事の報酬額は，理事と同様に，定款や寄附行為に定めがある場合を除き，社員総会又は評議員会の決議によって定められます（医法46の８の３，一社105①）。

この場合，監事の報酬を次のように定めることは認められないと考えられます。

① 監事の報酬等と理事の報酬等とを一括して定めること

② 監事の報酬総額を社員総会などで定め，各監事の報酬具体額は理事会で決議すること

③ 監事の報酬上限額を定め，その範囲内で理事会が各監事の報酬等の具体的な金額を決定すること

（2）いわゆるお車代

監事に対して，お車代などの名目で，報酬以外の支払がなされることがあります。お車代が報酬なのか，支出した費用の支弁なのか曖昧な事例が多いと考えられます。

例えば，医療法人の徒歩圏に居住などをしている監事に対し，監査業務の都度３万円を支払うケースは，医療法人までの交通費を超えることが明確であることから，お車代という名目の報酬にほかなりません。

このような場合には，社員総会又は評議員会において，監事報酬規程の承認を受けたお車代であっても，その実は報酬であることを明確にすべきです。

なお，実費弁償に該当しないようなお車代は，源泉徴収を行わなければならないことも，忘れてはならないポイントです。

■国税庁タックスアンサー

No. 2792 源泉徴収が必要な報酬・料金等とは

２ 報酬・料金等の源泉徴収を行う場合の注意事項

⑵ 謝礼，研究費，取材費，車代などの名目で支払われていても，その実態

が報酬・料金等と同じであれば源泉徴収の対象になります。しかし，報酬・料金等の支払者が，直接交通機関等へ通常必要な範囲の交通費や宿泊費などを支払った場合は，報酬・料金等に含めなくてもよいことになっています。

（3）損金算入される役員報酬

法人が役員に対して支給する給与の額のうち，『定期同額給与』，『事前確定届出給与』，『業績連動給与』のいずれにも該当しないものは損金の額に算入されません（法法34)。医療法人は，有価証券報告書を提出することはありませんので，『業績連動給与』に該当するケースはありません。

『定期同額給与』とは，支給時期が1か月以下の一定の期間ごとである給与で，その事業年度の各支給時期における支給額が同額であるものを言います。一般的には，事業年度開始の日から3か月以内の改定を除き，毎月支払われる同額の役員報酬が『定期同額給与』に該当するように運営する医療法人が多いでしょう。

一方『事前確定届出給与』とは，所轄税務署長に提出する「事前確定届出給与に関する定め」に基づいて支給する役員報酬です。すなわち，事前に届出を提出しなければ，一般的には損金に算入することはできません。

ただし，医療法人の場合，「事前確定届出給与に関する定め」を提出しなくても，定期給与を支給しない役員に対して支給する給与は『事前確定届出給与』に該当し，損金算入することができます（法法34①二イ　カッコ書)。具体的には，月額報酬を受領していない監事に，年1回決算期に支払う報酬などがこれに該当します。

本来この規定は，同族会社に該当しない法人ならば，不特定多数の株主による牽制機能が働くことにより，利益調整等の恣意的な操作のおそれが相対的に低いと考えられるという立法趣旨がありますが（財務省　2007年度税制改正の解説)，同族性が高くても，医療法人は「会社」でないことから，この規定を適用することができます。

第８款　役員等の損害賠償責任

（理事の賠償責任）

第47条　社団たる医療法人の理事又は監事は，その任務を怠つたときは，当該医療法人に対し，これによつて生じた損害を賠償する責任を負う。

２　社団たる医療法人の理事が第46条の６の４において読み替えて準用する一般社団法人及び一般財団法人に関する法律第84条第１項の規定に違反して同項第１号の取引をしたときは，当該取引によつて理事又は第三者が得た利益の額は，前項の損害の額と推定する。

３　第46条の６の４において読み替えて準用する一般社団法人及び一般財団法人に関する法律第84条第１項第２号又は第３号の取引によつて社団たる医療法人に損害が生じたときは，次に掲げる理事は，その任務を怠つたものと推定する。

一　第46条の６の４において読み替えて準用する一般社団法人及び一般財団法人に関する法律第84条第１項の理事

二　社団たる医療法人が当該取引をすることを決定した理事

三　当該取引に関する理事会の承認の決議に賛成した理事

４　前三項の規定は，財団たる医療法人の評議員又は理事若しくは監事について準用する。

ポイント

- 医療法改正により，役員の賠償責任と責任の免除が明確化された。
- 役員が競合関係にある事業を行った場合には，理事の利益が損害とみなされる。

１　役員の賠償責任

（１）医療法改正による賠償責任明確化

2016年９月に改正された医療法において，役員等の損害賠償責任が定められました。

これには，医療法人が役員に対して損害賠償を求める場合（医法47）と，第三者が役員などに損害賠償を求める場合（医法48）があります。

（2）民法との関係

役員などが負う損害賠償責任は，これまでも民法を根拠に存在していました（民法415，709）。

医療法人の行為は，役員の業務執行活動を通じて行われますが，役員の業務執行の懈怠により医療法人や第三者が損害を負う場合があります。

医療法人に生じた損害は，医療法人と役員との委任契約違反に基づく債務不履行責任と整理され（民法415），第三者に対する損害は，不法行為責任と整理されます（民法709）が，2016年９月の医療法改正により，役員の責任範囲が明確化され，損害賠償責任の免除が受けられる場合も定められました。

しかし，損害賠償責任は他の役員等も連帯して負わなければならないなど，役員にとって不利となる事項の改正も行われています。

一部の資料には，新たに役員に対して損害賠償責任が生じるという記載があるようですが，これは誤解です。あくまでも，役員の責任範囲の明確化が2016年医療法改正の内容です。

（3）競業取引・利益相反取引を防止する責任

理事，監事及び財団医療法人における評議員（「役員等」）がその任務を怠ったことにより，医療法人に損害が生じた場合には，役員等はその生じた損害を賠償する責任を負います（医法47①④）。

理事が競業取引や利益相反取引を行う場合，事前に理事会の承認を得なければなりません（医法46の６の４，一社84①）。

この決議を経ずに，競業取引や利益相反取引を行い，自己が利益を受けた場合，医療法人が損害を被った場合などは，医療法人に対して損害賠償義務を負うことがあります。

競業取引とは，医療法人の事業と同種の事業を行う場合などを指し，例えば，医療法人の理事長が，理事長の利益のために競合関係にある診療所を開設する場合がこれに該当します。

2　競業取引・利益相反取引による損害

（1）利益相反取引とされる場合

前記1（3）のとおり，理事は，利益相反取引を行う場合には，あらかじめ理事会において当該取引につき重要な事実を開示し，その承認を受けなければなりません。

この決議なく，理事が利益を受けた場合には，その理事は損害賠償責任を負うことがあります。

また，理事会の承認を受けたとしても，当該取引によって医療法人が損害を負った場合，理事会の決議に反対しなかった理事も損害賠償責任を負うことがあります。

（2）競業取引による損害額

医療法人の理事が，理事会の承認を受けることなく，競業取引を行った場合には，その取引によって理事又は第三者が受けた利益額が，損害額と推定されます（医法47②）。

例えば，医療法人の理事長が，理事長の利益のために競合関係にある診療所を開設し，その診療所で得た利益の額がこれに該当します。

（理事の賠償額の免除）

第47条の２　一般社団法人及び一般財団法人に関する法律第112条から第116条までの規定は，前条第１項の社団たる医療法人の理事又は監事の責任及び同条第４項において準用する同条第１項の財団たる医療法人の評議員又は理事若しくは監事の責任について準用する。この場合において，これらの者の責任について準用する同法第113条第１項第２号及び第４項中「法務省令」とあるのは「厚生労働省令」と読み替えるものとし，財団たる医療法人の評議員又は理事若しくは監事の責任について準用する同法第112条中「総社員」とあるのは「総評議員」と，同法第113条中「社員総会」とあるのは「評議員会」と，同法第114条の見出し並びに同条第１項及び第２項中「定款」とあるのは「寄附行為」と，同項中「社員総会」とあるのは「評議員会」と，同条第３項中「定款」とあるのは「寄附行為」と，「社員」とあるのは「評議員」と，同条第４項中「総社員」とあるのは「総評議員」と，「定款」とあるのは「寄附行為」と，「社員が」とあるのは「評議員が」と，同条第５項並びに同法115条第１項及び第３項中「定款」とあるのは「寄附行為」と，同項及び同条第４項中「社員総会」とあるのは「評議員会」と読み替えるものとするほか，必要な技術的読替えは，政令で定める。

２　社団たる医療法人は，出席者の三分の二（これを上回る割合を定款で定めた場合にあつては，その割合）以上の賛成がなければ，前項において読み替えて準用する一般社団法人及び一般財団法人に関する法律第113条第１項の社員総会の決議をすることができない。

３　財団たる医療法人は，出席者の三分の二（これを上回る割合を寄附行為で定めた場合にあつては，その割合）以上の賛成がなければ，第１項において読み替えて準用する一般社団法人及び一般財団法人に関する法律第113条第１項の評議員会の決議をすることができない。

【医療法人読み替え】

(医療法人に対する損害賠償責任の免除)

一般社団法人及び一般財団法人に関する法律第112条　前条第１項の責任は，総評議員の同意がなければ，免除することができない。

(責任の一部免除)

一般社団法人及び一般財団法人に関する法律第113条　前条の規定にかかわらず，役員等の第111条第１項の責任は，当該役員等が職務を行うにつき善意でかつ重大な過失がないときは，第１号に掲げる額から第２号に掲げる額（第115条第１項において「最低責任限度額」という。）を控除して得た額を限度として，評議員会の決議によって免除することができる。

一　賠償の責任を負う額

二　当該役員等がその在職中に一般社団法人から職務執行の対価として受け，又は受けるべき財産上の利益の一年間当たりの額に相当する額として厚生労働省令で定める方法により算定される額に，次のイからハまでに掲げる役員等の区分に応じ，当該イからハまでに定める数を乗じて得た額

イ　理事長　六

ロ　理事長以外の理事であって，次に掲げるもの　四

⑴　理事会の決議によって医療法人の業務を執行する理事として選定されたもの

⑵　当該医療法人の業務を執行した理事（⑴に掲げる理事を除く。）

⑶　当該医療法人の職員

ハ　評議員又は理事（イ及びロに掲げるものを除く。）若しくは監事　二

2　前項の場合には，理事は，同項の評議員会において次に掲げる事項を開示しなければならない。

一　責任の原因となった事実及び賠償の責任を負う額

二　前項の規定により免除することができる額の限度及びその算定の根拠

三　責任を免除すべき理由及び免除額

3　監事設置医療法人においては，理事は，第111条第１項の責任の免除（理事の責任の免除に限る。）に関する議案を評議員会に提出するには，監事（監事が二人以上ある場合にあっては，各監事）の同意を得なければならない。

4　第１項の決議があった場合において，医療法人が当該決議後に同項の役員等に対し退職慰労金その他の厚生労働省令で定める財産上の利益を与えるときは，

評議員会の承認を受けなければならない。

(理事等による免除に関する寄附行為の定め)

一般社団法人及び一般財団法人に関する法律第114条　第112条の規定にかかわらず，財団たる医療法人は，第111条第１項の責任について，役員等が職務を行うにつき善意でかつ重大な過失がない場合において，責任の原因となった事実の内容，当該役員等の職務の執行の状況その他の事情を勘案して特に必要と認めるときは，前条第１項の規定により免除することができる額を限度として理事会の決議によって免除することができる旨を寄附行為で定めることができる。

2　前条第３項の規定は，寄附行為を変更して前項の規定による寄附行為の定め（評議員又は理事の責任を免除することができる旨の定めに限る。）を設ける議案を評議員会に提出する場合，同項の規定による寄附行為の定めに基づく責任の免除（理事の責任の免除に限る。）に関する議案を理事会に提出する場合について準用する。

3　第１項の規定による寄附行為の定めに基づいて役員等の責任を免除する旨の理事会の決議を行ったときは，理事は，遅滞なく，前条第２項各号に掲げる事項及び責任を免除することに異議がある場合には一定の期間内に当該異議を述べるべき旨を評議員に通知しなければならない。ただし，当該期間は，一箇月を下ることができない。

4　総評議員（前項の責任を負う役員等であるものを除く。）の十分の一（これを下回る割合を寄附行為で定めた場合にあっては，その割合）以上の議決権を有する評議員が同項の期間内に同項の異議を述べたときは，医療法人は，第１項の規定による寄附行為の定めに基づく免除をしてはならない。

5　前条第４項の規定は，第１項の規定による寄附行為の定めに基づき責任を免除した場合について準用する。

(責任限定契約)

一般社団法人及び一般財団法人に関する法律第115条　第112条の規定にかかわらず，医療法人は，評議員又は理事（業務執行理事（理事長及び当該医療法人の業務を執行したその他の理事をいう。次項及び第141条第３項において同じ。）又は当該医療法人の職員でないものに限る。）若しくは監事（以下この条及び第301条第２項第12号において「非理事長理事等」という。）の第111条第１項の責任について，当該非業務執行理事等が職務を行うにつき善意でかつ重大な過失がないときは，寄附行為で定めた額の範囲内であらかじめ医療法人が定めた額と最低責任限度額とのいずれか高い額を限度とする旨の契約を非業務執行理事等と締結することができる旨を寄附行為で定めることができる。

2　前項の契約を締結した非業務執行理事等が当該医療法人の業務執行理事又は職員に就任したときは，当該契約は，将来に向かってその効力を失う。

3　第113条第３項の規定は，寄附行為を変更して第１項の規定による寄附行為の定め（評議員又は同項に規定する理事と契約を締結することができる旨の定めに限る。）を設ける議案を評議員会に提出する場合について準用する。

4　第１項の契約を締結した医療法人が，当該契約の相手方である非理事長理事等が任務を怠ったことにより損害を受けたことを知ったときは，その後最初に招集される評議員会において次に掲げる事項を開示しなければならない。

一　第113条第２項第１号及び第２号に掲げる事項

二　当該契約の内容及び当該契約を締結した理由

三　医療法（昭和23年法律第205号）第47条第４項において準用する同条第１項の損害のうち，当該非理事長理事等が賠償する責任を負わないとされた額

5　第113条第４項の規定は，非理事長理事等が第１項の契約によって同項に規定する限度を超える部分について損害を賠償する責任を負わないとされた場合について準用する。

（理事が自己のためにした取引に関する特則）

一般社団法人及び一般財団法人に関する法律第116条　医療法第46条の６の４において準用する第84条第１項第２号の取引（自己のためにした取引に限る。）をした理事の第111条第１項の責任は，任務を怠ったことが当該理事の責めに帰することができない事由によるものであることをもって免れることができない。

2　前三条の規定は，前項の責任については，適用しない。

（法第47条の２第１項において読み替えて準用する一般社団法人及び一般財団法人に関する法律第113条第１項第２号の厚生労働省令で定める方法により算定される額）

医療法施行規則第32条　法第47条の２第１項において読み替えて準用する一般社団法人及び一般財団法人に関する法律第113条第１項第２号の厚生労働省令で定める方法により算定される額は，次に掲げる額の合計額とする。

一　理事又は監事がその在職中に報酬，賞与その他の職務執行の対価（当該理事が当該医療法人の職員を兼ねている場合における当該職員の報酬，賞与そ

の他の職務執行の対価を含む。）として医療法人から受け，又は受けるべき財産上の利益（次号に定めるものを除く。）の額の会計年度（次のイからハまでに掲げる場合の区分に応じ，当該イからハまでに定める日を含む会計年度及びその前の各会計年度に限る。）ごとの合計額（当該会計年度の期間が一年でない場合にあつては，当該合計額を一年当たりの額に換算した額）のうち最も高い額

イ　法第47条の２第１項において読み替えて準用する一般社団法人及び一般財団法人に関する法律第113条第１項の社員総会の決議を行つた場合　当該社員総会の決議の日

ロ　法第47条の２第１項において読み替えて準用する一般社団法人及び一般財団法人に関する法律第114条第１項の規定による定款の定めに基づいて責任を免除する旨の理事会の決議を行つた場合　当該決議のあつた日

ハ　法第47条の２第１項において読み替えて準用する一般社団法人及び一般財団法人に関する法律第115条第１項の契約を締結した場合　責任の原因となる事実が生じた日（二以上の日がある場合にあつては，最も遅い日）

二　イに掲げる額をロに掲げる数で除して得た額

イ　次に掲げる額の合計額

(1)　当該理事又は監事が当該医療法人から受けた退職慰労金の額

(2)　当該理事が当該医療法人の職員を兼ねていた場合における当該職員としての退職手当のうち当該理事を兼ねていた期間の職務執行の対価である部分の額

(3)　(1)又は(2)に掲げるものの性質を有する財産上の利益の額

ロ　当該理事又は監事がその職に就いていた年数（当該理事又は監事が次に掲げるものに該当する場合における次に定める数が当該年数を超えている場合にあつては，当該数）

(1)　理事長　六

(2)　理事長以外の理事であつて，当該医療法人の職員である者　四

(3)　理事（(1)及び(2)に掲げる者を除く。）又は監事　二

2　財団たる医療法人について前項の規定を適用する場合においては，同項中「理事又は監事」とあるのは「評議員又は理事若しくは監事」と，「社員総会」とあるのは「評議員会」と，同項第１号ロ中「定款」とあるのは「寄附行為」と，同項第２号ロ中「理事」とあるのは「評議員又は理事」と，「又は監事」とあるのは「若しくは監事」と読み替えるものとする。

（法第47条の２第１項において読み替えて準用する一般社団法人及び一般財団法人に関する法律第113条第４項の厚生労働省令で定める財産上の利益）

一般社団法人及び一般財団法人に関する法律第32条の２　法第47条の２第１項において読み替えて準用する一般社団法人及び一般財団法人に関する法律第113条第４項（法第47条の２第１項において読み替えて準用する一般社団法人及び一般財団法人に関する法律第114条第５項及び第115条第５項において準用する場合を含む。）の厚生労働省令で定める財産上の利益は，次に掲げるものとする。

一　退職慰労金

二　当該理事が当該医療法人の職員を兼ねていたときは，当該職員としての退職手当のうち当該理事を兼ねていた期間の職務執行の対価である部分

三　前二号に掲げるものの性質を有する財産上の利益

（社団たる医療法人の理事又は監事及び財団たる医療法人の評議員又は理事若しくは監事の責任に関する技術的読替え）

医療法施行令第５条の５の11　法第47条の２第１項において法第47条第１項の社団たる医療法人の理事又は監事の責任について一般社団法人及び一般財団法人に関する法律第112条から第116条までの規定を準用する場合においては，法第47条の２第１項の規定によるほか，次の表の上欄に掲げる一般社団法人及び一般財団法人に関する法律の規定中同表の中欄に掲げる字句は，同表の下欄に掲げる字句に読み替えるものとする。

第113条第１項第２号イ及びロ	代表理事	理事長
第113条第１項第２号ロ(3)	使用人	職員
第113条第１項第２号ハ	，監事又は会計監査人	又は監事
第114条第１項	監事設置一般社団法人（理事が２人以上ある場合に限る。）	社団たる医療法人
	理事（当該責任を負う理事を除く。）の過半数の同意（理事会設置一般社団法人にあっては，理事会の決議）	理事会の決議

第114条第２項	限る。）についての理事の同意を得る場合及び当該責任の免除	限る。）
第114条第３項	同意（理事会設置一般社団法人にあっては，理事会の決議）	理事会の決議
第115条第１項	代表理事，代表理事以外の理事であって理事会の決議によって一般社団法人の業務を執行する理事として選定されたもの	理事長
	使用人	職員
	，監事又は会計監査人	又は監事
	非業務執行理事等	非理事長理事等
第115条第２項	非業務執行理事等	非理事長理事等
	使用人	職員
第115条第４項	非業務執行理事等が任務	非理事長理事等が任務
第115条第４項第３号	第111条第１項	医療法（昭和23年法律第205号）第47条第１項
	非業務執行理事等	非理事長理事等
第115条第５項	非業務執行理事等	非理事長理事等
第116条第１項	第84条第１項第２号	医療法第46条の６の４において準用する第84条第１項第２号

（法第47条の２第１項において読み替えて準用する一般社団法人及び一般財団法人に関する法律第113条第４項の厚生労働省令で定める財産上の利益）

医療法施行規則第32条の２　法第47条の２第１項において読み替えて準用する一般社団法人及び一般財団法人に関する法律第113条第４項（法第47条の２第１項において読み替えて準用する一般社団法人及び一般財団法人に関する法律第114条第５項及び第115条第５項において準用する場合を含む。）の厚生労働省令で定める財産上の利益は，次に掲げるものとする。
一　退職慰労金
二　当該理事が当該医療法人の職員を兼ねていたときは，当該職員としての退職手当のうち当該理事を兼ねていた期間の職務執行の対価である部分
三　前二号に掲げるものの性質を有する財産上の利益

ポイント

- **役員等の損害賠償責任が免除されるケースには，社員総会・評議員会の特別決議と定款等による理事会決議がある。**
- **兼務役員は，役員報酬と職員給与を合算した額を基礎に最低責任限度額が計算される。**

1　役員等の損害賠償責任の免除

(1) 概　要

2016年9月に改正された医療法において，役員等の損害賠償責任が明確化され（医法47），併せてその免除を受ける規定も整備されました。

医療法人の理事，監事及び評議員が任務を怠ったときは，医療法人に対し，任務を怠ったことにより生じた損害を賠償する責任を負いますが（医法47），次の①～④の場合，賠償責任の免除を受けることができます（医法47の2①）。このうち，③と④については，定款又は寄附行為に定めがなければその効力を生じない相対的記載事項です。

① 総社員（社団医療法人），又は総評議員（財団医療法人）の同意による免除（一社112）
② 社員総会（社団医療法人），又は評議員会（財団医療法人）の特別決議による免除（一社113①）
③ 定款に基づく理事会（社団医療法人），又は寄附行為に基づく評議員会（財団医療法人）の決議による免除（一社114①）
④ 定款（社団医療法人），又は寄附行為（財団医療法人）に基づく理事との責任限定契約による免除（一社115①）

（2）公認会計士等の責任限度

一般社団・財団法人の会計監査人は，責任限定契約による損害賠償責任の免除を受けることができますが（一社115①，198），医療法人の公認会計士等についてはこの免除に関する規定がありません。

これは，一般社団・財団法人の会計監査人は，機関の一部であるのに対し（一社60②，170②），医療法人の公認会計士等は，毎会計年度終了後３か月以内に，都道府県知事に届け出なければならない監査報告書の作成者という地位だけしか有しておらず，機関ではないからです。

したがって，医療法人の監査報告書を作成する公認会計士等は，虚偽表示などが行われた監査報告書により損害が生じた場合を除き，直接的に債権者に対する責任は負わないと考えられます。

（3）外部理事の責任限度

一般社団法人等は，業務執行理事（代表理事，理事会の決議による業務執行理事）以外の理事及び監事に対してのみ，定款の定めによる責任限度額契約を締結することができます（一社115①）。

これは医療法人もほぼ同様であり，医療法人では理事長及び業務執行理事以外の理事は，責任限度額契約を締結し，定款等に定める限度額を超える責任の免除を受けることができます（医法47の２）。

この場合の業務執行理事に該当するかどうかは，開設する医療施設の管理者のほか，理事会における職務執行状況の報告などから総合的に判断される場合もあると考えられます。

2　総員同意による免除

（1）概　要

医療法人に損害が生じた場合において，医療法人の理事，監事又は評議員（以下「役員等」といいます）が任務を怠ったことによるときは，その損害を賠償する責任を負いますが，社団医療法人の場合は社員総会における総社員の同意により，財団医療法人の場合は評議員会における総評議員の同意によりその損害賠償責任を免除することができます（医法47の２①，一社112）。

この場合，定款等において役員等に対する損害賠償責任の免除に関する規定がなくても，総社員又は総評議員の同意により，免除することができます。

（2）利益相反となる決議

損害賠償責任の免除を受ける役員等が社員の場合，利害関係が生じてしまうことから社員総会の決議に加わることはできません（医法46の3の3⑥）。

また，お手盛り社員総会・評議員会のように，特段の理由なく役員等の損害賠償責任を免除する場合，監事がその決議を止めることがありえます。

医療法人の監事は，社団医療法人においては社員総会に提出しようとする議案を，財団医療法人においては，評議員会に提出しようとする議案を調査する義務を有します。また，その内容が著しく不当な場合には社員総会又は評議員会に報告する義務を有し（医法46の8七，八），その報告をもって社員又は評議員は，役員等に対する損害賠償責任の免除が不当であるか判断することになります。

3　特別決議による免除

（1）概　要

社員総会又は評議員会の特別決議により，損害賠償責任の一部を免除することも可能です（医法47の2①，一社113）。

この場合，社員総会又は評議員会の決議により免除できる損害賠償責任は，善意かつ重大な過失でない場合に限り，役員の報酬額に「最低責任限度額」

■最低責任限度額の倍数

職　責	倍数
(1)　理事長	6
(2)　理事長以外の業務執行理事(※)	4
(3)　(1)(2)以外の理事，監事，評議員	2

(※)　業務執行理事とは，次の者を指します。
- 理事会決議により業務執行者として選定された理事
- 実際に医療法人の業務を執行した理事
- 医療法人の職員の地位を有する理事

を乗じた額を超える額です。

(2) 職務執行の対価

最低責任限度額の計算の基礎となる職務執行の対価の額は，医療法人から受ける報酬，賞与その他の職務執行の対価を指します（医規32)。理事が当該医療法人の職員を兼ねている場合，職員としての職務執行対価も含みますので，役員報酬を少額にし，職員給与を高額とするような決議は，最低責任限度額の計算においては意味をなしません。

また，長期にわたり役員等に就任し，役員報酬等を受領していた場合であっても，社員総会等の特別決議による免除の決議を行った会計年度，又はその前会計年度のうち，最も高い額を基礎として計算されます。

2016年改正医療法では，医療法人の役員等に対する報酬は，定款又は社員総会等の決議によらなければならないこととされました（医法46の6の4，一社89)。

これは，役員報酬等の額を社員総会等により明確にしなければ，最低責任限度額の計算の基礎となる職務執行対価の額が不明確になるためと考えられます。

(3) 1年当たりの財産上の利益

最低責任限度額の計算の基礎となる財産上の利益の1年当たりの額は，すでに給付を受けた退職慰労金等を一定の数で除した額を指します（医規32の2)。

退職慰労金の額等を，在職年数と職責別係数のいずれか大きい数で除した額をもって，1年当たりの額とします。

4 定款の定めによる一部免除

(1) 概 要

役員等が職務執行に関して，善意かつ重大な過失がない場合に限り，責任の原因となった事実の内容，役員等の職務執行状況，その他の事情を勘案して特に必要と認めるときは，最低責任限度額を超える額を理事会の決議によって免除することができる旨を定款で定めることができます（医法47の2①，一社114）。

■責任の一部免除ができる定款例

第●条　本社団は，役員が任務を怠ったことによる損害賠償責任を，法令に規定する額を限度として，理事会の決議により免除することができる。

（2）定款に定めるメリット

定款に損害賠償責任限度に関する定めを設けるメリットがあるのは，損害賠償責任の免除決議を，社員総会又は評議員会で受けられない場合でかつ理事会では受けられる場合に限ります。

ただし，どのような場合であっても，理事会で損害賠償責任の免除を行うことは，その免除決議を行った役員等が，免除の適正性のリスクを負うことにもなります。

また，評議員及び理事の責任免除に関する理事会議案は，すべての監事の同意が必要です。

5　責任限定契約による一部免除

（1）概　要

評議員，理事長及び業務執行理事以外の理事，又は監事は，定款又は寄附行為で定めた額の範囲内であらかじめ定めた額と最低責任限度額とのいずれか高い額を責任の限度とする旨の契約を締結することができます（医法47の2①，一社115）。

ただし，評議員及び理事の責任免除に関する議案を理事会に提出するには，すべての監事の同意が必要です。

■責任限定契約の定款例

> **第●条**
> 2　本社団は，役員との間で，任務を怠ったことによる損害賠償責任について，当該役員が職務を行うにつき善意でかつ重大な過失がないときに，損害賠償責任の限定契約を締結することができる。ただし，その責任の限度額は，●●万円以上で本社団があらかじめ定めた額と法令で定める最低責任限度額とのいずれか高い額とする。

（2）理事長等に就任した場合

責任限定契約を締結していた理事が，契約対象外の理事長や業務執行理事に就任した場合には，就任した日以降，責任限定契約は無効となります。

（第三者に対する役員等の損害賠償責任）

第48条　医療法人の評議員又は理事若しくは監事（以下この項，次条及び第49条の３において「役員等」という。）がその職務を行うについて悪意又は重大な過失があつたときは，当該役員等は，これによつて第三者に生じた損害を賠償する責任を負う。

２　次の各号に掲げる者が，当該各号に定める行為をしたときも，前項と同様とする。ただし，その者が当該行為をすることについて注意を怠らなかつたことを証明したときは，この限りでない。

一　理事　次に掲げる行為

イ　第51条第１項の規定により作成すべきものに記載すべき重要な事項についての虚偽の記載

ロ　虚偽の登記

ハ　虚偽の公告

二　監事　監査報告に記載すべき重要な事項についての虚偽の記載

過失のある役員は，取引の原因でなくても賠償義務がある。

1　役員の第三者への賠償義務の概要

医療法人の評議員又は理事若しくは監事がその職務を行うについて，悪意又は重大な過失があったときは，第三者に生じた損害を賠償する責任を負います。

例えば，理事Ａが医療法人に損失を与える利益相反取引を行い医療法人が破たんし，債権者への債務の弁済が行えなかった場合，他の役員Ｂが利益相反の事実を知っていたにもかかわらず監事への報告を行わないなどにより，理事としての職務を全うしなかった場合には，他の理事Ｂは損害を被った債権者への賠償責任を負います。

2　任務懈怠の立証

損害を被った債権者は，他の役員に悪意又は過失があったか否かの確認をします。

その際，他の役員が次の行為を行った場合は，悪意又は過失があったことと同様にされます。

イ　理　事

(イ)　事業報告書，財産目録，貸借対照表，損益計算書，関係事業者（理事長の配偶者がその代表者であることその他の当該医療法人又はその役員と厚生労働省令で定める特殊の関係がある者をいう。）との取引の状況に関する報告書等に記載すべき重要な事項についての虚偽の記載

(ロ)　虚偽の登記

(ハ)　虚偽の公告

ロ　監事　監査報告に記載すべき重要な事項についての虚偽の記載

ただし，他の役員が行為をすることについて注意を怠らなかったことを証明したときは，この論点では賠償責任は負いません。

（損害賠償責任の連帯）

第49条　役員等が医療法人又は第三者に生じた損害を賠償する責任を負う場合において，他の役員等も当該損害を賠償する責任を負うときは，これらの者は，連帯債務者とする。

ポイント

役員の賠償義務は，連帯して債務を負う。

1　概　要

医療法人の評議員又は理事若しくは監事が医療法人又は第三者に生じた損害を賠償する責任を負う場合において，他の評議員又は理事若しくは監事も当該損害を賠償する責任を負うときは，これらの者は連帯債務者となります。

2　連帯賠償義務が生じる場合

医療法人の役員は，社員総会において受任者として選任され適切に業務を執行する義務に反し，医療法人に損害を与えた場合に債務不履行責任を負います。

例えば，高額な賃料の支払いや関係法人との不必要な取引により医療法人に損害を与えた役員は，医療法人若しくは社員総会の同意の有無にかかわらず役員としての職務違反行為となります。

医療法人は配当が禁止されていますが，形式上の配当のみでなく，配当に類似する行為を行った役員も，医療法人に損害が生じますので賠償する義務が生じる可能性があります。

さらに，このような取引によって，医療法人に損害が生じた取引を止めなかった役員も連帯して損害を賠償する責任を負います。

3　議事録の確認

役員との利益相反取引を承認する理事会において，取引を実行した理事，取引をすることを決定した理事，そして取引に関する理事会の承認の決議に賛成した理事を明確にする必要があり，これは理事の賠償責任範囲を明確にするためと考えられます。

4　役員間の賠償責任

役員の賠償責任は，均等してその責任を負います。

賠償請求者は，役員全員に対して一斉に賠償請求するほか，特定の役員に賠償請求を求めることもできます。

仮に，賠償義務者のうち特定の役員が賠償した場合には，賠償義務者間の負担割合に基づいて他の賠償義務者に求償することができます。

(社員による責任追及の訴えについて)

第49条の２　一般社団法人及び一般財団法人に関する法律第６章第２節第２款の規定は，社団たる医療法人について準用する。この場合において，同法第278条第１項中「法務省令」とあるのは「厚生労働省令」と，「設立時社員，設立時理事，役員等（第111条第１項に規定する役員等をいう。第３項において同じ。）又は清算人」とあるのは「理事又は監事」と，同条第３項中「設立時社員，設立時理事，役員等若しくは清算人」とあるのは「理事又は監事」と，「法務省令」とあるのは「厚生労働省令」と，同法第280条第２項及び第280条の２中「清算人並びにこれらの者」とあるのは「理事」と読み替えるものとする。

【読み替え】

第２款　一般社団法人における責任追及の訴え

（責任追及の訴え）

一般社団法人及び一般財団法人に関する法律第278条　社員は，医療法人に対し，書面その他の厚生労働省令で定める方法により，理事又は監事の責任を追及する訴え（以下この款において「責任追及の訴え」という。）の提起を請求することができる。ただし，責任追及の訴えが当該社員若しくは第三者の不正な利益を図り又は当該医療法人に損害を加えることを目的とする場合は，この限りでない。

2　一般社団法人が前項の規定による請求の日から六十日以内に責任追及の訴えを提起しないときは，当該請求をした社員は，医療法人のために，責任追及の訴えを提起することができる。

3　医療法人は，第１項の規定による請求の日から六十日以内に責任追及の訴えを提起しない場合において，当該請求をした社員又は同項の理事又は監事から請求を受けたときは，当該請求をした者に対し，遅滞なく，責任追及の訴えを提起しない理由を書面その他の厚生労働省令で定める方法により通知しなければならない。

4　第１項及び第２項の規定にかかわらず，同項の期間の経過により医療法人に回復することができない損害が生ずるおそれがある場合には，第１項の社員は，医療法人のために，直ちに責任追及の訴えを提起することができる。ただし，同項ただし書に規定する場合は，この限りでない。

5　第２項又は前項の責任追及の訴えは，訴訟の目的の価額の算定については，財産権上の請求でない請求に係る訴えとみなす。

6　社員が責任追及の訴えを提起したときは，裁判所は，被告の申立てにより，当該社員に対し，相当の担保を立てるべきことを命ずることができる。

7　被告が前項の申立てをするには，責任追及の訴えの提起が悪意によるものであることを疎明しなければならない。

（訴えの管轄）

一般社団法人及び一般財団法人に関する法律第279条　責任追及の訴えは，医療法人の主たる事務所の所在地を管轄する地方裁判所の管轄に専属する。

（訴訟参加）

一般社団法人及び一般財団法人に関する法律第280条　社員又は医療法人は，共同訴訟人として，又は当事者の一方を補助するため，責任追及の訴えに係る訴訟に参加することができる。ただし，不当に訴訟手続を遅延させることとなるとき，又は裁判所に対し過大な事務負担を及ぼすこととなるときは，この限りでない。

2　監事設置医療法人が，理事であった者を補助するため，責任追及の訴えに係る訴訟に参加するには，監事（監事が二人以上ある場合にあっては，各監事）の同意を得なければならない。

3　社員は，責任追及の訴えを提起したときは，遅滞なく，医療法人に対し，訴訟告知をしなければならない。

4　医療法人は，責任追及の訴えを提起したとき，又は前項の訴訟告知を受けたときは，遅滞なく，その旨を社員に通知しなければならない。

（和解）

一般社団法人及び一般財団法人に関する法律第280条の２　監事設置医療法人が，当該監事設置医療法人の理事であった者の責任を追及する訴えに係る訴訟における和解をするには，監事（監事が二人以上ある場合にあっては，各監事）の同意を得なければならない。

一般社団法人及び一般財団法人に関する法律第281条　民事訴訟法第267条の規定は，医療法人が責任追及の訴えに係る訴訟における和解の当事者でない場合には，当該訴訟における訴訟の目的については，適用しない。ただし，当該医療法人の承認がある場合は，この限りでない。

2　前項に規定する場合において，裁判所は，医療法人に対し，和解の内容を通知し，かつ，当該和解に異議があるときは二週間以内に異議を述べるべき旨を催告しなければならない。

3　医療法人が前項の期間内に書面により異議を述べなかったときは，同項の規定による通知の内容で社員が和解をすることを承認したものとみなす。

4　第25条，第112条（第217条第４項において準用する場合を含む。）及び第141条第５項（同項ただし書に規定する超過額を超えない部分について負う責任に係る部分に限る。）の規定は，責任追及の訴えに係る訴訟における和解をする場合には，適用しない。

（費用等の請求）

一般社団法人及び一般財団法人に関する法律第282条　責任追及の訴えを提起した社員が勝訴（一部勝訴を含む。）した場合において，当該責任追及の訴えに係る訴訟に関し，必要な費用（訴訟費用を除く。）を支出したとき又は弁護士，弁護士法人若しくは弁護士・外国法事務弁護士共同法人に報酬を支払うべきときは，当該医療法人に対し，その費用の額の範囲内又はその報酬額の範囲内で相当と認められる額の支払を請求することができる。

2　責任追及の訴えを提起した社員が敗訴した場合であっても，悪意があったときを除き，当該社員は，当該医療法人に対し，これによって生じた損害を賠償する義務を負わない。

3　前二項の規定は，第280条第１項の規定により同項の訴訟に参加した社員について準用する。

（再審の訴え）

一般社団法人及び一般財団法人に関する法律第283条　責任追及の訴えが提起された場合において，原告及び被告が共謀して責任追及の訴えに係る訴訟の目的である医療法人の権利を害する目的をもって判決をさせたときは，医療法人又は社員は，確定した終局判決に対し，再審の訴えをもって，不服を申し立てることができる。

2　前条の規定は，前項の再審の訴えについて準用する。

（法第49条の２において読み替えて準用する一般社団法人及び一般財団法人に関する法律第278条第１項の厚生労働省令で定める方法）

医療法施行規則第32条の３　法第49条の２において読み替えて準用する一般社団法人及び一般財団法人に関する法律第278条第１項の厚生労働省令で定める方法は，次に掲げる事項を記載した書面の提出又は当該事項の電磁的方法による提供とする。

一　被告となるべき者

二　請求の趣旨及び請求を特定するのに必要な事実

（法第49条の２において読み替えて準用する一般社団法人及び一般財団法人に関する法律第278条第３項の厚生労働省令で定める方法）

医療法施行規則第32条の４　法第49条の２において読み替えて準用する一般社団法人及び一般財団法人に関する法律第278条第３項の厚生労働省令で定める方法は，次に掲げる事項を記載した書面の提出又は当該事項の電磁的方法による提供とする。

一　医療法人が行つた調査の内容（次号の判断の基礎とした資料を含む。）

二　請求対象者（理事又は監事であつて，法第49条の２において読み替えて準用する一般社団法人及び一般財団法人に関する法律第278条第１項の規定による請求に係る前条第１号に掲げる者をいう。次号において同じ。）の責任又は義務の有無についての判断及びその理由

三　請求対象者に責任又は義務があると判断した場合において，責任追及の訴え（法第49条の２において読み替えて準用する一般社団法人及び一般財団法人に関する法律第278条第１項に規定する責任追及の訴えをいう。）を提起しないときは，その理由

ポイント

社員は，役員に責任追及の訴えを行えるが，医療法人に損害を与える目的で行うことは認められない。

●社員による責任追及の訴え

（１）概　要

社員は，社団たる医療法人に対し，被告となるべき者，請求の趣旨及び請

求を特定するのに必要な事実を記載した書面の提出又は電磁的方法による提供により，理事又は監事の責任を追及する訴え（以下「責任追及の訴え」といいます）の提起を請求することができます。

ただし，責任追及の訴えが当該社員若しくは第三者の不正な利益を図り又は当該社団たる医療法人に損害を加えることを目的とする訴えは認められません。

（２）請求期限

社団たる医療法人が（１）による請求の日から60日以内に責任追及の訴えを提起しないときは，当該請求をした社員は，社団たる医療法人のために，責任追及の訴えを提起することができます。

（３）調査の報告

社団たる医療法人は，（１）による請求の日から60日以内に責任追及の訴えを提起しない場合，請求をした社員又は責任追及を受けた理事若しくは監事から請求を受けたときは，請求をした者に対し，遅滞なく，責任追及の訴えを提起しない理由を次の①～③に掲げる事項を記載した書面の提出又は当該事項の電磁的方法による提供により通知しなければなりません。

① 医療法人が行った調査の内容（②の判断の基礎とした資料を含む）

② 請求対象者（責任追及を受けた理事又は監事。③において同じ）の責任又は義務の有無についての判断及びその理由

③ 請求対象者に責任又は義務があると判断した場合において，（１）による責任追及の訴えを提起しないときは，その理由

（４）緊急の責任追及の訴え

（２）の60日の期間の経過により社団たる医療法人に回復することができない損害が生ずるおそれがある場合には，責任追及を訴えた社員は，社団たる医療法人のために直ちに責任追及の訴えを提起することができます。

（5）社員の直接の責任追及の訴え

（2）又は（4）の社団医療法人のための責任追及の訴えは，訴訟の目的の価額の算定については，財産権上の請求でない請求に係る訴えとみなします。

そのため，裁判所に支払う申立手数料算定の際の訴訟の目的の価額は160万円とみなされます（民事訴訟費用等に関する法律４②）。

（6）担保提供命令

社員が責任追及の訴えを提起したときは，裁判所は，被告の申立てにより，当該社員に対して，相当の担保を立てるべきことを命ずることができます。

（7）被告役員の疎明

被告が（6）の担保提供命令の申立てをするには，責任追及の訴えの提起が悪意によるものであることを疎明しなければなりません。

（8）裁判所の管轄

責任追及の訴えは，社団たる医療法人の主たる事務所の所在地を管轄する地方裁判所の管轄に専属します。

（9）共同訴訟

社員又は社団たる医療法人は，共同訴訟人として，又は当事者の一方を補助するため，責任追及の訴えに係る訴訟に参加することができます。

ただし，不当に訴訟手続きを遅延させることとなるとき，又は裁判所に対し過大な事務負担を及ぼすこととなるときは，この限りではありません。

（10）医療法人の参加同意

社団たる医療法人が，理事又は理事であった者を補助するため，責任追及の訴えに係る訴訟に参加するには，監事（監事が２人以上ある場合にあっては，各監事）の同意を得なければなりません。

(11) 社員の医療法人への告知

社員は，責任追及の訴えを提起したときは，遅滞なく，社団たる医療法人に対し，訴訟告知をしなければなりません。

(12) 他の社員への告知

社団たる医療法人は，責任追及の訴えを提起したとき，又は（11）の訴訟告知を受けたときは，遅滞なく，その旨を社員に通知しなければなりません。

(13) 和解調書の効力の不適用

民事訴訟法267条の和解調書等の効力に関する規定は，社団たる医療法人が責任追及の訴えに係る訴訟における和解の当事者でない場合には，医療法人の承認がある場合を除き，当該訴訟における訴訟の目的については，適用されません。

(14) 和解の異議申述催告

（13）の場合において，裁判所は，社団たる医療法人に対し，和解の内容を通知し，かつ，当該和解に異議があるときは2週間以内に異議を述べるべき旨を催告しなければなりません。

(15) 和解の自動承認

社団たる医療法人が（14）の期間内に書面により異議を述べなかったときは，同項の規定による通知の内容で社員が和解をすることを承認したものとみなされます。

(16) 和解による責任追及期限

（2）の請求期限の規定は，責任追及の訴えに係る訴訟における和解をする場合には，適用しません。

(17) 訴訟費用等の請求

責任追及の訴えを提起した社員が勝訴（一部勝訴を含む）した場合におい

て，当該責任追及の訴えに係る訴訟に関し，必要な費用（訴訟費用を除く）を支出したとき又は弁護士若しくは弁護士法人に報酬を支払うべきときは，当該社団たる医療法人に対し，その費用の額の範囲内又はその報酬額の範囲内で相当と認められる額の支払を請求することができます。

(18) 敗訴社員の賠償義務の免除

責任追及の訴えを提起した社員が敗訴した場合であっても，悪意があったときを除き，当該社員は，当該社団たる医療法人に対し，これによって生じた損害を賠償する義務を負いません。

(19) 参加社員の準用規定

(15) 及び (16) は，(9) 共同訴訟により訴訟に参加した社員について準用します。

(20) 再審の訴え

責任追及の訴えが提起された場合において，原告及び被告が共謀して責任追及の訴えに係る訴訟の目的である社団たる医療法人の権利を害する目的をもって判決をさせたときは，社団たる医療法人又は社員は，確定した終局判決に対し，再審の訴えをもって，不服を申し立てることができます。

(21) 再審の費用の請求等

(17) 訴訟費用等の請求，(18) 敗訴社員の賠償義務の免除及び (19) 参加社員の準用規定については，(20) の再審の訴えについて準用します。

（役員等の解任の訴え）

第49条の３　一般社団法人及び一般財団法人に関する法律第６章第２節第３款の規定は，医療法人の役員等の解任の訴えについて準用する。この場合において，同法第284条中「定款」とあるのは，「定款若しくは寄附行為」と読み替えるものとするほか，必要な技術的読替えは，政令で定める。

【読み替え】

第３款　一般社団法人等の役員等の解任の訴え

（一般社団法人等の役員等の解任の訴え）

一般社団法人及び一般財団法人に関する法律第284条　理事，監事又は評議員（以下この款において「役員等」という。）の職務の執行に関し不正の行為又は法令若しくは定款若しくは寄附行為に違反する重大な事実があったにもかかわらず，当該役員等を解任する旨の議案が社員総会又は評議員会において否決されたときは，次に掲げる者は，当該社員総会又は評議員会の日から三十日以内に，訴えをもって当該役員等の解任を請求することができる。

一　総社員（当該請求に係る理事又は監事である社員を除く。）の議決権の十分の一（これを下回る割合を定款若しくは寄附行為で定めた場合にあっては，その割合）以上の議決権を有する社員（当該請求に係る理事又は監事である社員を除く。）

二　評議員

（被告）

一般社団法人及び一般財団法人に関する法律第285条　前条の訴え（次条及び第315条第１項第１号ニにおいて「一般社団法人等の役員等の解任の訴え」という。）については，当該医療法人等及び前条の役員等を被告とする。

（訴えの管轄）

一般社団法人及び一般財団法人に関する法律第286条　一般社団法人等の役員等の解任の訴えは，当該医療法人等の主たる事務所の所在地を管轄する地方裁判所の管轄に専属する。

不正等を行った役員が解任されなかった場合には，社員又は評議員が解任の訴えを提起できる。

1　役員等の解任の訴えの概要

監事の監査の結果，医療法人の業務の執行に関し不正の行為又は法令や定款等に違反する重大な事実があることを発見したときは，監事はこれを都道府県知事，社員総会若しくは評議員会又は理事会に報告する義務を有します（医法46の８四）。

さらに監事は，この事実を報告するために必要があるときは，社員総会を招集し，又は理事長に対して評議員会の招集を請求することができます。

不正等の事実を行った理事は，社員総会又は評議員会により解任されることが一般的と考えられますが，当該理事，監事又は評議員を解任する旨の議案が社員総会又は評議員会において否決されたときは，次の社員又は評議員は，当該社員総会又は評議員会の日から30日以内に，訴えをもって当該理事，監事又は評議員の解任を請求することができます。

① 原則として総社員の10分の１以上の社員（当該請求に係る理事又は監事である社員を除く）

② 評議員

2　被告となる者

１の解任の訴えについては，当該医療法人及び理事，監事又は評議員を被告とします。

3　裁判所の管轄区域

医療法人の理事，監事又は評議員の解任の訴えは，当該医療法人の主たる事務所の所在地を管轄する地方裁判所の管轄に専属します。

第９款　補償契約及び役員のために締結される保険契約

（役員に対する補償契約及び役員のために締結される保険契約）

第49条の４　一般社団法人及び一般財団法人に関する法律第２章第３節第９款の規定は，社団たる医療法人及び財団たる医療法人について準用する。この場合において，これらの規定（同法第118条の３第１項及び第３項を除く。）中「役員等」とあるのは「役員」と，同条第１項中「役員等が」とあるのは「役員が」と，「役員等を」とあるのは「役員を」と，「役員等の」とあるのは「役員の」と，「法務省令」とあるのは「厚生労働省令」と，同項及び同条第３項中「役員等賠償責任保険契約」とあるのは「役員賠償責任保険契約」と読み替えるものとするほか，必要な技術的読替えは，政令で定める。

【読み替え後】

第９款　補償契約及び役員のために締結される保険契約

（補償契約）

一般社団法人及び一般財団法人に関する法律第118条の２　医療法人が，役員に対して次に掲げる費用等の全部又は一部を当該医療法人が補償することを約する契約（以下この条において「補償契約」という。）の内容の決定をするには，理事会の決議によらなければならない。

一　当該役員が，その職務の執行に関し，法令の規定に違反したことが疑われ，又は責任の追及に係る請求を受けたことに対処するために支出する費用

二　当該役員が，その職員の執行に関し，第三者に生じた損害を賠償する責任を負う場合における次に掲げる損失

イ　当該損害を当該役員が賠償することにより生ずる損失

ロ　当該損害の賠償に関する紛争について当事者間に和解が成立したときは，当該役員が当該和解に基づく金銭を支払うことにより生ずる損失

２　医療法人は，補償契約を締結している場合であっても，当該補償契約に基づき，次に掲げる費用等を補償することができない。

一　前項第１号に掲げる費用のうち通常要する費用の額を超える部分

二　当該医療法人が前項第２号の損害を賠償するとすれば当該役員が当該医療法人に対して医療法（昭和23年法律第205号）第47条第１項（同条第４項において準用する場合を含む。）の責任を負う場合には，同号に掲げる損失のうち当該責任に係る部分

三　役員がその職務を行うにつき悪意又は重大な過失があったことにより前項第２号の責任を負う場合には，同号に掲げる損失の全部

3　補償契約に基づき第１項第１号に掲げる費用を補償した医療法人が，当該役員が自己若しくは第三者の不正な利益を図り，又は当該医療法人に損害を加える目的で同号の職務を執行したことを知ったときは，当該役員に対し，補償した金額に相当する金銭を返還することを請求することができる。

4　理事会設置医療法人においては，補償契約に基づく補償をした理事及び当該補償を受けた理事は，遅滞なく，当該補償についての重要な事実を理事会に報告しなければならない。

5　医療法第46条の６の４において読み替えて準用する第84条第１項，同法第46条の７の２第１項において準用する第92条第２項，同法第47条第３項（同条第４項において準用する場合を含む。）及び同法第47条の２第１項において準用する第116条第１項の規定は，医療法人と理事との間の補償契約については，適用しない。

6　民法第108条の規定は，第１項の決議によってその内容が定められた前項の補償契約の締結については，適用しない。

（役員のために締結される保険契約）

一般社団法人及び一般財団法人に関する法律第118条の３　医療法人が，保険者との間で締結する保険契約のうち役員がその職務の執行に関し責任を負うこと又は当該責任の追及に係る請求を受けることによって生ずることのある損害を保険者が補填することを約するものであって，役員を被保険者とするもの（当該保険契約を締結することにより被保険者である役員の職務の執行の適正性が著しく損なわれるおそれがないものとして厚生労働省令で定めるものを除く。第３項ただし書において「役員賠償責任保険契約」という。）の内容の決定をするには，理事会の決議によらなければならない。

2　医療法第46条の６の４において読み替えて準用する第84条第１項，同法第46条の７の２第１項において準用する第92条第２項及び同法47条第３項（同条第４項において準用する場合を含む。）の規定は，医療法人が保険者との間で締結する保険契約のうち役員がその職務の執行に関し責任を負うこと又は当該責

任の追及に係る請求を受けることによって生ずることのある損害を保険者が補填することを約するものであって，理事を非保険者とするものの締結については，適用しない。

3　民法第108条の規定は，前項の保険契約の締結については，適用しない。ただし，当該契約が役員賠償責任保険契約である場合には，第１項の決議によってその内容が定められたときに限る。

（社団たる医療法人及び財団たる医療法人の補償契約及び役員のために締結される保険契約に関する技術的読替え）

医療法施行令第５条の５の12　法第49条の４において社団たる医療法人及び財団たる医療法人の補償契約及び役員のために締結される保険契約について一般社団法人及び一般財団法人に関する法律第２章第３節第９款の規定を準用する場合においては，同条の規定によるほか，次の表の上欄に掲げる同法の規定中同表の中欄に掲げる字句は，同表の下欄に掲げる字句に読み替えるものとする。

第118条の２第１項	社員総会（理事会設置一般社団法人にあっては，理事会）	理事会
第118条の２第２項第２号	第111条第１項	医療法（昭和23年法律第205号）第47条第１項（同条第４項において準用する場合を含む。）
第118条の２第５項	第84条第１項，第92条第２項，第111条第３項及び第116条第１項	医療法第46条の６の４において読み替えて準用する第84条第１項，同法第46条の７の２第１項において準用する第92条第２項，同法第47条第３項（同条第４項において準用する場合を含む。）及び同法第47条の２第１項において準用する第116条第１項
第118条の３第１項	社員総会（理事会設置一般社団法人にあっては，理事会）	理事会

第118条の３第２項	第84条第１項，第92条第２項及び第111条第３項	医療法第46条の６の４において読み替えて準用する第84条第１項，同法第46条の７の２第１項において準用する第92条第２項及び同法第47条第３項（同条第４項において準用する場合を含む。）

（法第49条の４において読み替えて準用する一般社団法人及び一般財団法人に関する法律第118条の３第１項の厚生労働省令で定めるもの）

医療法施行規則第32条の４の２　法第49条の４において読み替えて準用する一般社団法人及び一般財団法人に関する法律第118条の３第１項の厚生労働省令で定めるものは，次の各号に掲げるものとする。

一　被保険者に保険者との間で保険契約を締結する社団たる医療法人及び財団たる医療法人を含む保険契約であつて，当該社団たる医療法人及び財団たる医療法人がその業務に関連し第三者に生じた損害を賠償する責任を負うこと又は当該責任の追及に係る請求を受けることによつて当該社団たる医療法人及び財団たる医療法人に生ずることのある損害を保険者が塡補することを主たる目的として締結されるもの

二　役員が第三者に生じた損害を賠償する責任を負うこと又は当該責任の追及に係る請求を受けることによつて当該役員に生ずることのある損害（役員がその職務上の義務に違反し若しくは職務を怠つたことによつて第三者に生じた損害を賠償する責任を負うこと又は当該責任の追及に係る請求を受けることによつて当該役員に生ずることのある損害を除く。）を保険者が塡補することを目的として締結されるもの

ポイント

役員の補償契約や賠償責任保険契約の締結は，社員総会の決議が必要である。

1　役員に対する補償契約の社員総会決議

会社法の改正により，株式会社が役員等との間の契約により，役員等が職務執行に関し責任の追及等を受けたことにより要する費用等を補償する契約を締結することができるようになりました（会法430の２）。これを，「補償契約」といいます。

補償契約を締結するには，株主総会の決議が必要です。これを受けて一般社団法人においても，補償契約の締結には社員総会の決議が求められることとなり（一社118の２），医療法にも同様の規定が置かれました（2019年医療法改正）。

2　役員等賠償責任保険契約の社員総会決議

会社法の改正により，役員等賠償責任保険契約の加入は，取締役会決議によらなければならないとされました（会法430の２）。これを，「役員賠償責任保険契約」といいます。

これを受けて一般社団法人においても，役員賠償責任保険契約の加入には社員総会の決議が求められることとなり（一社118の３），医療法にも同様の規定が置かれました（2019年医療法改正）。

第4節　計　算

（医療法人会計基準）

第50条　医療法人の会計は，この法律及びこの法律に基づく厚生労働省令の規定によるほか，一般に公正妥当と認められる会計の慣行に従うものとする。

ポイント

医療法人会計基準は法人組織に関する会計，病院会計準則は施設に関する会計である。

1　医療法人の会計制度の歴史

（1）会計の目的

医療法人の会計は，一般に公正妥当と認められる会計の慣行に従い，適時に正確な会計帳簿を作成しなければなりません（医法50，50の２①）。

これは，正確な会計帳簿の作成を通じて医療法人の経営状況を適切に把握することが目的です。公正妥当な会計に従わなければ，法人税の申告における所得計算を行うことは不可能であり，毎会計年度終了後３月以内に届け出る事業報告書等も誤った報告となります（医法52）。

さらに，社会保険診療報酬に関する資料となる医療経済実態調査において，施設に関わりなく統一的な基準で報告できるようにするという目的もあります。

（2）病院会計準則の制定

現行の医療法人会計基準は2016年に制定されましたが，その基礎となった病院会計準則は，1965年に制定されました（1965年10月13日医発第1233号厚生省医務局医務局長通知）。

当時の医療法人における会計は，勘定科目の例示はなされていたものの（厚生省医務局『病院勘定科目とその解説』），財務諸表の様式など統一的な基準がなく，他の病院との経営比較などの点においては不十分な状況でした。

そこで，病院の経営成績と財政状態を適正に把握し，病院経営の改善向上に資することを目的とし，財務諸表を作成する共通の基準として，病院会計準則が定められました。

（3）1983年改正

病院会計準則は，1983年に第1回目の改正がなされました。

1983年改正は，前年の1982年に企業会計原則が改正されたことを受けて，財務諸表体系や勘定科目などが改正されました（1983年8月22日医発第824号厚生省医務局医務局長通知）。

（4）2004年改正

平成になり，介護保険制度の導入に伴い附帯業務を開設する医療法人が増加し，病院会計に与える影響が大きくなりました。

介護保険が導入されるまで，ほとんどの医療法人は，病院や診療所を開設するのみであり，附帯業務を開設している法人は稀でした。

しかし，介護保険導入以降は，老人保健施設，通所介護（デイサービス），認知症対応型共同生活介護（グループホーム），訪問介護，居宅支援事業など，様々な附帯業務を開設することが病院の一般的な形となりました。

そこで，昨今の病院の状況や企業会計に準じた退職給付会計や税効果会計の導入に対応するため，病院会計準則が再改正されました（2004年8月19日医政発第0819001号厚生労働省医政局長通知）。

この改正によって，財務諸表の体系の中にキャッシュ・フロー計算書を導入する一方，施設としての病院は配当や利益の処分が予定されないため利益処分計算書が除外されました。

この結果，貸借対照表，損益計算書，キャッシュ・フロー計算書を基本財務諸表とし，必要な会計情報を確保するために附属明細表を充実させました。

また，企業会計をはじめ近時の会計制度の改革に鑑み，リース会計，研究開発費会計，退職給付会計，税効果会計なども導入されました。

病院会計準則の特徴は，施設会計だという点です。

そのため，医療法人のほか，公益法人や学校法人，社会福祉法人といった異なる施設間との比較という点においては優れていたものの，医療法人全体を統括するという点においては，病院会計準則は有用ではありませんでした。

また，１つの医療法人でも，複数の事業を開設しているため病院会計準則のほか，介護老人保健施設の会計基準である「介護老人保健施設会計・経理準則（2000年３月31日老発第378号）」，訪問看護事業所の会計基準である「指定老人訪問看護の事業及び指定訪問看護の事業の会計・経理準則（1995年６月１日老健第122号・保発第57号）」による会計も求められました。

そこで，2014年に医療法全体の会計をつかさどる，医療法人会計基準が４病院団体協議会において取りまとめられました（医療法人会計基準について2014年３月19日医政発0319第７号）。

2　医療法人会計基準の制定

（1）医療法人会計基準の位置づけ

医療法人会計基準は，医療法人が準拠すべき「一般に公正妥当と認められる会計の慣行」（医法50）を具体化する基準と位置づけられています。

また，統一した基準を設けることにより決算書に関する表示基準はあっても，具体的な処理基準がないという従来の会計準則の問題が解決されました。

具体的には，持分の払い戻しを受けた場合や，持分のある医療法人から持分のない医療法人に移行した場合の処理などが定められました。

（2）医療法人会計基準の特徴

医療法人会計基準は，医療法人が開設する施設すべての会計制度について網羅的に規定したものではなく，医療法人全体の計算書類に係る部分のみを対象としたものと位置づけられています。したがって，施設ごとの会計という点では，病院会計準則は引き続き存在します。

また，医療法人会計基準の具体的特徴は，次のようにまとめられます。

○純資産の部は，出資金（持分の定めのある社団医療法人），基金（基金制度採用社団医療法人），積立金，評価換算差額等の構成とし，未処分利益剰余金を廃止し繰越利益積立金とする。
○注記表の内容のうち，キャッシュ・フロー項目と関連当事者項目は，社会医療法人に限定される。
○所有権移転外ファイナンス・リース取引については，リース会計を原則として適用する。
○退職給付会計は採用するが，適用時差異は，15年以内の分割費用計上が許容される。
○簡易な会計処理が許容される一定の法人の範囲は，社会医療法人以外の負債総額200億円未満の法人とする。
○重要性がある場合に限り，税効果会計を適用する。

3　会計基準の概要

（1）会計基準の目的

医療法人会計基準は，貸借対照表，損益計算書及び注記表並びに財産目録からなる計算書類の作成の基準を定め，医療法人の健全なる運営に資することが目的です。

（2）会計基準の一般原則

医療法人は，次の①～④の原則に従って計算書類を作成しなければなりません。

①　計算書類は，財政状態及び損益の状況に関する真実な内容を明瞭に表示するものでなければならない。

②　計算書類は，正規の簿記の原則に従って正しく記帳された会計帳簿に基づいて作成しなければならない。

③　会計処理の原則及び手続き並びに計算書類の表示方法は，毎会計年度これを継続して適用し，みだりに変更してはならない。

④　重要性の乏しいものについては，会計処理の原則及び手続き並びに計算書類の表示方法の適用に際して，本来の厳密な方法によらず，他の簡便な方法によることができる。

（3）会計年度

医療法人の会計年度は，定款又は寄附行為で定められた期間によります。

医療法人の定款には，資産及び会計に関する規定を定めなければならず（医法44②），その１つとして定款等に定め，また初年度の会計期間も定款等に定めます。

なお，医療法制定当時は医療法人の会計期間は，４月から３月に限られましたが，現状は会計期間を自由に定められます。

■定款記載例

第●●条　本社団の会計年度は，毎年４月１日に始まり翌年３月31日に終わる。

（計算方法に関する定め）

第50条の２　医療法人は，厚生労働省令で定めるところにより，適時に，正確な会計帳簿を作成しなければならない。

２　医療法人は，会計帳簿の閉鎖の時から十年間，その会計帳簿及びその事業に関する重要な資料を保存しなければならない。

（会計帳簿の作成）

医療法施行規則第32条の５　法第50条の２第１項の規定により作成すべき会計帳簿は，書面又は電磁的記録をもつて作成しなければならない。

ポイント

医療法人は，会計帳簿を作成し，重要な書類を保存しなければならない。

１　医療法人会計基準の特徴

（１）会計基準の法制化

医療法50条の２第１項で言う厚生労働省令とは，「医療法人会計基準」（厚生労働省令第95号2016年４月20日）を指します。

医療法人会計基準の一番の特徴は，過去の会計準則と異なり法令として定められたことでしょう（医法51②，同基準１）。

医療法人の会計は，医療法及び同基準のほか，一般に公正妥当と認められる会計の慣行に従うことが求められます（医法50）。

医療法人会計基準において定められている基金の返還に伴う代替基金の計上などの会計処理は法令に基づく処理だということです。

（２）会計帳簿

医療法人は，書面又は電磁的記録をもって，適時に正確な会計帳簿を作成しなければなりません（医法50の２①，医規32の５）。

2014年９月医療法改正において，社員総会や理事会，評議員会の電磁的決議が認められるようになったことを受け，医療法人の会計帳簿も電磁的記録が認められました。

また，会計帳簿は閉鎖の時から10年間，会計帳簿及び重要な資料を保存することが求められます（医法50の２②）。

重要な資料はどこまでを指すのかという点については，会社法において同様の規定があることから（会法432），会社法の解釈を参考に判断するものと考えられます。

例えば総勘定元帳，仕訳帳，現金出納帳，固定資産台帳，棚卸表，注文書，契約書，領収書などが考えられます。

（３）みなし寄附金と注記

医療法人会計基準を適用した会計帳簿を作成する場合，重要性が乏しいものを除き，貸借対照表等に関する注記をしなければなりません。

⑴　継続事業の前提に関する事項
⑵　資産及び負債のうち，収益業務に関する事項
⑶　収益業務からの繰入金の状況に関する事項
⑷　担保に供されている資産に関する事項
⑸　偶発債務（債務の保証（債務の保証と同様の効果を有するものを含む。），係争事件に係る賠償義務その他現実に発生していない債務で，将来において事業の負担をなる可能性のあるものをいう。）に関する事項
⑹　法第51条第１項に規定する関係事業者に関する事項
⑺　重要な後発事象に関する事項
⑻　その他医療法人の財政状態又は損益の状況を明らかにするために必要な事項

この注記のうち，法人税に影響するのが⑶です。

収益事業課税である社会医療法人は，本来事業である病院，診療所，介護老人保健施設，介護医療院に関する所得に対して法人税は課されず，附帯事業や収益事業に関してのみ法人税が課されます。

また，その収益事業に属する資産から，本来事業のために支出した金額に

ついて，その収益事業に係る寄附金の額とみなして，寄附金の損金算入限度額の計算を行うことができます（法法37⑤）。

このみなし寄附金の額は，「収益業務からの繰入金の状況」に関する注記をもって，明確にしたいところです。

（4）重要な後発事象

注記事項である重要な後発事象は，貸借対照表日後に発生した事象で，次期以後の財政状態及び運営状況に影響を及ぼす事項を注記します。

具体的には，①火災・出水等による重大な損害の発生，②重要な組織の変更，③重要な係争事件の発生又は解決などのほか，厚生局の適時調査に基づく多額の診療報酬の返戻や，患者からの医療訴訟の提起なども考えられます。

2　帳簿の作成

（1）概　要

医療法人は，医療法人会計基準に基づきすべての取引につき，公正妥当な会計基準に従って，正確な会計帳簿を作成しなければなりません。

（2）保存期間

医療法人は，会計帳簿の閉鎖の時，すなわち事業年度末日から10年間，その会計帳簿及びその事業に関する重要な資料を保存しなければなりません。

法人税において，帳簿を備え付けてその取引を記録するとともに，その帳簿と取引等に関して作成又は受領した書類は，その事業年度の確定申告書の提出期限の翌日から７年間の保存が求められますが，この期間が医療法において伸長されています。

10年間という期間は，他の医療法に定める期間より長くなっています。

■法令上作成保存が求められている書類の例

作成すべき書類	根拠条文		保存期間
診療録	医師法	第24条	5年間
診療録	歯科医師法	第23条	5年間
診療録	外国医師又は外国歯科医師が行う臨床修練に係る医師法第十七条及び歯科医師法第十七条の特例等に関する法律	第11条	5年間
助産録	保健師助産師看護師法	第42条	5年間

(3) 会計帳簿の書類

会計帳簿は，総勘定元帳，仕訳帳，現金出納帳，売掛金元帳，買掛金元帳，固定資産台帳などを指します。

（事業報告と公認会計士等の監査）

第51条　医療法人は，毎会計年度終了後二月以内に，事業報告書，財産目録，貸借対照表，損益計算書，関係事業者（理事長の配偶者がその代表者であることその他の当該医療法人又はその役員と厚生労働省令で定める特殊の関係がある者をいう。）との取引の状況に関する報告書その他厚生労働省令で定める書類（以下「事業報告書等」という。）を作成しなければならない。

2　医療法人（その事業活動の規模その他の事情を勘案して厚生労働省令で定める基準に該当する者に限る。）は，厚生労働省令で定めるところにより，前項の貸借対照表及び損益計算書を作成しなければならない。

3　医療法人は，貸借対照表及び損益計算書を作成した時から十年間，当該貸借対照表及び損益計算書を保存しなければならない。

4　医療法人は，事業報告書等について，厚生労働省令で定めるところにより，監事の監査を受けなければならない。

5　第２項の医療法人は，財産目録，貸借対照表及び損益計算書について，厚生労働省令で定めるところにより，公認会計士又は監査法人の監査を受けなければならない。

6　医療法人は，前二項の監事又は公認会計士若しくは監査法人の監査を受けた事業報告書等について，理事会の承認を受けなければならない。

参考

（法第51条第１項の厚生労働省令で定める書類等）

医療法施行規則第33条　法第51条第１項に規定する厚生労働省令で定める書類は次に掲げる書類とする。

一　社会医療法人については，法第42条の２第１項第１号から第６号までの要件に該当する旨を説明する書類

二　社会医療法人債発行法人（法第54条の２第１項に規定する社会医療法人債

を発行した医療法人をいい，当該社会医療法人債の総額について償還済みであるものを除く。次項及び次条第３号において同じ。）については次に掲げる書類

イ　前号に掲げる書類（当該社会医療法人債発行法人が社会医療法人である場合に限る。）

ロ　純資産変動計算書，キャッシュ・フロー計算書及び附属明細表

三　法第51条第２項に規定する医療法人については純資産変動計算書及び附属明細表

2　社会医療法人債発行法人は，法第51条第１項の規定に基づき，同項に規定する事業報告書等（以下単に「事業報告書等」という。）のうち，財産目録，貸借対照表，損益計算書及び前項第２号ロに掲げる書類を作成するに当たつては，別に厚生労働省令で定めるところにより作成するものとする。

（法第51条第２項の厚生労働省令で定める基準に該当する者）

医療法施行規則第33条の２　法第51条第２項の厚生労働省令で定める基準に該当する者は，次の各号のいずれかに該当する者とする。

一　最終会計年度（事業報告書等につき法第51条第６項の承認を受けた直近の会計年度をいう。以下この号及び次号並びに第38条の４において同じ。）に係る貸借対照表の負債の部に計上した額の合計額が五十億円以上又は最終会計年度に係る損益計算書の事業収益の部に計上した額の合計額が七十億円以上である医療法人

二　最終会計年度に係る貸借対照表の負債の部に計上した額の合計額が二十億円以上又は最終会計年度に係る損益計算書の事業収益の部に計上した額の合計額が十億円以上である社会医療法人

三　社会医療法人債発行法人である社会医療法人

（監事及び公認会計士等の監査）

医療法施行規則第33条の２の２　法第51条第４項及び第５項の規定による監査については，この条から第33条の２の６までに定めるところによる。

2　前項に規定する監査には，公認会計士法（昭和23年法律第103号）第２条第１項に規定する監査のほか，貸借対照表及び損益計算書に表示された情報と貸借対照表及び損益計算書に表示すべき情報との合致の程度を確かめ，かつ，その結果を利害関係者に伝達するための手続を含むものとする。

（監事の監査報告書の内容）

医療法施行規則第33条の２の３　法第51条第４項の監事（以下単に「監事」という。）は，事業報告書等を受領したときは，次に掲げる事項を内容とする監事の監査報告書（法第51条の４第１項第２号に規定する監事の監査報告書をいう。以下この条及び次条において同じ。）を作成しなければならない。

一　監事の監査の方法及びその内容

二　事業報告書等が法令に準拠して作成されているかどうかについての意見

三　監査のため必要な調査ができなかつたときは，その旨及びその理由

四　監事の監査報告書を作成した日

（監事の監査報告書の通知期限等）

医療法施行規則第33条の２の４　監事は，次に掲げる日のいずれか遅い日までに，法第51条の２第１項の理事（この条及び第33条の２の６において単に「理事」という。）に対し，監事の監査報告書の内容を通知しなければならない。

一　事業報告書等を受領した日から四週間を経過した日

二　当該理事及び当該監事が合意により定めた日があるときは，その日

（公認会計士等の監査報告書の内容）

医療法施行規則第33条の２の５　法第51条第５項の公認会計士又は監査法人（以下この条及び次条において「公認会計士等」という。）は，財産目録，貸借対照表及び損益計算書を受領したときは，次に掲げる事項を内容とする公認会計士等の監査報告書（法第51条の４第２項第２号に規定する公認会計士等の監査報告書をいう。以下この項及び次条において同じ。）を作成しなければならない。

一　公認会計士等の監査の方法及びその内容

二　財産目録，貸借対照表及び損益計算書が法令に準拠して作成されているかどうかについての意見

三　前号の意見がないときは，その旨及びその理由

四　追記情報

五　公認会計士等の監査報告書を作成した日

２　前項第４号の「追記情報」とは，次に掲げる事項その他の事項のうち，公認会計士等の判断に関して説明を付す必要がある事項又は財産目録，貸借対照表及び損益計算書の内容のうち強調する必要がある事項とする。

一　正当な理由による会計方針の変更

二　重要な偶発事象

三　重要な後発事象

（公認会計士等の監査報告書の通知期限等）

医療法施行規則第33条の２の６　公認会計士等は，次に掲げる日のいずれか遅い日までに，理事及び監事に対し，公認会計士等の監査報告書の内容を通知しなければならない。

一　財産目録，貸借対照表及び損益計算書を受領した日から四週間を経過した日

二　当該理事，当該監事及び当該公認会計士等が合意により定めた日があるときは，その日

２　財産目録，貸借対照表及び損益計算書について，理事及び監事が前項の規定による公認会計士等の監査報告書の内容の通知を受けた日に，法第51条第２項の医療法人は，公認会計士等の監査を受けたものとする。

３　公認会計士等が第１項の規定により通知をすべき日までに同項の規定による公認会計士等の監査報告書の内容の通知をしない場合には，前項の規定にかかわらず，当該通知をすべき日に，財産目録，貸借対照表及び損益計算書について，法第51条第２項の医療法人は，公認会計士等の監査を受けたものとする。

ポイント

- **関係事業者との取引状況を報告させる目的は，配当類似行為の指導にある。**
- **公認会計士等の監査により，自己資本が毀損している医療法人がある。**

１　医療法人の事業報告

（１）事業報告書の提出

医療法人は，会計年度終了後２月以内に「事業報告書等」の作成が義務づけられています（医法51①）。

事業報告書等とは，次の書類を指します（医法51①，医規33）。

【事業報告書等に該当する書類】

①　事業報告書
②　財産目録
③　貸借対照表

④　損益計算書
⑤　関係事業者との取引の状況に関する報告書
⑥　（社会医療法人の場合）
- 社会医療法人の要件に該当する旨を説明する書類

⑦　（社会医療法人債発行法人の場合）
- 社会医療法人の要件に該当する旨を説明する書類
- 純資産変動計算書，キャッシュ・フロー計算書及び附属明細表

⑧　（公認会計士等の監査対象法人の場合）
- 純資産変動計算書及び附属明細表

事業報告書等は，会計年度終了後３月以内に，監事の監査報告書とともに都道府県知事等に提出しなければなりません（医法52①）。この事業報告書等と監事の監査報告書は，各事務所に備え置くとともに，閲覧にも供されます（医法51の４①）。

（２）関係事業者との取引の報告

2016年９月施行の医療法改正において，2017年４月２日以降に開始した事業年度より，医療法人と関係がある法人などとの取引について，その状況を報告書に記載することによって，報告することが義務づけられました。

これは，医業経営の非営利性を徹底することが目的と言われています。

医療法人は営利行為が禁止され（医法７⑥），配当行為も禁止されています（医法54）。

しかし，医療法人がコンサルティング費用を関係法人に支払い，その関係法人が役員一族に配当を支払うなど，実質的に配当に類似する行為が行われてきました。また，このような関係法人等を経由した配当類似行為を，都道府県知事等が把握する術もありませんでした。

そこで，関係法人などとの取引状況の実態を把握し，適切に指導するために，関係事業者との取引の状況の報告制度が設けられました。

■厚生労働委員会による配当類似行為の指摘例

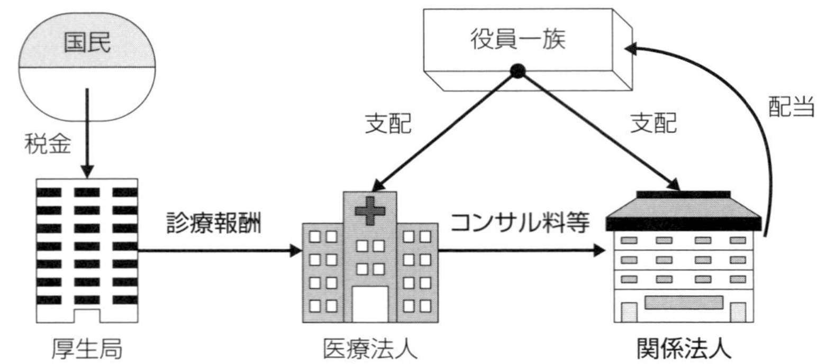

2　公認会計士等の監査

(1) 監査制度の導入

2017年4月2日以降に開始する事業年度から，一定規模以上の医療法人は，医療法人会計基準（厚生労働省令第95号2016年4月20日）に基づいた貸借対照表及び損益計算書を作成し，公認会計士等の監査を受けなければなりません（医法51②⑤）。

改正医療法は2015年9月28日に公布され，法制上はすみやかに施行することも可能でしたが，公認会計士等による監査の導入には一定程度の準備期間を設けなければ，用意不足による混乱が予想されたため，施行日を2017年4月2日とし，3月決算法人の改正医療法適用時期を2018年度とさせました。

(2) 有識者による指摘

医療法人への公認会計士等による監査制度の導入は，「公益法人制度改革に関する有識者会議報告書」において，「透明性の確保」が提言されたことがその一因になっていると考えられます。

報告書において，公益法人は，公益性を有するに相応しいしっかりとしたガバナンスが求められ，情報開示も徹底することとされました。

そこで，医業経営における「会計」の透明性の確保を目的に，医療法人会計基準が定められるとともに，大規模な医療法人については，公認会計士の監査を義務づけることとなりました。

（3）公認会計士等の監査対象法人

医療法人のうち次に該当する法人（医規33の２）は，財産目録，貸借対照表及び損益計算書について，公認会計士又は監査法人の監査を受け（医法51⑤），さらに公認会計士若しくは監査法人の監査を受けた事業報告書等について，理事会の承認を受けなければなりません（医法51⑥）。

■公認会計士等の監査を受ける法人

① 直近の会計年度に係る貸借対照表の負債の部に計上した額の合計額が50億円以上又は直近の会計年度に係る損益計算書の事業収益の部に計上した額の合計額が70億円以上である医療法人
② 直近の会計年度に係る貸借対照表の負債の部に計上した額の合計額が20億円以上又は直近の会計年度に係る損益計算書の事業収益の部に計上した額の合計額が10億円以上である社会医療法人
③ 社会医療法人債発行法人である社会医療法人

公認会計士等の監査は，財産目録，貸借対照表及び損益計算書が事業年度ごとに適法に作成されているかどうかの監査を行うことであり，金融商品取引法上の内部統制体制の監査までは求められていません。

しかし，適切に収益が計上されているかなどを確認するために，一定レベルでの内部統制の監査は行われます。

（4）監査を受けない場合

（3）の要件に該当する医療法人で，公認会計士等の監査を受けない場合，毎会計年度終了後３月以内に届け出る監査報告書が提出できないことのほか(医法52①三)，理事又は監事は任務を怠ったこととして生じた損害があるときは賠償する責任を負います（医法47ほか）。

また，適法に運営されていない医療法人として，主務官庁より指導を受けるほか，定款変更の認可を受けることも困難になることが予想されます。

（5）医療法人会計基準導入の影響

公認会計士等の監査の統一的な基準として，「医療法人会計基準」が定められました（厚生労働省令第95号2016年4月20日）。

従来，医療法人の組織体としての会計基準は定められておらず，施設会計として「病院会計準則」が定められていたものの，これは厚生労働省医政局長通知であり，任意適用の範囲を超えるものではありませんでした（医政発第0819001号2004年8月19日）。

公認会計士等による監査を受ける医療法人は，医療法人会計基準を厳密に適用して，貸倒引当金のほか賞与引当金や退職給付引当金を計上し，またリース会計も導入しなければなりません。

その結果，負債額が増加し，自己資本比率が悪化する医療法人が多く現れました。一部の医療法人は，銀行のシンジケートローンのコベナンツ契約に抵触し，一括弁済条項に該当しています。

3　決算書類の保存

（1）決算書類の保存義務

医療法人は作成した時から10年間，貸借対照表及び損益計算書を保存しなければなりません（医法51③）。

保存期間の起算日は，承認した時点ではなく作成した時点であり，毎会計年度終了の日から2か月以内のいずれかの日からとなります（医法51①）。

もっとも法人税法において，帳簿書類等の保存期間は確定申告書の提出期限の翌日から7年間（欠損金が生じた事業年度は10年間）ですので（法規59），貸借対照表及び損益計算書のほか税法の求めにより幅広く会計帳簿の保存が求められます。

（2）決算書類の保存方法

医療法人が作成すべき会計帳簿は，書面のほか電磁的記録をもって作成することができますが（医規32の5），貸借対照表及び損益計算書は電磁的記録による作成が認められておらず，書面によらなければなりません。

4　監事の監査

（1）監事の監査方法

監事は，医療法人が作成した事業報告書等に関して監査を行わなければなりません（医法51④）。

また，監事が事業報告書等を受け取った場合には，次の事項を記載した監査報告書を作成しなければなりません（医規33の２の３）。

①　監事の監査の方法及びその内容
②　事業報告書等が法令に準拠して作成されているかどうかについての意見
③　監査のため必要な調査ができなかったときは，その旨及びその理由
④　監事の監査報告書を作成した日

主務官庁から公表されている監事の監査報告書の記載例は，この４項目を満たしていますが，実際の監査の状況によって適宜訂正しなければなりません。

なお，監事の監査報告書は，請求があった場合に閲覧に供さなければならず，都道府県などにおいても公開されますので，慎重に作成すべきと考えます。

（2）事業報告書等の提出期限

監事は，①事業報告書等を受領した日から４週間を経過した日，又は②理事及び監事が合意により定めた日のいずれか遅い日までに，理事に対し，監査報告書の内容を通知しなければなりません（医規33の２の４）。

5　事業報告書等の承認

（1）事業報告書等の作成・監査

医療法人は，会計年度終了後２か月以内に事業報告書，財産目録，貸借対照表，損益計算書，関係事業者との取引の状況に関する報告書，純資産変動計算書及び附属明細表などからなる『事業報告書等』の作成が義務づけられています（医法51①）。

作成された事業報告書等は，まず監事の監査を受けます（医法51③④）。また，公認会計士等の監査対象となっている医療法人は，併せて公認会計士等の監査を受けます（医法51⑤）。

（2）事業報告書等の理事会承認

監事や公認会計士等の監査を受けた事業報告書等は，監査後に理事会の承認を受けます（医法51⑥）。

■事業報告書等の承認プロセス

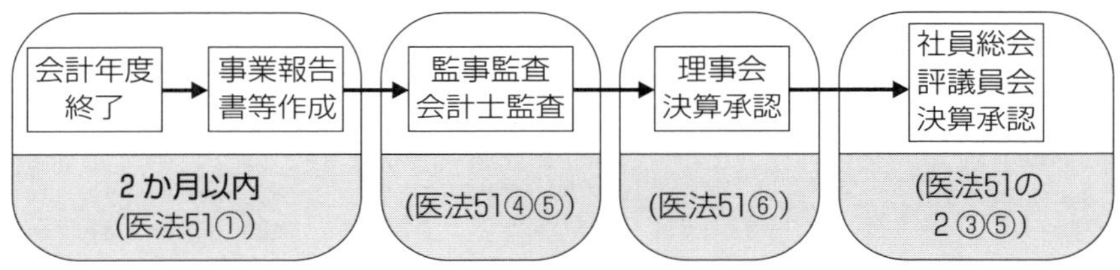

（事業報告）

第51条の２　社団たる医療法人の理事は，前条第６項の承認を受けた事業報告書等を社員総会に提出しなければならない。

２　理事は，前項の社員総会の招集の通知に際して，厚生労働省令で定めるところにより，社員に対し，前条第６項の承認を受けた事業報告書等を提供しなければならない。

３　第１項の規定により提出された事業報告書等（貸借対照表及び損益計算書に限る。）は，社員総会の承認を受けなければならない。

４　理事は，第１項の規定により提出された事業報告書等（貸借対照表及び損益計算書を除く。）の内容を社員総会に報告しなければならない。

５　前各項の規定は，財団たる医療法人について準用する。この場合において，前各項中「社員総会」とあるのは「評議員会」と，第２項中「社員」とあるのは「評議員」と読み替えるものとする。

（事業報告書等の提供方法）

医療法施行規則第33条の２の７　社団たる医療法人の理事は，社員に対し法第51条の２第１項の社員総会の招集の通知を電磁的方法により発するときは，同項の規定による事業報告書等の提供に代えて，当該事業報告書等に記載すべき事項を電磁的方法により提供することができる。ただし，この場合においても，社員の請求があつたときは，当該事業報告書等を当該社員に提供しなければならない。

２　前項の規定は，財団たる医療法人について準用する。この場合において，同項中「社員」とあるのは「評議員」と読み替えるものとする。

ポイント

事業報告書の承認は，理事会の承認後に社員総会又は評議員会が行う。

1　事業報告書等の承認

（1）事業報告書等の作成・監査

医療法人は，会計年度終了後２か月以内に事業報告書，財産目録，貸借対照表，損益計算書，関係事業者との取引の状況に関する報告書，純資産変動計算書及び附属明細表などからなる「事業報告書等」の作成が義務づけられています（医法51①）。

作成された事業報告書等は，まず監事の監査を受けます（医法51④）。また，公認会計士等の監査対象となっている医療法人は，併せて公認会計士等の監査を受けます（医法51⑤）。

（2）事業報告書等の理事会承認

監事や公認会計士等の監査を受けた事業報告書等は，監査後に理事会の承認を受けます（医法51⑥）。

なお，一般的な医療法人の場合，社員総会の招集手続きは理事長の専決事項とされ，社員総会の招集を，理事会で議決する必要はありません。

理事会の承認を受けた事業報告書等は，社員総会又は評議員会において承認を行います（医法51の２③⑤）。

■事業報告書等承認理事会議事録例

理事会議事録

日時　令和●年●月●日午前●時～午前●時

場所　○○病院　会議室において

出席者（理事）○○○○，△△△△

（監事）□□□□

（本社団理事総数●名のうち，●名出席）

本社団定款第●条第●項により理事長が議長に選任され，議長は必要な理事定足数に達したことを確認した後，開会を宣し議事に入った。

第１号議案　事業報告書等承認の件

議長は，第●期（令和●年４月１日から令和●年３月31日まで）における事業報告書，財産目録，貸借対照表，損益計算書，関係事業者との取引の状況に関する報告書の内容を説明し，すでに法令上必要な監査役の監査を受けている旨を報告した後，その承認を求めたところ，満場一致をもって原案どおり承認可決された。

2　社員総会等の開催

(1) 事業報告書等の提供

事業報告書等の承認を目的とした社員総会又は評議員会を開催するにあたり，少なくとも期日の5日前までに，その目的である事項，日時及び場所を記載し，理事長がこれに記名した書面で社員又は評議員に通知します（医法46の3の2⑤，46の4の3⑤）。

招集手続きの際，社員又は評議員に監査を受けた事業報告書等を提供しなければなりません（医法51の2②⑤）。一般的にこの提供は，事業報告書等を招集通知に添付することによって行うことが多いと考えられます。

社員総会又は評議員会において，社員らに初めて事業報告書等を開示する事例も見受けられますが，これは誤った会議運営です。

(2) 電子メールによる提供

社員総会又は評議員会の招集通知を電子メールなど電磁的方法により発することも可能です。

この際，社員等からの請求がない限り事業報告書等の提供に代えて，事業報告書等に記載すべき事項を電磁的方法により提供することができます（医規33の2の7）。

具体的には，招集手続きの電子メールに事業報告書等を添付するのではなく，電子メール本文に事業報告書の内容を記載することが認められるということです。

■事業報告書電磁的提供例

事業報告書

自令和●年４月１日至令和●年３月31日
医療法人の概要
名称　医療法人団○○会
事務所の所在地　東京都○区○町○丁目○番○号
設立認可年月日　平成●●年●●月●●日
設立登記年月日　平成●●年●●月●●日
事業の概要
本来業務
種類　診療所
施設の名称　○○診療所
開設場所　東京都○○区○○町○丁目○番○号
許可病床数　０床
当該会計年度内に社員総会で議決した事項
令和●年５月●日　令和●年度決算の決定
令和●年３月●日　令和●年度の事業計画及び収支予算の決定

（3）承認を要する事業報告書等の範囲

前述のとおり，社員総会又は評議員会において，事業報告書等の承認を受けなければなりません（医法51の２③⑤）。

ただし，承認を要するのは貸借対照表及び損益計算書のみであり，財産目録，関係事業者との取引の状況に関する報告書などの承認は不要です。

これらの書類は，事業報告書等を構成する書類であるものの，事実を証する書類であって審議することを求められるものではなく，理事がその内容を報告するにとどまります（医法51の２④⑤）。

ただし，貸借対照表及び損益計算書以外の事業報告書等の書類を，招集手続きに際し社員等に提供することは必要です。

■事業報告書等の承認と報告の種別

社員総会等の承認	社員総会等において理事の報告
貸借対照表 損益計算書	財産目録 関係事業者との取引の状況に関する報告書 純資産変動計算書及び附属明細表（監査対象法人） 社会医療法人要件充足説明書

（公告方法）

第51条の3　医療法人（その事業活動の規模その他の事情を勘案して厚生労働省令で定める基準に該当する者に限る。次項において同じ。）は，厚生労働省令で定めるところにより，前条第3項の承認をした社員総会又は同条第5項において読み替えて準用する同条第3項の承認をした評議員会の終結後遅滞なく，同項（同条第5項において読み替えて準用する場合を含む。）の承認を受けた事業報告書等（貸借対照表及び損益計算書に限る。）を公告しなければならない。

2　前項の規定にかかわらず，その公告方法が厚生労働省令で定める方法である医療法人は，同項に規定する事業報告書等の要旨を公告することで足りる。

（法第51条の3の厚生労働省令で定める基準に該当する者）

医療法施行規則第33条の2の8　法第51条の3の厚生労働省令で定める基準に該当する者は，次に掲げる者とする。

一　第33条の2第1号に規定する医療法人

二　社会医療法人

（公告方法）

医療法施行規則第33条の2の9　法第51条の3に規定する医療法人は，同条の規定による公告の方法として，次に掲げる方法のいずれかを定めることができる。

一　官報に掲載する方法
二　時事に関する事項を掲載する日刊新聞紙に掲載する方法
三　電子公告（公告方法のうち，電磁的方法により不特定多数の者が公告すべき内容である情報の提供を受けることができる状態に置く措置であつて，インターネットに接続された自動公衆送信装置を使用するものによる措置を採る方法をいう。以下同じ。）

2　法第51条の3第2項に規定する厚生労働省令で定める方法は，前項第1号又は第2号に掲げる方法とする。

（電子公告の公告期間）

医療法施行規則第33条の2の10　医療法人が電子公告により公告をする場合には，法第51条の3第1項の貸借対照表及び損益計算書について，法第51条の2第3項の承認をした社員総会又は同条第5項において読み替えて準用する同条第3項の承認をした評議員会の終結の日後三年を経過する日までの間，継続して電子公告による公告をしなければならない。

ポイント

事業報告書を電子公告する場合，3年以上公告を続けなければならない。

1　事業報告書の公告方法

公認会計士等の監査を受ける医療法人と社会医療法人は，社員総会又は評議員会の承認を受けた事業報告書等のうち，貸借対照表及び損益計算書のみ公告しなければなりません（医法51の3，医規33の2の8）。

医療法が改正された2017年4月2日以降開始する事業年度から，公告を義務づけられる事業報告書等とは，施行日以降に開始する会計年度に係る貸借対照表及び損益計算書（会計基準を適用している場合は注記も含む）に限るということです。

公告方法は，次のいずれかの方法のうち，定款又は寄附行為により定めた方法によります（医規33の2の9）。

①　官報に掲載する方法

② 時事に関する事項を掲載する日刊新聞紙に掲載する方法
③ 電子公告

■作成及び公告が必要な書類

	公認会計士監査対象医療法人・社会医療法人	左記以外の社会医療法人	左記以外の医療法人
貸借対照表	作成及び公告義務		作成義務
損益計算書	作成及び公告義務		作成義務
財産目録	作成義務		
附属明細表	作成義務	任意	
純資産変動計算書	作成義務	任意	
関係事業者との取引に関する報告書	基準に該当する取引がある場合は作成		

2 決算公告を要しない法人の定款

公認会計士等の監査を受ける医療法人と社会医療法人以外の医療法人は，貸借対照表等の公告は不要ですが，これらの法人の定款等においても次のように公告方法が定められております。

■定款例

第10章 雑則
第46条 本財団の公告は，官報に掲載する方法によって行う。

この場合の公告とは，例えば医療法人が合併などを行う場合の債権者異議申述公告を行う場合の公告方法を定めているのであり，事業報告書等の公告には関係ありません。

3　公告方法の変更

医療法人の定款又は寄附行為の変更は，都道府県知事の認可がなければ効力が生じません。ただし，公告の方法に関する定款の変更は，都道府県知事の認可は不要です（医規33の26）。

4　電子公告の期間

医療法人が電子公告により貸借対照表及び損益計算書を公告する場合には，決算承認をした社員総会又は評議員会の終結の日後，３年を経過する日までの間，継続して電子公告による公告をしなければなりません（医規33の２の10）。

株式会社が決算公告以外の電子公告をしようとする場合，公告期間中，電子公告が適法に行われたかどうかについて，法務大臣の登録を受けた電子公告調査機関の調査が義務づけられていますが，（会法941，一社333），医療法人の決算公告にはこのような義務づけはなく，その医療法人のホームページに事業報告書をPDFなどの形式によって掲載するなどの方法で足りると考えられます。

（事業報告書の閲覧請求）

第51条の４　医療法人（次項に規定する者を除く。）は，次に掲げる書類をその主たる事務所に備えて置き，その社員若しくは評議員又は債権者から請求があつた場合には，正当な理由がある場合を除いて，厚生労働省令で定めるところにより，これを閲覧に供しなければならない。

一　事業報告書等

二　第46条の８第３号の監査報告書（以下「監事の監査報告書」という。）

三　定款又は寄附行為

２　社会医療法人及び第51条第２項の医療法人（社会医療法人を除く。）は，次に掲げる書類（第２号に掲げる書類にあつては，第51条第２項の医療法人に限る。）をその主たる事務所に備えて置き，請求があつた場合には，正当な理由がある場合を除いて，厚生労働省令で定めるところにより，これを閲覧に供しなければならない。

一　前項各号に掲げる書類

二　公認会計士又は監査法人の監査報告書（以下「公認会計士等の監査報告書」という。）

３　医療法人は，第51条の２第１項の社員総会の日（財団たる医療法人にあつては，同条第５項において読み替えて準用する同条第１項の評議員会の日）の一週間前の日から五年間，事業報告書等，監事の監査報告書及び公認会計士等の監査報告書をその主たる事務所に備え置かなければならない。

４　前三項の規定は，医療法人の従たる事務所における書類の備置き及び閲覧について準用する。この場合において，第１項中「書類」とあるのは「書類の写し」と，第２項中「限る。)」とあるのは「限る。)の写し」と，前項中「五年間」とあるのは「三年間」と，「事業報告書等」とあるのは「事業報告書等の写し」と，「監査報告書」とあるのは「監査報告書の写し」と読み替えるものとする。

（書類の閲覧）

医療法施行規則第33条の２の11　法第51条の４第１項及び第２項の規定による書類の閲覧は，書面又は電子計算機に備えられたファイル若しくは磁気ディスク等に記録されている事項を紙面若しくは主たる事務所に設置された入出力装置の映像面に表示する方法により行うものとする。

ポイント

社員，評議員，債権者は事業報告書等の閲覧を請求できる。

１　事業報告書等の閲覧請求

（１）閲覧に供される書類

医療法人は，事業報告書等をその主たる事務所に備え，閲覧に供することができるようにしなければなりません（医法51の４①）。

■閲覧に供される事業報告書等

① 事業報告書等（事業報告書，財産目録，貸借対照表，損益計算書，関係事業者との取引の状況に関する報告書）
② 監事の監査報告書
③ 定款又は寄附行為

この場合，主たる事務所の所在地は，定款又は寄附行為のほか（医法44②四），登記事項証明書においても確認できます。

また，医療法人の従たる事務所には，事業報告書等の写しを３年間にわたり，閲覧に供せるようにしなければなりません（医法51の４④）。

■登記事項証明書の例

会社法人等番号	
名　称	医療法人
主たる事務所	大阪市中央区

（2）社会医療法人等の場合

社会医療法人及び公認会計士等による監査対象となっている法人は，（1）の書類のほかに，次の書類を閲覧に供さなければなりません（医法51の4②）。

■社会医療法人等が閲覧に供する書類

④　社会医療法人
- 社会医療法人の要件に該当する旨の書類

⑤　社会医療法人債発行法人
- 社会医療法人の要件に該当する旨の書類
- 純資産変動計算書，キャッシュ・フロー計算書及び附属明細表

⑥　公認会計士監査対象法人
- 純資産変動計算書及び附属明細表

（3）閲覧請求権者

医療法人は，社員若しくは評議員又は債権者から事業報告書等の閲覧請求があった場合には，正当な理由がある場合を除き，事業報告書等を閲覧に供さなければなりません（医法51の4①）。

この規定は，2007年4月施行の改正医療法によって設けられました。一般社団法人や一般財団法人が，社員，評議員及び債権者への閲覧を認める規定を参考に定められたと考えられます（一社129，199）。

2007年3月以前の旧医療法においては，債権者にのみ閲覧請求権がありましたが（旧医法52②），現在の医療法では，債権者のほか社員及び評議員にも閲覧請求権が認められています。

理事及び監事が閲覧請求者に含まれていないのは，理事は社員総会への事業報告書等の提出に際し（医法51の２①），監事は業務又は財産に関する状況を監査するに際して（医法46の８），これら書類を当然に閲覧するからと考えられます。

（４）監査報告書の保存

医療法人は，監事の監査報告書を，事業報告書等の承認を行う定時社員総会又は定時評議員会の日の１週間前の日から５年間，主たる事務所に保存しなければなりません（医法51の４③）。

したがって，監事による監査は，遅くとも決算承認社員総会又は評議員会の１週間前までに完了し，監査報告書を発行する必要があります。

また，公認会計士等の監査を受ける医療法人は同様に，公認会計士等の監査報告書を，主たる事務所に備え置かなければなりません（医法51の４③）。

2　事業報告書等の閲覧方法

（１）閲覧の方法

事業報告書等の閲覧は，次のいずれかの方法によります（医規33の２の11）。

① 書　面
② 電子データにより出力された紙面
③ パソコンに表示された電子データ

（２）閲覧の拒否

社員等から請求があった場合には，医療法人は事業報告書等を閲覧に供さなければなりませんが，正当な理由があるときはこれを拒否できます。

しかし，閲覧を拒否できる正当な理由が認められるケースは，少ないと考えられます。

拒否ができる場合は，請求者が第三者に公表することを目的とする場合や，私的理由により設立時役員を確認する場合，債権の弁済を受け債権者でなくなった場合などが考えられますが，事業報告書等は，県庁などにおいて閲覧することができるため，医療法人が閲覧拒否するメリットはないと考えられます。

（３）閲覧を拒否した場合

社員若しくは評議員又は債権者から事業報告書等の閲覧請求があったにもかかわらず，正当な理由なく閲覧に供さなかった場合は，医療法人の理事に20万円以下の過料が課されます（医法93五）。

この場合，社員等は，過料事件通知書を管轄の裁判所に提出し，過料の決定を求めることができます。

なお，医療法人に課された過料は，損金に算入することはできません（法法55④）。

■過料事件通知書の例

年　月　日

地方裁判所○○部御中

○○○　印

過料事件通知書

下記の者については，医療法第51条の４第１項に定める事業報告書等を閲覧に供さないため，同法第93条の規定に基づき，20万円以下の過料に処すべきものと思料されるので，関係書類を添えて通知します。

記

1　名称　医療法人○○会
2　所在地　東京都東京区東京一丁目１番１号
3　事件の概要
4　添付書類
　(1)　債権者であることを証する書類
　(2)　閲覧を求めたことを証する書類
　(3)　医療法人の履歴事項証明書
　(4)　その他証拠となる書類

（知事への事業報告）

第52条　医療法人は，厚生労働省令で定めるところにより，毎会計年度終了後三月以内に，次に掲げる書類を都道府県知事に届け出なければならない。

一　事業報告書等

二　監事の監査報告書

三　第51条第２項の医療法人にあつては，公認会計士等の監査報告書

２　都道府県知事は，定款若しくは寄附行為又は前項の届出に係る書類について請求があつた場合には，厚生労働省令で定めるところにより，これを閲覧に供しなければならない。

（事業報告書等の届出等）

医療法施行規則第33条の２の12　法第52条第１項の規定による届出は，次に掲げる方法のいずれかにより行わなければならない。

一　電磁的方法を利用して自ら及び当該届出を受けるべき都道府県知事が同一の情報を閲覧することができる状態に置く措置を講ずる方法

二　書面の提出

２　前項第１号の措置は，厚生労働大臣が管理する電気通信設備の記録媒体に法第52条第１項各号に掲げる書類に記載された事項を内容とする情報を記録する措置であつて，同項の規定により届出をすべき医療法人が，自ら及び当該届出を受けるべき都道府県知事が当該情報を記録し，かつ，閲覧することができる方式に従つて行うものとする。

３　第１項第１号の措置が講じられたときは，前項の規定により厚生労働大臣が管理する電気通信設備の記録媒体への記録がされた時に法第52条第１項の規定による届出を受けるべき都道府県知事に到達したものとみなす。

４　第１項第２号に規定する方法による届出を行う場合には，法第52条第１項各号に掲げる書類（第33条第１項第１号に規定する書類については，法第42条の２第１項第５号の要件に該当する旨を説明する書類，第30条の35の３第１項第１号ニに規定する支給の基準を定めた書類及び同条第２項に規定する保有する資産の明細表に限る。）には，副本を添付しなければならない。

5　法第52条第２項の閲覧は，同条第１項の届出に係る書類（第33条第１項第１号に規定する書類については，法第42条の２第１項第５号の要件に該当する旨を説明する書類，第30条の35の３第１項第１号ニに規定する支給の基準を定めた書類及び同条第２項に規定する保有する資産の明細表に限る。）であつて過去三年間に届け出られた書類について，インターネットの利用その他適切な方法により行うものとする。

ポイント

都道府県知事に報告した事業報告書等は，法令に定められた範囲内において閲覧に供される。

1　知事への事業報告の概要

医療法人は，毎会計年度終了後３か月以内に，事業報告書等，監事の監査報告書，公認会計士等の監査報告書を，都道府県知事に届け出なければなりません（医法52①）。

届出を行った場合又は虚偽の届出をした場合は，20万円以下の過料に処せられることがあります（医法76五）。

■事業報告書の記載ポイント

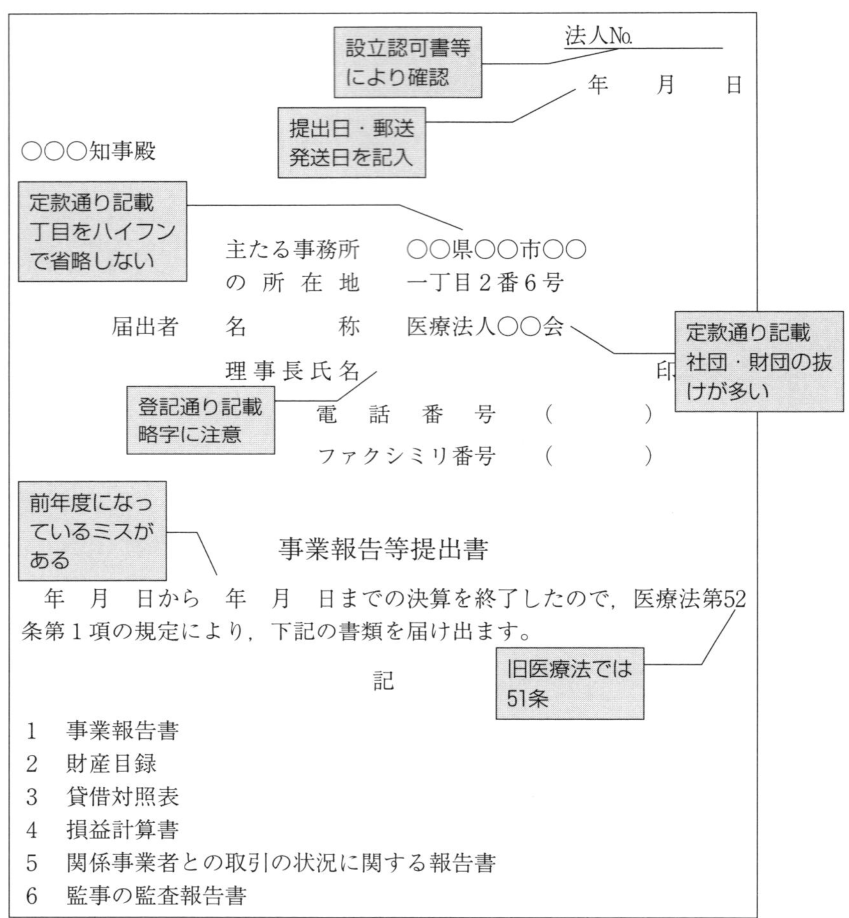

法人No.

年　月　日

○○○知事殿

主たる事務所の所在地　○○県○○市○○一丁目２番６号

届出者　名称　医療法人○○会

理事長氏名　印

電話番号　（　　）

ファクシミリ番号　（　　）

事業報告等提出書

年　月　日から　年　月　日までの決算を終了したので，医療法第52条第１項の規定により，下記の書類を届け出ます。

記

1　事業報告書
2　財産目録
3　貸借対照表
4　損益計算書
5　関係事業者との取引の状況に関する報告書
6　監事の監査報告書

2　事業報告書等の閲覧

都道府県知事は，定款若しくは寄附行為，及び1により届出のあった過去3年間の事業報告書等を閲覧に供します（医法52②，医規33の2の12②）。

愛知県など，事業報告書等のほかに，勘定科目等の内訳書の提出が求められる場合がありますが，内訳書は参考書類であり，事業報告書等でないため閲覧に供されません。

閲覧を求める者は，債権者など医療法人の利害関係者であることは求められず，誰でも閲覧することができます。

事業報告書等の閲覧ができるようになったのは，2007年4月1日施行の改正医療法後であり，それまでは知事へ決算届の提出義務はあったものの（旧医法51），決算届の閲覧は認められていませんでした。

2004年3月19日に閣議決定された規制改革・民間開放推進3か年計画において，医療機関の運営実態に関する財務・会計資料などの開示を一層推進することを求められたことが，閲覧制度が広がった要因と考えられます。

■規制改革・民間開放推進3か年計画

Ⅱ　重点計画事項
（分野別各論）
6　医療・福祉
1　医療提供者に関する徹底的な情報の公開【逐次実施】

医療機関の経営主体には多数の形態があり会計基準が統一されておらず，相互の比較ができない。統一した会計基準についてはその作成が進められている途上であるが，可及的速やかに作成が行なわれる必要がある。

また，公的病院及び，公益性の高い特定医療法人・特別医療法人や国・自治体からの運営費補助や税の優遇を受けている医療機関においては，より高いレベルでの経営の透明性が確保される必要がある。これらの医療機関の中には，赤字経営が続いており，その原因究明もされないまま放置されているものもある。それらについては，医療事業の内容ごと（例えば，研究事業，教育事業の分離）の会計の区分など，医療にかかるコストの分析を進め，効率的な医療の推進と必要不可欠な政策医療，研究事業などとの明確化を図る必要があるとの指摘がある。
　したがって，医療機関に診療報酬以外の政策的経費などの資源を投入している場合には，その資源の投入効果についての検証が可能となるような情報を公開する。また，公的病院はもちろんのこと，公益性の高い特定医療法人・特別医療法人や国・自治体からの運営費補助や税の優遇を受けている医療機関については，「医療法人運営管理指導要綱」（平成２年３月１日健政発第110号厚生省健康政策局長通知）の平成14年４月の改正などを踏まえ，医療機関の運営実態に関する財務・会計資料などの開示を一層推進する。（Ⅲ医療ア④）

　規制改革・民間開放推進３か年計画を受けて，医業経営の非営利性等に関する検討会（全９回　2003年10月17日～2005年７月22日）において，幅広い者に対する事業報告書の開示の方向性が決まりました。

■「医業経営の非営利性等に関する検討会」　報告書

（情報開示）
　従前より，医療法において医療法人は毎会計年度の終了後２か月以内に決算を都道府県知事に届け出るとともに，財産目録，貸借対照表及び損益計算書を作り，常にこれを各事務所に備えて置かなければならないこととされている。また，医療法人の債権者は，医療法人の執務時間内はいつでも，書類の閲覧を求めることができるとされ，医療法人の医業経営に関する情報開示の規定は整備されていたところである。
　一方で，平成12年に社会福祉法（昭和26年法律第45号）第44条第４項に「社会福祉法人は，第２項の書類（事業報告書，財産目録，貸借対照表及び収支計算書）及びこれに関する監事の意見を記載した書面を各事務所に備えて置き，当該社会福祉法人が提供する福祉サービスの利用を希望する者その他の利害関係人から請求があった場合には，正当な理由がある場合を除いて，これを閲覧に供しなければならない」との規定が設けられている。また，特定非営利活動促進法（平成10年法律第７号）に規定される特定非営利活動法人（いわゆるNPO 法人）についても，同法第29条において，「毎事業年度一回，事業報告書等，役員名簿等及び定款等を所轄庁に提出しなければならない」，「所轄庁は，特定非営利活動法人から提出を受けた事業報告書等若しくは役員名簿等又は定款等について閲覧の請求があった場合には，これを閲覧させなければならない」

と規定されているなど，民間非営利部門における地域社会への情報開示の規定が法律上整備されてきているところである。

患者の視点に立った医療サービスの提供が今まで以上に求められている中，医療機関を経営する医療法人，とりわけ「公益性の高い医療サービス」を担う医療法人については，社会福祉施設を経営する社会福祉法人との整合性のある対応が必要であり，そのための法制上の措置を検討すべきである。

3　閲覧制度の問題

医療法人は，毎会計年度終了後３か月以内に，事業報告書，財産目録，貸借対照表，損益計算書，監査報告書などを都道府県知事に届け出なければなりません（医法52①）。

また，届出のあった事業報告書等などは，閲覧に供されます（医法52②）。

しかし，これには２つの問題がありました。

１つは，紙媒体によって届け出られる事業報告書等の閲覧に伴う都道府県職員などの対応業務が問題でした。東京都の場合，事業報告書の閲覧のために職員が閲覧の援助を行わなければなりません。

■定款（寄附行為）及び事業報告等提出書の閲覧（東京都）（略）

閲覧請求について

◆閲覧請求の手順

1．窓口にある「閲覧書類閲覧請求書」に必要事項を記入し，職員に提出してください。閲覧札をお渡しします。

2．医療法人名簿で閲覧したい医療法人の法人番号を確認して下さい。

3．事業報告等提出書は，後方のキャビネットにございますので，必要なファイル（法人番号順）を取出し，窓口で閲覧して下さい。定款・寄附行為は，職員が直接お渡しします。

4．閲覧が終わりましたら，ファイルを元の場所に戻して，職員に終了した旨を告げ，閲覧札を返却して下さい。定款・寄附行為は職員にお渡しください。

もう１つは，届け出られた事業報告書等が一覧的に把握できる仕組みが無く，またアナログデータのため医療法人の経営分析資料として使うこともできませんでした。

4　デジタル化への移行

デジタル化の観点及び運営の更なる透明化の観点から政府方針等において，次の点が決まりました。

①　事業報告書等の届出についてアップロードによる届出・電子的な閲覧を可能とすること
②　届出データが集積されたデータベースを構築すること
③　届出内容を公表する全国的な電子開示システムを構築すること

■経済財政運営と改革の基本方針 2021（令和3年6月18日閣議決定）

> 医療法人の事業報告書等をアップロードで届出・公表する全国的な電子開示システムを早急に整え，感染症による医療機関への影響等を早期に分析できる体制を整備する。

（事業年度）

第53条　医療法人の会計年度は，四月一日に始まり，翌年三月三十一日に終るものとする。ただし，定款又は寄附行為に別段の定めがある場合は，この限りでない。

ポイント

- 医療法人制度創設時は，3月決算のみであった。
- 医療法人の設立初年度開始の日は，認可日でなく登記日である。

1　事業年度の原則と例外

医療法人の会計年度は，4月1日から翌年3月31日の期間とすることが原則ですが，これとは異なる期間を定款又は寄附行為により，定めることも可能です（医法53）。

社会福祉法人の会計年度は，4月1日から翌年3月31日までのみとされていることと比較すると，医療法人は自由度が高いと言えます（社会福祉法45の23）。

1985年の医療法改正前までは，4月1日から翌年3月31日の会計年度しか認められていませんでしたが，1985年に行われた第1次医療法改正（1986年12月22日施行）において，医療法53条に「ただし，定款又は寄附行為に別段の定めがある場合は，この限りでない」というただし書が加えられ，現行と同様の規定になりました。

2　設立初年度の会計年度

医療法人の設立初年度の会計年度の終了日は，定款又は寄附行為の附則において定めることが一般的です。

この定款附則の効果は，設立初年度のみであることから，設立2年度目以降に定款変更を行うことによって，会計年度に関する附則を削除することは問題ありません。

■設立初年度定款附則例

> **第２条**　本社団の最初の会計年度は，第●●条の規定にかかわらず，設立の日から令和●年●月●日までとする。

また，設立初年度開始の日は，設立登記を行った日になります。これは医療法人が，主たる事務所の所在地において設立の登記をすることによって成立するからです（医法46①）。

例えば，都道府県知事から設立の認可を受けた日が2023年８月25日であったとしても，登記を行った日が2023年９月１日である場合，設立初年度の会計年度は，2023年９月１日から定款附則において定めた日までになります。

■設立認可書例

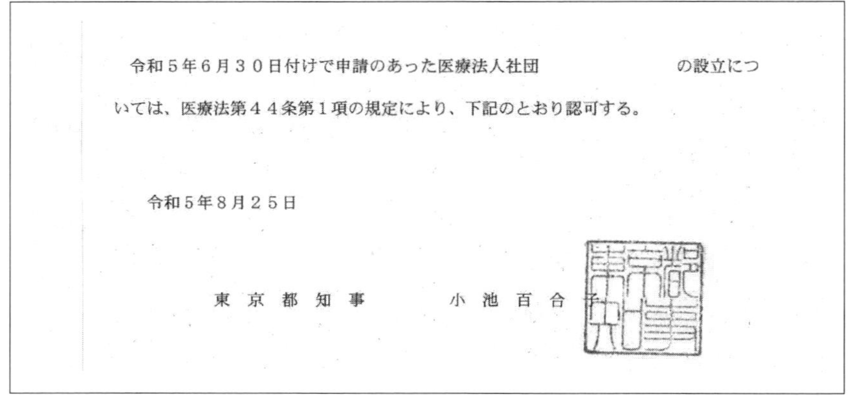

令和５年６月３０日付けで申請のあった医療法人社団　　　　　　　の設立については、医療法第４４条第１項の規定により、下記のとおり認可する。

令和５年８月２５日

東京都知事　　小池百合子

■履歴事項証明書例

登記記録に関する事項	設立 令和　5年　9月　1日登記

3　法人税における会計年度

法人税は，法人の事業年度を課税期間として，事業年度ごとに課税所得を計算し，税額を確定することとされています。

この場合，設立初年度の事業年度は，いつから開始するかという論点が重要になります。

株式会社の場合，設立の登記により会社が成立し，その時点から法人格を取得するので（会法49），登記の日が設立初年度開始の日となります。

また，特別の法律により設立される法人のように，主務官庁の認可又は許可があってはじめて法人格を取得する法人は，その認可又は許可があった日が設立初年度開始日であるとされています（法基通１－２－１）。

医療法人の設立には都道府県知事の認可が必要ですが，前述のとおり登記を行わなければ法人として成立しないことから，法人税においても設立初年度の事業年度開始日は，登記をした日となります。

法人税基本通達を誤って解釈し，設立初年度の事業年度開始の日を，認可の日とした医療法人の誤りもみられます。

4　会計年度の変更

会計年度を変更する場合には，定款変更手続きが必要です。

会計年度の区分を変更する場合において，その変更が行われる会計年度の終期については，変更後の会計年度の終期と同一の月日としてもよいこととなっています（健政発第410号「医療法人制度の改正及び都道府県医療審議会について」1986年６月26日）。

■定款（寄附行為）変更認可申請書の作成の例示（埼玉県）

医療法人定款（寄附行為）変更認可申請書
新旧条文対照表
変更前の定款（寄附行為）
社員総会（理事会・評議員会）議事録
変更の理由書
医療法人の概要
法人の履歴事項全部証明書（登記簿謄本）
添付書類の原本証明

（配当禁止）

第54条　医療法人は，剰余金の配当をしてはならない。

ポイント

医療法人は配当を行ってはならないが，持分の払戻しが実質的な配当ではないかとの説がある。

1　配当の禁止

医療法人は,「営利法人たることを否定した法人」であり，その活動によって剰余金が生じたとしても，配当をしてはなりません（医法54）。これは，営利を目的として病院，診療所又は助産所を開設しようとする者に，開設許可を与えないという医療法の趣旨に基づくものです（医法７⑥）。

医療法人制度が創設された昭和25年の厚生事務次官通知においても，医療法人は剰余金の配当を禁止することにより，営利法人たることを否定されており，この点で商法上の会社と区別することを明示しています（1950年８月２日厚生省発医第98号）。

しかし，2007年３月以前に設立認可申請をされた医療法人のほとんどは，持分のある社団医療法人であり，出資者への持分の払戻しを通じて，剰余金を分配していました。これは事実上の配当であり，医療法に反するのではないかとの指摘から，現在では，持分のある社団医療法人の設立認可を受けることはできません。

2　出資物に代えた現金払戻し

持分の払戻しを通じた剰余金の分配が行えるようになったのは，1957年に茨城県衛生部長からなされた疑義照会からではないかといわれています。

本件では，退社する社員が，当初出資した土地の現物返還の要求に対し，土地に代えて医療法人の退社時の財産総額を基準とした額を払い戻しても差し支えないとされています。

すなわち，土地の現物出資という事実があっても，土地そのものの払戻しではなく，現金に換算して払い戻すことが認められました。

また払戻しの価額は，出資した土地の価額ではなく，医療法人の退社時の財産総額を基準とすることとされ，土地を出資したにもかかわらず，医療法人の活動から生じた剰余金も含めて払戻しをするとされました。

この時の回答が，医療法人の財産総額を基準とせず，出資した土地の時価相当額の払戻しとしていれば，今日の持分に関する問題が生じなかったのでないかとの見解もあります。

■医療法人に対する出資物件の返還について

（昭和32年11月13日）
（32医発第542号）
（厚生省医務局総務課長あて茨城県衛生部長照会）

医療法人の定款中に「退社した社員は，その出資額に応じて払い戻しを請求することができる」と規定されておる場合に，現物を金額に見積った出資したときの払い戻しは当然現金にて返還するをもって足りると解するが，本県において左記事例に接したので何分の御指示を願いたい。

記

医療法人定の精神病院を開設するために社員七名がそれぞれ現物（土地及び建物）及び現金を出資し，土地八四七坪建物三〇七・七五坪現金三四万六〇〇〇円，合計価格五〇〇万円をもって法人を設立精神病院を経営しておりますが右社員のうち一名が退社し出資した土地の返還を要求しておりますが同人の出資は土地五三三坪を七〇万円と見積り現金の代りに出資したものであり，かつ，前記土地は現在病院敷地八四七坪中の大半を占めており当該土地は病院経営上必要欠くべからざるものであります。依って出資額に応ずる退社社員への払い戻しは，土地の見積価格である七〇万円を返還することをもって足りると思考されます。

なお，返還要求者は，所有権移転後は法人と貸借契約をするからと申し立ておるものにつき念のため申し添えます。

（昭和32年12月７日　総第43号）
（茨城県衛生部長あて厚生省医務局総務課長回答）

昭和32年11月13日32医発第542号をもって照会のあった標記の件について，左記の通り回答する。

記

退社社員に対する持分の払戻は，退社当時当該医療法人が有する財産の総額を基準として，当該社員の出資額に応ずる金銭でなしても差し支えないものと解する。

3　配当類似行為の制限

現在，新たに持分のある医療法人を設立することは認められないため，既存の持分のある医療法人を除いては，持分の払戻しを通じた配当が行われることはありません。

しかし，医療法人が関係のある営利法人に有利な条件で取引を行い，その営利法人が配当を行うことも可能であり，医療法人と関係法人との取引は，配当に類似するのではないかとの指摘がありました。

そこで，2018年４月２日以降開始する事業年度から，関係事業者との取引の状況に関する報告書の提出が求められ，報告を通じて適切な取引であることを，積極的に開示していくことになります。

様式５

法人名＿＿＿＿＿＿＿＿＿＿＿＿＿＿＿＿　※医療法人整理番号 | | | | | |

所在地＿＿＿＿＿＿＿＿＿＿＿＿＿＿＿＿

関係事業者との取引の状況に関する報告書

(1)　法人である関係事業者

種類	名称	所在地	資産総額（千円）	事業の内容	関係事業者との関係	取引の内容	取引金額（千円）	科目	期末残高（千円）

（取引条件及び取引条件の決定方針等）

(2) 個人である関係事業者

種類	氏名	職業	関係事業者との関係	取引の内容	取引金額（千円）	科目	期末残高（千円）

（取引条件及び取引条件の決定方針等）

しかし，開示を行う取引は一定以上の額の取引であることから，この報告制度を創設しても，医療法人の非営利性の確保は，まだまだ道半ばといえます。

4　配当を行った場合

医療法人が，本条の規定に違反して剰余金の配当をした者は，20万円以下の過料に処されます（医法76⑥）。

第5節　社会医療法人債

（社会医療法人債の発行）

第54条の2　社会医療法人は，救急医療等確保事業の実施に資するため，社員総会において議決された額又は寄附行為の定めるところにより評議員会において議決された額を限度として，社会医療法人債（第54条の7において準用する会社法（平成17年法律第86号）の規定により社会医療法人が行う割当てにより発生する当該社会医療法人を債務者とする金銭債権であつて，次条第1項各号に掲げる事項についての定めに従い償還されるものをいう。以下同じ。）を発行することができる。

2　前項の社会医療法人債を発行したときは，社会医療法人は，当該社会医療法人債の発行収入金に相当する金額を第42条の2第3項に規定する特別の会計に繰り入れてはならない。

社会医療法人は，金融商品取引法に該当する債券を発行できる。

1　社会医療法人債

（1）社会医療法人債の概要

社会医療法人は，円滑な資金調達によって経営基盤の安定化を図るため，従来の銀行等の間接金融に加え，「社会医療法人債」の発行による直接金融による資金調達が認められます。

なお，社会医療法人債は，金融商品取引法の有価証券に該当し，その法令の制限を受けます（金融商品取引法2①三）。

（2）発行方法

社会医療法人債は，社会医療法人の社員総会における議決額又は評議員会の議決額を限度として発行が可能です。

社会医療法人債は会社法に規定する「社債」に関する規定を準用し，財務諸表の作成や金融商品取引法で定める開示規制に準じた手続きが必要です。

2　医療機関債

（1）社会医療法人債との違い

医療機関債とは，民法上の消費貸借として行う金銭の借入れに際し，金銭を借入れたことを証する目的で作成する証拠証券を差す，いわゆる私募債の１つに整理できます。

医療機関債の発行には，「『医療機関債』発行のガイドラインについて」(2004年医政発第1025003号厚生労働省医政局長通知）によることとされていますが，ガイドラインに反して発行した場合，都道府県知事からの改善命令が行われる場合があります。

医療機関債は，金融機関からの資金調達の方法の１つとして利用されており，幅広く債権の購入を募ることを想定した社会医療法人債とは，発行対象者の範囲が異なります。

そのため，社会医療法人債が認められている今日でも，発行法人が社会医療法人に限られない点や，会計監査人の設置が求められない点などから，医療機関債の発行が行われています。

■医療機関債発行事例　※発行総額の単位：千円

類型	発行年月日	発行法人名（所在地）	発行総額※	期間	金利
地域オープン型	2004年２月	医療法人社団明正会（東京都）	49,000	７年	2.0%
	2004年３月	特定医療法人博愛会（栃木県）	120,000	５年	1.5%
	2004年11月	医療法人茜会（山口県）	49,000	５年	1.5%
	2005年３月	医療法人社団清風会（広島県）	30,000	５年	1.5%
	2005年５月	特定医療法人恵済会（徳島県）	60,000	５年	1.5%
	2005年12月	財団法人日本バプテスト連盟医療団（京都府）	500,000	10年	1.8%
	2006年３月	特定医療法人博愛会（栃木県）	535,000	５年 ７年	1.3% 1.5%
	2007年４月	医療法人ペガサス（大阪府）	62,000	５年	3.6%
総額貸付型	2005年３月	医療法人社団カレスサッポロ（北海道）	700,000	15年	非公表
	2005年８月	医療法人三公会（福岡県）	1,000,000	５年	
	2005年９月	医療法人北九州病院（福岡県）	300,000	５年	
	2005年10月	医療法人社団恵友会（福岡県）	50,000	５年	
	2005年10月	医療法人恵愛会（大分県）	50,000	７年	
	2005年12月	財団法人日本バプテスト連盟医療団（京都府）	90,000	10年	
	2006年３月	医療法人社団仁泉会（大分県）	50,000	５年	
	2006年７月	医療法人久康会（宮崎県）	80,000	５年	
	2006年８月	医療法人平成会（大分県）	70,000	５年	
	2006年９月	特別医療法人博愛会(鹿児島県)	50,000	５年	
	2006年10月	医療法人社団唱和会（大分県）	70,000	６年	
	2006年10月	医療法人積善会（大分県）	50,000	３年	
	2007年１月	医療法人大成会（福岡県）	90,000	５年	
	2007年２月	医療法人向心会（大分県）	50,000	２年	
	2007年２月	医療法人社団富田クリニック（滋賀県）	90,000	３年	
	2007年３月	医療法人社団如水会（佐賀県）	40,000	５年	
	2007年８月	医療法人財団友朋会（佐賀県）	90,000	５年	
	2007年９月	社団法人宇佐市医師会(大分県)	50,000	５年	
	2007年10月	医療法人三光会（大分県）	50,000	６年	
	2007年10月	医療法人青雲会（鹿児島県）	400,000	７年	

（医療機関における資金調達のための調査報告書厚生労働省医政局委託）

■医療機関債発行ガイドライン

○「医療機関債」発行等のガイドラインについて（2004年10月25日）
（医政発第1025003号）
「医療機関債」発行等のガイドライン

このガイドラインは，医療機関を開設する医療法人が，資金調達のため債券を発行するに当たり，適切なリスクマネジメントの下，関係法令に照らし適正かつ円滑になされることに資する観点から，債券の発行から償還に至るまでの各種手続き等に関し，購入者の自主的な判断のための情報の開示を始め医療法人が遵守すべきルール及び留意点を明らかにするとともに，医療機関債を購入することができる医療法人の条件等を定めるものであること。

また，医療法人がこのガイドラインを遵守しないときは，都道府県知事から当該医療法人に対し，医療法（昭和23年法律第205号）第64条第１項の規定に基づく医療機関債発行停止などの改善命令が行われる場合があること。

第１　医療機関債の定義

１　このガイドラインにおいて，医療機関債とは，医療機関を開設する医療法人（医療法第39条の医療法人をいう。以下同じ。）が，民法上の消費貸借として行う金銭の借入れに際し，金銭を借入れたことを証する目的で作成する証拠証券をいうものであること。

２　医療機関債は，借入金の返還請求等の権利を表象している点で講学上の有価証券に該当し得るが，金融商品取引法（昭和23年法律第25号）第２条に規定する同法の有価証券には該当しないものであること。

第２　医療機関債を発行するに当たって遵守すべき事項等

１　医療機関債を発行できる医療法人

①　医療法人は，医療機関債の発行に当たっては，「出資の受入れ，預り金及び金利等の取締りに関する法律」（昭和29年法律第195号。以下「出資法」という。）及び医療法その他法令に抵触しないようにしなければならないものであること。その際，当該医療法人が医療機関債を発行する年度の前年度から遡って３年度以上税引前純損益が黒字であるなど経営成績が堅実であることが望ましいものであること。

②　医療法人運営管理指導要綱（平成２年３月１日付健政発第110号「病院又は老人保健施設等を開設する医療法人の運営管理指導要綱の制定について」の別添。以下「運営管理指導要綱」という。）の「Ⅰ　組織運営　２

役員 (6) 監事」においては，医療法第51条第２項の医療法人については，公認会計士又は監査法人による監査を受けることとされており，医療機関債を発行する医療法人は，医療機関債の発行により負債総額が100億円以上となる場合を含め負債総額が100億円以上である場合又は一会計年度における発行総額が１億円以上（ただし，銀行がその全額を引き受ける場合は除く。）若しくは一会計年度における購入人数が50人以上である場合には，公認会計士又は監査法人による監査を受けるものとすること。なお，これらの場合のほかも，医療法人が医療機関債を発行するときは，公認会計士又は監査法人による監査を受けることが望ましいものであることに留意すること。

２　借入金たる性格の明確化

①　医療機関債は，資金を借り入れる医療法人の資産の取得の利便のために発行するものとし，資産の取得以外の目的のためには発行しないものとすること。その発行に当たっては，金銭消費貸借契約に基づく医療法人の借入金を証するものである旨を，発行の目的，対象等とあわせて後記４①の発行要項等に明確に定めるとともに，発行対象者に周知する手段を講ずるものとすること。

②　医療法人が医療機関債の発行により資金調達を行うに当たっては，出資法第１条（出資金の受入の制限）及び第２条（預り金の禁止）に抵触しないよう留意するものとし，その際，出資法第２条に関しては，金融庁の「事務ガイドライン」（金融庁ホームページ：http://www.fsa.go.jp）第三分冊金融会社関係の「２　預かり金関係」を参考にすること。

３　医療法人の内部手続

①　医療法人が，医療機関債を発行して行う金銭の借入れは，運営管理指導要綱の「Ⅲ　管理　３　会計管理 (3) 債権債務の状況」にいう借入金に該当することから，社団の形態をとる医療法人にあっては理事会及び社員総会の議決（評議員会を有するものは，その同意）を経て行うものとし，財団の形態をとる医療法人にあっては理事会及び評議員会の議決を経て行うものとすること。

②　医療法人は，医療法第41条及び医療法施行規則（昭和23年厚生省令第50号。以下「規則」という。）第30条の34の規定を常時満たすことが必要であり，医療機関債の発行により資金調達をした場合においても，同様であ

ること。

③　医療機関債の発行前の勧誘を行う１ヶ月前までに後記４①の発行要項等及び直近の３会計年度の財務状況を記載した書類を監督庁に届けること。

④　医療機関債を発行した場合には，当該発行した医療機関債に関する情報を事業報告書に記載すること。

４　発行要項等の策定等による情報開示

①　医療機関債を発行するに当たって，医療法人は，次のものを作成するものとすること。

ア　発行要項（発行総額，申込単位，申込期間，利率，払込期日，申込取扱場所，申込みの取扱方法，資金使途，償還の方法及び期限，利息支払の方法及び期限，中途換金，第三者への譲渡制限，担保，財務情報の開示など財務上の特約，期限の利益喪失に関する特約，債権者集会に関する事項，その他医療機関債の購入申込者に必要な事項について記載したもの。）

イ　発行説明書（医療機関債のリスク，購入者が支払うべき手数料等がある場合にはその額又は計算方法，その他医療機関債に関する説明に必要な事項について記載したもの。）

ウ　事業計画書及び償還資金の調達方法（中長期的な事業計画との関連での資金の償還に係る計画を含む。）を記した購入申込者向けの説明書

なお，発行要項等において，医療機関債は金融商品取引法の適用がなく，その定める手続によらないものであること，また，公認会計士又は監査法人の監査を受けていない場合にはその旨をそれぞれ明記するものとすること。

②　医療法人は，発行前の勧誘時点において，前記①の発行要項等の他，法定の事業報告書，財産目録，貸借対照表，損益計算書及び監事の監査報告書を購入対象者に対して開示するものとすること。

５　発行条件等

(1)　利率等

①　利率等の条件は，一回の発行に当たり同一であるものとすることとし，一般の購入者と医療法人の役員及び当該役員の同族関係者との間で，差異を設けてはならないこと。

なお，医療法人の役員及び当該役員の同族関係者について利率等に差異を設けることは，医療機関債の発行主体が，社会医療法人又は特定医療法

人であるときは規則第30条の35の２第１項第１号へ又は租税特別措置法施行令（昭和32年政令第43号）第39条の25第１項第３号にいう「特別の利益の付与」に該当する可能性があることに留意すること。

② 利率の決定に当たっては，発行予定日２カ月前発表の新発長期国債利回りに１％を上乗せしたものを標準利率とし，その標準利率の２倍に相当する率又は標準利率に２％を上乗せした率のいずれか低い方の率を限度とすることが適当であることに留意すること。

(2) 購入対象者及び勧誘方法等

① 医療機関債の購入対象者は，当該法人の役職員やその縁者，地域住民，銀行，その他後記第３で示す条件に該当する医療法人等が考えられること。

ただし，医療機関債を発行する医療法人の役員及び当該役員の同族関係者を始めとする相互に特殊な関係をもつ特定の同族グループに限定しないものとすること。

② 医療機関債購入の勧誘については，医療法人自らが行うこととし，委託してはならないこと。ただし，銀行に対する勧誘は除く。

③ 医療機関債購入の勧誘については，購入対象者に対して誠実かつ公正に，遂行しなければならないこと。

④ 医療機関債の購入又はその勧誘に関して，購入対象者に対して虚偽のことを告げる行為を行ってはならないこと。

⑤ 購入対象者に対し，不確実な事項について断定的判断を提供し，又は確実であると誤解をさせるおそれのあることを告げて医療機関債の購入を勧誘する行為をしてはならないこと。

⑥ 医療機関債の購入の勧誘を受けた者が医療機関債を購入しない旨の意思（当該債権の勧誘を引き続き受けることを希望しない旨の意思を含む。）を表示したにもかかわらず，当該勧誘を継続する行為をしてはならないこと。

⑦ 医療機関債の購入について，購入対象者の知識，経験，財産の状況及び医療機関債を購入する目的に照らして不適当と認められる勧誘を行って購入者の保護に欠けること，又は欠けるおそれがあることをしないこと。

(3) 譲渡制限

① 購入人数が49人以下の医療機関債については，譲渡（贈与・寄付による名義の変更を含む。）を原則禁止とすること。ただし，購入者が自らの保有する医療機関債を一人に対し一括して譲渡する場合は除く。なお，この場合，譲渡しようとする購入者は，医療法人に協議し，理事会の承認を得ていることが望ましいこと。

② 医療機関債の譲渡を制限する場合は，民法等関係法令を踏まえ，その制限の内容，制限下において譲渡する際に必要な手続等について，あらかじめ定めた上で発行要項及び債券面に譲渡制限の事実及び譲渡承認方法について記載するものとすること。

6 債券購入者等との関係

(1) 診療差別の排除

① 医療法人が，開設する医療機関の施設内に前記４①の発行要項等を掲示することは差し支えないが，当該医療機関の患者・家族等に対し，医療機関債の購入を強制したり，又は強制しているとの誤解を受けることがないようにするものとすること。

② 医療法人が，医療機関債の購入者に対して，利子の支払の他に経済的利益を付与する際には，当該経済的利益は健康保険法（大正11年法律第70号）その他法令の規定に基づく医療に係るものであってはならないものであること。

(2) 経営介入の排除

① 医療機関債の購入者は，設定された金利等を受け取り，償還期日が到達した際，表示された債務の償還を受ける権利があるのみであり，その購入をもって法的に医療法人の経営に影響を及ぼす立場に立つものではないこと。

② 購入者１人当たりの購入口数又は購入額に上限を設けることは，差し支えないものであること。

(3) 決算期ごとの情報の開示

① 医療法第51条の２の規定により，医療法人は，事業報告書，財産目録，貸借対照表，損益計算書及び監事の監査報告書等を各事務所に備えて置き，請求があった場合には，正当な理由がある場合を除いて，これを閲覧に供しなければならないものであること。その際，医療法人は，これらに加え，医療機関債の資金の使途又は取得した資産の状況，直近の３会計年度の財務状況を記載した書類についても，法定の書類と同様に毎年作成し，決算期ごと，債権者に対して情報提供を行うものとすること。

② 前記①の開示の方法については，ホームページ等で公開することによることとしても差し支えないものであること。

(4) 条件の変更

医療機関債の発行の際に明示した条件（利率，償還期日等）を変更するときは，医療法人は，購入者全員による集会の開催等により購入者の同意を得るものとし，その同意を得る方法については，これをあらかじめ定めた上，前記４①の発行要項に明示するものとすること。

７　償還

⑴　繰上償還

医療法人が，満期日前に医療機関債の償還をしようとする場合は，あらかじめ購入者全員に対する説明と同意を得るものとし，その同意を得る方法については，これをあらかじめ定めた上，前記４①の発行要項に明示するものとすること。

⑵　期中償還

満期日前に，次に掲げる理由により，購入者又はその相続人からの医療機関債の償還の申出があった場合には，医療法人が買入れ償還することができるものであること。

ア　購入者が死亡したため

イ　購入者が破産宣告を受けたため

ウ　購入者が疾病又は障害により生計を維持できなくなったため

エ　その他アからウまでに準ずる理由として発行者が認めたもの

第３　医療機関債を購入する医療法人について

医療法人が他の医療法人に融資を行うことは原則として認められないが，次のいずれも満たす場合に限り，医療機関債を購入することができる。

１　保有することができる医療機関債は償還期間が10年以内のものであって，かつ，一つの医療法人が発行するものであること。

２　同一の医療法人が発行する新たな医療機関債については，保有する医療機関債の償還が終了してから１年が経過するまでの間は購入することができないものであること。

３　医療機関債を購入する医療法人は，医療機関債の発行により資産の取得が行われる医療機関と同一の二次医療圏内に自らの医療機関を有しており，これらの医療機関が地域における医療機能の分化・連携に資する医療連携を行っており，かつ，当該医療連携を継続することが自らの医療機関の機能を維持・向上するために必要なものであること。

４　医療機関債を購入する前年度の貸借対照表上の総資産額に占める純資産額の割合が20％以上であること。

5　医療機関債の購入額は，前記４の純資産額を超えず，かつ１億円未満であること。
6　医療機関債の購入に当たっては，社団医療法人にあっては，理事会及び社員総会の議決（評議員会を有するものは，さらにその同意）を経て行うものとし，財団医療法人にあっては，理事会及び評議員会の議決を経て行うものとすること。
7　医療機関債を保有する医療法人は，当該保有する医療機関債に関する情報を事業報告書に記載すること。

（２）医療機関債を使った詐欺事件

社会医療法人債に比べて発行のハードルが低い医療機関債の性質上，医療機関債を使った詐欺事件が発生しています。

■詐欺事件の事例

- 医療法人社団真匡会（東京都）　医療機関債販売詐欺事件
- 医療法人社団悠聖会（北海道）　医療機関債販売詐欺事件
- 医療法人社団みらい会（山梨県）医療機関債販売詐欺事件

これを受けて内閣府消費者委員会より，医療機関債の厳密運用が求められ厚生労働省では，医療機関債の発行が出資の受入れ，預り金及び金利等の取締りに関する法律に違反する疑いがあると認められた場合等には，警察とも積極的に連携して対応するように都道府県に求めています。

（社会医療法人債の募集）

第54条の３　社会医療法人は，その発行する社会医療法人債を引き受ける者の募集をしようとするときは，その都度，募集社会医療法人債（当該募集に応じて当該社会医療法人債の引受けの申込みをした者に対して割り当てる社会医療法人債をいう。以下同じ。）について次に掲げる事項を定めなければならない。

一　募集社会医療法人債の発行により調達する資金の使途

二　募集社会医療法人債の総額

三　各募集社会医療法人債の金額

四　募集社会医療法人債の利率

五　募集社会医療法人債の償還の方法及び期限

六　利息支払の方法及び期限

七　社会医療法人債券（社会医療法人債を表示する証券をいう。以下同じ。）を発行するときは，その旨

八　社会医療法人債に係る債権者（以下「社会医療法人債権者」という。）が第54条の７において準用する会社法第698条の規定による請求の全部又は一部をすることができないこととするときは，その旨

八の二　社会医療法人債管理者を定めないこととするときは，その旨

九　社会医療法人債管理者が社会医療法人債権者集会の決議によらずに第54条の７において準用する会社法第706条第１項第２号に掲げる行為をすることができることとするときは，その旨

九の二　社会医療法人債管理補助者を定めることとするときは，その旨

十　各募集社会医療法人債の払込金額（各募集社会医療法人債と引換えに払い込む金銭の額をいう。）若しくはその最低金額又はこれらの算定方法

十一　募集社会医療法人債と引換えにする金銭の払込みの期日

十二　一定の日までに募集社会医療法人債の総額について割当てを受ける者を定めていない場合において，募集社会医療法人債の全部を

発行しないこととするときは，その旨及びその一定の日
十三　前各号に掲げるもののほか，厚生労働省令で定める事項
2　前項第2号に掲げる事項その他の社会医療法人債を引き受ける者の募集に関する重要な事項として厚生労働省令で定める事項は，理事の過半数で決しなければならない。

（募集事項等）

医療法施行規則第33条の3　法第54条の3第1項第13号に規定する厚生労働省令で定める事項は，次に掲げる事項とする。

一　数回に分けて募集社会医療法人債と引換えに金銭の払込みをさせるときは，その旨及び各払込みの期日における払込金額（法第54条の3第1項第10号に規定する払込金額をいう。以下この条において同じ。）

二　募集社会医療法人債と引換えにする金銭の払込みに代えて金銭以外の財産を給付する旨の契約を締結するときは，その契約の内容

三　法第54条の5の規定による委託に係る契約において法に規定する社会医療法人債管理者の権限以外の権限を定めるときは，その権限の内容

四　法第54条の7において準用する会社法（平成17年法律第86号）第711条第2項本文に規定するときは，同項本文に規定する事由

2　法第54条の3第2項に規定する厚生労働省令で定める事項は，次に掲げる事項とする。

一　二以上の募集（法第54条の3第1項の募集をいう。以下同じ。）に係る同項各号に掲げる事項の決定を委任するときは，その旨

二　募集社会医療法人債の総額の上限（前号に規定する場合にあつては，各募集に係る募集社会医療法人債の総額の上限の合計額）

三　募集社会医療法人債の利率の上限その他の利率に関する事項の要綱

四　募集社会医療法人債の払込金額の総額の最低金額その他の払込金額に関する事項の要綱

ポイント

社会医療法人債の募集要項は，法令において詳細に定められている。

1　社会医療法人債の発行手続き

社会医療法人債は，金融商品取引法に基づき公募による募集ができます。

募集社会医療法人債は，募集の都度次に掲げる事項を定めなければなりません。

1．調達する資金の使途
2．社会医療法人債の総額
3．各社会医療法人債の金額
4．利率
5．償還の方法及び期限
6．利息支払の方法及び期限
7．社会医療法人債券を発行するときは，その旨
8．債権者が会社法698条の規定による請求の全部又は一部をすることができないこととするときは，その旨
9．社会医療法人債管理者が社会医療法人債権者集会の決議によらずに会社法706条1項2号に掲げる行為をすることができることとするときは，その旨
10．払込金額若しくはその最低金額又はこれらの算定方法
11．金銭の払込みの期日
12．一定の日までに社会医療法人債の総額について割当てを受ける者を定めていない場合において，全部を発行しないこととするときは，その旨及びその一定の日

2　具体的スケジュール

社会医療法人の発行に関する具体的スケジュールなどについては「医療施設経営安定化推進事業医療機関における資金調達のための調査報告書（平成19年度厚生労働省医政局委託）」を参考資料として活用できます。

（社会医療法人債原簿の作成義務）

第54条の４　社会医療法人は，社会医療法人債を発行した日以後遅滞なく，社会医療法人債原簿を作成し，これに次に掲げる事項を記載し，又は記録しなければならない。

一　前条第１項第４号から第９号の２までに掲げる事項その他の社会医療法人債の内容を特定するものとして厚生労働省令で定める事項（以下「種類」という。）

二　種類ごとの社会医療法人債の総額及び各社会医療法人債の金額

三　各社会医療法人債と引換えに払い込まれた金銭の額及び払込みの日

四　社会医療法人債権者（無記名社会医療法人債（無記名式の社会医療法人債券が発行されている社会医療法人債をいう。）の社会医療法人債権者を除く。）の氏名又は名称及び住所

五　前号の社会医療法人債権者が各社会医療法人債を取得した日

六　社会医療法人債券を発行したときは，社会医療法人債券の番号，発行の日，社会医療法人債券が記名式か，又は無記名式かの別及び無記名式の社会医療法人債券の数

七　前各号に掲げるもののほか，厚生労働省令で定める事項

参考

（社会医療法人債の種類）

医療法施行規則第33条の４　法第54条の４第１号に規定する厚生労働省令で定める事項は，次に掲げる事項とする。

一　社会医療法人債の利率

二　社会医療法人債の償還の方法及び期限

三　利息支払の方法及び期限

四　社会医療法人債券を発行するときは，その旨

五　社会医療法人債権者が法第54条の７において準用する会社法第698条の規定による請求の全部又は一部をすることができないこととするときは，その旨

六　社会医療法人債管理者が社会医療法人債権者集会の決議によらずに法第54条の７において準用する会社法第706条第１項第２号に掲げる行為をすることができることとするときは，その旨
七　社会医療法人債管理者を定めたときは，その名称及び住所並びに法第54条の５の規定による委託に係る契約の内容
八　社会医療法人債原簿管理人を定めたときは，その氏名又は名称及び住所
九　社会医療法人債が担保付社会医療法人債であるときは，法第54条の８において準用する担保付社債信託法（明治38年法律第52号）第19条第１項第１号，第11号及び第13号に掲げる事項

（社会医療法人債原簿記載事項）

医療法施行規則第33条の５　法第54条の４第７号に規定する厚生労働省令で定める事項は，次に掲げる事項とする。
一　募集社会医療法人債と引換えにする金銭の払込みに代えて金銭以外の財産の給付があつたときは，その財産の価額及び給付の日
二　社会医療法人債権者が募集社会医療法人債と引換えにする金銭の払込みをする債務と社会医療法人に対する債権とを相殺したときは，その債権の額及び相殺をした日

ポイント

社会医療法人債原簿を作成し，債権の管理が求められる。

社会医療法人債は，債権者の基本的な事項を記載した社会医療法人債原簿を作成し，社会医療法人債の種類，金額，払込みの日，債権者の氏名又は名称及び住所，取得した日などを記録しなければなりません。

（社会医療法人債管理者の選任）

第54条の５　社会医療法人は，社会医療法人債を発行する場合には，社会医療法人債管理者を定め，社会医療法人債権者のために，弁済の受領，債権の保全その他の社会医療法人債の管理を行うことを委託しなければならない。ただし，各社会医療法人債の金額が一億円以上である場合その他社会医療法人債権者の保護に欠けるおそれがないものとして厚生労働省令で定める場合は，この限りでない。

（社会医療法人債管理者を設置することを要しない場合）

医療法施行規則第33条の６　法第54条の５に規定する厚生労働省令で定める場合は，ある種類（法第54条の４第１号に規定する種類をいう。以下この条において同じ。）の社会医療法人債の総額を当該種類の各社会医療法人債の金額の最低額で除して得た数が五十を下回る場合とする。

ポイント

社会医療法人の役員は，社会医療法人債を管理する管理者を選任しなければならない。

1　社会医療法人債管理者の選任

社会医療法人債を発行する場合には，社会医療法人債管理者を定め，社会医療法人債の弁済の受領，債権の保全その他の社会医療法人債の管理を行うことを委託しなければなりません。

ただし，各社会医療法人債の金額が１億円以上のプロ債や，社会医療法人債の総額を債権額の最低額で除した数が50を下回る私募債類似の場合には，債権管理者の選任は求められません。

2　社会医療法人債義務

社会医療法人債管理者は，会社法の規定による公告や通知などが必要ですが，この公告を怠ったり不正を行った場合には，過料に処される場合があります（医法91①）。

また，社会医療法人債管理者を定めなかったときにも，社会医療法人の役員は，過料に処せれる場合があります（医法91⑩）。

（社会医療法人債管理補助）

第54条の５の２　社会医療法人は，前条ただし書に規定する場合には，社会医療法人債管理補助者を定め，社会医療法人債権者のために，社会医療法人債の管理の補助を行うことを委託することができる。ただし，当該社会医療法人債が担保付社会医療法人債である場合は，この限りでない。

ポイント

社会医療法人債管理補助業務を委託することができる。

会社法において，社債管理補助者の制度が創設され（会法714の２），社債権者集会の決議によらなければ社債管理者が行ってはならない行為に元利金の減免を追加し，また，社債権者集会の決議の省略に係る規定を新設することとなりました。

社会医療法人が社会医療法人債を発行する場合の規定は，基本的に会社法の社債に係る規定と同内容の規定とし，又は会社法の社債に係る規定を準用していることから，社会医療法人債についても同様の措置が設けられ本条が創設されました（厚生労働省通知 2019年12月20日医政発第1220号）。

社会医療法人債管理補助者は，社会医療法人債管理者よりも限定された権限を有し，自らが裁量をもって社会医療法人債の管理を行うものではなく，社会医療法人債権者による社会医療法人債権者集会の決議等を通じた社会医療法人債の管理を補助するものです。

（債権者集会の開催）

第54条の６　社会医療法人債権者は，社会医療法人債の種類ごとに社会医療法人債権者集会を組織する。

２　社会医療法人債権者集会は，この法律又は次条において準用する会社法に規定する事項及び社会医療法人債権者の利害に関する事項について決議をすることができる。

ポイント

社会医療法人債権者集会を設け，債権者の利害調整を行う。

１　概　要

社会医療法人債権者は，社会医療法人債の種類ごとに社会医療法人債権者集会を組織し，社会医療法人債権者の利害に関する事項について決議をすることができます。

２　社債権者集会の決議

社会医療法人債権者集会において決議をする事項を可決するには，出席した議決権を行使することができる社会医療法人債権者の議決権総額の２分の１を超える議決権を有する者の同意が必要です（会法724）。

３　書面による議決権の行使

社会医療法人債権者集会に出席しない社会医療法人債権者は，書面によって議決権を行使することができます。書面による議決権の行使は，議決権行使書面に必要な事項を記載し，招集者に提出して行います（会法726）。

４　議事録の作成

社会医療法人債権者集会の議事については，招集者は議事録を作成しなければなりません。

また，社会医療法人は，社会医療法人債権者集会の日から10年間，議事録をその主たる事務所に備え置かなければなりません。

そのほか，社会医療法人債権者集会の規定は，会社法724条～735条によります。

（会社法読み替え規定）

第54条の７　会社法第677条から第680条まで，第682条，第683条，第684条（第４項及び第５項を除く。），第685条から第701条まで，第703条から第714条まで，第717条から第742条まで，第７編第２章第７節，第868条第４項，第869条，第870条第１項（第２号及び第７号から第９号までに係る部分に限る。），第871条（第２号に係る部分に限る。），第872条（第４号に係る部分に限る。），第873条，第874条（第１号及び第４号に係る部分に限る。），第875条及び第876条の規定は，社会医療法人が社会医療法人債を発行する場合における社会医療法人債，募集社会医療法人債，社会医療法人債券，社会医療法人債権者，社会医療法人債管理者，社会医療法人債権者集会又は社会医療法人債原簿について準用する。この場合において，必要な技術的読替えは，政令で定める。

（社会医療法人債等に関する技術的読替え）

医療法施行令第５条の６　法第54条の７において社会医療法人が社会医療法人債を発行する場合における社会医療法人債，募集社会医療法人債，社会医療法人債券，社会医療法人債権者，社会医療法人債管理者，社会医療法人債管理補助者，社会医療法人債権者集会又は社会医療法人債原簿について会社法（平成17年法律第86号）の規定を準用する場合における技術的読替えは，次の表のとおりとする。

読み替える会社法の規定	読み替えられる字句	読み替える字句
第677条第１項	前条の	医療法（昭和23年法律第205号）第54条の３第１項の
	会社の商号	社会医療法人（医療法第42条の２第１項に規定する社会医療法人をいう。）の名称
	前条各号	医療法第54条の３第１項各号
	法務省令	厚生労働省令

第677条第２項	前条の	医療法第54条の３第１項の
	前条第９号	医療法第54条の３第１項第10号
第677条第３項	電磁的方法	電磁的方法（電子情報処理組織を使用する方法その他の情報通信の技術を利用する方法であって厚生労働省令で定めるものをいう。以下同じ。）
第677条第４項	法務省令	厚生労働省令
第678条第１項	前条第２項第２号	医療法第54条の７において準用する前条第２項第２号
第678条第２項	第676条第10号	医療法第54条の３第１項第11号
第679条	前二条	医療法第54条の７において準用する前二条
第680条第２号	前条	医療法第54条の７において準用する前条
第682条第１項	無記名社債	無記名社会医療法人債（医療法第54条の４第４号に規定する無記名社会医療法人債をいう。以下同じ。）
	社債発行会社	社会医療法人債発行法人
	記録された社債原簿記載事項	記録された社会医療法人債原簿記載事項（医療法第54条の４各号に掲げる事項をいう。以下同じ。）
	当該社債原簿記載事項	当該社会医療法人債原簿記載事項
	電磁的記録	電磁的記録（電子的方式，磁気的方式その他人の知覚によっては認識することができない方式で作られる記録であって，電子計算機による情報処理の用に供されるものとして厚生労働省令で定めるものをいう。以下同じ。）
第682条第２項	社債発行会社	社会医療法人債発行法人
第682条第３項	社債発行会社	社会医療法人債発行法人
	法務省令	厚生労働省令
第683条	社債原簿管理人	社会医療法人債原簿管理人
第684条第１項	社債発行会社	社会医療法人債発行法人
	本店（社債原簿管理人	主たる事務所（社会医療法人債原簿管理人

第684条第２項	法務省令	厚生労働省令
	社債発行会社	社会医療法人債発行法人
	営業時間内	執務時間内
第684条第３項	社債発行会社	社会医療法人債発行法人
第685条第１項，第３項及び第４項	社債発行会社	社会医療法人債発行法人
第685条第５項	第720条第１項	医療法第54条の７において準用する第720条第１項
第688条第１項及び第２項	社債発行会社	社会医療法人債発行法人
第688条第３項	無記名社債	無記名社会医療法人債
第690条第１項	社債発行会社	社会医療法人債発行法人
	社債原簿記載事項	社会医療法人債原簿記載事項
第690条第２項	無記名社債	無記名社会医療法人債
第691条第１項	社債発行会社	社会医療法人債発行法人
	社債原簿記載事項	社会医療法人債原簿記載事項
第691条第２項	法務省令	厚生労働省令
第691条第３項	無記名社債	無記名社会医療法人債
第693条及び第694条第１項	社債発行会社	社会医療法人債発行法人
第695条第１項	前条第１項各号	医療法第54条の７において準用する前条第１項各号
	社債発行会社	社会医療法人債発行法人
第695条第２項	社債発行会社	社会医療法人債発行法人
第695条第３項	社債発行会社	社会医療法人債発行法人
	法務省令	厚生労働省令
第695条の２第１項	社債発行会社	社会医療法人債発行法人
第695条の２第２項	第681条第４号	医療法第54条の４第４号
	社債発行会社	社会医療法人債発行法人
第695条の２第３項	第682条第１項及び第690条第１項	医療法第54条の７において読み替えて準用する第682条第１項及び第690条第１項
	第682条第１項中「記録された社債原簿記載事項」	同法第54条の７において読み替えて準用する第682条第１項中「記録された社会医療法人債原簿記載事項

		（医療法第54条の４各号に掲げる事項をいう。以下同じ。）」
	記録された社債原簿記載事項（当該社債権者の有する社債が信託財産に属する旨を含む。）	記録された社会医療法人債原簿記載事項（医療法第54条の４各号に掲げる事項をいう。以下同じ。）（当該社会医療法人債権者の有する社会医療法人債が信託財産に属する旨を含む。）
	第690条第１項中「社債原簿記載事項」	同法第54条の７において読み替えて準用する第690条第１項中「社会医療法人債原簿記載事項」
	「社債原簿記載事項（当該社債権者の有する社債が信託財産に属する旨を含む。）」	「社会医療法人債原簿記載事項（当該社会医療法人債権者の有する社会医療法人債が信託財産に属する旨を含む。）」
第696条	社債発行会社	社会医療法人債発行法人
第697条第１項	社債発行会社	社会医療法人債発行法人
	商号	名称
第698条	第676条第７号	医療法第54条の３第１項第８号
第700条	社債発行会社	社会医療法人債発行法人
第701条第２項	前条第２項	医療法第54条の７において準用する前条第２項
第703条	法務省令	厚生労働省令
第705条第４項	社債発行会社	社会医療法人債発行法人
第706条第１項	第676条第８号	医療法第54条の３第１項第９号
	，再生手続，更生手続若しくは特別清算に関する手続	若しくは再生手続
	前条第１項	医療法第54条の７において準用する前条第１項
第706条第３項	社債発行会社	社会医療法人債発行法人
	電子公告	電子公告（医療法人が定款又は寄附行為に定めるところにより公告（医療法又は他の法律の規定により官報に掲載する方法によりしなければならないものとされているものを除く。）をする方法のうち，電磁的方法により不特定多数の者が公告すべき内容である情報の提供を受けることができる状態に置く措置であって

		厚生労働省令で定めるものをとる方法をいう。以下同じ。)
第706条第４項	社債発行会社	社会医療法人債発行法人
第709条第２項	第705条第１項	医療法第54条の７において準用する第705条第１項
第710条第１項	この法律	医療法若しくは医療法第54条の７において準用するこの法律
第710条第２項	社債発行会社	社会医療法人債発行法人
	法務省令	厚生労働省令
第711条第１項	社債発行会社	社会医療法人債発行法人
第711条第２項	第702条	医療法第54条の５
第712条	第710条第２項	医療法第54条の７において準用する第710条第２項
	社債発行会社	社会医療法人債発行法人
	前条第２項	医療法第54条の７において準用する前条第２項
第713条	社債発行会社	社会医療法人債発行法人
第714条第１項	社債発行会社	社会医療法人債発行法人
	第703条各号	医療法第54条の７において準用する第703条各号
	第711条第３項	医療法第54条の７において準用する第711条第３項
	前条	医療法第54条の７において準用する前条
第714条第２項及び第４項	社債発行会社	社会医療法人債発行法人
第714条の３	第703条各号	医療法第54条の７において準用する第703条各号
	法務省令	厚生労働省令
第714条の４第１項	第499条第１項	医療法第56条の８第１項
第714条の４第２項	第714条の２	医療法第54条の５の２
	第705条第１項	医療法第54条の７において準用する第705条第１項
	第706条第１項各号	医療法第54条の７において準用する第706条第１項各号
	社債発行会社	社会医療法人債発行法人

第714条の４第４項	第714条の２	医療法第54条の５の２
第714条の４第５項	第705条第２項及び第３項	医療法第54条の７において準用する第705条第２項及び第３項
第714条の６	第702条	医療法第54条の５
	第714条の２	医療法第54条の５の２
第714条の７	第704条，第707条，第708条，第710条第１項，第711条，第713条及び第714条	医療法第54条の７において準用する第704条，第707条，第708条，第710条第１項，第711条，第713条及び第714条
	第704条中	同法第54条の７において準用する第704条中
	同項	同法第54条の７において準用する同項
	第711条第１項	同条において準用する第711条第１項
	同条第２項	同法第54条の７において準用する第711条第２項
	第702条	医療法第54条の５
	第714条の２	医療法第54条の５の２
	第714条第１項	同法第54条の７において準用する第714条第１項
	第703条各号	医療法第54条の７において準用する第703条各号
	第714条の３	医療法第54条の７において準用する第714条の３
第717条第２項	次条第３項	医療法第54条の７において準用する次条第３項
	社債発行会社	社会医療法人債発行法人
第717条第３項	次条第１項	医療法第54条の７において準用する次条第１項
	第714条の７	医療法第54条の７において準用する第714条の７
第718条第１項及び第２項	社債発行会社	社会医療法人債発行法人
第718条第４項	無記名社債	無記名社会医療法人債
	社債発行会社	社会医療法人債発行法人

第719条第４号	法務省令	厚生労働省令
第720条第１項	社債発行会社	社会医療法人債発行法人
第720条第３項	前条各号	医療法第54条の７において準用する前条各号
第720条第４項	社債発行会社	社会医療法人債発行法人
	前条各号	医療法第54条の７において準用する前条各号
第720条第５項	社債発行会社	社会医療法人債発行法人
第721条第１項	前条第１項	医療法第54条の７において準用する前条第１項
	法務省令	厚生労働省令
	社債権者集会参考書類	社会医療法人債権者集会参考書類
第721条第２項	前条第２項	医療法第54条の７において準用する前条第２項
	社債権者集会参考書類	社会医療法人債権者集会参考書類
第721条第３項	前条第４項	医療法第54条の７において準用する前条第４項
	無記名社債	無記名社会医療法人債
	社債権者集会参考書類	社会医療法人債権者集会参考書類
第721条第４項	社債権者集会参考書類	社会医療法人債権者集会参考書類
第722条	第719条第３号	医療法第54条の７において準用する第719条第３号
	第720条第２項	医療法第54条の７において準用する第720条第２項
	法務省令	厚生労働省令
第723条第２項	社債発行会社	社会医療法人債発行法人
第723条第３項	無記名社債	無記名社会医療法人債
第724条第２項	第706条第１項各号	医療法第54条の７において準用する第706条第１項各号
	第706条第１項，第714条の４第３項（同条第２項第３号に掲げる行為に係る部分に限る。），第736条第１項，第737条第１項ただし書及び第738条	医療法第54条の７において準用する第706条第１項，第714条の４第３項（同条第２項第３号に掲げる行為に係る部分に限る。），第736条第１項，第737条第１項ただし書及び第738条
第724条第３項	第719条第２号	医療法第54条の７において準用する第719条第２号

第725条第4項	第720条第2項	医療法第54条の7において準用する第720条第2項
第726条第2項及び第727条第1項	法務省令	厚生労働省令
第727条第2項	第720条第2項	医療法第54条の7において準用する第720条第2項
第729条第1項	社債発行会社	社会医療法人債発行法人
	第707条（第714条の7	医療法第54条の7において準用する第707条（同法第54条の7において準用する第714条の7
第729条第2項	社債発行会社	社会医療法人債発行法人
第730条	第719条及び第720条	医療法第54条の7において準用する第719条及び第720条
第731条第1項	法務省令	厚生労働省令
第731条第2項	社債発行会社	社会医療法人債発行法人
	本店	主たる事務所
第731条第3項	社債発行会社	社会医療法人債発行法人
	営業時間内	執務時間内
	法務省令	厚生労働省令
第733条	第676条	医療法第54条の3第1項
	社債発行会社	社会医療法人債発行法人
第735条	社債発行会社	社会医療法人債発行法人
第735条の2第1項	社債発行会社	社会医療法人債発行法人
	第714条の7	医療法第54条の7において準用する第714条の7
第735条の2第2項	社債発行会社	社会医療法人債発行法人
	本店	主たる事務所
第735条の2第3項	社債発行会社	社会医療法人債発行法人
	営業時間内	執務時間内
	法務省令	厚生労働省令
第735条の2第4項	第732条から前条まで	医療法第54条の7において準用する第732条から前条まで
第736条第1項	代表社債権者	代表社会医療法人債権者
第736条第2項	第718条第2項	医療法第54条の7において準用する第718条第2項

第736条第３項及び第737条第１項	代表社債権者	代表社会医療法人債権者
第737条第２項	第705条第１項から第３項まで，第708条及び第709条	医療法第54条の７において準用する第705条第１項から第３項まで，第708条及び第709条
	代表社債権者	代表社会医療法人債権者
第738条	代表社債権者	代表社会医療法人債権者
第739条	社債発行会社	社会医療法人債発行法人
第740条第１項	第449条，第627条，第635条，第670条，第779条（第781条第２項において準用する場合を含む。），第789条（第793条第２項において準用する場合を含む。），第799条（第802条第２項において準用する場合を含む。），第810条（第813条第２項において準用する場合を含む。）又は第816条の８	医療法第58条の４第１項（同法第59条の２において準用する場合を含む。第３項において同じ。）
第740条第２項	第702条	医療法第54条の５
第740条第３項	社債発行会社	社会医療法人債発行法人
	第449条第２項，第627条第２項，第635条第２項，第670条第２項，第779条第２項（第781条第２項において準用する場合を含む。以下この項において同じ。），第789条第２項（第793条第２項において準用する場合を含む。以下この項において同じ。），第799条第２項（第802条第２項において準用する場合を含む。以下この項において同じ。），第810条第２項（第813条第２項において準用する場合を含む。以下この項において同じ。）及び第816条の８第２項	医療法第58条の４第１項
	第449条第２項，第627条第２項，第635条第２項，第670条第２項，第779条第２項，第799条第２項及び第816条の８第２項中「知れている債権者」とあるのは	同項中「判明している債権者」とあるのは，「判明している債権者（社会医療法人債管理者又は社会医療法人債管理補助者がある場合にあっては，当該社会医療法人債管理者又は

	「知れている債権者（社債管理者又は社債管理補助者がある場合にあっては，当該社債管理者又は社債管理補助者を含む。）」と，第789条第２項及び第810条第２項中「知れている債権者（同項の規定により異議を述べることができるものに限る。）」とあるのは「知れている債権者（同項の規定により異議を述べることができるものに限り，社債管理者又は社債管理補助者がある場合にあっては当該社債管理者又は社債管理補助者	社会医療法人債管理補助者
第741条第１項	代表社債権者	代表社会医療法人債権者
	社債発行会社	社会医療法人債発行法人
第741条第２項	代表社債権者	代表社会医療法人債権者
第741条第３項	代表社債権者	代表社会医療法人債権者
	第705条第１項（第737条第２項	医療法第54条の７において準用する第705条第１項（同法第54条の７において準用する第737条第２項
第742条第１項	社債発行会社	社会医療法人債発行法人
第742条第２項	第732条	医療法第54条の７において準用する第732条
	社債発行会社	社会医療法人債発行法人
第865条第３項	代表社債権者	代表社会医療法人債権者
	第737条第２項	医療法第54条の７において準用する第737条第２項
第865条第４項	会社法第865条第１項	医療法（昭和23年法律第205号）第54条の７において準用する会社法（平成17年法律第86号）第865条第１項
	社債権者	社会医療法人債権者
第866条	前条第１項又は第３項	医療法第54条の７において準用する前条第１項又は第３項
第867条	第865条第１項又は第３項	医療法第54条の７において準用する第865条第１項又は第３項
	本店	主たる事務所

第868条第４項	第705条第４項及び第706条第４項の規定，第707条，第711条第３項，第713条並びに第714条第１項及び第３項（これらの規定を第714条の７において準用する場合を含む。）の規定並びに第718条第３項，第732条，第740条第１項及び第741条第１項	医療法第54条の７において準用する第705条第４項及び第706条第４項の規定，同法第54条の７において準用する第707条，第711条第３項，第713条並びに第714条第１項及び第３項（これらの規定を同法第54条の７において準用する第714条の７において準用する場合を含む。）の規定並びに同法第54条の７において準用する第718条第３項，第732条，第740条第１項及び第741条第１項
	本店	主たる事務所
第869条	この法律	医療法第54条の７において準用するこの法律
第870条第１項	この法律の規定（第２編第９章第２節を除く。）	医療法第54条の７において準用するこの法律の規定
	第732条	医療法第54条の７において準用する第732条
	第740条第１項	医療法第54条の７において準用する第740条第１項
	第741条第１項	医療法第54条の７において準用する第741条第１項
第871条	この法律	医療法第54条の７において準用するこの法律
	第874条各号	医療法第54条の７において準用する第874条第１号及び第４号
第872条	第870条第１項各号	医療法第54条の７において準用する第870条第１項第２号及び第７号から第９号まで
	定める者（同項第１号，第３号及び第４号に掲げる裁判にあっては，当該各号に定める者）	定める者
第873条	第872条	医療法第54条の７において準用する第872条（第４号に係る部分に限る。）
	第870条第１項第１号から第４号まで及び第８号	医療法第54条の７において準用する第870条第１項第２号及び第８号
第874条第１号	第870条第１項第１号に規定する一時取締役，会計参与，監査	社会医療法人債管理者若しくは社会医療法人債管理補助者の特別代理人

	役，代表取締役，委員，執行役若しくは代表執行役の職務を行うべき者，清算人，代表清算人，清算持分会社を代表する清算人，同号に規定する一時清算人若しくは代表清算人の職務を行うべき者，検査役，第501条第1項（第822条第3項において準用する場合を含む。）若しくは第662条第1項の鑑定人，第508条第2項（第822条第3項において準用する場合を含む。）若しくは第672条第3項の帳簿資料の保存をする者，社債管理者若しくは社債管理補助者の特別代理人又は第714条第3項（第714条の7	又は医療法第54条の7において準用する第714条第3項（同法第54条の7において準用する第714条の7
第874条第4号	この法律	医療法第54条の7において準用するこの法律
	第870条第1項第9号及び第2項第1号	医療法第54条の7において準用する第870条第1項第9号
第875条及び第876条	この法律	医療法第54条の7において準用するこの法律

（申込みをしようとする者に対して通知すべき事項）

医療法施行規則第33条の7　法第54条の7において読み替えて準用する会社法第677条第1項第3号に規定する厚生労働省令で定める事項は，次に掲げる事項とする。

一　社会医療法人債管理者を定めたときは，その名称及び住所

二　社会医療法人債原簿管理人を定めたときは，その氏名又は名称及び住所

（電磁的方法）

医療法施行規則第33条の8　法第54条の7において読み替えて準用する会社法第677条第3項に規定する電子情報処理組織を使用する方法その他の情報通信の技術を利用する方法であつて厚生労働省令で定めるものは，次に掲げる方法とする。

一　電子情報処理組織を使用する方法のうちイ又はロに掲げるもの

イ　送信者の使用に係る電子計算機と受信者の使用に係る電子計算機とを接

続する電気通信回線を通じて送信し，受信者の使用に係る電子計算機に備えられたファイルに記録する方法

ロ　送信者の使用に係る電子計算機に備えられたファイルに記録された情報の内容を電気通信回路を通じて情報の提供を受ける者の閲覧に供し，当該情報の提供を受ける者の使用に係る電子計算機に備えられたファイルに当該情報を記録する方法

二　磁気ディスク等をもつて調製するファイルに情報を記録したものを交付する方法

2　前項各号に掲げる方法は，受信者がファイルへの記録を出力することにより書面を作成することができるものでなければならない。

（申込みをしようとする者に対する通知を要しない場合）

医療法施行規則第33条の9　法第54条の7において読み替えて準用する会社法第677条第4項に規定する厚生労働省令で定める場合は，次に掲げる場合であつて，社会医療法人が同条第1項の申込みをしようとする者に対して同項各号に掲げる事項を提供している場合とする。

一　当該社会医療法人が金融商品取引法（昭和23年法律第25号）の規定に基づき目論見書に記載すべき事項を電磁的方法（法第54条の7において読み替えて準用する会社法第677条第3項に規定する電磁的方法をいう。以下この章において同じ。）により提供している場合

二　当該社会医療法人が外国の法令に基づき目論見書その他これに相当する書面その他の資料を提供している場合

（電磁的記録）

医療法施行規則第33条の10　法第54条の7において読み替えて準用する会社法第682条第1項に規定する厚生労働省令で定めるものは，社会医療法人債発行法人の使用に係る電子計算機に備えられたファイル又は磁気ディスク等をもつて調製するファイルに情報を記録したものとする。

（電子署名）

医療法施行規則第33条の11　法第54条の7において読み替えて準用する会社法第682条第3項及び第695条第3項に規定する厚生労働省令で定める署名又は記名押印に代わる措置は，電子署名とする。

2　前項に規定する「電子署名」とは，電磁的記録（法第54条の7において読み

替えて準用する会社法第682条第１項に規定する電磁的記録をいう。以下この章において同じ。）に記録することができる情報について行われる措置であつて，次の要件のいずれにも該当するものをいう。

一　当該情報が当該措置を行つた者の作成に係るものであることを示すためのものであること。

二　当該情報について改変が行われていないかどうかを確認することができるものであること。

（閲覧権者）

医療法施行規則第33条の12　法第54条の７において読み替えて準用する会社法第684条第２項に規定する厚生労働省令で定める者は，社会医療法人債権者その他の社会医療法人債発行法人の債権者及び社員とする。

（電磁的記録に記録された事項を表示する方法）

医療法施行規則第33条の13　法第54条の７において読み替えて準用する会社法第684条第２項第２号，第731条第３項第２号及び第735条の２第３項第２号に規定する厚生労働省令で定める方法は，これらの規定の電磁的記録に記録された事項を紙面又は映像面に表示する方法とする。

（社会医療法人債原簿記載事項の記載等の請求）

医療法施行規則第33条の14　法第54条の７において読み替えて準用する会社法第691条第２項に規定する厚生労働省令で定める場合は，次に掲げる場合とする。

一　社会医療法人債取得者（社会医療法人債を社会医療法人債発行法人以外の者から取得した者（当該社会医療法人債発行法人を除く。）をいう。）が社会医療法人債権者として社会医療法人債原簿に記載若しくは記録がされた者又はその一般承継人に対して当該社会医療法人債取得者の取得した社会医療法人債に係る法第54条の７において準用する会社法第691条第１項の規定による請求をすべきことを命ずる確定判決を得た場合において，当該確定判決の内容を証する書面その他の資料を提供して請求をしたとき。

二　社会医療法人債取得者が前号の確定判決と同一の効力を有するものの内容を証する書面その他の資料を提供して請求をしたとき。

三　社会医療法人債取得者が一般承継により当該医療法人の社会医療法人債を取得した者である場合において，当該一般承継を証する書面その他の資料を提供して請求をしたとき。

四　社会医療法人債取得者が当該医療法人の社会医療法人債を競売により取得した者である場合において，当該競売により取得したことを証する書面その他の資料を提供して請求をしたとき。

2　前項の規定にかかわらず，社会医療法人債取得者が取得した社会医療法人債が社会医療法人債券を発行する定めがあるものである場合には，法第54条の7において読み替えて準用する会社法第691条第2項に規定する厚生労働省令で定める場合は，社会医療法人債取得者が社会医療法人債券を提示して請求をした場合とする。

（社会医療法人債管理者の資格）

医療法施行規則第33条の15　法第54条の7において読み替えて準用する会社法第703条第3号に規定する厚生労働省令で定める者は，次に掲げる者とする。

一　担保付社債信託法第3条の免許を受けた者

二　株式会社商工組合中央金庫

三　農業協同組合法（昭和22年法律第132号）第10条第1項第2号及び第3号の事業を併せ行う農業協同組合連合会

四　信用協同組合又は中小企業等協同組合法（昭和24年法律第181号）第9条の9第1項第1号の事業を行う協同組合連合会

五　信用金庫又は信用金庫連合会

六　労働金庫連合会

七　長期信用銀行法（昭和27年法律第187号）第2条に規定する長期信用銀行

八　保険業法（平成7年法律第105号）第2条第2項に規定する保険会社

九　農林中央金庫

（電子公告を行うための電磁的方法）

医療法施行規則第33条の16　法第54条の7において読み替えて準用する会社法第706条第3項に規定する不特定多数の者が公告すべき内容である情報の提供を受けることができる状態に置く措置であつて厚生労働省令で定めるものは，第33条の8第1項第1号ロに掲げる方法のうち，インターネットに接続された自動公衆送信装置を使用する方法とする。

（特別の関係）

医療法施行規則第33条の17　法第54条の7において読み替えて準用する会社法第710条第2項第2号（法第54条の7において準用する会社法第712条において準

用する場合を含む。）に規定する厚生労働省令で定める特別の関係は，次に掲げる関係とする。

一　法人の総社員又は総株主の議決権の百分の五十を超える議決権を有する者（以下この条において「支配社員」という。）と当該法人（以下この条において「被支配法人」という。）との関係

二　被支配法人とその支配社員の他の被支配法人との関係

2　支配社員とその被支配法人が合わせて他の法人の総社員又は総株主の議決権の百分の五十を超える議決権を有する場合には，当該他の法人も，当該支配社員の被支配法人とみなして前項の規定を適用する。

（社会医療法人債管理補助者の資格）

医療法施行規則第33条の17の2　法第54条の7において読み替えて準用する会社法第714条の3に規定する厚生労働省令で定める者は，次に掲げる者とする。

一　弁護士

二　弁護士法人

三　弁護士・外国法事務弁護士共同法人

（社会医療法人債権者集会の招集の決定事項）

医療法施行規則第33条の18　法第54条の7において読み替えて準用する会社法第719条第4号に規定する厚生労働省令で定める事項は，次に掲げる事項とする。

一　次条の規定により社会医療法人債権者集会参考書類に記載すべき事項

二　書面による議決権の行使の期限（社会医療法人債権者集会の日時以前の時であつて，法第54条の7において準用する会社法第720条第1項の規定による通知を発した時から二週間を経過した時以後の時に限る。）

三　一の社会医療法人債権者が同一の議案につき法第54条の7において準用する会社法第726条第1項（同法第719条第3号に掲げる事項を定めた場合にあつては，同法第726条第1項又は第727条第1項）の規定により重複して議決権を行使した場合において，当該同一の議案に対する議決権の行使の内容が異なるものであるときにおける当該社会医療法人債権者の議決権の行使の取扱いに関する事項を定めるときは，その事項

四　第33条の20第1項第3号の取扱いを定めるときは，その取扱いの内容

五　法第54条の7において準用する会社法第719条第3号に掲げる事項を定めたときは，次に掲げる事項

イ　電磁的方法による議決権の行使の期限（社会医療法人債権者集会の日時

以前の時であつて，法第54条の７において準用する会社法第720条第１項の規定による通知を発した時から二週間を経過した時以後の時に限る。）

ロ　法第54条の７において準用する会社法第720条第２項の承諾をした社会医療法人債権者の請求があつた時に当該社会医療法人債権者に対して同法第721条第１項の規定による議決権行使書面（同項に規定する議決権行使書面をいう。以下同じ。）の交付（当該交付に代えて行う同条第２項の規定による電磁的方法による提供を含む。）をすることとするときは，その旨

【会社法読み替え】

（募集社債の申込み）

会社法第677条　会社は，医療法（昭和23年法律第205号）第54条の３第１項の募集に応じて募集社債の引受けの申込みをしようとする者に対し，次に掲げる事項を通知しなければならない。

一　社会医療法人（医療法第42条の２第１項に規定する社会医療法人をいう。）の名称

二　当該募集に係る医療法第54条の３第１項各号に掲げる事項

三　前二号に掲げるもののほか，厚生労働省令で定める事項

2　医療法第54条の３第１項の募集に応じて募集社債の引受けの申込みをする者は，次に掲げる事項を記載した書面を会社に交付しなければならない。

一　申込みをする者の氏名又は名称及び住所

二　引き受けようとする募集社債の金額及び金額ごとの数

三　会社が医療法第54条の３第１項第10号の最低金額を定めたときは，希望する払込金額

3　前項の申込みをする者は，同項の書面の交付に代えて，政令で定めるところにより，会社の承諾を得て，同項の書面に記載すべき事項を電磁的方法（電子情報処理組織を使用する方法その他の情報通信の技術を利用する方法であって厚生労働省令で定めるものをいう。以下同じ。）により提供することができる。この場合において，当該申込みをした者は，同項の書面を交付したものとみなす。

4　第１項の規定は，会社が同項各号に掲げる事項を記載した金融商品取引法第２条第10項に規定する目論見書を第１項の申込みをしようとする者に対して交付している場合その他募集社債の引受けの申込みをしようとする者の保護に欠けるおそれがないものとして厚生労働省令で定める場合には，適用しない。

5　会社は，第１項各号に掲げる事項について変更があったときは，直ちに，そ

の旨及び当該変更があった事項を第２項の申込みをした者（以下この章において「申込者」という。）に通知しなければならない。

6　会社が申込者に対してする通知又は催告は，第２項第１号の住所（当該申込者が別に通知又は催告を受ける場所又は連絡先を当該会社に通知した場合にあっては，その場所又は連絡先）にあてて発すれば足りる。

7　前項の通知又は催告は，その通知又は催告が通常到達すべきであった時に，到達したものとみなす。

（募集社債の割当て）

会社法第678条　会社は，申込者の中から募集社債の割当てを受ける者を定め，かつ，その者に割り当てる募集社債の金額及び金額ごとの数を定めなければならない。この場合において，会社は，当該申込者に割り当てる募集社債の金額ごとの数を，医療法第54条の７において準用する前条第２項第２号の数よりも減少することができる。

2　会社は，医療法第54条の３第１項第11号の期日の前日までに，申込者に対し，当該申込者に割り当てる募集社債の金額及び金額ごとの数を通知しなければならない。

（募集社債の申込み及び割当てに関する特則）

会社法第679条　医療法第54条の７において準用する前二条の規定は，募集社債を引き受けようとする者がその総額の引受けを行う契約を締結する場合には，適用しない。

（募集社債の社債権者）

会社法第680条　次の各号に掲げる者は，当該各号に定める募集社債の社債権者となる。

一　申込者　会社の割り当てた募集社債

二　医療法第54条の７において準用する前条の契約により募集社債の総額を引き受けた者　その者が引き受けた募集社債

（社債原簿記載事項を記載した書面の交付等）

会社法第682条　社債権者（無記名社会医療法人債（医療法第54条の４第４号に規定する無記名社会医療法人債をいう。以下同じ。）の社債権者を除く。）は，社債を発行した会社（以下この編において「社会医療法人債発行法人」という。）

に対し，当該社債権者についての社債原簿に記載され，若しくは記録された社会医療法人債原簿記載事項（医療法第54条の４各号に掲げる事項をいう。以下同じ。）を記載した書面の交付又は当該社会医療法人債原簿記載事項を記録した電磁的記録（電子的方式，磁気的方式その他人の知覚によっては認識することができない方式で作られる記録であって，電子計算機による情報処理の用に供されるものとして厚生労働省令で定めるものをいう。以下同じ。）の提供を請求することができる。

2　前項の書面には，社会医療法人債発行法人の代表者が署名し，又は記名押印しなければならない。

3　第１項の電磁的記録には，社会医療法人債発行法人の代表者が厚生労働省令で定める署名又は記名押印に代わる措置をとらなければならない。

4　前三項の規定は，当該社債について社債券を発行する旨の定めがある場合には，適用しない。

（社会医療法人債原簿管理人）

会社法第683条　会社は，社会医療法人債原簿管理人を定め，当該事務を行うことを委託することができる。

（社債原簿の備置き及び閲覧等）

会社法第684条　社会医療法人債発行法人は，社債原簿をその主たる事務所（社会医療法人債原簿管理人がある場合にあっては，その営業所）に備え置かなければならない。

2　社債権者その他の厚生労働省令で定める者は，社会医療法人債発行法人の執務時間内は，いつでも，次に掲げる請求をすることができる。この場合においては，当該請求の理由を明らかにしてしなければならない。

一　社債原簿が書面をもって作成されているときは，当該書面の閲覧又は謄写の請求

二　社債原簿が電磁的記録をもって作成されているときは，当該電磁的記録に記録された事項を法務省令で定める方法により表示したものの閲覧又は謄写の請求

3　社会医療法人債発行法人は，前項の請求があったときは，次のいずれかに該当する場合を除き，これを拒むことができない。

一　当該請求を行う者がその権利の確保又は行使に関する調査以外の目的で請求を行ったとき。

二　当該請求を行う者が社債原簿の閲覧又は謄写によって知り得た事実を利益を得て第三者に通報するため請求を行ったとき。

三　当該請求を行う者が，過去二年以内において，社債原簿の閲覧又は謄写によって知り得た事実を利益を得て第三者に通報したことがあるものであるとき。

4　社債発行会社が株式会社である場合には，当該社債発行会社の親会社社員は，その権利を行使するため必要があるときは，裁判所の許可を得て，当該社債発行会社の社債原簿について第２項各号に掲げる請求をすることができる。この場合においては，当該請求の理由を明らかにしてしなければならない。

5　前項の親会社社員について第３項各号のいずれかに規定する事由があるときは，裁判所は，前項の許可をすることができない。

（社債権者に対する通知等）

会社法第685条　社会医療法人債発行法人が社債権者に対してする通知又は催告は，社債原簿に記載し，又は記録した当該社債権者の住所（当該社債権者が別に通知又は催告を受ける場所又は連絡先を当該社会医療法人債発行法人に通知した場合にあっては，その場所又は連絡先）にあてて発すれば足りる。

2　前項の通知又は催告は，その通知又は催告が通常到達すべきであった時に，到達したものとみなす。

3　社債が二以上の者の共有に属するときは，共有者は，社会医療法人債発行法人が社債権者に対してする通知又は催告を受領する者一人を定め，当該社会医療法人債発行法人に対し，その者の氏名又は名称を通知しなければならない。この場合においては，その者を社債権者とみなして，前二項の規定を適用する。

4　前項の規定による共有者の通知がない場合には，社会医療法人債発行法人が社債の共有者に対してする通知又は催告は，そのうちの一人に対してすれば足りる。

5　前各項の規定は，医療法第54条の７において準用する第720条第１項の通知に際して社債権者に書面を交付し，又は当該書面に記載すべき事項を電磁的方法により提供する場合について準用する。この場合において，第２項中「到達したもの」とあるのは，「当該書面の交付又は当該事項の電磁的方法による提供があったもの」と読み替えるものとする。

（共有者による権利の行使）

会社法第686条　社債が二以上の者の共有に属するときは，共有者は，当該社債についての権利を行使する者一人を定め，会社に対し，その者の氏名又は名称を通知しなければ，当該社債についての権利を行使することができない。ただし，会社が当該権利を行使することに同意した場合は，この限りでない。

（社債券を発行する場合の社債の譲渡）

会社法第687条　社債券を発行する旨の定めがある社債の譲渡は，当該社債に係る社債券を交付しなければ，その効力を生じない。

（社債の譲渡の対抗要件）

会社法第688条　社債の譲渡は，その社債を取得した者の氏名又は名称及び住所を社債原簿に記載し，又は記録しなければ，社会医療法人債発行法人その他の第三者に対抗することができない。

2　当該社債について社債券を発行する旨の定めがある場合における前項の規定の適用については，同項中「社会医療法人債発行法人その他の第三者」とあるのは，「社会医療法人債発行法人」とする。

3　前二項の規定は，無記名社会医療法人債については，適用しない。

（権利の推定など）

会社法第689条　社債券の占有者は，当該社債券に係る社債についての権利を適法に有するものと推定する。

2　社債券の交付を受けた者は，当該社債券に係る社債についての権利を取得する。ただし，その者に悪意又は重大な過失があるときは，この限りでない。

（社債権者の請求によらない社債原簿記載事項の記載又は記録）

会社法第690条　社会医療法人債発行法人は，次の各号に掲げる場合には，当該各号の社債の社債権者に係る社会医療法人債原簿記載事項を社債原簿に記載し，又は記録しなければならない。

一　当該社債発行会社の社債を取得した場合

二　当該社債発行会社が有する自己の社債を処分した場合

2　前項の規定は，無記名社会医療法人債については，適用しない。

（社債権者の請求による社債原簿記載事項の記載又は記録）

会社法第691条　社債を社会医療法人債発行法人以外の者から取得した者（当該社会医療法人債発行法人を除く。）は，当該社会医療法人債発行法人に対し，当該社債に係る社会医療法人債原簿記載事項を社債原簿に記載し，又は記録することを請求することができる。

2　前項の規定による請求は，利害関係人の利益を害するおそれがないものとして厚生労働省令で定める場合を除き，その取得した社債の社債権者として社債原簿に記載され，若しくは記録された者又はその相続人その他の一般承継人と共同してしなければならない。

3　前二項の規定は，無記名社会医療法人債については，適用しない。

（社債券を発行する場合の社債の質入れ）

会社法第692条　社債券を発行する旨の定めがある社債の質入れは，当該社債に係る社債券を交付しなければ，その効力を生じない。

（社債の質入れの対抗要件）

会社法第693条　社債の質入れは，その質権者の氏名又は名称及び住所を社債原簿に記載し，又は記録しなければ，社会医療法人債発行法人その他の第三者に対抗することができない。

2　前項の規定にかかわらず，社債券を発行する旨の定めがある社債の質権者は，継続して当該社債に係る社債券を占有しなければ，その質権をもって社会医療法人債発行法人その他の第三者に対抗することができない。

（質権に関する社債原簿の記載等）

会社法第694条　社債に質権を設定した者は，社会医療法人債発行法人に対し，次に掲げる事項を社債原簿に記載し，又は記録することを請求することができる。

一　質権者の氏名又は名称及び住所

二　質権の目的である社債

2　前項の規定は，社債券を発行する旨の定めがある場合には，適用しない。

（質権に関する社債原簿の記載事項を記載した書面の交付等）

会社法第695条　医療法第54条の７において準用する前条第１項各号に掲げる事項が社債原簿に記載され，又は記録された質権者は，社会医療法人債発行法人に対し，当該質権者についての社債原簿に記載され，若しくは記録された同項各号に掲げる事項を記載した書面の交付又は当該事項を記録した電磁的記録の提供を請求することができる。

2　前項の書面には，社会医療法人債発行法人の代表者が署名し，又は記名押印しなければならない。

3　第１項の電磁的記録には，社会医療法人債発行法人の代表者が厚生労働省令で定める署名又は記名押印に代わる措置をとらなければならない。

（信託財産に属する社債についての対抗要件等）

会社法第695条の２　社債については，当該社債が信託財産に属する旨を社債原簿に記載し，又は記録しなければ，当該社債が信託財産に属することを社会医療法人債発行法人その他の第三者に対抗することができない。

2　医療法第54条の４第４号の社債権者は，その有する社債が信託財産に属するときは，社会医療法人債発行法人に対し，その旨を社債原簿に記載し，又は記録することを請求することができる。

3　社債原簿に前項の規定による記載又は記録がされた場合における医療法第54条の７において読み替えて準用する第682条第１項及び第690条第１項の規定の適用については，同法第54条の７において読み替えて準用する第682条第１項中「記録された社会医療法人債原簿記載事項（医療法第54条の４各号に掲げる事項をいう。以下同じ。）」とあるのは「記録された社会医療法人債原簿記載事項（医療法第54条の４各号に掲げる事項をいう。以下同じ。）（当該社会医療法人債権者の有する社会医療法人債が信託財産に属する旨を含む。）」と，同法第54条の７において読み替えて準用する第690条第１項中「社会医療法人債原簿記載事項」とあるのは「社会医療法人債原簿記載事項（当該社会医療法人債権者の有する社会医療法人債が信託財産に属する旨を含む。）」とする。

4　前三項の規定は，社債券を発行する旨の定めがある社債については，適用しない。

（社債券の発行）

会社法第696条　社会医療法人債発行法人は，社債券を発行する旨の定めがある社債を発行した日以後遅滞なく，当該社債に係る社債券を発行しなければならない。

（社債券の記載事項）

会社法第697条　社債券には，次に掲げる事項及びその番号を記載し，社会医療法人債発行法人の代表者がこれに署名し，又は記名押印しなければならない。

一　社債発行会社の名称

二　当該社債券に係る社債の金額

三　当該社債券に係る社債の種類
2　社債券には，利札を付することができる。

（記名式と無記名式との間の転換）
会社法第698条　社債券が発行されている社債の社債権者は，医療法第54条の３第１項第８号に掲げる事項についての定めによりすることができないこととされている場合を除き，いつでも，その記名式の社債券を無記名式とし，又はその無記名式の社債券を記名式とすることを請求することができる。

（社債券の喪失）
会社法第699条　社債券は，非訟事件手続法第100条に規定する公示催告手続によって無効とすることができる。
2　社債券を喪失した者は，非訟事件手続法第106条第１項に規定する除権決定を得た後でなければ，その再発行を請求することができない。

（利札が欠けている場合における社債の償還）
会社法第700条　社会医療法人債発行法人は，社債券が発行されている社債をその償還の期限前に償還する場合において，これに付された利札が欠けているときは，当該利札に表示される社債の利息の請求権の額を償還額から控除しなければならない。ただし，当該請求権が弁済期にある場合は，この限りでない。
2　前項の利札の所持人は，いつでも，社会医療法人債発行法人に対し，これと引換えに同項の規定により控除しなければならない額の支払を請求することができる。

（社債の償還請求権等の消滅時効）
会社法第701条　社債の償還請求権は，これを行使することができる時から十年間行使しないときは，時効によって消滅する。
2　社債の利息の請求権及び医療法第54条の７において準用する前条第２項の規定による請求権は，これらを行使することができる時から五年間行使しないときは，時効によって消滅する。

（社債管理者の資格）
会社法第703条　社債管理者は，次に掲げる者でなければならない。
一　銀行

二　信託会社
三　前二号に掲げるもののほか，これらに準ずるものとして厚生労働省令で定める者

（社債管理者の義務）

会社法第704条　社債管理者は，社債権者のために，公平かつ誠実に社債の管理を行わなければならない。

2　社債管理者は，社債権者に対し，善良な管理者の注意をもって社債の管理を行わなければならない。

（社債管理者の権限等）

会社法第705条　社債管理者は，社債権者のために社債に係る債権の弁済を受け，又は社債に係る債権の実現を保全するために必要な一切の裁判上又は裁判外の行為をする権限を有する。

2　社債管理者が前項の弁済を受けた場合には，社債権者は，その社債管理者に対し，社債の償還額及び利息の支払を請求することができる。この場合において，社債券を発行する旨の定めがあるときは，社債権者は，社債券と引換えに当該償還額の支払を，利札と引換えに当該利息の支払を請求しなければならない。

3　前項前段の規定による請求権は，これを行使することができる時から十年間行使しないときは，時効によって消滅する。

4　社債管理者は，その管理の委託を受けた社債につき第１項の行為をするために必要があるときは，裁判所の許可を得て，社会医療法人債発行法人の業務及び財産の状況を調査することができる。

（社債管理者／社債権者集会の決議）

会社法第706条　社債管理者は，社債権者集会の決議によらなければ，次に掲げる行為をしてはならない。ただし，第２号に掲げる行為については，医療法第54条の３第１項第９号に掲げる事項についての定めがあるときは，この限りでない。

一　当該社債の全部についてするその支払の猶予，その債務若しくはその債務の不履行によって生じた責任の免除又は和解（次号に掲げる行為を除く。）
二　当該社債の全部についてする訴訟行為又は破産手続若しくは再生手続に属する行為（医療法第54条の７において準用する前条第１項の行為を除く。）

2　社債管理者は，前項ただし書の規定により社債権者集会の決議によらずに同項第２号に掲げる行為をしたときは，遅滞なく，その旨を公告し，かつ，知れている社債権者には，各別にこれを通知しなければならない。
3　前項の規定による公告は，社会医療法人債発行法人における公告の方法によりしなければならない。ただし，その方法が電子公告（医療法人が定款又は寄附行為に定めるところにより公告（医療法又は他の法律の規定により官報に掲載する方法によりしなければならないものとされているものを除く。）をする方法のうち，電磁的方法により不特定多数の者が公告すべき内容である情報の提供を受けることができる状態に置く措置であって厚生労働省令で定めるものをとる方法をいう。以下同じ。）であるときは，その公告は，官報に掲載する方法でしなければならない。
4　社債管理者は，その管理の委託を受けた社債につき第１項各号に掲げる行為をするために必要があるときは，裁判所の許可を得て，社会医療法人債発行法人の業務及び財産の状況を調査することができる。

（特別代理人の選任）
会社法第707条　社債権者と社債管理者との利益が相反する場合において，社債権者のために裁判上又は裁判外の行為をする必要があるときは，裁判所は，社債権者集会の申立てにより，特別代理人を選任しなければならない。

（社債管理者等の行為の方式）
会社法第708条　社債管理者又は前条の特別代理人が社債権者のために裁判上又は裁判外の行為をするときは，個別の社債権者を表示することを要しない。

（２以上の社債管理者がある場合の特則）
会社法第709条　二以上の社債管理者があるときは，これらの者が共同してその権限に属する行為をしなければならない。
2　前項に規定する場合において，社債管理者が医療法第54条の７において準用する第705条第１項の弁済を受けたときは，社債管理者は，社債権者に対し，連帯して，当該弁済の額を支払う義務を負う。

（社債管理者の責任）
会社法第710条　社債管理者は，医療法若しくは医療法第54条の７において準用するこの法律又は社債権者集会の決議に違反する行為をしたときは，社債権者に対し，連帯して，これによって生じた損害を賠償する責任を負う。

2　社債管理者は，社会医療法人債発行法人が社債の償還若しくは利息の支払を怠り，若しくは社会医療法人債発行法人について支払の停止があった後又はその前三箇月以内に，次に掲げる行為をしたときは，社債権者に対し，損害を賠償する責任を負う。ただし，当該社債管理者が誠実にすべき社債の管理を怠らなかったこと又は当該損害が当該行為によって生じたものでないことを証明したときは，この限りでない。

一　当該社債管理者の債権に係る債務について社会医療法人債発行法人から担保の供与又は債務の消滅に関する行為を受けること。

二　当該社債管理者と厚生労働省令で定める特別の関係がある者に対して当該社債管理者の債権を譲り渡すこと（当該特別の関係がある者が当該債権に係る債務について社会医療法人債発行法人から担保の供与又は債務の消滅に関する行為を受けた場合に限る。）。

三　当該社債管理者が社会医療法人債発行法人に対する債権を有する場合において，契約によって負担する債務を専ら当該債権をもってする相殺に供する目的で社会医療法人債発行法人の財産の処分を内容とする契約を社会医療法人債発行法人との間で締結し，又は社会医療法人債発行法人に対して債務を負担する者の債務を引き受けることを内容とする契約を締結し，かつ，これにより社会医療法人債発行法人に対し負担した債務と当該債権とを相殺すること。

四　当該社債管理者が社会医療法人債発行法人に対して債務を負担する場合において，社会医療法人債発行法人に対する債権を譲り受け，かつ，当該債務と当該債権とを相殺すること。

（社債管理者の辞任）

会社法第711条　社債管理者は，社会医療法人債発行法人及び社債権者集会の同意を得て辞任することができる。この場合において，他に社債管理者がないときは，当該社債管理者は，あらかじめ，事務を承継する社債管理者を定めなければならない。

2　前項の規定にかかわらず，社債管理者は，医療法第54条の５の規定による委託に係る契約に定めた事由があるときは，辞任することができる。ただし，当該契約に事務を承継する社債管理者に関する定めがないときは，この限りでない。

3　第１項の規定にかかわらず，社債管理者は，やむを得ない事由があるときは，裁判所の許可を得て，辞任することができる。

（社債管理者が辞任した場合の責任）

会社法第712条　医療法第54条の７において準用する第710条第２項の規定は，社会医療法人債発行法人が社債の償還若しくは利息の支払を怠り，若しくは社会医療法人債発行法人について支払の停止があった後又はその前三箇月以内に医療法第54条の７において準用する前条第２項の規定により辞任した社債管理者について準用する。

（社債管理者の解任）

会社法第713条　裁判所は，社債管理者がその義務に違反したとき，その事務処理に不適任であるときその他正当な理由があるときは，社会医療法人債発行法人又は社債権者集会の申立てにより，当該社債管理者を解任することができる。

（社債管理者の事務の承継）

会社法第714条　社債管理者が次のいずれかに該当することとなった場合において，他に社債管理者がないときは，社会医療法人債発行法人は，事務を承継する社債管理者を定め，社債権者のために，社債の管理を行うことを委託しなければならない。この場合においては，社会医療法人債発行法人は，社債権者集会の同意を得るため，遅滞なく，これを招集し，かつ，その同意を得ることができなかったときは，その同意に代わる裁判所の許可の申立てをしなければならない。

一　医療法第54条の７において準用する第703条各号に掲げる者でなくなったとき。

二　医療法第54条の７において準用する第711条第３項の規定により辞任したとき。

三　医療法第54条の７において準用する前条の規定により解任されたとき。

四　解散したとき。

２　社会医療法人債発行法人は，前項前段に規定する場合において，同項各号のいずれかに該当することとなった日後二箇月以内に，同項後段の規定による招集をせず，又は同項後段の申立てをしなかったときは，当該社債の総額について期限の利益を喪失する。

３　第１項前段に規定する場合において，やむを得ない事由があるときは，利害関係人は，裁判所に対し，事務を承継する社債管理者の選任の申立てをすることができる。

4　社会医療法人債発行法人は，第１項前段の規定により事務を承継する社債管理者を定めた場合（社債権者集会の同意を得た場合を除く。）又は前項の規定による事務を承継する社債管理者の選任があった場合には，遅滞なく，その旨を公告し，かつ，知れている社債権者には，各別にこれを通知しなければならない。

（社債管理補助者の資格）

会社法第714条の３　社債管理補助者は，医療法第54条の７において準用する第703条各号に掲げる者その他厚生労働省令で定める者でなければならない。

（社債管理補助者の権限等）

会社法第714条の４　社債管理補助者は，社債権者のために次に掲げる行為をする権限を有する。

一　破産手続参加，再生手続参加又は更生手続参加

二　強制執行又は担保権の実行の手続における配当要求

三　医療法第56条の８第１項の期間内に債権の申出をすること。

2　社債管理補助者は，医療法第54条の５の２の規定による委託に係る契約に定める範囲内において，社債権者のために次に掲げる行為をする権限を有する。

一　社債に係る債権の弁済を受けること。

二　医療法第54条の７において準用する第705条第１項の行為（前項各号及び前号に掲げる行為を除く。）

三　医療法第54条の７において準用する第706条第１項各号に掲げる行為

四　社会医療法人債発行法人が社債の総額について期限の利益を喪失することとなる行為

3　前項の場合において，社債管理補助者は，社債権者集会の決議によらなければ，次に掲げる行為をしてはならない。

一　前項第２号に掲げる行為であって，次に掲げるもの

イ　当該社債の全部についてするその支払の請求

ロ　当該社債の全部に係る債権に基づく強制執行，仮差押え又は仮処分

ハ　当該社債の全部についてする訴訟行為又は破産手続，再生手続，更生手続若しくは特別清算に関する手続に属する行為（イ及びロに掲げる行為を除く。）

二　前項第３号及び第４号に掲げる行為

4　社債管理補助者は，医療法第54条の５の２の規定による委託に係る契約に従い，社債の管理に関する事項を社債権者に報告し，又は社債権者がこれを知ることができるようにする措置をとらなければならない。

5　医療法第54条の７において準用する第705条第２項及び第３項の規定は，第２項第１号に掲げる行為をする権限を有する社債管理補助者について準用する。

（社債管理者等との関係）

会社法第714条の６　医療法第54条の５の規定による委託に係る契約又は担保付社債信託法（明治38年法律第52号）第２条第１項に規定する信託契約の効力が生じた場合には，医療法第54条の５の２の規定による委託に係る契約は，終了する。

（社債管理者に関する規定の準用）

会社法第714条の７　医療法第54条の７において準用する第704条，第707条，第708条，第710条第１項，第711条，第713条及び第714条の規定は，社債管理補助者について準用する。この場合において，同法第54条の７において準用する第704条中「社債の管理」とあるのは「社債の管理の補助」と，同法第54条の７において準用する同項中「社債権者に対し，連帯して」とあるのは「社債権者に対し」と，同条において準用する第711条第１項中「において，他に社債管理者がないときは」とあるのは「において」と，同法第54条の７において準用する第711条第２項中「医療法第54条の５」とあるのは「医療法第54条の５の２」と，同法第54条の７において準用する第714条第１項中「において，他に社債管理者がないときは」とあるのは「には」と，「社債の管理」とあるのは「社債の管理の補助」と，「医療法第54条の７において準用する第703条各号に掲げる」とあるのは「医療法第54条の７において準用する第714条の３に規定する」と，「解散した」とあるのは「死亡し，又は解散した」と読み替えるものとする。

（社債権者集会の招集）

会社法第717条　社債権者集会は，必要がある場合には，いつでも，招集することができる。

2　社債権者集会は，次項又は医療法第54条の７において準用する次条第３項の規定により招集する場合を除き，社会医療法人債発行法人又は社債管理者が招集する。

3　次に掲げる場合には，社債管理補助者は，社債権者集会を招集することができる。
一　医療法第54条の７において準用する次条第１項の規定による請求があった場合
二　医療法第54条の７において準用する第714条の７において準用する第711条第１項の社債権者集会の同意を得るため必要がある場合

（社債権者による招集の請求）

会社法第718条　ある種類の社債の総額（償還済みの額を除く。）の十分の一以上に当たる社債を有する社債権者は，社会医療法人債発行法人，社債管理者又は社債管理補助者に対し，社債権者集会の目的である事項及び招集の理由を示して，社債権者集会の招集を請求することができる。
2　社会医療法人債発行法人が有する自己の当該種類の社債の金額の合計額は，前項に規定する社債の総額に算入しない。
3　次に掲げる場合には，第１項の規定による請求をした社債権者は，裁判所の許可を得て，社債権者集会を招集することができる。
一　第１項の規定による請求の後遅滞なく招集の手続が行われない場合
二　第１項の規定による請求があった日から八週間以内の日を社債権者集会の日とする社債権者集会の招集の通知が発せられない場合
4　第１項の規定による請求又は前項の規定による招集をしようとする無記名社会医療法人債の社債権者は，その社債券を社会医療法人債発行法人，社債管理者又は社債管理補助者に提示しなければならない。

（社債権者集会の招集の決定）

会社法第719条　社債権者集会を招集する者（以下この章において「招集者」という。）は，社債権者集会を招集する場合には，次に掲げる事項を定めなければならない。
一　社債権者集会の日時及び場所
二　社債権者集会の目的である事項
三　社債権者集会に出席しない社債権者が電磁的方法によって議決権を行使することができることとするときは，その旨
四　前三号に掲げるもののほか，厚生労働省令で定める事項

（社債権者集会の招集の通知）

会社法第720条　社債権者集会を招集するには，招集者は，社債権者集会の日の二週間前までに，知れている社債権者及び社会医療法人債発行法人並びに社債管理者又は社債管理補助者がある場合にあっては社債管理者又は社債管理補助者に対して，書面をもってその通知を発しなければならない。

2　招集者は，前項の書面による通知の発出に代えて，政令で定めるところにより，同項の通知を受けるべき者の承諾を得て，電磁的方法により通知を発することができる。この場合において，当該招集者は，同項の書面による通知を発したものとみなす。

3　前二項の通知には，医療法第54条の７において準用する前条各号に掲げる事項を記載し，又は記録しなければならない。

4　社会医療法人債発行法人が無記名式の社債券を発行している場合において，社債権者集会を招集するには，招集者は，社債権者集会の日の三週間前までに，社債権者集会を招集する旨及び医療法第54条の７において準用する前条各号に掲げる事項を公告しなければならない。

5　前項の規定による公告は，社会医療法人債発行法人における公告の方法によりしなければならない。ただし，招集者が社債発行会社以外の者である場合において，その方法が電子公告であるときは，その公告は，官報に掲載する方法でしなければならない。

（社債権者集会参考書類及び議決権行使書面の交付等）

会社法第721条　招集者は，医療法第54条の７において準用する前条第１項の通知に際しては，厚生労働省令で定めるところにより，知れている社債権者に対し，議決権の行使について参考となるべき事項を記載した書類（以下この条において「社会医療法人債権者集会参考書類」という。）及び社債権者が議決権を行使するための書面（以下この章において「議決権行使書面」という。）を交付しなければならない。

2　招集者は，医療法第54条の７において準用する前条第２項の承諾をした社債権者に対し同項の電磁的方法による通知を発するときは，前項の規定による社会医療法人債権者集会参考書類及び議決権行使書面の交付に代えて，これらの書類に記載すべき事項を電磁的方法により提供することができる。ただし，社債権者の請求があったときは，これらの書類を当該社債権者に交付しなければならない。

3　招集者は，医療法第54条の７において準用する前条第14項の規定による公告をした場合において，社債権者集会の日の一週間前までに無記名社会医療法人債の社債権者の請求があったときは，直ちに，社会医療法人債権者集会参考書類及び議決権行使書面を当該社債権者に交付しなければならない。

4　招集者は，前項の規定による社会医療法人債権者集会参考書類及び議決権行使書面の交付に代えて，政令で定めるところにより，社債権者の承諾を得て，これらの書類に記載すべき事項を電磁的方法により提供することができる。この場合において，当該招集者は，同項の規定によるこれらの書類の交付をしたものとみなす。

（社債権者集会／電磁的議決権と通知）

会社法第722条　招集者は，医療法第54条の７において準用する第719条第３号に掲げる事項を定めた場合には，医療法第54条の７において準用する第720条第２項の承諾をした社債権者に対する電磁的方法による通知に際して，厚生労働省令で定めるところにより，社債権者に対し，議決権行使書面に記載すべき事項を当該電磁的方法により提供しなければならない。

2　招集者は，第719条第３号に掲げる事項を定めた場合において，第720条第２項の承諾をしていない社債権者から社債権者集会の日の一週間前までに議決権行使書面に記載すべき事項の電磁的方法による提供の請求があったときは，法務省令で定めるところにより，直ちに，当該社債権者に対し，当該事項を電磁的方法により提供しなければならない。

（議決権の額等）

会社法第723条　社債権者は，社債権者集会において，その有する当該種類の社債の金額の合計額（償還済みの額を除く。）に応じて，議決権を有する。

2　前項の規定にかかわらず，社会医療法人債発行法人は，その有する自己の社債については，議決権を有しない。

3　議決権を行使しようとする無記名社会医療法人債の社債権者は，社債権者集会の日の一週間前までに，その社債券を招集者に提示しなければならない。

（社債権者集会の決議）

会社法第724条　社債権者集会において決議をする事項を可決するには，出席した議決権者（議決権を行使することができる社債権者をいう。以下この章において同じ。）の議決権の総額の二分の一を超える議決権を有する者の同意がなければならない。

2　前項の規定にかかわらず，社債権者集会において次に掲げる事項を可決するには，議決権者の議決権の総額の五分の一以上で，かつ，出席した議決権者の議決権の総額の三分の二以上の議決権を有する者の同意がなければならない。
一　医療法第54条の７において準用する第706条第１項各号に掲げる行為に関する事項
二　医療法第54条の７において準用する第706条第１項，第714条の４第３項（同条第２項第３号に掲げる行為に係る部分に限る。），第736条第１項，第737条第１項ただし書及び第738条の規定により社債権者集会の決議を必要とする事項
3　社債権者集会は，医療法第54条の７において準用する第719条第２号に掲げる事項以外の事項については，決議をすることができない。

（議決権の代理行使）
会社法第725条　社債権者は，代理人によってその議決権を行使することができる。この場合においては，当該社債権者又は代理人は，代理権を証明する書面を招集者に提出しなければならない。
2　前項の代理権の授与は，社債権者集会ごとにしなければならない。
3　第１項の社債権者又は代理人は，代理権を証明する書面の提出に代えて，政令で定めるところにより，招集者の承諾を得て，当該書面に記載すべき事項を電磁的方法により提供することができる。この場合において，当該社債権者又は代理人は，当該書面を提出したものとみなす。
4　社債権者が医療法第54条の７において準用する第720条第２項の承諾をした者である場合には，招集者は，正当な理由がなければ，前項の承諾をすることを拒んではならない。

（書面による議決権の行使）
会社法第726条　社債権者集会に出席しない社債権者は，書面によって議決権を行使することができる。
2　書面による議決権の行使は，議決権行使書面に必要な事項を記載し，厚生労働省令で定める時までに当該記載をした議決権行使書面を招集者に提出して行う。
3　前項の規定により書面によって行使した議決権の額は，出席した議決権者の議決権の額に算入する。

（電磁的方法による議決権の行使）

会社法第727条　電磁的方法による議決権の行使は，政令で定めるところにより，招集者の承諾を得て，厚生労働省令で定める時までに議決権行使書面に記載すべき事項を，電磁的方法により当該招集者に提供して行う。

2　社債権者が医療法第54条の７において準用する第720条第２項の承諾をした者である場合には，招集者は，正当な理由がなければ，前項の承諾をすることを拒んではならない。

3　第１項の規定により電磁的方法によって行使した議決権の額は，出席した議決権者の議決権の額に算入する。

（議決権の不統一行使）

会社法第728条　社債権者は，その有する議決権を統一しないで行使することができる。この場合においては，社債権者集会の日の三日前までに，招集者に対してその旨及びその理由を通知しなければならない。

2　招集者は，前項の社債権者が他人のために社債を有する者でないときは，当該社債権者が同項の規定によりその有する議決権を統一しないで行使することを拒むことができる。

（社債発行会社の代表者の出席等）

会社法第729条　社会医療法人債発行法人，社債管理者又は社債管理補助者は，その代表者若しくは代理人を社債権者集会に出席させ，又は書面により意見を述べることができる。ただし，社債管理者又は社債管理補助者にあっては，その社債権者集会が医療法第54条の７において準用する第707条（同法第54条の７において準用する第714条の７において準用する場合を含む。）の特別代理人の選任について招集されたものであるときは，この限りでない。

2　社債権者集会又は招集者は，必要があると認めるときは，社会医療法人債発行法人に対し，その代表者又は代理人の出席を求めることができる。この場合において，社債権者集会にあっては，これをする旨の決議を経なければならない。

（延期又は続行の決議）

会社法第730条　社債権者集会においてその延期又は続行について決議があった場合には，医療法第54条の７において準用する第719条及び第720条の規定は，適用しない。

（議事録）

会社法第731条　社債権者集会の議事については，招集者は，厚生労働省令で定めるところにより，議事録を作成しなければならない。

2　社会医療法人債発行法人は，社債権者集会の日から十年間，前項の議事録をその主たる事務所に備え置かなければならない。

3　社債管理者，社債管理補助者及び社債権者は，社会医療法人債発行法人の執務時間内は，いつでも，次に掲げる請求をすることができる。

一　第１項の議事録が書面をもって作成されているときは，当該書面の閲覧又は謄写の請求

二　第１項の議事録が電磁的記録をもって作成されているときは，当該電磁的記録に記録された事項を厚生労働省令で定める方法により表示したものの閲覧又は謄写の請求

（社債権者集会の決議の認可の申立て）

会社法第732条　社債権者集会の決議があったときは，招集者は，当該決議があった日から一週間以内に，裁判所に対し，当該決議の認可の申立てをしなければならない。

（社債権者集会の決議の不認可）

会社法第733条　裁判所は，次のいずれかに該当する場合には，社債権者集会の決議の認可をすることができない。

一　社債権者集会の招集の手続又はその決議の方法が法令又は医療法第54条の３第１項の募集のための当該社会医療法人債発行法人の事業その他の事項に関する説明に用いた資料に記載され，若しくは記録された事項に違反するとき。

二　決議が不正の方法によって成立するに至ったとき。

三　決議が著しく不公正であるとき。

四　決議が社債権者の一般の利益に反するとき。

（社債権者集会の決議の効力）

会社法第734条　社債権者集会の決議は，裁判所の認可を受けなければ，その効力を生じない。

2　社債権者集会の決議は，当該種類の社債を有するすべての社債権者に対してその効力を有する。

（社債権者集会の決議の認可又は不認可の決定の公告）

会社法第735条　社会医療法人債発行法人は，社債権者集会の決議の認可又は不認可の決定があった場合には，遅滞なく，その旨を公告しなければならない。

（社債権者集会の決議の省略）

会社法第735条の２　社会医療法人債発行法人，社債管理者，社債管理補助者又は社債権者が社債権者集会の目的である事項について（社債管理補助者にあっては，医療法第54条の７において準用する第714条の７において準用する第711条第１項の社債権者集会の同意をすることについて）提案をした場合において，当該提案につき議決権者の全員が書面又は電磁的記録により同意の意思表示をしたときは，当該提案を可決する旨の社債権者集会の決議があったものとみなす。

２　社会医療法人債発行法人は，前項の規定により社債権者集会の決議があったものとみなされた日から十年間，同項の書面又は電磁的記録をその主たる事務所に備え置かなければならない。

３　社債管理者，社債管理補助者及び社債権者は，社会医療法人債発行法人の執務時間内は，いつでも，次に掲げる請求をすることができる。

一　前項の書面の閲覧又は謄写の請求

二　前項の電磁的記録に記録された事項を厚生労働省令で定める方法により表示したものの閲覧又は謄写の請求

４　第１項の規定により社債権者集会の決議があったものとみなされる場合には，医療法第54条の７において準用する第732条から前条まで（第734条第２項を除く。）の規定は，適用しない。

（代表社債権者の選任等）

会社法第736条　社債権者集会においては，その決議によって，当該種類の社債の総額（償還済みの額を除く。）の千分の一以上に当たる社債を有する社債権者の中から，一人又は二人以上の代表社会医療法人債権者を選任し，これに社債権者集会において決議をする事項についての決定を委任することができる。

２　医療法第54条の７において準用する第718条第２項の規定は，前項に規定する社債の総額について準用する。

３　代表社会医療法人債権者が二人以上ある場合において，社債権者集会において別段の定めを行わなかったときは，第１項に規定する事項についての決定は，その過半数をもって行う。

（社債権者集会の決議の執行）

会社法第737条　社債権者集会の決議は，次の各号に掲げる場合の区分に応じ，当該各号に定める者が執行する。ただし，社債権者集会の決議によって別に社債権者集会の決議を執行する者を定めたときは，この限りでない。

一　社債管理者がある場合　社債管理者

二　社債管理補助者がある場合において，社債管理補助者の権限に属する行為に関する事項を可決する旨の社債権者集会の決議があったとき　社債管理補助者

三　前二号に掲げる場合以外の場合　代表社会医療法人債権者

2　医療法第54条の７において準用する第705条第１項から第３項まで，第708条及び第709条の規定は，代表社会医療法人債権者又は前項ただし書の規定により定められた社債権者集会の決議を執行する者（以下この章において「決議執行者」という。）が社債権者集会の決議を執行する場合について準用する。

（代表社債権者等の解任等）

会社法第738条　社債権者集会においては，その決議によって，いつでも，代表社会医療法人債権者若しくは決議執行者を解任し，又はこれらの者に委任した事項を変更することができる。

（社債の利息の支払等を怠ったことによる期限の利益の喪失）

会社法第739条　社会医療法人債発行法人が社債の利息の支払を怠ったとき，又は定期に社債の一部を償還しなければならない場合においてその償還を怠ったときは，社債権者集会の決議に基づき，当該決議を執行する者は，社会医療法人債発行法人に対し，一定の期間内にその弁済をしなければならない旨及び当該期間内にその弁済をしないときは当該社債の総額について期限の利益を喪失する旨を書面により通知することができる。ただし，当該期間は，二箇月を下ることができない。

2　前項の決議を執行する者は，同項の規定による書面による通知に代えて，政令で定めるところにより，社会医療法人債発行法人の承諾を得て，同項の規定により通知する事項を電磁的方法により提供することができる。この場合において，当該決議を執行する者は，当該書面による通知をしたものとみなす。

3　社会医療法人債発行法人は，第１項の期間内に同項の弁済をしなかったときは，当該社債の総額について期限の利益を喪失する。

（債権者の異議手続の特則）

会社法第740条　医療法第58条の４第１項（同法第59条の２において準用する場合を含む。第３項において同じ。）の規定により社債権者が異議を述べるには，社債権者集会の決議によらなければならない。この場合においては，裁判所は，利害関係人の申立てにより，社債権者のために異議を述べることができる期間を伸長することができる。

２　前項の規定にかかわらず，社債管理者は，社債権者のために，異議を述べることができる。ただし，医療法第54条の５の規定による委託に係る契約に別段の定めがある場合は，この限りでない。

３　社会医療法人債発行法人における医療法第58条の４第１項の規定の適用については，同項中「判明している債権者」とあるのは，「判明している債権者（社会医療法人債管理者又は社会医療法人債管理補助者がある場合にあっては，当該社会医療法人債管理者又は社会医療法人債管理補助者がある場合にあっては当該社債管理者又は社債管理補助者を含む。）」とする。

（社債管理者等の報酬等）

会社法第741条　社債管理者，社債管理補助者，代表社会医療法人債権者又は決議執行者に対して与えるべき報酬，その事務処理のために要する費用及びその支出の日以後における利息並びにその事務処理のために自己の過失なくして受けた損害の賠償額は，社債発行会社との契約に定めがある場合を除き，裁判所の許可を得て，社会医療法人債発行法人の負担とすることができる。

２　前項の許可の申立ては，社債管理者，社債管理補助者，代表社会医療法人債権者又は決議執行者がする。

３　社債管理者，社債管理補助者，代表社会医療法人債権者又は決議執行者は，第１項の報酬，費用及び利息並びに損害の賠償額に関し，医療法第54条の７において準用する第705条第１項（同法第54条の７において準用する第737条第２項において準用する場合を含む。）又は第714条の４第２項第１号の弁済を受けた額について，社債権者に先立って弁済を受ける権利を有する。

（社債権者集会等の費用の負担）

会社法第742条　社債権者集会に関する費用は，社会医療法人債発行法人の負担とする。

２　医療法第54条の７において準用する第732条の申立てに関する費用は，社会医療法人債発行法人の負担とする。ただし，裁判所は，社債発行会社その他利害関係人の申立てにより又は職権で，当該費用の全部又は一部について，招集者その他利害関係人の中から別に負担者を定めることができる。

（社債発行会社の弁済等の取消しの訴え）

会社法第865条　社債を発行した会社が社債権者に対してした弁済，社債権者との間でした和解その他の社債権者に対してし，又は社債権者との間でした行為が著しく不公正であるときは，社債管理者は，訴えをもって当該行為の取消しを請求することができる。

2　前項の訴えは，社債管理者が同項の行為の取消しの原因となる事実を知った時から六箇月を経過したときは，提起することができない。同項の行為の時から一年を経過したときも，同様とする。

3　第１項に規定する場合において，社債権者集会の決議があるときは，代表社会医療法人債権者又は決議執行者（医療法第54条の７において準用する第737条第２項に規定する決議執行者をいう。）も，訴えをもって第１項の行為の取消しを請求することができる。ただし，同項の行為の時から一年を経過したときは，この限りでない。

4　民法第424条第１項ただし書，第424条の５，第424条の７第２項及び第425条から第425条の４までの規定は，第１項及び前項本文の場合について準用する。この場合において，同法第424条第１項ただし書中「その行為によって」とあるのは「医療法（昭和23年法律第205号）第54条の７において準用する会社法（平成17年法律第86号）第865条第１項に規定する行為によって」と，「債権者を害すること」とあるのは「その行為が著しく不公正であること」と，同法第424条の５各号中「債権者を害すること」とあるのは「著しく不公正であること」と，同法第425条中「債権者」とあるのは「社会医療法人債権者」と読み替えるものとする。

（被告）

会社法第866条　医療法第54条の７において準用する前条第１項又は第３項の訴えについては，同条第１項の行為の相手方又は転得者を被告とする。

（訴えの管轄）

会社法第867条　医療法第54条の７において準用する第865条第１項又は第３項の訴えは，社債を発行した会社の主たる事務所の所在地を管轄する地方裁判所の管轄に専属する。

（非訟事件の管轄）

会社法第868条　この法律の規定による非訟事件（次項から第６項までに規定する事件を除く。）は，会社の本店の所在地を管轄する地方裁判所の管轄に属する。

２～３　略

４　医療法第54条の７において準用する第705条第４項及び第706条第４項の規定，同法第54条の７において準用する第707条，第711条第３項，第713条並びに第714条第１項及び第３項（これらの規定を同法第54条の７において準用する第714条の７において準用する場合を含む。）の規定並びに同法第54条の７において準用する第718条第３項，第732条，第740条第１項及び第741条第１項の規定による裁判の申立てに係る事件は，社債を発行した会社の主たる事務所の所在地を管轄する地方裁判所の管轄に属する。

５　第822条第１項の規定による外国会社の清算に係る事件並びに第827条第１項の規定による裁判及び同条第２項において準用する第825条第１項の規定による保全処分に係る事件は，当該外国会社の日本における営業所の所在地（日本に営業所を設けていない場合にあっては，日本における代表者の住所地）を管轄する地方裁判所の管轄に属する。

６　第843条第４項の申立てに係る事件は，同条第１項各号に掲げる行為の無効の訴えの第一審の受訴裁判所の管轄に属する。

（疎明）

会社法第869条　医療法第54条の７において準用するこの法律の規定による許可の申立てをする場合には，その原因となる事実を疎明しなければならない。

（陳述の聴取）

会社法第870条　裁判所は，医療法第54条の７において準用するこの法律の規定による非訟事件についての裁判のうち，次の各号に掲げる裁判をする場合には，当該各号に定める者の陳述を聴かなければならない。ただし，不適法又は理由がないことが明らかであるとして申立てを却下する裁判をするときは，この限りでない。

一　第346条第２項，第351条第２項若しくは第401条第３項（第403条第３項及び第420条第３項において準用する場合を含む。）の規定により選任された一時取締役（監査等委員会設置会社にあっては，監査等委員である取締役又はそれ以外の取締役），会計参与，監査役，代表取締役，委員（指名委員会，監査委員会又は報酬委員会の委員をいう。第874条第１号において同じ。），執行役若しくは代表執行役の職務を行うべき者，清算人，第479条第４項において準用する第346条第２項若しくは第483条第６項において準用する第351条第２項の規定により選任された一時清算人若しくは代表清算人の職務を行うべき者，検査役又は第825条第２項（第827条第２項において準用する場合を含む。）の管理人の報酬の額の決定　当該会社（第827条第２項において準用する第825条第２項の管理人の報酬の額の決定にあっては，当該外国会社）及び報酬を受ける者

二　清算人，社債管理者又は社債管理補助者の解任についての裁判　当該清算人，社債管理者又は社債管理補助者

三　第33条第７項の規定による裁判　設立時取締役，第28条第１号の金銭以外の財産を出資する者及び同条第２号の譲渡人

四　第207条第７項又は第284条第７項の規定による裁判　当該株式会社及び第199条第１項第３号又は第236条第１項第３号の規定により金銭以外の財産を出資する者

五　第455条第２項第２号又は第505条第３項第２号の規定による裁判　当該株主

六　第456条又は第506条の規定による裁判　当該株主

七　医療法第54条の７において準用する第732条の規定による裁判　利害関係人

八　医療法第54条の７において準用する第740条第１項の規定による申立てを認容する裁判　社債を発行した会社

九　医療法第54条の７において準用する第741条第１項の許可の申立てについての裁判　社債を発行した会社

十　第824条第１項の規定による裁判　当該会社

十一　第827条第１項の規定による裁判　当該外国会社

2　裁判所は，次の各号に掲げる裁判をする場合には，審問の期日を開いて，申立人及び当該各号に定める者の陳述を聴かなければならない。ただし，不適法又は理由がないことが明らかであるとして申立てを却下する裁判をするときは，この限りでない。

一　この法律の規定により株式会社が作成し，又は備え置いた書面又は電磁的記録についての閲覧等の許可の申立てについての裁判　当該株式会社

二　第117条第２項，第119条第２項，第182条の５第２項，第193条第２項（第194条第４項において準用する場合を含む。），第470条第２項，第778条第２項，第786条第２項，第788条第２項，第798条第２項，第807条第２項，第809条

第２項又は第816条の７第２項の規定による株式又は新株予約権（当該新株予約権が新株予約権付社債に付されたものである場合において，当該新株予約権付社債についての社債の買取りの請求があったときは，当該社債を含む。）の価格の決定　価格の決定の申立てをすることができる者（申立人を除く。）

三　第144条第２項（同条第７項において準用する場合を含む。）又は第177条第２項の規定による株式の売買価格の決定　売買価格の決定の申立てをすることができる者（申立人を除く。）

四　第172条第１項の規定による株式の価格の決定　当該株式会社

五　第179条の８第１項の規定による売渡株式等の売買価格の決定　特別支配株主

六　第843条第４項の申立てについての裁判　同項に規定する行為をした会社

（理由の付記）

会社法第871条　医療法第54条の７において準用するこの法律の規定による非訟事件についての裁判には，理由を付さなければならない。ただし，次に掲げる裁判については，この限りでない。

一　第870条第１項第１号に掲げる裁判

二　医療法第54条の７において準用する第874条第１号及び第４号に掲げる裁判

（即時抗告）

会社法第872条　次の各号に掲げる裁判に対しては，当該各号に定める者に限り，即時抗告をすることができる。

一　第609条第３項又は第825条第１項（第827条第２項において準用する場合を含む。）の規定による保全処分についての裁判　利害関係人

二　第840条第２項（第841条第２項において準用する場合を含む。）の規定による申立てについての裁判　申立人，株主及び株式会社

三　第842条第２項において準用する第840条第２項の規定による申立てについての裁判　申立人，新株予約権者及び株式会社

四　医療法第54条の７において準用する第870条第１項第２号及び第７号から第９号までに掲げる裁判　申立人及び当該各号に定める者

五　第870条第２項各号に掲げる裁判　申立人及び当該各号に定める者

（原裁判の執行停止）

会社法第873条　医療法第54条の７において準用する第872条（第４号に係る部分に限る。）の即時抗告は，執行停止の効力を有する。ただし，医療法第54条の７において準用する第870条第１項第２号及び第８号に掲げる裁判に対するものについては，この限りでない。

（不服申立ての制限）

会社法第874条　次に掲げる裁判に対しては，不服を申し立てることができない。

一　社会医療法人債管理者若しくは社会医療法人債管理補助者の特別代理人又は医療法第54条の７において準用する第714条第３項（同法第54条の７において準用する第714条の７において準用する場合を含む。）の事務を承継する社債管理者若しくは社債管理補助者の選任又は選定の裁判

二　第825条第２項（第827条第２項において準用する場合を含む。）の管理人の選任又は解任についての裁判

三　第825条第６項（第827条第２項において準用する場合を含む。）の規定による裁判

四　医療法第54条の７において準用するこの法律の規定による許可の申立てを認容する裁判（医療法第54条の７において準用する第870条第１項第９号に掲げる裁判を除く。）

（非訟事件手続法の規定の適用除外）

会社法第875条　医療法第54条の７において準用するこの法律の規定による非訟事件については，非訟事件手続法第40条及び第57条第２項第２号の規定は，適用しない。

（最高裁判所規則）

会社法第876条　医療法第54条の７において準用するこの法律に定めるもののほか，この法律の規定による非訟事件の手続に関し必要な事項は，最高裁判所規則で定める。

ポイント

社会医療法人債の詳細は，会社法に定める社債に準じる。

社会医療法人債は，金利変動により債券価格が変動する点や，発行する社会医療法人の経営破綻により償還されないリスクがある点，預金と異なり元本が保証されていないなどの点を，投資家に開示することが必要です。

そこで，社会医療法人債が，金融商品としてどのようなリスクを抱えているのかを，株式会社が社債を発行する際に作成する目論見書と同様に目論見書を作成し，投資家に注意を促す必要があります。

そのほか，社会医療法人債の発行や社会医療法人債権者集会の開催など，社会医療法人債の発行や発行後の実務については，会社法に定める社債に関する規定を適用することとされています。

（担保付社債信託法の適用）

第54条の８　社会医療法人債は，担保付社債信託法（明治38年法律第52号）その他の政令で定める法令の適用については，政令で定めるところにより，社債とみなす。

ポイント

担保付社債信託法の適用を受ける。

社会医療法人は社会医療法人債を発行できますが，社会医療法人債の安全性を高め，債券市場全体の信用を維持するために，担保が必要と考えられます。

しかし，不特定多数の社会医療法人債権者の間を転々と流通する社会医療法人債ごとに担保をつけることは事実上不可能であるため，信託の法理を利用し，担保権を信託財産とし，社会医療法人債権者を受益者とする信託が担保付社債信託です。

社会医療法人債においても，担保付社債信託法を適用し，社会医療法人債権者の保護を図り，国民経済の健全な発展に資することを目的とするために本条が設けられました。

第6節　定款及び寄附行為の変更

（定款等の変更）

第54条の9　社団たる医療法人が定款を変更するには，社員総会の決議によらなければならない。

2　財団たる医療法人が寄附行為を変更するには，あらかじめ，評議員会の意見を聴かなければならない。

3　定款又は寄附行為の変更（厚生労働省令で定める事項に係るものを除く。）は，都道府県知事の認可を受けなければ，その効力を生じない。

4　都道府県知事は，前項の規定による認可の申請があつた場合には，第45条第1項に規定する事項及び定款又は寄附行為の変更の手続が法令又は定款若しくは寄附行為に違反していないかどうかを審査した上で，その認可を決定しなければならない。

5　医療法人は，第3項の厚生労働省令で定める事項に係る定款又は寄附行為の変更をしたときは，遅滞なく，その変更した定款又は寄附行為を都道府県知事に届け出なければならない。

6　第44条第5項の規定は，定款又は寄附行為の変更により，残余財産の帰属すべき者に関する規定を設け，又は変更する場合について準用する。

（定款及び寄附行為の変更の認可）

医療法施行規則第33条の25　法第54条の9第3項の規定により定款又は寄附行為の変更の認可を受けようとするときは，申請書に次の書類を添付して，都道府県知事に提出しなければならない。

一　定款又は寄附行為変更の内容（新旧対照表を添付すること。）及びその事

由を記載した書類

二　定款又は寄附行為に定められた変更に関する手続を経たことを証する書類

2　定款又は寄附行為の変更が，当該医療法人が新たに病院，法第39条第１項に規定する診療所，介護老人保健施設又は介護医療院を開設しようとする場合に係るものであるときは，前項各号の書類のほか，第31条第５号及び第11号に掲げる書類並びに定款又は寄附行為変更後二年間の事業計画及びこれに伴う予算書を，前項の申請書に添付しなければならない。

3　定款又は寄附行為の変更が，当該医療法人が法第42条各号に掲げる業務を行う場合に係るものであるときは，第１項各号の書類のほか，第31条第６号に掲げる書類並びに定款又は寄附行為変更後二年間の事業計画及びこれに伴う予算書を，第１項の申請書に添付しなければならない。

4　定款又は寄附行為の変更が，社会医療法人である医療法人が法第42条の２第１項の収益業務を行う場合に係るものであるときは，第１項各号の書類のほか，収益業務の概要及び運営方法を記載した書類並びに定款又は寄附行為変更後二年間の事業計画及びこれに伴う予算書を，第１項の申請書に添付しなければならない。

（法第54条の９第３項の厚生労働省令で定める事項）

医療法施行規則第33条の26　法第54条の９第３項の厚生労働省令で定める事項は，法第44条第２項第４号及び第12号に掲げる事項とする。

ポイント

- **定款変更は，原則として都道府県知事の認可が無ければ効力が生じない。**
- **事務所の所在地などは，都道府県知事の認可が無くても定款変更の効力が生じる。**

1　社団医療法人の定款変更

（1）変更手続き

医療法人が，施設の開設や事業年度の変更など，定款記載事項を変更するには，定款の変更手続きが必要です。

社団医療法人は，定款変更に関する規定を定款に設けており（医法44②十一），定款に定めた手続きが必要になります。

例えば，モデル定款（医療法人の機関について2016年３月25日医政発0325第３号）によった社団医療法人の場合，次のとおり，定款変更には，社員総会の議決が必要であることを定めています。

■社団医療法人の定款例

第５章　社員総会

第19条　次の事項は，社員総会の議決を経なければならない。
(1)　定款の変更

また，医療法においても，社団たる医療法人が定款を変更する場合，まず社員総会の決議を経なければならないことが定められています（医法54の９①）。

（２）理事会決議の要否

一般的な社団医療法人は，定款変更に関して理事会決議は必要ありません。

ただし特定医療法人の場合，社員総会のほか，理事会及び評議員会の同意を要する定款を定めていることが一般的です。

したがって，特定医療法人の定款変更には，社員総会のほか，定款に基づき理事会と評議員会の同意が必要になります。

■特定医療法人の定款例

第５章　社員総会

第22条　次の表の左欄に掲げる事項は，それぞれ右欄に掲げる時期に開催する社員総会の承認を得なければならない。

4　定款の変更	随時

第７章　理事会

第41条

2　前項の規定にかかわらず，第50条の表の左欄に掲げる事項は，理事会において理事総数の３分の２以上の同意を得なければならない。

第９章　評議員会

第50条　次の表の左欄に掲げる事項は，それぞれ右欄に掲げる時期に開催する評議員会の同意を得なければならない。

4　定款の変更	随時

（３）運営組織の適正性と定款変更

医療法人が税務上の優遇措置を受ける場合，運営組織の適正性を求められる場合があります。

具体的には，持分のある医療法人が持分のない医療法人への移行に際して課税されない場合（相続税法66④，相続税法施行令33③一）と，個人が不動産を寄附した場合において国税庁長官の承認を受ける場合です（租税特別措置法40）。

これらの優遇措置を受ける医療法人の運営組織が適正であるかどうかは，法令解釈通達により判定されます。

法令解釈通達によると，運営の適正性が求められる法人であっても，定款変更は社員総会の議決のみで足り，理事会の議決までは求められていません（「贈与税の非課税財産（公益を目的とする事業の用に供する財産に関する部分）及び持分の定めのない法人に対して財産の贈与等があった場合の取扱いについて」1964年６月９日付　直審（資）24，直資77　15(1)ハ(イ)E(E)，「租税特別措置法第40条第１項後段の規定による譲渡所得等の非課税の取扱いについて」直資２-181（例規）1980年４月23日　18(1)ニE(E))。

2　財団医療法人の寄附行為変更

（1）変更手続き

財団たる医療法人が寄附行為を変更する場合，寄附行為に定められている寄附行為の変更に関する規定に沿った手続きが必要です（医法44②十一）。

例えば，モデル寄附行為（医療法人の機関について2016年3月25日医政発0325第3号）によった財団医療法人の場合，寄附行為変更には，理事会及び評議員会の同意が必要です。

■財団医療法人の寄附行為例

第5章　評議員会
第18条　次の事項は，あらかじめ評議員会の意見を聴かなければならない。 (1)　寄附行為の変更
第8章　寄附行為の変更
第40条　この寄附行為を変更しようとするときは，理事及び評議員の総数のそれぞれ3分の2以上の同意を得，かつ，○○県知事の認可を得なければならない。

（2）評議員会の同意の要否

財団たる医療法人が寄附行為を変更する場合，まず評議員会の意見を聴かなければなりません（医法54の9②）。

ここで，評議員会の意見を聴けば，評議員会が寄附行為の変更に反対の議決であっても，寄附行為の変更手続きは有効かという疑問が生じます。

モデル寄附行為のように，評議員の同意が求められる場合であれば，寄附行為の変更には評議員会の同意が当然に必要です。

しかし，寄附行為において，評議員の同意を求められていない場合，評議員会の意見が寄附行為に反対であったとしても，医療法では評議員会の同意は求められていないので寄附行為の変更の議決は有効と考えます。

3　認可手続き

（1）定款変更の効力

医療法人の定款や寄附行為を変更する効力は，都道府県知事の認可がなければ生じません（医法54の９③）。

都道府県知事は，定款等の変更認可の申請があった場合，定款等の内容が法令の規定に違反していないこと，定款等の変更の手続きが法令又は定款等に違反していないことなどを審査した上で，定款等の変更認可をします。

定款等は，法令などに違反していなければ，モデル定款によらなくても認可を受けることは法律上可能です。

（2）定款変更の日

医療法人の定款や寄附行為の変更の効力は，都道府県知事の認可が無ければ生じないため，定款等の変更の効力発生日は，社員総会等の決議日でなく，認可書に記された日付です。

例えば，下記の定款変更は，社員総会の議決日にかかわらず2024年２月10日です。

■定款変更認可書の例

福保医安認第15670号

認　可　書

東京都

医療法人　　　　　会

令和６年１月28日付けで申請のあった医療法人　　　　　会の定款の一部変更については，医療法第54条の９第３項の規定により，下記のとおり認可する。

令和６年　２月10日

東 京 都 知 事　　小 池 百 合 子　　㊞

記

変更事項　　第４条の変更

持分のある医療法人が，定款変更により持分のない医療法人への移行に際して課税が生じた場合，持分のない医療法人への移行計画の認定を受けている場合を除き，原則として定款変更の認可を受けた日の属する年の翌年３月15日までに贈与税の申告と納税を要します。

（３）認可に要する期間

定款変更の認可は，数週間から数か月の期間を要します。そのため，余裕をもって定款変更認可手続きを行うべきです。

医療法人の定款変更認可の標準処理期間は，６週間（病院又は老人保健施設を開設する場合については２か月）と定められていますが（行政手続法６，行政手続法の施行に伴う審査基準等の設定について1994年10月31日健政発第782号），認可申請書の提出に至るまでに予算書の審査などもあり，これ以上の期間を要することが一般的です。

（４）認可が不要な定款変更

都道府県知事の定款変更認可を得ることが不要な定款変更手続きがあります。

①事務所の所在地に関する事項と，②公告の方法に関する事項を変更する場合です（医法54の９⑤，医規33の26）。

ただし，都道府県知事の認可は不要であっても，社員総会等の決議など，医療法人における手続きは必要です。

また医療法人は，定款変更届を遅滞なく提出する必要があります。

届出書には，①変更後の定款又は寄附行為，②新旧条文対照表，③変更を決議した社員総会（理事会，評議員会）の議事録の写しなどを添付します。

ただし，事務所の所在地を別の都道府県に移転する場合，監督権限のある知事が変更となることから，事業報告書の提出先に関する事項など，定款又は寄附行為の変更に係る都道府県知事の認可が必要です。

4　理事等の責任免除に関する定款の変更

評議員又は理事が任務を怠ったことにより，医療法人に損害が生じた場合，評議員等は生じた損害を賠償する責任を負います（医法47①，48①）。

ただし，評議員又は理事が職務について，善意かつ重大な過失がない場合，定款又は寄附行為で定めた額の範囲内であらかじめ定めた額と，最低責任限度額とのいずれか高い額を限度とする旨の契約を締結することができます（医法47の２①，一社114②）。

この場合の損害額をあらかじめ定める定款等に変更する場合，前述までの手続きのほか，その法人の定款等の規定にかかわらず，定款変更に関する議案を社員総会等に提出するに際して，監事の同意を得なければなりません（医法47の２①，一社114②）。

第７節　解散及び清算

（医療法人の解散）

第55条　社団たる医療法人は，次の事由によつて解散する。

一　定款をもつて定めた解散事由の発生

二　目的たる業務の成功の不能

三　社員総会の決議

四　他の医療法人との合併（合併により当該医療法人が消滅する場合に限る。次条第１項及び第56条の３において同じ。）

五　社員の欠亡

六　破産手続開始の決定

七　設立認可の取消し

2　社団たる医療法人は，総社員の四分の三以上の賛成がなければ，前項第３号の社員総会の決議をすることができない。ただし，定款に別段の定めがあるときは，この限りでない。

3　財団たる医療法人は，次に掲げる事由によつて解散する。

一　寄附行為をもつて定めた解散事由の発生

二　第１項第２号，第４号，第６号又は第７号に掲げる事由

4　医療法人がその債務につきその財産をもつて完済することができなくなつた場合には，裁判所は，理事若しくは債権者の申立てにより又は職権で，破産手続開始の決定をする。

5　前項に規定する場合には，理事は，直ちに破産手続開始の申立てをしなければならない。

6　第１項第２号又は第３号に掲げる事由による解散は，都道府県知事の認可を受けなければ，その効力を生じない。

7　都道府県知事は，前項の認可をし，又は認可をしない処分をするに

当たつては，あらかじめ，都道府県医療審議会の意見を聴かなければならない。

8　清算人は，第１項第１号若しくは第５号又は第３項第１号に掲げる事由によつて医療法人が解散した場合には，都道府県知事にその旨を届け出なければならない。

（解散の認可の申請）

医療法施行規則第34条　法第55条第６項の規定により，解散の認可を受けようとするときは，申請書に次の書類を添付して，都道府県知事に提出しなければならない。

一　理由書

二　法，定款又は寄附行為に定められた解散に関する手続を経たことを証する書類

三　財産目録及び貸借対照表

四　残余財産の処分に関する事項を記載した書類

ポイント

- 都道府県知事の認可を要する解散事由と，要しない解散事由がある。
- 清算人は医師又は歯科医師でなくても就任できる。

1　医療法人の解散

（1）社団医療法人の解散

医療法人は，主たる事務所が所在する都道府県知事から認可を受けることによって設立します（医法44①）。

社団医療法人は，一定の事由がある場合に解散することができ，解散手続きに都道府県知事の認可を要する場合と，要しない場合があります（医法55①）。

①　医療法人の内部的解散事由

1）定款で定めた解散事由の発生

2）目的たる業務の成功の不能

3）社員総会の決議

4）他の医療法人との合併による消滅

②　医療法人の外部的解散事由

1）社員の欠亡

2）破産手続開始の決定

3）設立認可の取消し

（2）財団医療法人の解散

財団医療法人が解散する場合も，次のような一定の解散事由がある場合に解散することができます（医法55③）。

①　医療法人の内部的解散事由

1）寄附行為で定めた解散事由の発生

2）目的たる業務の成功の不能

3）他の医療法人との合併による消滅

②　医療法人の外部的解散事由

1）破産手続開始の決定

2）設立認可の取消し

社団医療法人は，社員総会の決議により解散することできますが，財団医療法人は，評議員会や理事会の決議をもってしても，解散することはできません。

これは，財団医療法人は，一定の目的をもって，特定の者から出捐された財産を基礎に設立されることから，評議員や理事の権限をもってしても，出捐者の意思に反する解散は認められないと考えられるからです。

ただし，財団医療法人であっても，理事及び評議員の同意を得て寄附行為を変更し，該当する解散事由を寄附行為に定めた後，財団医療法人が解散することまで止めるものではありません。

2 内部的解散事由

（1）定款の定めによる解散

社団医療法人は，定款で定めた事由が生じた場合に，解散します（医法55①一）。

例えば，定款で存続期間を定めている場合，その存続期間が到来した日をもって，医療法人は解散します。

■解散事由を定めた定款例

第●●条　本社団は，●●●●年●月末日をもって解散する。

ただし，このような定款を定めた医療法人であっても，解散事由が到来する前に定款変更認可を受け，解散事由を削除することにより，解散を回避することができます。

（2）業務の成功不能による解散

医療法人は，目的たる業務の成功不能により解散します（医法55①二，③二）。

すべての医療法人は，定款または寄附行為に目的を定めていますが（医療法44②一），この目的が達成できないときに，解散します。

ただし，どのような場合が業務の成功不能となるかは，一般的に明確ではありません。

例えば，医療法人がすべての医療施設を廃止した場合であっても，その廃止の事実をもって，必ずしも解散事由に該当するわけではありません（「医療法人の解散事由について」厚生省健康政策局指導課長回答1991年９月12日）。

（3）社員総会の決議による解散

社団医療法人は，定款に別段の定めを設けている場合を除き，総社員の４分の３以上の賛成をもって解散することができます（医法55②）。

一方財団医療法人は，前述のとおり理事会や評議員会の決議をもってしても解散することはできません。

（4）合併による解散

合併により吸収される医療法人は，合併効力発生日をもって消滅し，すべての債権債務は合併存続法人に引き継がれます。

この場合，都道府県知事から解散の認可を受けるのではなく，合併の認可を受ける必要があります。

3　都道府県知事による解散の認可

業務の成功不能や社員総会の決議による解散は，都道府県知事の認可を受けなければ，解散の効力は生じません（医法55⑥）。

これらの事由により解散を望む医療法人は，次の資料を添付して，解散認可申請書を都道府県知事に提出しなければなりません（医規39の23）。

①　理由書
②　法又は定款に定められた解散に関する手続を経たことを証する書類
③　財産目録及び貸借対照表
④　残余財産の処分に関する事項を記載した書類

■解散認可申請書の例

法人No.

年　　月　　日

東京都知事　　殿

主たる事務所
の 所 在 地

申請者　　名　　　　称

理事長氏名　　　　　　　　　　　印

電 話 番 号　　　（　　　）

ファクシミリ番号　　　（　　　）

医療法人解散認可申請書

医療法人の解散の認可を受けたので，医療法第55条第６項及び同法施行規則第34条の規定により，下記のとおり申請します。

記

1　名　称		
2　主たる事務所の所在地		
3　理事長氏名		
4　設立認可		年　　月　　日
5　開設している病院，診療所又は介護老人保健施設	名　称	
	所在地	
6　病院，診療所又は介護老人保健施設の開設以外の業務を行っている場合はその業務の概要		
7　解散時の資産（設立時の資産）		
8　残余財産の処分方法		
9　解散の事由		目的たる業務の成功の不能 総会の決議

添付書類：

1　解散の理由書

2　解散することを決議した社員総会（理事会，評議員会）の議事録（写しの場合は原本と相違ない旨の理事長の証明があること。）

3　財産目録及び貸借対照表

4　残余財産の処分方法を記載した書類

解散認可申請には，解散理由書のほか，法又は定款に定められた解散に関する手続きを経たことを証する書類として，定款や社員総会議事録を添付し，解散の原因を明らかにしなければなりません。

■社員総会議事録例

第●号議案　本社団を解散する件 　議長○○○○は，本社団の業務全般にわたる詳細を説明するとともに，本社団が解散すべきとの結論に至った経過について述べた。 　社員○○○○はこれに対し……について質疑した。これに対し，理事○○○○は次のように述べた。 　…… 　この他社員の質疑に対し，理事の回答があったのち，議長は本議案に対する一同の賛否を諮った。これに対し，社員全員の賛成があったため，本議案は可決された。

なお，解散認可申請を受けた都道府県知事は，解散認可にあたり都道府県医療審議会の意見を聴取しなければなりません（医法45②）。

4　社員の欠亡による解散

（1）解散となる場合

社団医療法人は，社員の欠亡によって，解散します（医法55①五）。

社員の欠亡とは，死亡や除名，退社などにより，その医療法人の社員がすべていなくなることを指します。

この場合の社員とは，社団医療法人の社員総会の構成員を指し，従業員ではありません。

なお，社員の欠亡による解散は，都道府県知事の認可を要しません。例えば，社団医療法人の社員がすべて退社した場合，退社の時をもって解散し，都道府県知事の認可を受けることなく，社団医療法人は解散します。

（2）事業の継続

解散した医療法人は，清算決了に向けた組織となります。解散をもって開設施設は当然に廃止とはならないものの，廃止に向けた対応をしなければなりません。

開設している施設が病院や診療所といった医療施設の場合，医師法に定める応召義務から一定程度事業の継続ができるものと考えますが，介護施設の場合は，新たに介護契約を開始することはできないものと考えられます。

社員の欠亡により解散した場合，清算人は都道府県知事に解散届を提出しなければなりませんが（医法55⑧），解散届の提出の有無は解散の事実に影響を及ぼすものではありません。

5　清算人の就任と登記

医療法人が解散した場合には，①現務の結了，②債権の取立て及び債務の弁済，③残余財産の引渡しといった解散業務を行う清算人が就任します。

解散した場合の清算人は，一般的に定款に基づき理事が就任します。ただし，社員総会又は評議員会の議決により理事でない者を清算人として選任することも可能です。

なお，医療法人の理事長は，原則として医師又は歯科医師である者から選出しなければなりませんが（医法46の６①），清算人は医師又は歯科医師であることは求められません。

医療法人が解散した場合，その認可の日や事実の日から２週間以内に，解散に関する事項及び清算人の就任を登記しなければなりません（医法43①，組合等登記令７）。ただし，解散に関する登記を行わなくても，解散をした事実に影響はありません。

6　破産による解散

医療法人は，債務がその財産をもって完済することができなくなった場合は，理事若しくは債権者の申立て，又は裁判所の職権による破産手続開始の決定を受けることにより，都道府県知事の認可を受けることなく解散します（医法55④⑤）。

また，理事は医療法人の債務がその財産をもって完済できないこととなった場合に，破産宣告請求の義務を負います（医法55⑤）。

■破産申立てに要する書類

- 破産開始申立書
- 債権者一覧表
- 財産目録
- 申立人代理人作成の報告書
- 申立人代表者作成の陳述書
- 疎明資料一式（号証番号を付したもの）
- 税務申告書及び決算報告書（２期分）
- 委任状
- 履歴事項全部証明書（３か月以内）
- 社員総会又は理事会議事録

（残余財産の帰属）

第56条　解散した医療法人の残余財産は，合併及び破産手続開始の決定による解散の場合を除くほか，定款又は寄附行為の定めるところにより，その帰属すべき者に帰属する。

2　前項の規定により処分されない財産は，国庫に帰属する。

附　則　（平成18年６月21日法律第84号）抄

（残余財産に関する経過措置）

第10条　医療法第44条第５項の規定は，施行日以後に申請された同条第１項の認可について適用し，施行日前に申請された同項の認可については，なお従前の例による。

2　施行日前に設立された医療法人又は施行日前に医療法第44条第１項の規定による認可の申請をし，施行日以後に設立の認可を受けた医療法人であって，施行日において，その定款又は寄附行為に残余財産の帰属すべき者に関する規定を設けていないもの又は残余財産の帰属すべき者として同条第５項に規定する者以外の者を規定しているものについては，当分の間（当該医療法人が，施行日以後に，残余財産の帰属すべき者として，同項に規定する者を定めることを内容とする定款又は寄附行為の変更をした場合には，当該定款又は寄附行為の変更につき同法第50条第１項の認可を受けるまでの間），同法第50条第４項の規定は適用せず，旧医療法第56条の規定は，なおその効力を有する。

ポイント

残余財産の帰属者は，定款又は寄附行為に定め，定めがない法人は認可を受ける。

1　解散による残余財産の帰属者

解散した医療法人の残余財産は，合併及び破産による解散の場合を除き，定款又は寄附行為に定めた残余財産帰属者に帰属します（医法56①）。

残余財産の帰属者は，次のように定款又は寄附行為に定められるのが一般的です。

■定款例

第●条　本社団が解散した場合の残余財産は，合併及び破産手続開始の決定による解散の場合を除き，次の者から選定して帰属させるものとする。
(1)　国
(2)　地方公共団体
(3)　医療法第31条に定める公的医療機関の開設者
(4)　都道府県医師会又は郡市区医師会（一般社団法人又は一般財団法人に限る。）
(5)　財団たる医療法人又は社団たる医療法人であって持分の定めのないもの

これは，残余財産の帰属権利者として定款又は寄附行為に定められることができる者は，国，地方公共団体，公的医療機関開設者（公的医療機関開設者に準ずる厚生労働大臣が認める者），持分の定めのない医療法人に限られているからです（医規31の２）。

2　持分のある医療法人への残余財産帰属

１のとおり，他の医療法人の残余財産を帰属させることができる医療法人は，持分のない医療法人に限られ，持分のある医療法人に残余財産を帰属させることはできません。

これは，たとえ解散した医療法人が持分のある医療法人であったとしても同様です。

しかし，合併による解散の場合で，合併認可を経て持分のある医療法人に財産を帰属させることは認められます。

■医療法人の合併前後における法人類型

合併前の法人類型		合併後の法人類型
持分なし社団	持分なし社団	持分なし社団
持分なし社団	持分あり社団	持分なし社団
持分あり社団	持分あり社団	（合併により新たに法人を設立する場合） 持分なし社団
		（合併前の法人が存続する場合）持分あり社団又は持分なし社団
財団	財団	財団
持分なし社団	財団	持分なし社団又は財団
持分あり社団	財団	持分なし社団又は財団

（出所） 第３回医療法人の事業展開等に関する検討会「医療法人等の間の連携の推進について」（2013年12月４日）

3 残余財産帰属者が存在しない場合

残余財産の帰属すべき者に関する規定を設けない定款又は寄附行為を定めることは可能です（医法44⑤）。

残余財産帰属者を定款などに定めていない場合，残余財産は国庫に帰属します（医法56②）。

4 旧法の定めによる場合

2006年以前の医療法においては，定款又は寄附行為に残余財産帰属者の定めがない場合，都道府県知事の認可などを受け，解散手続きの一環として残余財産帰属者を定めることができました（旧医法56②③）。

■旧医療法における残余財産の認可帰属

法人区分	処分決議	手続き	帰属者
社団医療法人	総社員の同意	知事認可	認可内容による
財団医療法人		知事認可	医療事業者

したがって，都道府県知事の認可というハードルはあったものの，解散手続きの一環として，ある程度自由に残余財産帰属者を定めることは可能でした。

しかし，現行の医療法においては，この規定は削除され，定款又は寄附行為に残余財産帰属者を定めない場合には，残余財産は自動的に国庫に帰属します。

残余財産の帰属者の認可手続きが廃止されたのは，配当禁止を徹底し，医療法人の適切な運営のためと言われています。

■残余財産帰属者に関する制度改革イメージ

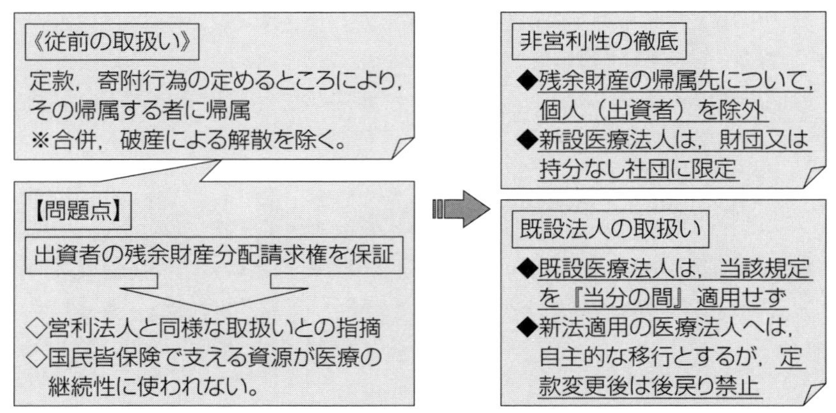

（出所） 第37回社会保障審議会医療部会 「医療法人に関する制度の見直しについて」（2013年12月11日）

ただし，2007年３月以前に設立又は設立認可申請された医療法人で，2007年４月１日時点の定款又は寄附行為に，残余財産帰属者を定めていない場合や，医療法に定める者以外の者を残余財産帰属者としている場合には，残余財産帰属者に関する定款又は寄附行為の変更を行わない限り，当分の間，旧医療法の手続きに基づく残余財産帰属者の認可申請が可能です（2006年医療法改正附則10）。

■残余財産帰属認可申請書例

様式第43号（第２条関係）

医療法人残余財産帰属認可申請書

年　　月　　日

（宛先）静岡市保健所長

清算人　住所
　　　　氏名

次のとおり，良質な医療を提供する体制の確立を図るための医療法等の一部を改正する法律（平成18年法律第84号）附則第10条第２項により，なおその効力を有することとされた同法による改正前の医療法第56条第３項の規定により残余財産を帰属させることについて認可を受けたいので申請します。

<table>
<tr><td colspan="2">医療法人の名称
主たる事務所の所在地
残余財産の額</td><td>

円</td></tr>
<tr><td rowspan="2">財産を帰属させようとする者</td><td>住所及び氏名
（法人にあっては，その主たる事務所の所在地，名称及び代表者の氏名）</td><td></td></tr>
<tr><td>行っている事業</td><td></td></tr>
</table>

（注）

1　財産目録を添付してください。

2　清算人氏名欄には，清算人が署名し，又は記名押印してください。

5　残余財産の性質

医療法人の残余財産は，解散と同時に自動的に帰属権利者に帰属するのではなく，解散しても医療法人に帰属したままです。

しかし，定款又は寄附行為において残余財産の帰属者として定められた者は，清算手続き終了後，医療法人に対して残余財産の譲渡を請求することができる債権的請求権を有するものと考えられます（医療法人問題研究会監修『医療法人制度の解説４訂初版』50頁（日本法令））。

（清算事業年度）

第56条の２　解散した医療法人は，清算の目的の範囲内において，その清算の結了に至るまではなお存続するものとみなす。

ポイント

清算事業年度は，決算日と解散日の関係によって決まる。

１　清算行為の概要

医療法人は解散したとしても，すぐに消滅することはできません。

債権者への債権の弁済や，従業員の解雇手続き，診療報酬の請求業務など清算手続きが必要となります。

これら清算行為のために，解散した医療法人は，清算の目的の範囲内において，その清算の結了に至るまではなお存続するものとみなされます（医法56の２）。

２　清算事業年度

（１）株式会社の清算事業年度

株式会社の場合，その法人の通常事業年度の期間がいつであろうと，解散した日の翌日から始まる各１年の期間が清算事業年度になります（法法14①）。

これは，会社法において，解散した場合の清算事業年度がそのように定められているからです（会法494①）。

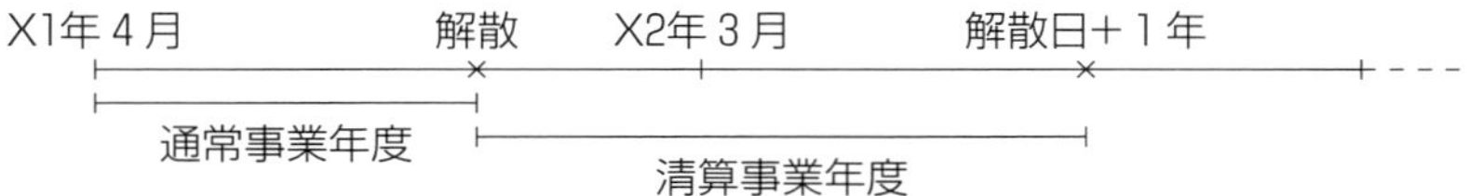

例えば，３月決算の株式会社が，８月15日に解散した場合の事業年度は次のようになります。

X1年４月１日～X1年８月15日	通常事業年度
X1年８月16日～X2年８月15日	清算事業年度

（２）医療法人の清算事業年度

医療法においては，会社法のように清算事業年度に関する定めはありません。

したがって，清算事業年度の期間は医療法によらず，法人税法により，解散の日をもって通常事業年度が終了し，解散した日から医療法人の定款又は寄附行為に定めた事業年度末日をもって，清算事業年度が終了します（法法14）。

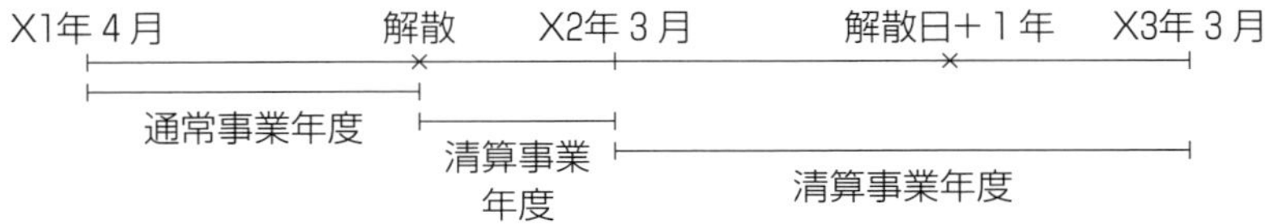

例えば，３月決算の医療法人が，８月15日に解散した場合の事業年度は次のようになります。

X1年４月１日～X1年８月15日	通常事業年度
X1年８月16日～X2年３月31日	清算事業年度

3　出資者への残余財産の分配

2007年３月以前に設立又は設立認可申請を行った医療法人のほとんどは，いわゆる持分の定めのある社団医療法人です。

この場合，残余財産は定款に基づき，払込済出資額に応じて出資者に分配されます。

残余財産の帰属に社員の地位の有無は関係なく，出資者が株式会社の場合，株式会社に医療法人の残余財産を分配することになります。

ただし，清算人は医療法人の債務を弁済した後でなければ，残余財産を出資者に分配することができないと解されています。

（清算人の選任）

第56条の３　医療法人が解散したときは，合併及び破産手続開始の決定による解散の場合を除き，理事がその清算人となる。ただし，定款若しくは寄附行為に別段の定めがあるとき，又は社員総会において理事以外の者を選任したときは，この限りでない。

清算人は，医師又は歯科医師であることを求められない。

1　清算人に就任する者

社員総会の決議などにより，医療法人が解散したときは，合併及び破産手続開始の決定による解散の場合を除き，理事がその清算人となります（医法56の３）。

ただし，定款又は寄附行為に清算人に関して別段の定めがあるときや，社員総会において理事以外の者を選任したときは，理事以外の者が清算人に就任することができます。

例えば，次のような定款を定めている医療法人は，理事長であった者が清算人に就任します。

> **第●●条**　本社団が解散したときは，合併及び破産手続開始の決定による解散の場合を除き，理事長であった者がその清算人となる。ただし，社員総会の決議によって理事長であった者以外の者を選任することができる。

医療法人の理事は，一般的に３名以上いることから，理事が清算人となる定款を定めている場合，清算人が複数となり，清算事務の実行が難しくなる場合も出てきます。

そこで，上記のような定款を定め，清算人を１名とすることも可能です。

2　清算人の就任登記

解散した医療法人は，解散の登記とともに清算人の登記を行わなければなりません。

その際，1のような定款を定め理事長が清算人となる場合であっても，解散前の理事が清算人に就任する場合を除き，清算人の就任承諾書を要します。

■清算人登記に関する添付資料

①　法定清算人（解散前の理事）が就任する場合：定款 ②　定款で定められた清算人が就任する場合：定款，就任承諾書 ③　社員総会の決議で選任された清算人が就任する場合：定款，社員総会議事録，就任承諾書 ④　裁判所が選任した清算人が就任する場合：定款，選任決定書正本（又は認証ある謄本）

3　非医師の清算人就任

医療法人の理事長は，都道府県知事の認可を受けた場合を除き，医師又は歯科医師でなければなりません（医法46の６）。

これに対し清算人は，医師又は歯科医師でなくても就任することが可能であり，就任のための知事認可も不要です。

4　清算人の届出

清算中に就職した清算人は，その氏名及び住所を都道府県知事に届け出なければなりません（医法56の６）。

また，清算人の登記がなされた場合，清算人の登記に関する届出も行わなければなりません。

■清算人の就任登記の届出

法律根拠	提出資料	届出時期
医法43①，医令5の12	清算人の就任登記届 （添付書類） ①　登記事項証明書 ②　清算人の履歴書 ③　清算人の就任承諾書	登記後遅滞なく

■清算人の就任登記届の例

年　月　日

○○県知事　　　　　　様

主たる事務所の所在地

医療法人　　　　　　　会

清算人　　　　　　　　印

清算人の就任登記届

下記のとおり，医療法人　　　　会の清算人の就任登記を　年　月　日に完了しましたので，医療法施行令第５条の１２の規定により届出します。

記

1　清算人の住所，氏名

2　清算人と法人の関係（当該清算人を選出した理由）

3　法人の解散した理由

添附書類

1　登記事項証明書

2　清算人の履歴書

3　清算人の就任承諾書

（清算人の不存在）

第56条の４　前条の規定により清算人となる者がないとき，又は清算人が欠けたため損害を生ずるおそれがあるときは，裁判所は，利害関係人若しくは検察官の請求により又は職権で，清算人を選任することができる。

ポイント

清算人に就任する者がいない場合は，裁判所に清算人の選任を求めることができる。

１　清算人が存在しない場合

（１）裁判所による選任

理事が存在しない場合や社員総会において清算人が選任されない場合は，医療法人が解散しても，清算人が存在しないこととなってしまいます。

そこで，清算人となる者がいないときや，清算人が欠けたため損害を生ずるおそれがあるときは，裁判所は，利害関係人若しくは検察官の請求により又は職権で，清算人を選任することができます（医法56の４）。

なお，解散当時の理事が存在している場合は，定款又は寄附行為に特段の定めがない限り，その者が法律上当然に清算人になりますので（医法56の３），裁判所は清算人を選任できません。

したがって，清算人への就任を望まない理事は，解散の前に理事を辞任する必要があります。

（２）清算人の解任

重要な事由があるときは，裁判所は，利害関係人若しくは検察官の請求により又は職権で，清算人を解任することができます（医法56の５）。

この場合の「重要な事由」とは，解散した医療法人において，清算人に解散事務を委ねることができない状況であることなどが考えられ，例えば，清算人が職務を行わない場合なども，重要な事由に該当すると考えられます。

2　死亡保険金請求のための清算人就任

（1）理事長死亡による保険金請求

被保険者を理事長とする生命保険契約を，医療法人が契約することがあります。

理事長が死亡し保険事故が発生した場合，契約者である医療法人は，死亡保険金を請求することができます。しかし，保険金の請求には法人の代表者による請求手続きが必要であり，その医療法人の代表者の署名押印を要します。

一般的な診療所を開設する医療法人の場合，理事の内，医師又は歯科医師は１名しかおらず，医師又は歯科医師でない親族は理事長に就任できない場合があります。そのため，理事長が死亡した場合に新たな理事長を選任できず死亡保険金が請求できないことがありえます。

このような場合，医師又は歯科医師でない親族は，医療法人を解散させ理事長でなく清算人に就任し，その医療法人の代表者となり死亡保険金を請求することができます。

（2）保険請求のための清算人就任

清算人は，解散時に残る債務の履行や，資産の譲渡など，清算結了に向けた事務を執行します。すなわち清算人は，清算事務をすべて終わらせ，清算を結了させなければなりません。

そうすると，死亡保険金請求のために清算人に就任することを希望する者であっても，保険請求のみならず，全般的な清算事務を執行しなければなりません。

このような清算人の就任を希望しない者は，死亡保険金の請求事務のみを行う清算人として裁判所より選任を受けることも可能と考えられます。

具体的には，清算人に対して清算手続きのすべてを行うことを求めず，申立人が目的とする限定的な清算事務のみを行い，当該事務が終了した時点で，非訟事件手続法59条１項により選任決定を取り消して当該清算人の事務を終了させ，選任に係る登記を裁判所書記官からの嘱託で抹消するという運用も考えられています。

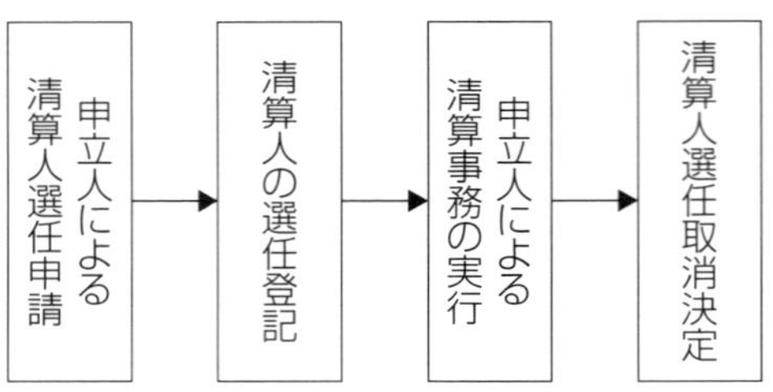

■非訟事件手続法

（終局決定の取消し又は変更）
第59条　裁判所は，終局決定をした後，その決定を不当と認めるときは，次に掲げる決定を除き，職権で，これを取り消し，又は変更することができる。
一　申立てによってのみ裁判をすべき場合において申立てを却下した決定
二　即時抗告をすることができる決定

（清算人の解任）

第56条の5　重要な事由があるときは，裁判所は，利害関係人若しくは検察官の請求により又は職権で，清算人を解任することができる。

ポイント

清算人は，裁判所への請求により解任することができる。

●裁判所による清算人の解任

重要な事由があるときは，裁判所は，利害関係人若しくは検察官の請求により又は職権で，清算人を解任することができます。

重要な事由として考えられるのは，清算業務を行わないことや，清算人の自己の利益を図る目的での清算行為などが考えられます。

なお，株式会社は，株主総会の決議によって清算人の解任をいつでも行えますが（会法479），医療法人の場合はこのような規定はありません。

（清算人の届出）

第56条の６　清算中に就職した清算人は，その氏名及び住所を都道府県知事に届け出なければならない。

（登記の届出）

医療法施行令第５条の12　医療法人が，組合等登記令（昭和39年政令第29号）の規定により登記したときは，登記事項及び登記の年月日を，遅滞なく，その主たる事務所の所在地の都道府県知事（次条において単に「都道府県知事」という。）に届け出なければならない。ただし，登記事項が法第44条第１項，第54条の９第３項，第55条第６項，第58条の２第４項（法第59条の２において準用する場合を含む。）及び第60条の３第４項（法第61条の３において準用する場合を含む。）の規定による都道府県知事の認可に係る事項に該当するときは，登記の年月日を届け出るものとする。

ポイント

清算人は，都道府県に就任の届出が必要である。

解散した医療法人の清算人は，登記を行わなければなりません。

また清算人は，清算人が登記された事実を，主務官庁に届け出なければなりません。

【添付資料】（例）

(1)　履歴事項全部証明書
(2)　清算人の就任承諾書
(3)　清算人の履歴書
(4)　清算人の印鑑登録証明書

年　　月　　日

〇〇県知事　　　　　　　　殿

主たる事務所の所在地

医療法人　　　　　会

清算人　　　　　　　　　印

清　算　人　の　就　任　登　記　届

下記のとおり，医療法人　　　　　会の清算人の就任登記を　　年　　月　　日に完了したので，医療法施行令第５条の12の規定により届出します。

記

1　清算人の住所，氏名

2　清算人と法人との関係（当該清算人を選出した理由）

3　法人の解散した理由

［添付書類］

1　登記事項証明書
2　清算人の履歴書
3　清算人の就任承諾書

清算人就任承諾書

年　　月　　日

医療法人　　　　　会
理事長　　　　　　　　様

このたび，私は，　　年　　月　　日開催の社員総会において，清算人に選任されましたので，就任することを承諾いたします。

住　所
氏　名　　　　　　　　　　印

（清算人の職務）

第56条の７　清算人の職務は，次のとおりとする。

一　現務の結了

二　債権の取立て及び債務の弁済

三　残余財産の引渡し

２　清算人は，前項各号に掲げる職務を行うために必要な一切の行為をすることができる。

清算人は，清算の目的で幅広い職務権限を有する。

１　清算人の職務

（１）現務の結了

清算人は，解散時に残る不動産の処分や，職員の退職手続き，解散時に残る契約を履行するなど，解散時において未了となっている残務を結了させなければなりません。

これを，現務の決了と言います。

（２）債権の取立て及び債務の弁済

医療法人は，他人への貸付金は存在しませんが，診療報酬の請求を通じて生じた医業未収金などはありえます。この医業未収金の回収などは清算人の業務です。

また，買掛金や未払金の返済も，清算人が業務として行う必要があります。

なお，債権者へ随時弁済をすることは許されないという考え方もあります。

解散の事実の公告と債権者への催告を行わなければ，弁済ができなかった債権者に対して清算人の責任は生じると考えられます。

（3）残余財産の分配

清算人は，医療法人の資産を換価後，債権者に債務を弁済してもなお，残余財産があるときは，残余財産を分配します。

残余財産の帰属権利者は，定款の定めによります。

■定款記載例

第44条　本社団が解散した場合の残余財産は，合併及び破産手続開始の決定による解散の場合を除き，次の者から選定して帰属させるものとする。

(1)　国
(2)　地方公共団体
(3)　医療法第31条に定める公的医療機関の開設者
(4)　都道府県医師会又は郡市区医師会（一般社団法人又は一般財団法人に限る。）
(5)　財団たる医療法人又は社団たる医療法人であって持分の定めのないもの

2　残余財産の帰属権利者

定款において残余財産の帰属権利者が不明確な法人が，一部に存在します。

また，残余財産の帰属権利者を一定程度，自由に決定することができる定款を定めている法人もあります。

しかし，あらかじめ財産の拠出者に残余財産を帰属させる定款等は認められないと考えられます。

財団たる医療法人の解散時における残余財産の帰属について

（昭和32年５月13日）（２医第578号）
（厚生省医務局長あて京都府知事照会）

財団たる医療法人が解散したときの残余財産の処分方法は，医療法第56条に規定されていますが，寄附行為中に「本財団が解散した場合の残余財産は，理事会及び評議員会の議決を経，都道府県知事の認可を得て処分するものとする。」「医療法の一部を改正する法律の施行について」（昭和25年８月９日医発第521号医務局長発都道府県知事あて）の寄附行為例第28条と同様な抽象的規定を持つ，財団たる医療法人が解散したときの残余財産の帰属者決定について左記のとおり疑義があり，差し迫った事例もあるので至急何分の御教示を煩したく，照会します。

1　財団たる医療法人は，社団たる医療法人と異なり，構成分子たる個人の集団をもたず設立者が医療事業を行うことを目的として出損された財産を中心として固定した組織の下に恒久不変の存在を続けうるだけで，自主的にその意思を構成して活動することができないものであるから，理事会及び評議員会の議決によるといえども財産の提供者又は，これらの関係者等に返戻を認める処分は，許されず，従って議決の範囲もそれ以外に帰属者を求めることに限定されるものと解されるが，どうか。

2　しかし，一の財団一般の原則を固執するとすれば，「医療法人等に対する相続税等の課税について」（昭和28年12月25日直資141号国税庁官発各国税局長あて）及び「医療法人等に対する相続税等の特別措置を伴う課税上の取扱について」（昭和29年３月31日直資14，直法1139，直所1113国税庁官発各国税局長あて）等の通達により財団たる医療法人を解散して社団たる医療法人設立すること又は医療法人を解散してその残余財産をその提供者に分配すること等を認めた前例からすれば，十分矛盾が考えられるが，これらの関係をどのように解すればよいか。

3　２により残余財産を，その提供者に分配することを認めることとすれば，財団たる医療法人と社団たる医療法人とは実質的には差異はなく，医療法人制度において社団と財団の二種の形態を設けている実益は殆んど存在しないように考えられるがどうか。

（昭和32年７月19日医発第606号）
（京都府知事あて厚生省医務局長回答）

昭和32年５月13日２医第578号をもって御照会の標記について左記の通り回答する。

記

医療法人に社団と財団の二形態を認めているのは，社団たる医療法人は，社員の総意による民主的且つ，柔軟性のある運営が可能であるという利点を有する一方，社員の退社による基本的財産の分散による事業の安定性，継続性の欠如のおそれがある等の欠点を有し，財団たる医療法人は，事業の安定性，継続性が設立者の意思に基く目的と組織によって保障されるという利点を有する一方，運営の民主性，柔軟性を欠くという欠点を有する等それぞれの特質に着目して法人設立者の意思に従いいずれかを選ばせようとするところにあるのであって，御照会のように，財団たる医療法人については，財団である故に解散時の残余財産の帰属に関して特段の制限を加えるのでなければ，財団を法認する意味がないということはない。

しかしながら，財団たる医療法人の形態が私益のために濫用されることを防止する趣旨から，たとえば寄附行為中に「解散時の残余財産は設立者又はその親族に帰属する」等の定めをし，あたかも財産提供者の私有財産とえらぶところのない実体の財団の如きは，そもそもその設立を許可すべきではないと解される。

（債権の申出の催告等）

第56条の８　清算人は，その就職の日から二月以内に，少なくとも三回の公告をもつて，債権者に対し，一定の期間内にその債権の申出をすべき旨の催告をしなければならない。この場合において，その期間は，二月を下ることができない。

２　前項の公告には，債権者がその期間内に申出をしないときは清算から除斥されるべき旨を付記しなければならない。ただし，清算人は，判明している債権者を除斥することができない。

３　清算人は，判明している債権者には，各別にその申出の催告をしなければならない。

４　第１項の公告は，官報に掲載してする。

ポイント

清算人は，官報に３回以上公告するなど，債権者保護手続きを行わなければならない。

１　解散公告

解散した医療法人の清算人は，清算人就職の日から２か月以内に，債権者の保護手続きとして公告を３回以上しなければなりません（医法56の８①）。

具体的には，債権者に対し２か月以上の期間内に，債権の申出をすべき旨を官報に公告します（医法56の８②）。

なお，会社法を根拠とする株式会社等の解散公告は１回以上であるのに対し，医療法人の解散公告は３回以上必要という違いがあります。

■解散公告例

<table><tr><td>
解散公告（第●回）

当法人は，令和●年●月●日開催の社員総会の議決並びに○○県知事の認可により，令和●年●月●日をもって解散いたしましたので，当法人に債権を有する方は，本公告掲載の翌日から二箇月以内にお申し出下さい。
なお，右期間内にお申し出がないときは清算から除斥します。
令和●年●月●日
東京都東京区東京一丁目１番１号
医療法人○○会
清算人　○○○○
</td></tr></table>

2　公告方法

解散公告は，定款又は寄附行為の定めにかかわらず，官報に掲載する方法によって公告します（医法56の８④）。

官報の公告には，14日程度の期間を要しますので，官報掲載に至るまでの期間を考慮した日程管理が必要です。

なお，官報公告は１行3,263円（別途消費税等）であり，一般的には１回あたり３万～４万円程度の金額を要します。

3　個別催告

清算人は，解散公告のほか，判明している債権者に，各別に債権の申出の催告をしなければなりません（医法56の８③）。

■債権者個別催告書の例

債権申出の催告書

拝啓　時下益々ご清栄のこととお喜び申し上げます。

さて，当法人は，令和●年●月●日開催の社員総会の議決並びに○○県知事の認可により，令和●年●月●日をもって解散いたしました。

つきましては，当法人に債権を有する場合には，令和●年●月●日までにお申し出下さい。

なお，令和●年●月●日までにお申し出がないときは清算から除斥します。

なお，同様の催告は，令和●年●月●日付官報●●頁（号外●●号）にも掲載されております。

敬具

東京都東京区東京一丁目１番１号

医療法人○○会

清算人　○○○○

■医療法人の解散の流れ

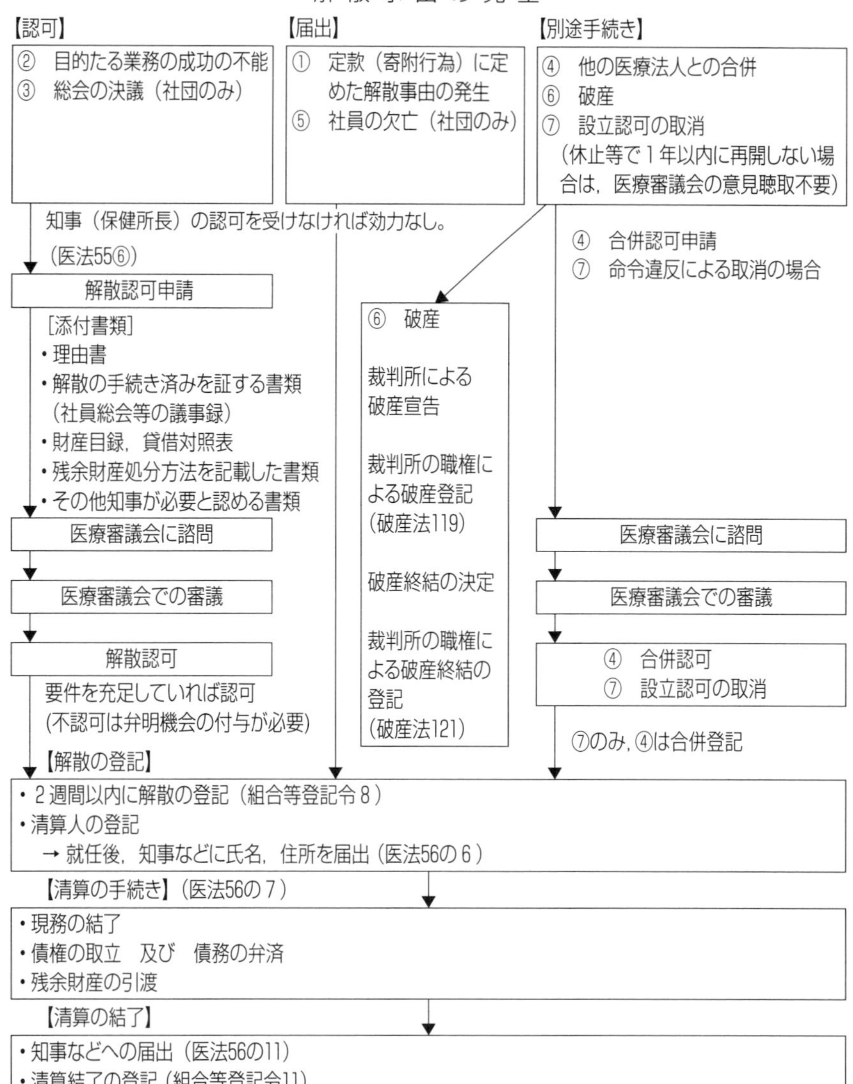

（出所）　愛媛県資料を基に著者作成。

第56条の8（債権の申出の催告等）

（債権の申出がなかった場合）

第56条の９　前条第１項の期間の経過後に申出をした債権者は，医療法人の債務が完済された後まだ権利の帰属すべき者に引き渡されていない財産に対してのみ，請求をすることができる。

ポイント

完済してもなお残余財産がある場合に限り，届出債権者に分配できる。

期日までに債権の申出をしなかった債権者に対しては，清算手続きにおいて弁済を行えません。

なお，債権の申出を行わなかった債権者に弁済を行った場合には，支払不能状態にもかかわらず，一部債権者に優先的に弁済を行ったこととなるため，清算手続きとして認められません。

ただし，医療法人の債務が完済されてもなお，権利の帰属すべき者に引き渡されていない財産に対してのみ，期日までに債権の申出を行わなかった債権者は，医療法人に弁済の請求をすることができます（医法56の９）。

（破産手続き）

第56条の10　清算中に医療法人の財産がその債務を完済するのに足りないことが明らかになつたときは，清算人は，直ちに破産手続開始の申立てをし，その旨を公告しなければならない。

2　清算人は，清算中の医療法人が破産手続開始の決定を受けた場合において，破産管財人にその事務を引き継いだときは，その任務を終了したものとする。

3　前項に規定する場合において，清算中の医療法人が既に債権者に支払い，又は権利の帰属すべき者に引き渡したものがあるときは，破産管財人は，これを取り戻すことができる。

4　第1項の規定による公告は，官報に掲載してする。

債務超過でも，債務免除の見込みがあれば，必ずしも破産申立ては求められない。

1　破産の申立て

清算中の医療法人が，医療法人の財産をもって債務を完済できない場合，清算人は直ちに，主たる事務所の所在地を管轄する地方裁判所に破産手続開始の申立てをしなければなりません（医法56の10①，56の13）。

これは，債務超過の医療法人は常に破産申立てを行うということではなく，債権者から債務免除の見込みがあれば，破産手続きの申立てを行わないことも認められるものと考えられます。

■破産手続開始申立ての公告例

破産手続開始申立ての公告

当法人は，令和●年●月●日に解散し清算中ですが，当法人の財産がその債務を完済するのに足りないことが明らかになったため，令和●年●月●日●●地方裁判所に破産手続開始の申立てを行いましたので，医療法第56条の10第1項の規定により公告いたします。

令和●年●月●日

東京都東京区東京一丁目1番1号

医療法人〇〇会

清算人　〇〇〇〇

2　出資者への残余財産分配

清算手続きを経て，債権者に債務の弁済をし，役員等への退職金を支給してもなお，残余する財産がある場合には，持分の定めのある医療法人の場合には，定款又は寄附行為に定めた者に，出資額に応じて残余財産の分配を行います。

残余財産の分配を行う場合には，配当所得に該当し，配当とみなされる額に20.42%の税率を乗じた源泉徴収額を差し引き分配します（所得税法25①四，181①）。

仮に出資者が株式会社であったとしても，医療法人の解散に伴う残余財産の分配は医療法上は配当とならず，株式会社へ残余財産の分配を行うことは認められます。

配当所得とみなす額は，出資額を超える額であり，分配額のうち出資額に対応する額に源泉徴収は要しません。

また，残余財産の分配を現物をもって行うことも可能ですが，この場合においても源泉徴収を要します。そのため，現物による残余財産の分配は，金銭も同時に分配するか，源泉徴収額相当を分配を受ける者から受領する手続きを要します。

現物分配する資産が建物など消費税法上の課税取引となる資産であっても，

資産の譲渡等には該当しません。

■消費税審理事例　国税庁消費税課

（問）　会社の清算において残余財産を株主に対して分配することとされているが，この際にごく稀であるが金銭に代えて現物（土地，建物等）を分配する場合がある。

この残余財産の現物分配の消費税の取扱いはどうなるか。

（答）　残余財産の分配は，投下された資本の返戻の性格を有するものと認められることから対価性のない取引に該当する。

したがって，残余財産の現物分配は，消費税法上対価性のない資産の移転行為となり，資産の譲渡等に該当しない。

（注）　残余財産の分配額のうち所法25条《配当等の額とみなす額》，法法第24条《配当等の額とみなす金額》により配当とみなされる部分があるが，この部分を含めて対価性のない取引となる。

3　国等への残余財産分配

持分のない医療法人の残余財産は，定款等に基づき国等（国，地方公共団体，医療法31条に定める公的医療機関の開設者，一般社団法人又は一般財団法人の都道府県医師会又は郡市区医師会，財団医療法人又は社団医療法人であって持分の定めのないもの）に分配されます（医規31の２，医法44⑤）。

分配先が複数定められている場合，分配先の決定は清算人の専決事項ではなく，社員総会又は評議員会の議決事項ではないかと考えられます（福島県医療法人残余財産処分（帰属）認可申請書ほか）。

（清算結了届）

第56条の11　清算が結了したときは，清算人は，その旨を都道府県知事に届け出なければならない。

清算結了は届出義務がある。

1　清算結了の届出

清算した医療法人の清算事務が終了した場合，遅滞なく清算報告を作成し，社員総会又は評議員会の承認を受けるものと考えられます。

清算報告が社員総会又は評議員会で承認されれば，清算事務は終了し，承認の日から２週間以内に，清算結了の登記をし，速やかに主務官庁に清算結了届を提出します（医法56の11）。

■医療法人清算結了届例

年　　月　　日

○○県知事　　　　　　　殿

主たる事務所の所在地
医療法人　　　　　会
清算人　　　　　　　　印

医　療　法　人　清　算　結　了　届

年　　月　　日に下記のとおり清算を結了したので，医療法施行令第５条の12の規定により届出します。

記

1　解散時の資産総額

2　解散及び清算諸費
(1)　解散事務費
(2)　借入金の返済
(3)　未払金の精算
(4)　その他

3　残余財産
残余財産は，別添受領書のとおり，その金額を　　　　　　　に寄付した。

［添付書類］
登記事項証明書

2　清算最終年度の申告

清算期間中の法人税申告の提出期限は，残余財産の確定日の属する事業年度終了日の翌日から１か月以内となります（法法74②）。

残余財産の確定とは，残余財産の分配をどのようにいくらの金額で行うかが確定した時点を指しますので，最終の残余財産分配の前に，残余財産確定日が到来します。

ただし，その事業年度終了日の翌日から１か月以内に残余財産の最後の分配又は引渡しが行われる場合には，その行われる日の前日までが申告期限となります。

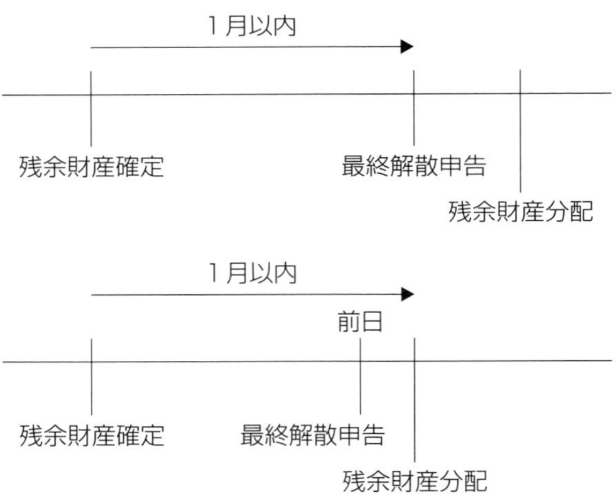

（裁判所の解散監督）

第56条の12　医療法人の解散及び清算は，裁判所の監督に属する。

2　裁判所は，職権で，いつでも前項の監督に必要な検査をすることができる。

3　医療法人の解散及び清算を監督する裁判所は，都道府県知事に対し，意見を求め，又は調査を嘱託することができる。

4　前項に規定する都道府県知事は，同項に規定する裁判所に対し，意見を述べることができる。

ポイント

医療法人の解散は，裁判所の監督下に置かれるが，裁判所への届出は通常生じない。

医療法人の解散及び清算は，裁判所の監督によりますが（医法56の12），破産手続きを受けないほとんどの解散手続きでは，裁判所が関与することはありません。

株式会社は，旧商法において解散事由等を裁判所届出（旧商法418），財産目録・貸借対照の提出（旧商法419③）を通して，清算手続きを裁判所の監督下としていましたが，会社法施行に伴い，裁判所による監督を受けることなく，解散及び清算手続きが完了している実務を鑑み，裁判所の監督が不要とされました。

しかし，医療法人の解散及び清算は，現在でも裁判所の監督下に置かれていますが，債務の弁済が行え主務官庁への解散認可申請を行う一般的な解散においては，裁判所に届出を行うことはありません。

（裁判所の管轄区域）

第56条の13　医療法人の解散及び清算の監督並びに清算人に関する事件は，その主たる事務所の所在地を管轄する地方裁判所の管轄に属する。

ポイント

解散に関する裁判所の管轄区域は，医療法人の事務所所在地となる。

1　裁判所の管轄区域の概要

医療法人を解散し，清算手続きを行う場合，その監督は裁判所が行います（医法56の12）。

また，清算人の選任や解任に関する事件も，裁判所が行います（医法56の５）。

これらの場合の事件を管轄する裁判所は，その主たる事務所の所在地を管轄する地方裁判所の管轄に属します。

主たる事務所の所在は，その医療法人の登記簿謄本を確認すればわかります。

■登記簿謄本の例

会社法人等番号	●●●●●●●●●●●●●
名　称	医療法人○○会
主たる事務所	大阪府○○市××１丁目１番１号

2　管轄裁判所

裁判所の管轄区域は，下級裁判所の設立及び管轄区域に関する法律（昭和22年法律第63号），地方裁判所及び家庭裁判所支部設置規則（昭和22年最高裁判所規則第14号）などに基づき定められています。

具体的には，裁判所のホームページで管轄を確認できます。

■裁判所の管轄区域はホームページで確認できる

▾本文へ　AA 文字サイズの調整について

裁判所
COURTS IN JAPAN

裁判手続案内　最高裁判所・各地の裁判所　裁判例情報　統計・資料

裁判所の管轄区域

トップ > 裁判手続案内 > 裁判手続を利用する方へ > 裁判所の管轄区域

裁判所の管轄区域をご案内いたします。

札幌高等裁判所管内

- 北海道

仙台高等裁判所管内

（不服申立ての禁止）

第56条の14　清算人の選任の裁判に対しては，不服を申し立てることができない。

ポイント

裁判所が行う清算人の選任には，債権者といえども不服を申し立てられない。

医療法人が解散し，清算人の就任者が存在しない場合の清算人の選任や解任は，裁判所が行います（医法56の４）。

裁判所が清算人の選任を行う場合，債権者等が不服の申立てを行ったとしても，清算人の中立性を確保するため，清算人の候補者を推薦することはできません。

原則として，清算人は裁判所が適任と考える弁護士が選任されると考えられます。

選任された清算人について，申立人である債権者であったとしても，その不服は申し立てられません。

清算人の選任の裁判は非訟事件として扱われます。

（清算人の報酬）

第56条の15　裁判所は，第56条の４の規定により清算人を選任した場合には，医療法人が当該清算人に対して支払う報酬の額を定めることができる。この場合においては，裁判所は，当該清算人及び監事の陳述を聴かなければならない。

裁判所が選任した清算人の報酬は，裁判所が決定する。

裁判所が清算人を選任した場合には，医療法人が清算人に対して報酬を支払いますが，その報酬額は，清算人及び監事の陳述を聴取し，報酬の額を定めます。

清算人の報酬は，清算事務を遂行するうえで清算人が調査を行うことが必要な場合や，清算事務遂行中に問題が生じるおそれからその解決に労力を要することが予想される場合などには，高額になる場合もあります。

また，不動産の譲渡などのスポット業務を目的として清算人の選任の申立てを行う場合があります。

この場合は軽微な業務として20万円から50万円の報酬で済む場合もあります。

（検査役の選任）

第56条の16　裁判所は，医療法人の解散及び清算の監督に必要な調査をさせるため，検査役を選任することができる。

2　前二条の規定は，前項の規定により裁判所が検査役を選任した場合について準用する。この場合において，前条中「清算人及び監事」とあるのは，「医療法人及び検査役」と読み替えるものとする。

ポイント

裁判所は，清算業務の調査のために検査役を選任することがある。

裁判所は，医療法人の解散及び清算の監督に必要な調査をさせるため，検査役を選任することができます。

報酬など負担が生じますが，清算の申立人である債権者，医療法人など関係者であっても，裁判所に対して不服を申し立てることはできません。

また裁判所は，医療法人が検査役に対して支払う報酬の額は，医療法人及び検査役の意見を聴取して定めます。

第８節　合併及び分割

第１款　合　併

第１目　通　則

（合併契約の締結）

第57条　医療法人は，他の医療法人と合併をすることができる。この場合においては，合併をする医療法人は，合併契約を締結しなければならない。

ポイント

持分の定めのある医療法人同士の合併は，持分に関する規定を存続することができる。

1　医療法人の合併の概要

「合併」とは，契約に基づき２以上の医療法人が１の医療法人となることです。合併の種類には，消滅する医療法人の全資産負債が包括的に存続する医療法人に移転する吸収合併と，新設する医療法人に移転する新設合併があります。

2　社団医療法人と財団医療法人の合併

昭和の時代から，医療法人が他の医療法人と合併をすることは可能でした。ただし，社団医療法人同士，又は財団医療法人同士の合併のみ認められており，社団と財団の合併はできませんでした（旧医法57①②）。

■2014年９月まで

【矢印の合併契約は可能】

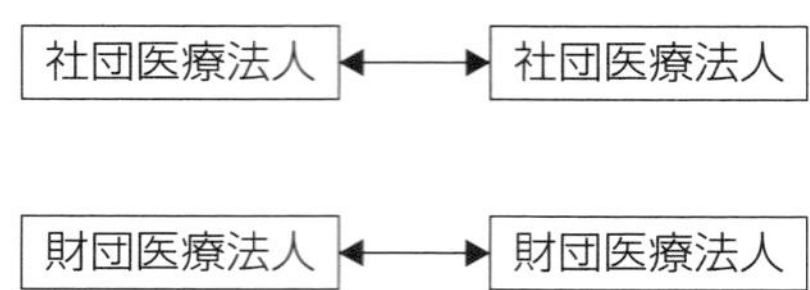

2014年10月の医療法改正後は，社団医療法人と財団医療法人の合併も認められるようになり，現在においても同様です（医法57）。

これは，2007年に施行された一般社団法人及び一般財団法人に関する法律において，社団法人と財団法人との合併が可能とされたことを受けたものと考えられます。

■2014年10月以降

【矢印の合併契約は可能】

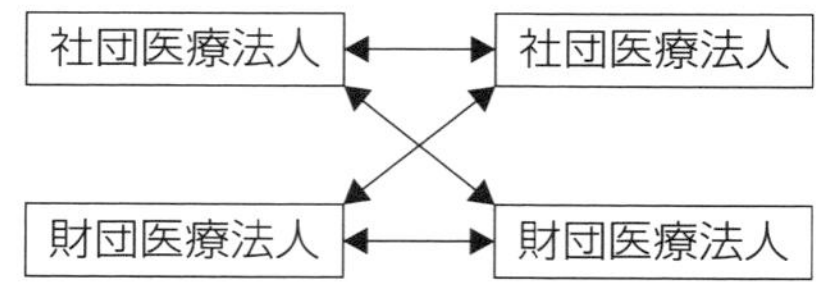

■合併の組み合わせ

合併の組み合わせ		存続合併法人
社団医療法人	社団医療法人	社団医療法人
財団医療法人	財団医療法人	財団医療法人
社団医療法人	財団医療法人	社団医療法人又は財団医療法人
財団医療法人	社団医療法人	社団医療法人又は財団医療法人

ただし，合併存続医療法人及び合併新設医療法人が，社団たる医療法人のみである場合は社団たる医療法人が存続し，財団たる医療法人のみである場

合は財団たる医療法人が存続します。

3　持分の定めのある医療法人同士の合併

2007年４月以降に設立認可申請された医療法人は，すべて持分の定めがない医療法人です。

したがって，合併により存続する医療法人は原則として，持分の定めのない医療法人です。

ただし，合併前の医療法人のいずれもが2007年３月以前に設立認可申請された持分の定めのある医療法人である場合には，吸収合併後存続する医療法人の定款に，持分の定めに関する事項を定めることができます。

これは，吸収合併に限った場合であり，持分の定めのある医療法人同士の合併であっても，新設合併ならば，持分のない医療法人しか選べず，課税が生じる場合がありえますので注意が必要です。

■社団医療法人合併の持分の組み合わせ

合併の組み合わせ		存続合併法人
持分の定めのない社団医療法人	持分の定めのない社団医療法人	持分の定めのない社団医療法人
持分の定めのない社団医療法人	持分の定めのある社団医療法人	
持分の定めのある社団医療法人	持分の定めのない社団医療法人	
持分の定めのある社団医療法人	持分の定めのある社団医療法人	
持分の定めのある社団医療法人	持分の定めのある社団医療法人	持分の定めのある社団医療法人

第２目　吸収合併

（吸収合併手続き）

第58条　医療法人が吸収合併（医療法人が他の医療法人とする合併であつて，合併により消滅する医療法人の権利義務の全部を合併後存続する医療法人に承継させるものをいう。以下この目において同じ。）をする場合には，吸収合併契約において，吸収合併後存続する医療法人（以下この目において「吸収合併存続医療法人」という。）及び吸収合併により消滅する医療法人（以下この目において「吸収合併消滅医療法人」という。）の名称及び主たる事務所の所在地その他厚生労働省令で定める事項を定めなければならない。

（法第58条の厚生労働省令で定める事項）

医療法施行規則第35条　法第58条に規定する厚生労働省令で定める事項は，次に掲げるものとする。

一　吸収合併存続医療法人（法第58条に規定する吸収合併存続医療法人をいう。以下この目において同じ。）の吸収合併（同条に規定する吸収合併をいう。以下この款において同じ。）後二年間の事業計画又はその要旨

二　吸収合併がその効力を生ずる日

ポイント

適格合併の要件を満たすことにより，合併による資産の受入れによる課税は生じない。

1　医療法人の合併の種類

医療法人の合併には，合併により消滅する医療法人の権利義務の全部を合併後存続する医療法人に承継させる吸収合併と，合併により消滅する医療法

人の権利義務の全部を合併に伴い新設する医療法人に承継させる新設合併があります。

■第３回医療法人の事業展開等に関する検討会　資料

【参考：「いずれかの法人が他の法人に事業譲渡した後に解散すること」と「合併」の主な違いについて】

	いずれかの法人が他の法人に事業譲渡した後に解散すること	合　併
権利義務の承継	契約に基づき，権利義務を承継する	合併後の医療法人は，合併前の医療法人の権利義務（行政庁の認可その他の処分に基づいて有する権利義務を含む。）を承継
病院等の開設認可の取扱	廃止届及び新規の開設認可が必要 ※　なお，病床過剰地域において，病院等の開設者に変更があった場合でも，その前後で病床の種別ごとの病床数が増加されないときは，都道府県知事の勧告は行われない。	新規の開設認可は不要
課税関係	事業譲渡は，税法上単なる財産の売買であり，課税される	税法上の適格合併に当たれば，被合併法人の譲渡した資産の譲渡益に対して課税はされない

2　合併の決議

吸収合併を行う契約において，吸収合併後存続する医療法人の名称及び主たる事務所の所在地，吸収合併により消滅する医療法人の名称及び主たる事務所の所在地，吸収合併後２年間の事業計画又はその要旨，及び吸収合併がその効力を生ずる日を，社員総会の決議又は評議員会の決議により定めなければなりません。

合併を行う場合には，合併の認可申請に先立って，社員総会において（特定医療法人はほかに，理事会及び評議員会），財団医療法人は理事会において次の事項を定め，その内容を合併契約書に定めなければなりません。

吸収合併	新設合併
①　吸収合併存続医療法人及び吸収合併消滅医療法人の名称及び主たる事務所の所在地 ②　吸収合併存続医療法人の吸収合併後２年間の事業計画又はその要旨 ③　吸収合併がその効力を生ずる日	①　新設合併消滅医療法人の名称及び主たる事務所の所在地 ②　新設合併設立医療法人の目的，名称及び主たる事務所の所在地 ③　新設合併設立医療法人の定款又は寄附行為で定める事項 ④　新設合併設立医療法人の，新設合併後２年間の事業計画又はその要旨

3　適格合併要件

（1）適格合併の概要

医療法人が合併により資産及び負債を，合併法人に移転をしたときは，原則として被合併法人が時価により資産及び負債を合併法人に譲渡したものとされます。

しかし，合併が適格合併に該当する場合には，資産及び負債の移転にかかる譲渡損益が繰延べられます。

被合併法人で生じた未処理欠損金額は，要件を満たす場合に限り，合併法人で生じた欠損金額とみなして，合併法人に引き継がれます。

すなわち，適格合併の場合は，合併に伴う課税が生じないということです。

（2）持分のある医療法人同士の合併

合併の税制適格要件は，持分関係に応じて，次の３パターンになります。ただし，①②は持分の定めのある社団医療法人に限られます。

①　完全支配関係がある法人の合併

完全支配関係とは，一の者が法人の発行済株式等の全部を直接若しくは間接に保有する関係又は一の者との間に当事者間の完全支配関係がある法人相互の関係を言います（法法２十二の七の六)。

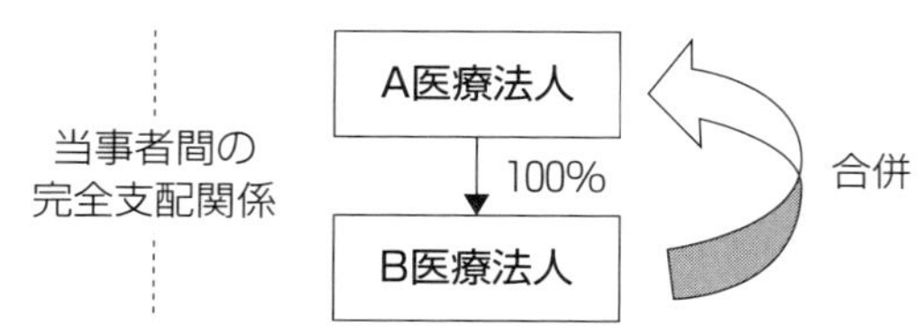

被合併法人の持分所有者に合併法人持分以外の資産が交付されず，合併により交付される合併法人持分の全部が引き続き継続して保有されることが見込まれている場合に，適格合併となります。

なお，上図のような完全親子関係の合併においては，合併により交付される持分がありませんので，持分保有継続要件は求められません。

② 支配関係のある法人の合併

持分の所有割合が50％超100％未満グループ内の合併の場合，支配関係のある法人の合併となります。

この要件を満たす医療法人の合併は稀です。

③ 共同事業要件による合併

持分のない医療法人間の合併が適格合併となるには，共同事業要件を満たさなければなりません。

共同事業要件とは，次の要件を満たす場合を指します。

ⅰ）従業者引継要件

被合併法人の合併直前の従業者のうち，その総数のおおむね80％以上に相当する数の者が合併後に合併法人の業務に従事することが見込まれていること

ⅱ）事業継続要件

被合併法人の合併前に行う主要な事業が合併後に合併法人において引き続き行われることが見込まれていること

ⅲ）事業関連性要件

被合併法人の被合併事業と合併法人の合併事業とが相互に関連するものであること

ⅳ）事業規模要件又は経営参画要件

被合併法人の被合併事業と合併法人の合併事業のそれぞれの売上金額，従業者の数，被合併法人と合併法人の資本金の額若しくはこれらに準ずるものの規模の割合がおおむね５倍を超えないこと

または，合併前の被合併法人の特定役員のいずれかと合併法人の特定役員のいずれかが合併後に合併法人の特定役員となることが見込まれていること

なお，持分が存在しない医療法人の合併において，被合併法人の持分所有者に合併法人の持分以外の資産が交付されない合併対価要件と，持分を継続して保有されることが見込まれる保有継続要件は求められません。

（合併の条件）

第58条の２　社団たる医療法人は，吸収合併契約について当該医療法人の総社員の同意を得なければならない。

２　財団たる医療法人は，寄附行為に吸収合併をすることができる旨の定めがある場合に限り，吸収合併をすることができる。

３　財団たる医療法人は，吸収合併契約について理事の三分の二以上の同意を得なければならない。ただし，寄附行為に別段の定めがある場合は，この限りでない。

４　吸収合併は，都道府県知事（吸収合併存続医療法人の主たる事務所の所在地の都道府県知事をいう。）の認可を受けなければ，その効力を生じない。

５　第55条第７項の規定は，前項の認可について準用する。

（吸収合併の認可の申請）

医療法施行規則第35条の２　法第58条の２第４項の規定により吸収合併の認可を受けようとするときは，申請書に次に掲げる書類を添付して，都道府県知事に提出しなければならない。

一　理由書

二　法第58条の２第１項又は第３項の手続を経たことを証する書類

三　吸収合併契約書の写し

四　吸収合併後の吸収合併存続医療法人の定款又は寄附行為

五　吸収合併前の吸収合併存続医療法人及び吸収合併消滅医療法人（法第58条に規定する吸収合併消滅医療法人をいう。次号において同じ。）の定款又は寄附行為

六　吸収合併前の吸収合併存続医療法人及び吸収合併消滅医療法人の財産目録及び貸借対照表

七　吸収合併存続医療法人に係る第31条第７号，第10号及び第11号に掲げる書類（この場合において，同条第７号中「設立後」とあるのは「吸収合併後」と，第10号中「役員」とあるのは「新たに就任する役員」と読み替えるものとする。）

2　吸収合併前の医療法人のいずれもが持分の定めのある医療法人である場合であつて，前項第４号の吸収合併存続医療法人の定款において残余財産の帰属すべき者に関する規定を設けるときは，法第44条第５項の規定にかかわらず，同項に規定する者以外の者を規定することができる。

ポイント

合併の決議は，社団医療法人は総社員の同意，財団医療法人は３分の２以上の理事の同意が必要である。

1　合併手続きの概要

医療法人が合併を行うには，医療審議会の審議を経て，都道府県知事の認可を受けるなど，次のような手続きを経なければなりません（医法58の２⑤，59の２）。

2　合併の決議

合併を行う場合には，合併の認可申請に先立って，社団医療法人は社員総会において（特定医療法人はほかに，理事会及び評議員会），財団医療法人は理事会において次の事項を定め，その内容を合併契約書に定めなければなりません。

＜吸収合併＞

①　吸収合併存続医療法人及び吸収合併消滅医療法人の名称及び主たる事務所の所在地

②　吸収合併存続医療法人の吸収合併後２年間の事業計画又はその要旨

③　吸収合併がその効力を生ずる日

＜新設合併＞

①　新設合併消滅医療法人の名称及び主たる事務所の所在地

②　新設合併設立医療法人の目的，名称及び主たる事務所の所在地

③　新設合併設立医療法人の定款又は寄附行為で定める事項

④　新設合併設立医療法人の，新設合併後２年間の事業計画又はその要旨

新設合併において，合併効力が生ずる日を定めないのは，主たる事務所の所在地において登記日が合併の効力発生日となるからです（医法59）。

3　社員総会の決議

前述のとおり，社団医療法人が合併するには，社員総会において総社員の同意が必要です。

しかし，一般的な定款では社員総会における総社員の同意が必要かを読みきれませんので，注意しなければなりません（医法58の２①）。

■社団医療法人の定款例（抜粋）

> **第●●条**　次の事項は，社員総会の議決を経なければならない。
> （●）　他の医療法人との合併若しくは分割に係る契約の締結又は分割計画の決定
> **第●●条**　社員総会は，総社員の過半数の出席がなければ，その議事を開き，決議することができない。
> ２　社員総会の議事は，法令又はこの定款に別段の定めがある場合を除き，出席した社員の議決権の過半数で決し，可否同数のときは，議長の決するところによる。

また，租税特別措置法に定める特定医療法人の場合は，社員総会のほかに，理事会及び評議員会の決議が必要です。

この場合，法令に特段の規定はありませんので全員の同意は求められず，理事会においては，理事総数の３分の２以上の，評議員会においては，過半数の評議員が出席した評議員会において過半数の議決で足りえると考えられます。

■特定医療法人の定款例（抜粋）

> **第41条**　理事会の決議は，法令又はこの定款に別段の定めがある場合を除き，議決事項について特別の利害関係を有する理事を除く理事の過半数が出席し，その過半数をもって行う。

2　前項の規定にかかわらず，第50条の表の左欄に掲げる事項は，理事会において理事総数の３分の２以上の同意を得なければならない。

第50条　次の表の左欄に掲げる事項は，それぞれ右欄に掲げる時期に開催する評議員会の同意を得なければならない。

第51条　評議員会は，総評議員の過半数の出席がなければ，その議事を開き，決議することができない。

2　評議員会の議事は，法令又はこの定款に別段の定めがある場合を除き，出席した評議員の議決権の過半数で決し，可否同数のときは，議長の決するところによる。

4　財団法人の決議

前述のとおり，財団医療法人が合併するには，理事会において３分の２以上の決議が必要ですが，一般的な寄附行為については定款ではその旨を読みきれませんので，注意しなければなりません（医法58の２③）。

■財団医療法人の定款例（抜粋）

第●●条　理事会の決議は，法令又はこの寄附行為に別段の定めがある場合を除き，議決事項について特別の利害関係を有する理事を除く理事の過半数が出席し，その過半数をもって行う。

5　社会医療法人の合併

分割と異なり，社会医療法人も合併をすることができます。

その際，同一県内の社会医療法人同士の合併や，社会医療法人が存続法人となる合併は，一般的に救急医療等確保事業の実績をそのまま適用できますので，合併によって社会医療法人の要件が揺らぐ可能性は低いと考えらえます。

しかし，通常の医療法人が存続法人となり，社会医療法人が消滅する合併は，社会医療法人の要件を継続することができません。

この場合，社会医療法人が解散したこととなり，課税が生じることがありますので注意が必要です。

（財産目録及び貸借対照表の作成と閲覧）

第58条の３　医療法人は，前条第４項の認可があつたときは，その認可の通知のあつた日から二週間以内に，財産目録及び貸借対照表を作成しなければならない。

２　医療法人は，前条第４項の認可を受けた吸収合併に係る合併の登記がされるまでの間，前項の規定により作成した財産目録及び貸借対照表を主たる事務所に備え置き，その債権者から請求があつた場合には，厚生労働省令で定めるところにより，これを閲覧に供しなければならない。

（財産目録及び貸借対照表の閲覧の方法）

医療法施行規則第35条の３　法第58条の３第２項の規定による書類の閲覧は，書面又は医療法人の使用に係る電子計算機に備えられたファイル若しくは磁気ディスク等に記録されている事項を紙面若しくは当該事務所に設置された入出力装置の映像面に表示する方法により行うものとする。

ポイント

合併認可から２週間以内に，財産目録及び貸借対照表を作成し，閲覧に供さなければならない。

１　財産目録及び貸借対照表の作成

（１）概　要

医療法人は，都道府県知事による吸収合併の認可を受けた場合には，その認可の通知のあった日から２週間以内に，財産目録及び貸借対照表を作成しなければなりません。

これは，合併により不利益を被る債権者がないよう，債務弁済能力を確認するための資料といえます。

（2）作成時期

財産目録及び貸借対照表の作成時点がいつなのかという論点があります。

株式会社の合併の場合，最終貸借対照表，すなわち直前事業年度末における貸借対照表の開示が求められます。

しかし医療法人の場合は，「その時点における」財産目録及び貸借対照表の作成が求められ，その時点とは，合併認可があった日と考えられます。

そうすると，合併認可から２週間で財産目録及び貸借対照表を作成しなければなりませんが，実務において直前期末の財産目録及び貸借対照表を備え付けている事例も見受けられます。

ただしこの場合において，不利益を被った債権者がいた場合，役員は債権者の不利益を弁償する義務が生じる可能性は否定できません。

2　財産目録及び貸借対照表の備え付け

医療法人は，合併認可を受けた吸収合併に係る合併の登記がされるまでの間，認可の時点における財産目録及び貸借対照表を主たる事務所に備え置き，その債権者から請求があった場合には，閲覧に供さなければなりません。

閲覧の方法は書面のほかに，パソコンに保存されているファイルの紙への出力やパソコン画面への表示をする方法も認められています。

（異議を申し立てた債権者への弁済）

第58条の４　医療法人は，前条第１項の期間内に，その債権者に対し，異議があれば一定の期間内に述べるべき旨を公告し，かつ，判明している債権者に対しては，各別にこれを催告しなければならない。ただし，その期間は，二月を下ることができない。

２　債権者が前項の期間内に吸収合併に対して異議を述べなかつたときは，吸収合併を承認したものとみなす。

３　債権者が異議を述べたときは，医療法人は，これに弁済をし，若しくは相当の担保を提供し，又はその債権者に弁済を受けさせることを目的として信託会社等（信託会社及び信託業務を営む金融機関（金融機関の信託業務の兼営等に関する法律（昭和18年法律第43号）第１条第１項の認可を受けた金融機関をいう。）をいう。以下同じ。）に相当の財産を信託しなければならない。ただし，吸収合併をしてもその債権者を害するおそれがないときは，この限りでない。

ポイント

定款に基づき，債権者へ異議申述公告を行わなければならない。

1　財産目録及び貸借対照表の公告

（1）概　要

医療法人は，都道府県知事による吸収合併の認可の通知のあった日から２週間以内に，債権者への異議申述公告を行わなければならず，この公告を行わなければ，合併の登記が受け付けられません。

（2）公告の方法

公告の方法は，その医療法人の定款によります。

例えば，定款に官報公告が定められている場合は官報にて，電子公告が求められている場合には電子公告にて公告を行います。

■官報公告の定款例

> **第48条**　本財団の公告は，官報に掲載する方法によって行う。

■電子公告の定款例

> **第48条**　本財団の公告は，電子公告（ホームページ）によって行う。
> 2　事故その他やむを得ない事由によって前項の電子公告をすることができない場合は，官報（又は○○新聞）に掲載する方法によって行う。

2　公　告

（1）官報公告

官報による合併公告，申し込みから掲載まで7日程度かかり，その料金は5万～7万円程度です。

■官報公告例

> 合併公告
> 左記法人は，合併して甲は乙の権利義務全部を承継して存続し，乙は解散することにいたしましたので公告します。
> この合併については令和●●●年●●月●●●日付で東京都の認可を得ております。
> この合併に対し異議のある債権者は，本公告掲載の翌日から二箇月以内にお申し出下さい。
> 令和●●●年●●月●●●日
> 東京都千代田区鍛治町●丁目●番●号
> （甲）医療法人△△会
> 理事長　△△　太郎
> 東京都港区新橋●丁目●番●号
> （乙）医療法人□□会
> 理事長　□□　次郎

（2）個別催告

公告に合わせて，債権者には個別に催告を行わなければなりません。

なお，合併の債権者への個別催告は必要ですが（医法58の４①），承諾書の押印は不要です（医法58の４②）。

また，債権者が公告等で示した期間内に合併に対して異議を述べなかったときは，合併を承認したものとみなされます。

> 催告書
>
> 債権者各位
>
> 時下ますますご清栄のこととお喜び申し上げます。
>
> さて医療法人△△会は，令和６年３月25日開催の社員総会におきまして，医療法人□□会（東京都港区新橋●丁目●番●号）を合併して存続し，医療法人□□会は解散することを決議しました。
>
> これに対してご異議がありましたら，令和６年５月５日までにその旨お申し出下さるよう催告します。

（3）債権者への弁済

債権者が異議を述べたときは，医療法人は債務を弁済するか，相当の担保を提供，若しくは債権者に弁済を受けさせることを目的として信託会社若しくは信託業務を営む金融機関に相当の財産を信託しなければなりません。

ただし，債務額が少額であり，合併法人の現預金で十分に支払える債務であるなど，合併をしてもその債権者を害するおそれがないときは，この限りでないとされていますが，このような少額債務は弁済してしまうのが一般的な実務です。

（権利義務の承継）

第58条の5　吸収合併存続医療法人は，吸収合併消滅医療法人の権利義務（当該医療法人がその行う事業に関し行政庁の許可その他の処分に基づいて有する権利義務を含む。）を承継する。

ポイント

合併に伴い債権債務を引き継ぐので，医療施設の開設の許可申請も不要である。

1　許可事項等の承継

合併存続医療法人は，合併消滅医療法人の一切の権利義務を自動的にかつ包括的に承継します。

この権利義務には，病院開設の許可，公租公課の賦課等当該医療法人がその行う事業に関し行政庁の認可その他の処分に基づいて有する権利義務を含みます。

ただし，病院開設の許可事項変更届等は必要です。

この許可事項承継規定は，2007年医療法改正により設けられました。

改正前までは合併消滅法人が開設していた施設を合併存続法人が開設する場合，合併存続法人は開設許可申請や構造使用許可申請を新たに受けなければならず，その手続きは，煩雑なものでした。

また，社会保障制度改革国民会議において，地域連携医療を行うためには，法人間の合併や権利の移転等を速やかに行うことを求められたのも，改正理由の１つです。

■社会保障制度改革国民会議　報告書

> ⑶　医療法人制度・社会福祉法人制度の見直し
>
> 医療法人等の間の競合を避け，地域における医療・介護サービスのネットワーク化を図るためには，当事者間の競争よりも協調が必要であり，その際，医療法人等が容易に再編・統合できるよう制度の見直しを行うことが重要である。
>
> このため，医療法人制度・社会福祉法人制度について，非営利性や公共性の堅持を前提としつつ，機能の分化・連携の推進に資するよう，例えばホールディングカンパニーの枠組みのような法人間の合併や権利の移転等を速やかに行うことができる道を開くための制度改正を検討する必要がある。
>
> 複数の医療法人がグループ化すれば，病床や診療科の設定，医療機器の設置，人事，医療事務，仕入れ等を統合して行うことができ，医療資源の適正な配置・効率的な活用を期待することができる。

2　特約の禁止

合併消滅法人の有する権利義務を，合併契約の特約をもって一部の承継を留保することは許されません。

ただし，いったん承継した後にその権利を放棄することは妨げません。

例えば，滞留債権が合併時点において存在していた場合，合併によりいったん承継しますが，その後債務者に債務免除を行うことは問題ありません。

また，包括的に承継されるため，個々の権利義務について特別の承継方法は必要としませんが，不動産等の第三者に対する対抗要件を必要とする権利については，対抗要件を備えない限り，第三者に対抗できません。

3　社員の地位承継

社団たる医療法人にあっては，吸収合併消滅医療法人の社員は，吸収合併契約に別段の定めのない限り，吸収合併存続医療法人の社員に就任します。

（合併効力の発生時点）

第58条の６　吸収合併は，吸収合併存続医療法人が，その主たる事務所の所在地において政令で定めるところにより合併の登記をすることによつて，その効力を生ずる。

ポイント

合併は登記によって効力を生じる。

１　合併登記

（１）概　要

合併は，吸収合併存続医療法人又は新設合併設立医療法人が，その主たる事務所の所在地において組合等登記令の定めるところにより登記をすることによって，その効力を生じます。

（２）吸収合併の場合の登記

吸収合併の登記は，吸収合併存続医療法人における変更登記と，吸収合併消滅医療法人における解散登記が必要です。

いずれも主たる事務所の所在地においては２週間以内に，従たる事務所の所在地においては３週間以内に登記を行わなければなりません（組合等登記令８，11，13）。

登記を行うには，債権者への異議申述期限が完了した後であることが求められます。

（３）解散登記の申請者

吸収合併消滅医療法人の解散の登記の申請は，吸収合併法人は存在していないことから，合併後の吸収合併存続医療法人の代表者が，吸収合併存続医療法人の主たる事務所を管轄する登記所を経由して，合併の登記の申請と同時に行います。

（4）登記完了届の提出

合併に係る登記を行った場合は，遅滞なく，都道府県知事に登記の年月日を届け出る必要があります（医令５の12）。

2　合併の効果

合併の効果は，吸収合併の場合においては，他の医療法人の解散と，解散した医療法人の権利義務のすべてが存続する医療法人へ包括的移転することを意味します。

3　合併の日が日曜日だった場合

合併の効力は，登記を行うことによって生じます。

そのため，例えば４月１日の合併を目指す場合，４月１日に登記申請を行い，合併消滅法人の事業年度はその前日３月31日で終了します。

しかし，４月１日が日曜日だった場合，登記申請は４月２日になってしまい，その結果合併消滅法人が３月決算法人ならば，４月１日だけの事業年度が生じることとなってしまいます。

医療法においては，この救済規定は明確にありませんが，法人税法においては，この場合の救済通知が発遣されています。

医療法人が行う吸収合併の登記が遅れた場合の取扱いについて

別紙１　事前照会の趣旨及び事前照会に係る取引等の事実関係

当法人（３月決算の医療法人）は，他の医療法人（３月決算）を被合併法人とする吸収合併（以下「本件合併」といいます。）を行うため，平成29年４月１日を合併期日とする合併契約書を取り交わすとともに，所轄官庁の認可を受けて合併の登記を行うこととしました。しかしながら，平成29年４月１日は土曜日で登記所が閉庁されているため，次の開庁日である４月３日（月曜日）に登記申請を行い，同日に所定の登記がなされます。なお，本件合併は適格合併に該当することを照会の前提とします。

法人税法第14条第１項第２号は，法人が事業年度の中途において合併により解散した場合には，その事業年度開始の日から合併の日の前日までの期間をみなし事業年度とすると規定し，法人税基本通達1－2－4は，同号の「合併の日」とは，合併の効力を生ずる日（新設合併の場合は，新設合併設立法人の設立登記の日）をいうとしています。

ところで，医療法人が行う合併については，医療法第57条以下に規定されているところ，同法第58条の6（効力の発生）において，「吸収合併は，吸収合併存続医療法人が，その主たる事務所の所在地において政令に定めるところにより合併の登記をすることによって，その効力を生ずる。」と規定されていますので，本件合併の効力を生ずる日，すなわち合併の日は平成29年4月3日となります。

そうすると，当該他の医療法人（被合併法人）は，本件合併により解散するところ，事業年度開始の日である平成29年4月1日と合併の日の前日である平成29年4月2日の2日間についてみなし事業年度が生ずることとなり，当該みなし事業年度の損益に係る決算を組んで確定申告書を提出する必要があります。なお，当該他の医療法人（被合併法人）は，4月1日及び2日において損益（申告所得）が生じることを前提としています。

この場合，平成29年4月1日と2日の2日間に生じる損益について，合併法人である当法人の事業年度（平成29年4月1日から平成30年3月31日までの1年間）の損益に合算して申告することとして差し支えないかご照会いたします。

なお，照会の趣旨として，国税庁HPでは，株式会社が行う新設合併等について，登記所の閉庁により，その登記が遅れた場合には，被合併法人の合併の日の前日を含む事業年度の損益については，新設合併設立法人に帰属させる取扱いが認められているところ（国税庁HP「新設合併等の登記が遅れた場合の取扱いについて（平成19年4月）」），本照会のように，医療法人が行う吸収合併についても同様の取扱いが認められるか疑義が生じたため，照会を行うものです。

別紙2　事前照会者の求める見解の内容及びその理由

1　会社法においては，株式会社が新設合併を行う場合，その効力の発生日は新設法人の成立の日（登記の日）とされるとともに，新会社はその成立の日において，新設合併消滅会社の権利義務を承継することとされています（会社法754）。このような会社法の規定との整合性を図って，法人税基本通達1－2－4

では，新設合併設立法人の設立登記の日を「合併の日」とすることとしています。

ところで，会社が事業年度開始の日を合併期日として新設合併を行おうとしても，当該事業年度開始の日が休日等である場合には，合併の登記が受け付けられず，新設合併設立法人の設立登記の日が遅れることがあり，このような場合には，事業年度開始の日から新設会社の登記の日の前日までのみなし事業年度が生じることから，当該みなし事業年度に係る申告書を提出する必要があります。

ただし，合併期日がたまたま休日であったため登記申請ができず，やむを得ず翌日に申請したような場合に，1日又は2日間だけの損益を切り出して通常の決算とは別の決算を組むということは，企業の決算実務に多大な事務負担を負わせることとなるため，一定の要件を満たす場合には，当該損益については新設合併設立法人に帰属させる取扱いが認められているところです（国税庁HP「新設合併等の登記が遅れた場合の取扱いについて（平成19年4月）」）。

2　本件合併は，医療法人が行う吸収合併ですが，① 株式会社が行う新設合併と同様にその効力発生日は登記日とされていること，② 合併期日とした事業年度開始の日がたまたま休日であったため登記申請ができないという事情があること，③ ②の事情があるにもかかわらず，2日間だけの損益を切り出して通常の決算とは別の決算を組むことの事務負担という点において，株式会社が行う新設合併の場合と同様の状況にあると考えられます。

したがって，株式会社が行う新設合併の場合と同様に，本件合併についても，次の⑴から⑶までの要件を満たす場合には，次の⑵に掲げる損益の帰属による確定申告書の提出が認められるものと考えます。

⑴　合併期日が行政機関の休日に関する法律（昭和63年法律第91号）第1条≪行政機関の休日≫に規定する休日に当たるため，その休日後の最初に執務が行われた日に本件合併の登記申請がされたこと

⑵　本件合併により解散する他の医療法人（被合併法人）の平成29年4月1日と2日の2日間の損益については，照会法人（合併法人）と当該他の医療法人（被合併法人）との間において照会法人（合併法人）に帰属する旨の合意がなされ，その旨を記載した書類の写しを当該他の医療法人（被合併法人）のみなし事業年度の確定申告書に添付すること

⑶　本件合併が非適格合併に該当しないものであること

第３目　新設合併

（新設合併契約事項）

第59条　二以上の医療法人が新設合併（二以上の医療法人がする合併であつて，合併により消滅する医療法人の権利義務の全部を合併により設立する医療法人に承継させるものをいう。以下この目において同じ。）をする場合には，新設合併契約において，次に掲げる事項を定めなければならない。

一　新設合併により消滅する医療法人（以下この目において「新設合併消滅医療法人」という。）の名称及び主たる事務所の所在地

二　新設合併により設立する医療法人（以下この目において「新設合併設立医療法人」という。）の目的，名称及び主たる事務所の所在地

三　新設合併設立医療法人の定款又は寄附行為で定める事項

四　前三号に掲げる事項のほか，厚生労働省令で定める事項

（法第59条第４号の厚生労働省令で定める事項）

医療法施行規則第35条の４　法第59条第４号の厚生労働省令で定める事項は，次に掲げるものとする。

一　新設合併設立医療法人（法第59条第２号に規定する新設合併設立医療法人をいう。）の新設合併（同条に規定する新設合併をいう。次条において同じ。）後二年間の事業計画又はその要旨

二　新設合併がその効力を生ずる日

ポイント

新設合併の重要事項は契約において定める。

２以上の医療法人がする合併であって，合併により消滅する医療法人の権

利義務の全部を合併に伴い新設する医療法人に承継させるのが新設合併です。

新設合併に際して，次の事項を合併契約で定める必要があります。

- 新設合併により消滅する医療法人の名称及び主たる事務所の所在地
- 新設合併により設立する医療法人の目的，名称及び主たる事務所の所在地
- 新設合併設立医療法人の定款又は寄附行為で定める事項
- 新設合併後２年間の事業計画又はその要旨
- 新設合併効力発生日

（吸収合併規定の準用）

第59条の２　第58条の２から第58条の４までの規定は，医療法人が新設合併をする場合について準用する。この場合において，第58条の２第１項及び第３項中「吸収合併契約」とあるのは「新設合併契約」と，同条第４項中「吸収合併存続医療法人」とあるのは「新設合併設立医療法人」と読み替えるものとする。

ポイント

新設合併の規定は吸収合併の規定を準用する。

医療法人が新設合併を行うには，吸収合併同様，総社員の同意，都道府県知事の認可，債権者の異議申述手続きなどが必要です。

（新設合併法人の権利義務承継）

第59条の3　新設合併設立医療法人は，新設合併消滅医療法人の権利義務（当該医療法人がその行う事業に関し行政庁の許可その他の処分に基づいて有する権利義務を含む。）を承継する。

ポイント

新設合併法人は，合併消滅法人の業務を届出により承継できる。

新設合併において，消滅する医療法人のすべての権利義務は合併により新設される医療法人に承継されます。

2016年医療法改正前までは，合併により一切の権利義務の承継をするとしても，病院の開設許可申請など新たな開設手続きが必要であり，この点が合併の大きなハードルとなっておりました。

しかし現在においては，新設合併医療法人の権利義務一切を自動的にかつ包括承継することとなり，その結果，病院開設許可，公租公課の賦課等，医療法人が行う事業に関する行政庁認可，他の処分に基づいて有する権利義務を含んだすべてが承継され，病院の開設許可申請など，新たな開設手続きは不要です。ただし，開設事項の変更届出は必要です。

（新設合併法人の効力発生）

第59条の４　新設合併は，新設合併設立医療法人が，その主たる事務所の所在地において政令で定めるところにより合併の登記をすることによつて，その効力を生ずる。

ポイント

新設合併法人は，合併の登記を行わなければ成立しない。

1　概　要

新設合併は，新設合併設立医療法人が，その主たる事務所の所在地において組合等登記令に基づき登記をすることによって効力が生じます。

2　登記事項

新設合併の登記とは，①新設合併設立医療法人の設立登記と，②新設合併消滅医療法人の解散登記を指します。

いずれも主たる事務所の所在地においては２週間以内に，従たる事務所の所在地においては３週間以内に登記をしなければなりません（組合等登記令８，11，13）。

なお，新設合併消滅医療法人の解散の登記の申請は，新設合併設立医療法人を代表すべき者が，新設合併設立医療法人の主たる事務所を管轄する登記所を経由して，合併の登記の申請と同時に行います。

3　登記事項の届出

合併に係る登記を行った場合は，遅滞なく，都道府県知事に登記の年月日を届け出なければなりません（医令５の12）。

（新設手続きの適用除外）

第59条の５　第２節（第44条第２項，第４項及び第５項並びに第46条第２項を除く。）の規定は，新設合併設立医療法人の設立については，適用しない。

ポイント

新設合併により新設された医療法人は，通常の医療法人の設立手続きは求められない。

新設合併は，主たる事務所の所在地の都道府県知事の認可を受けます（医法58の２④，59の２）。

そのため，合併により新設された法人は，改めて設立認可を都道府県知事から受ける必要はありません。

第2款　分　割

第1目　吸収分割

（医療法人の分割手続き）

第60条　医療法人（社会医療法人その他の厚生労働省令で定める者を除く。以下この款において同じ。）は，吸収分割（医療法人がその事業に関して有する権利義務の全部又は一部を分割後他の医療法人に承継させることをいう。以下この目において同じ。）をすることができる。この場合においては，当該医療法人がその事業に関して有する権利義務の全部又は一部を当該医療法人から承継する医療法人（以下この目において「吸収分割承継医療法人」という。）との間で，吸収分割契約を締結しなければならない。

（法第60条の厚生労働省令で定める者）

医療法施行規則第35条の6　法第60条の厚生労働省令で定める者は，次に掲げる者とする。

一　社会医療法人

二　租税特別措置法第67条の2第1項に規定する特定の医療法人

三　持分の定めのある医療法人

四　法第42条の3第1項の規定による実施計画の認定を受けた医療法人

ポイント

分割制度の創設導入は，地域医療連携推進法人促進のためである。

1　医療法人分割制度の導入

（1）産業競争力会議での決議

2016年9月の医療法改正において，医療法人の分割制度が新たに設けられました。

これは，内閣府が設けた産業競争力会議において，医療法人にも「会社法の会社分割と同様のスキームを医療法人について認める」ことに基づきます（医療・介護等分科会中間整理（2013年12月26日））。

産業競争力会議は，医療・介護分野を成長産業と位置づけ，そのためには大規模医療提供法人の設置の布石となる地域統括医療法人（非営利ホールディングカンパニー型法人制度）の導入が不可欠と考えました（「日本再興戦略　改訂2014」）。

しかし，すでに大型化した医療法人の中には，複数の医療圏にまたがって施設を開設している法人もあり，このような法人が地域医療計画の中心になるのが難しいことは容易に想像できました。

そこで，医療法人の分割制度を設け，医療圏ごとに運営が行えるようにすることが，分割制度の導入趣旨と考えられます。

（2）類似分割の問題点

これまで，複数の医療施設を開設している医療法人が，実質的に分割を行うために，法人の新設と事業譲渡を組み合わせた方法がとられてきました。

■分割に類似する事業譲渡の例

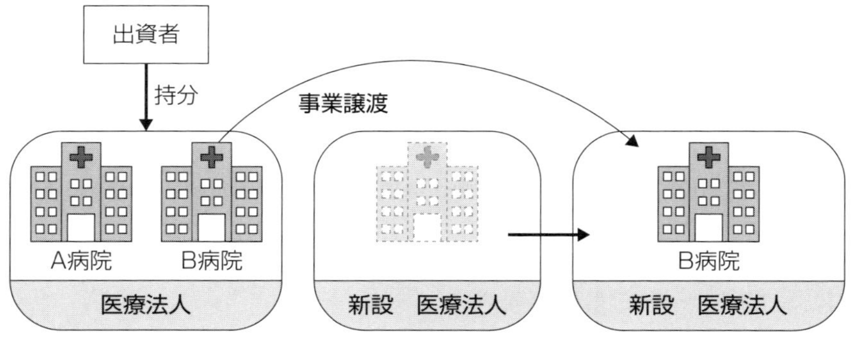

しかしこの方法では，新設病院は新たな開設と位置づけられ，病院の廃止届出・新規の病院開設許可申請が必要となることや，債権者の個別の承諾が必要となるなど，煩雑な手続きと各種主務官庁の許認可が必要でした。

新規の開設手続きということは，新たな保険医療機関の開設となり，これまでの実績に基づく診療報酬請求が行えない場合があることや，病室面積や廊下幅など，施設基準の経過措置は認められないことがありました。

そこで，これら新規開設の問題点をなくすために，医療法人の分割制度が認められることになりました。

2　分割制度の概要

（1）分割の種類

医療法人の分割とは医療法人相互間で締結された契約に基づき，医療法人が事業に関して有する権利義務の一部が他の存続する医療法人に移転する（吸収分割）又は新設の医療法人に移転する（新設分割）ことを言います（医法60）。

■新設分割

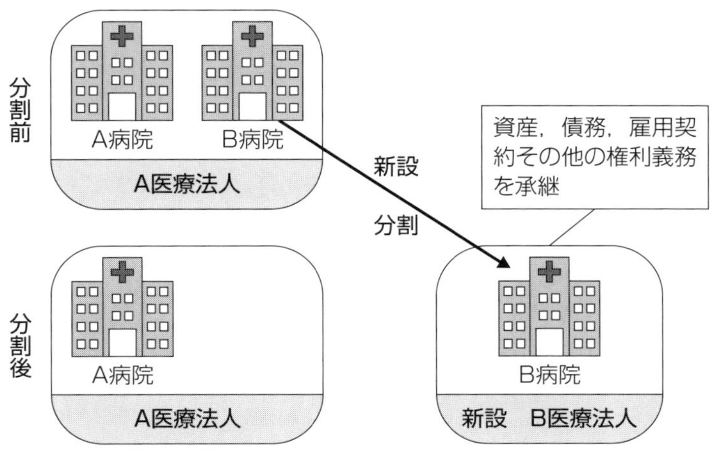

■吸収分割

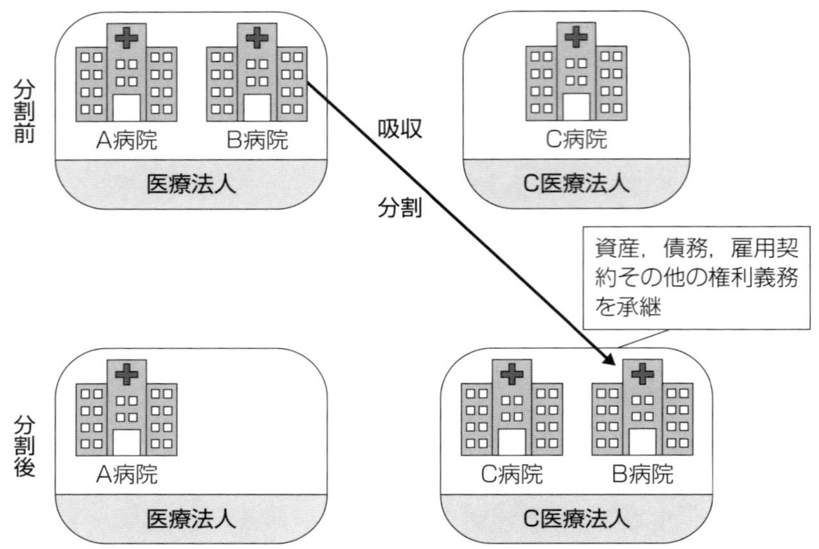

（2）分割対象外法人

税制上の観点などから①社会医療法人，②特定医療法人，③持分の定めのある医療法人，④救急医療等確保事業の継続計画の認定を受けた社会医療法人であった法人（社会医療法人が取り消された法人）は，分割制度を適用することはできません（医規35の6）。

しかし，社会医療法人や特定医療法人の認定を受けた法人であっても，分割によりこれら認定の要件に影響がないならば，合併と同様に分割の対象にすべきであったと考えます。

また，医療法公布時は，持分の定めのある医療法人が，吸収分割法人となることが認められると解説されていましたが，後日この解説は取り消され，持分の定めのある医療法人は吸収分割承継法人にあることも認められません。

事務連絡　平成28年６月27日
発出した通知の一部訂正について

訂正後	訂正前
第６　分割の手続 （削除）	第６　分割の手続 (3)社会医療法人，特定医療法人，持分の定めのある医療法人については，吸収分割医療法人及び新設分割医療法人にはなれないが，吸収分割承継医療法人にはなることができること

（出所）　厚生労働省医政局医療経営支援課

3　適格分割

（1）適格分割とは

医療法人が分割により資産及び負債を，分割承継法人に移転をしたときは，原則として分割法人が時価により資産及び負債を分割承継法人に譲渡したものとされます。

しかし分割が適格分割に該当する場合には，資産及び負債の移転にかかる法人税課税が繰延べられ，不動産取得税が非課税となります。

（2）適格分割要件

適格分割になる要件は，次頁の表のとおりです。

■株式会社の適格分割（共同で事業を営むための分割の場合）の要件

事業関連性に関する要件	・分割対象の事業が分割を承継する法人の事業と関連するものであるかどうか
事業規模類似又は特定役員参画に関する要件	・分割対象の事業と分割を承継する法人の事業規模（売上金額，従業員数）がおおむね５倍を超えないかどうか 又は ・分割前の法人の役員が分割を承継する法人の役員となることが見込まれているかどうか
資産移転に関する要件	・分割対象の事業の主要な資産及び負債が分割を承継する法人に移転しているかどうか
従業員引継に関する要件	・分割対象の事業に従事していた従業員数のおおむね80%以上に相当する数の者が分割を承継する法人で従事することが見込まれているかどうか
事業継続に関する要件	・分割対象の事業が分割を承継する法人においても引き続き営まれることが見込まれているかどうか
取得株式継続保有に関する要件	・分割により新たに交付を受ける分割を承継する法人の株式の全部を継続して保有する者等が有する株式の合計数が，分割前の法人の発行済株式の80%以上であること（株主50人以上の場合は不問）

（出所）厚生労働省医政局医療経営支援課資料

なお，医療法人の分割は持分のない法人に限られており，株式継続保有要件を求められません。

また，分割法制創設時は，株式保有要件を満たせないため新設分割が非適格分割となってしまう問題がありましたが，2017年税制改正において，分割法人が分割前に行う事業を，新たに設立する分割承継法人が独立して行うための分割も適格分割とされたことから，現在は新設分割であっても適格分割になりえます。

また，この適格要件について，文書回答事例で再確認されました。

■医療法人が行う単独新設分割の適格判定について

取引等に係る税務上の取扱い等に関する事前照会

〔照会〕

照会の内容	① 事前照会の趣旨（法令解釈・適用上の疑義の要約及び事前照会者の求める見解の内容	別紙のⅠのとおり
	② 事前照会に係る取引等の事実関係（取引等関係者の名称、取引等における権利・義務関係等）	別紙のⅡのとおり
	③ ②の事実関係に対して事前照会者の求める見解となることの理由	別紙のⅢのとおり
④ 関係する法令条項等		法人税法第２条第12号の９、第12号の11 法人税法施行令第４条の３第９項
⑤ 添付書類		-

〔回答〕

⑥回答年月日	令和５年１月19日	⑦回答者	大阪国税局　審理課長

⑧回答内容	標題のことについては、御照会に係る事実関係を前提とする限り、貴見のとおりで差し支えありません。 ただし、次のことを申し添えます。 (1)　御照会に係る事実関係が異なる場合又は新たな事実が生じた場合は、この回答内容と異なる課税関係が生ずることがあります。 (2)　この回答内容は大阪国税局としての見解であり、事前照会者の申告内容等を拘束するものではありません。

別紙

医療法人が行う単独新設分割の適格判定について

Ⅰ　事前照会の趣旨

当法人（社団である医療法人）は、主として診療所を経営し医療を提供する事業（以下「医療提供事業」といいます。）を近畿地域と中部地域で行っています。これまで、これらの地域間において人事交流や研修等を行うことで統一的な経営を行ってきましたが、医療を必要とする患者の特色等に地域差が生じていることから、これに対応するべく、今般、当法人は分社化をし、当法人の中部地域における医療提供事業（以下「本件中部事業」といいます。）を別法人で行うことを考えています。

具体的には、当法人のみを分割法人とし新たに法人を設立する単独新設分割（以下「本件単独新設分割」といいます。）により、本件中部事業をその新たに設立する法人（以下「本件新設法人」といいます。）に移転することとしています。なお、当法人及び本件新設法人はいずれも持分の定めのない医療法人であり分割の対価として金銭等の交付はありません。

医療法人が新設分割を行う場合は、分割法人が新設分割計画を作成し、当該計画について総社員の同意を得るなどの手続を経て、都道府県知事の認可を受け、分割の登記を行うことでその効力が生ずることとなります（医療法60の３、61、61の３、61の５）。この場合、新設分割を行うことができる医療法人及び新設分割により設立する医療法人は、いずれも持分の定めのない医療法人に限られています（医療法60、61の２、医療法規則35の６三）。また、持分の定めのない医療法人から持分の定めのある医療法人への移行はできないこととされています（医療法規則30の39②）。

ところで、持分の定めのない医療法人である当法人は、医療法に基づき本件単独新設分割を行うところ、株式会社のように株式に相当する概念がありませんが、本件単独新設分割は、適格分割となりますか。

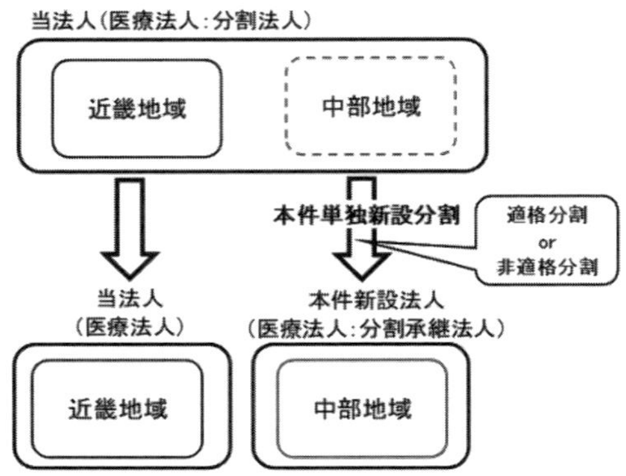

Ⅱ　事前照会に係る取引等の事実関係

本件単独新設分割においては次の１から４までのことを予定しています。

1　本件単独新設分割前の理事及び監事の全７名のうち３名が本件新設法人の理事に就任し、そのうち１名が代表理事として経営の中枢に参画することが見込まれています。

2　本件単独新設分割前の本件中部事業に係る主要な資産及び負債が本件新設法人に移転します。

3　本件単独新設分割の直前に本件中部事業に従事していた従業者の80%以上の者が本件新設法人の業務に従事することが見込まれています。

4　本件中部事業は本件分割後に本件新設法人において引き続き行われることが見込まれています。

Ⅲ　事前照会者の求める見解となることの理由

1　分割型分割について

次の(1)又は(2)の分割は分割型分割に該当することとされています（法法２十二の九）。

(1)　分割により分割法人が交付を受ける分割対価資産（分割により分割承継法人によって交付されるその分割承継法人の株式（出資を含みます。以下同じです。）その他の資産をいいます。以下同じです。）の全てがその分割の日においてその分割法人の株主等に交付される場合又は分割により分割対価資産の全てが分割法人の株主等に直接交付される場合のこれらの分割

(2)　分割対価資産がない分割（以下「無対価分割」といいます。）で、その分割の直前において、分割承継法人が分割法人の発行済株式等の全部を保有している場合又は分割法人が分割承継法人の株式を保有していない場合のその無対価分割

2　分割型分割に該当する分割で単独新設分割であるものに係る適格要件について

分割型分割に該当する分割で単独新設分割であるもの（分割対価資産の一部のみをその分割法人の株主等に交付をする分割を除きます。以下「単独新設分割型分割」といいます。）のうち、次の(1)から(6)までの全ての要件に該当するものは適格分割に該当するとされています（法法２十二の十一二、法令４の３⑨）。

(1)　分割対価資産として分割承継法人又は分割承継親法人（分割承継法人との間にその分割承継法人の発行済株式等の全部を直接又は間接に保有する一定の関係がある法人をいいます。）のうちいずれか一の法人の株式（以下「分割承継法人等株式」といいます。）以外の資産が交付されないもの（分割承継法人等株式が交付される分割型分割にあっては、その株式が分割法人の発行済株式等の総数又は総額のうちに占めるその分割法人の各株主等の有するその分割法人の株式の数（出資にあっては、金額）の割合に応じて交付されるものに限ります。）であること（法法２十二の十一）。

(2)　分割の直前にその分割に係る分割法人と他の者との間に当該他の者による支配関係がなく、かつ、その分割後にその分割に係る分割承継法人と他の者との間に当該他の者による支配関係があることとなることが見込まれていないこと（法令４の３⑨一）。

(3)　分割前のその分割に係る分割法人の役員等（その分割法人の分割事業（その分割法人の分割前に行う事業のうち、その分割により分割承継法人において行われることとなる事業をいいます。以下同じです。）に従事している重要な使用人を含みます。）のいずれかがその分割後にその分割に係る分割承継法人の特定役員（社長、副社長、代表取締役、代表執行役、専務取締役若しくは常務取締役又はこれらに準ずる者（※）で法人の経営に従事している者をいいます。以下同じ

です。）となることが見込まれていること（法令４の３⑨二）。

（※）「これらに準ずる者」については、役員又は役員以外の者で、社長、副社長、代表取締役、代表執行役、専務取締役又は常務取締役と同等に法人の経営の中枢に参画している者をいうものとして取り扱われており（法基通１－４－７）、役員とは、法人の取締役、執行役、会計参与、監査役、理事及び監事等をいうこととされています（法法２十五）。

(4)　分割によりその分割に係る分割法人の分割事業に係る主要な資産及び負債がその分割に係る分割承継法人に移転していること（法令４の３⑨三）。

(5)　分割に係る分割法人のその分割の直前の分割事業に係る従業者のうち、その総数のおおむね80%以上に相当する数の者がその分割後にその分割に係る分割承継法人の業務に従事することが見込まれていること（法令４の３⑨四）。

(6)　分割に係る分割法人の分割事業がその分割後にその分割に係る分割承継法人において引き続き行われることが見込まれていること（法令４の３⑨五）。

3　平成29年度税制改正で、単独新設分割型分割が行われた場合、上記２の所定の要件の全てに該当する場合には適格分割となる改正が行われていますが、株式会社のように株式に相当する概念がない持分の定めのない医療法人が行う単独新設分割型分割が、適格分割に該当し得るかどうか必ずしも明らかではなく疑問も生ずるところです。

この点、法人税法上、上記１のとおり、分割型分割から医療法に基づき行われる分割は除かれておらず、また、上記２の単独新設分割型分割に係る適格要件についても、医療法に基づき行われるものを除くような限定はされていません。これらのことから、医療法に基づき医療法人が行う単独新設分割型分割が上記２の所定の要件の全てに該当する場合には、適格分割に該当すると解されます。

4　このため、当法人が行う本件単独新設分割が単独新設分割型分割に該当し、上記２の所定の要件の全てに該当する場合には、適格分割に該当すると解されるところ、具体的な当てはめは次の(1)及び(2)のとおりとなります。

(1)　分割型分割への該当性について

本件単独新設分割は、持分の定めのない医療法人が行うものであり分割対価資産の交付はないところ、この場合の分割の類型としては、上記１(2)のとおり「分割対価資産がない分割（無対価分割）で、その分割の直前において、分割法人が分割承継法人の株式を保有していない場合のその無対価分割」に該当するため、分割型分割に該当します。

(2)　本件単独新設分割に係る適格分割該当性について

本件単独新設分割は、上記(1)のとおり、分割型分割に該当する分割で、単独新設分割であるものに該当し、また、無対価分割であるため、分割対価資産の一部のみをその分割法人の株主等に交付するものには該当しないことから、上記２の単独新設分割型分割に該当することとなります。そして、この場合の上記２(1)から(6)までの要件への該当性については、次のイからへまでのとおりとなります。

イ　本件単独新設分割は、分割対価資産が交付されないため、上記２(1)の「分割承継法人等株式以外の資産が交付されないもの」に該当します。

なお、分割承継法人等株式が交付される場合には、分割法人の各株主等の保有割合に応じて交付されることが必要ですが、本件単独新設分割は、その交付がないためこの検討は要しません。

ロ　当法人及び本件単独新設分割により設立する本件新設法人は、いずれも持分の定めのない医療法人であるため、本件単独新設分割の直前に当法人は他の者による支配関係はなく、かつ、本件単独新設分割後に本件新設法人と他の者との間に当該他の者による支配関係があることとなることが見込まれていないため、上記２(2)に該当します。

ハ　本件単独新設分割前の理事及び監事の全７名のうち３名が、本件単独新設分割後の本件新設法人の理事に就任し、そのうち１名が代表理事として経営の中枢に参画することが見込まれていることから、上記２(3)の社長等又はこれらに準ずる者で法人の経営に従事している者である特定役員となることが見込まれていることとなりますので、上記２(3)に該当します。

ニ　本件単独新設分割により本件単独新設分割前の本件中部事業に係る主要な資産及び負債が本件新設法人に移転しますので、上記２(4)に該当します。

ホ　本件単独新設分割の直前に本件中部事業に従事していた従業者の80%以上の者が本件新設法人の業務に従事することが見込まれていますので、上記２(5)に該当します。

ヘ　本件単独新設分割により移転した本件中部事業は本件単独新設分割後に本件新設法人において引き続き行われることが見込まれていますので、上記２(6)に該当します。

（結論）

上記４(2)のとおり、当法人が行う本件単独新設分割は、単独新設分割型分割に該当し、上記２の所定の要件の全てに該当することから適格分割に該当することとなります。

（出所）国税庁ホームページ

（吸収分割契約）

第60条の２　医療法人が吸収分割をする場合には，吸収分割契約において，次に掲げる事項を定めなければならない。

一　吸収分割をする医療法人（以下この目において「吸収分割医療法人」という。）及び吸収分割承継医療法人の名称及び主たる事務所の所在地

二　吸収分割承継医療法人が吸収分割により吸収分割医療法人から承継する資産，債務，雇用契約その他の権利義務に関する事項

三　前二号に掲げる事項のほか，厚生労働省令で定める事項

（法第60条の２第３号の厚生労働省令で定める事項）

医療法施行規則第35条の７　法第60条の２第３号の厚生労働省令で定める事項は，次に掲げるものとする。

一　吸収分割医療法人（法第60条の２第１号に規定する吸収分割医療法人をいう。以下この目において同じ。）及び吸収分割承継医療法人（法第60条に規定する吸収分割承継医療法人をいう。以下この目において同じ。）の吸収分割（同条に規定する吸収分割をいう。以下この款において同じ。）後二年間の事業計画又はその要旨

二　吸収分割がその効力を生ずる日

分割契約書により承継する資産，負債，雇用契約などの範囲を定める。

1　吸収分割の契約

医療法人が吸収分割をする場合には，次の事項を定めた分割契約を定めなければなりません（医法60の２，医規35の７）。

■吸収分割契約において定める事項

分割医療法人	分割承継医療法人
名称及び主たる事務所の所在地	名称及び主たる事務所の所在地
—	承継する資産，債務，雇用契約その他の権利義務に関する事項
吸収分割後２年間の事業計画及びその要旨	吸収分割後２年間の事業計画及びその要旨

2　必須契約事項

医療法人が吸収分割をする場合には次に掲げる事項を定めた新設分割契約を定めなければなりません。

■吸収分割契約において定める事項

①　吸収分割医療法人及び吸収分割承継医療法人の名称及び主たる事務所の所在地
②　吸収分割承継医療法人が吸収分割により吸収分割医療法人から承継する資産，債務，雇用契約その他の権利義務に関する事項
③　吸収分割医療法人及び吸収分割承継医療法人の吸収分割後２年間の事業計画又はその要旨
④　吸収分割がその効力を生ずる日

（医療法人の分割手続き）

第60条の３　社団たる医療法人は，吸収分割契約について当該医療法人の総社員の同意を得なければならない。

２　財団たる医療法人は，寄附行為に吸収分割をすることができる旨の定めがある場合に限り，吸収分割をすることができる。

３　財団たる医療法人は，吸収分割契約について理事の三分の二以上の同意を得なければならない。ただし，寄附行為に別段の定めがある場合は，この限りでない。

４　吸収分割は，都道府県知事（吸収分割医療法人及び吸収分割承継医療法人の主たる事務所の所在地が二以上の都道府県の区域内に所在する場合にあつては，当該吸収分割医療法人及び吸収分割承継医療法人の主たる事務所の所在地の全ての都道府県知事）の認可を受けなければ，その効力を生じない。

５　第55条第７項の規定は，前項の認可について準用する。

（吸収分割の認可の申請）

医療法施行規則第35条の８　法第60条の３第４項の規定により吸収分割の認可を受けようとするときは，申請書に次に掲げる書類を添付して，都道府県知事に提出しなければならない。

一　理由書

二　法第60条の３第１項又は第３項の手続を経たことを証する書類

三　吸収分割契約書の写し

四　吸収分割後の吸収分割医療法人及び吸収分割承継医療法人の定款又は寄附行為

五　吸収分割前の吸収分割医療法人及び吸収分割承継医療法人の定款又は寄附行為

六　吸収分割前の吸収分割医療法人及び吸収分割承継医療法人の財産目録及び貸借対照表

七　吸収分割後の吸収分割医療法人及び吸収分割承継医療法人について，第31

条第７号，第10号及び第11号に掲げる書類（この場合において，同条第７号中「設立後」とあるのは「吸収分割後」と，第10号中「役員」とあるのは「新たに就任する役員」と読み替えるものとする。）

分割契約は決議を経たうえで，都道府県知事の認可が必要である。

1　手続きの流れ

医療法人の分割手続きの流れは，次のとおりです（医法60の３）。

■社団医療法人

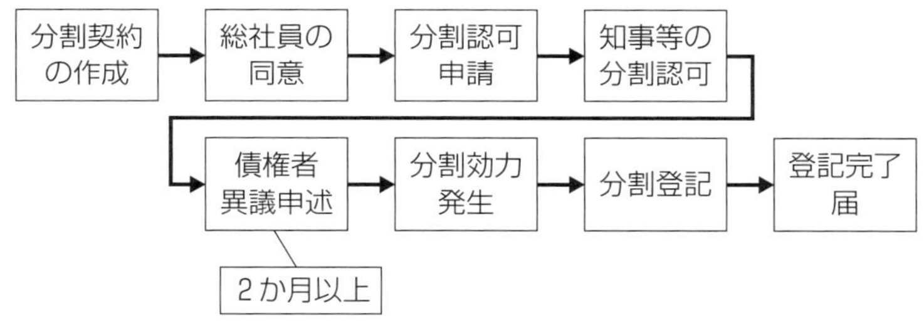

■財団医療法人

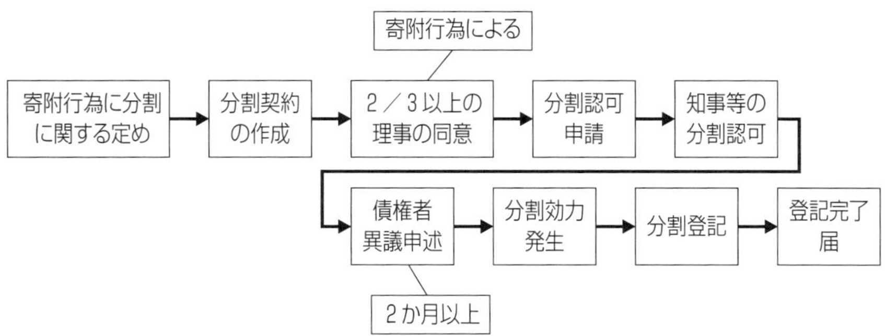

2　分割の同意

社団医療法人の分割は，総社員の同意が必要です。

また財団医療法人は，吸収分割することが行える寄附行為の定めが必要であり，この定めがない場合は，まずは寄附行為の変更が必要です。

そのうえで，理事３分の２以上の分割契約の同意が必要であり，さらに寄附行為に基づき評議員の意見聴取が必要な場合が一般的です。

■吸収分割に関する寄附行為の定めの例

第●条　本財団は，理事及び評議員の総数のそれぞれ３分の２以上の同意を得，かつ，○○県知事の認可を得て，分割することができる。

3　都道府県知事の認可

分割契約は社員総会又は理事会で決議を経たとしても，都道府県知事の認可を受けなければその効力は生じません。

また，都道府県知事は，分割の認可に際して，あらかじめ都道府県医療審議会の意見を聴かなければなりません（医法60の３，55⑦）。

■吸収分割認可申請書例　（東京都）

年　　月　　日

東京都知事　　殿

主たる事務所の所在地
名　　　称
理事長氏名
電話番号　　（　　）

申請者
主たる事務所の所在地
名　　　称
理事長氏名
電話番号　　（　　）

医療法人吸収分割認可申請書

医療法人の吸収分割の認可を受けたいので，医療法第60条の３第４項の規定により，下記のとおり申請します。

記

1　吸収分割医療法人	名　　称	
	主たる事務所の所在地	
2　吸収分割承継医療法人	名　　称	
	主たる事務所の所在地	
3　吸収分割承継医療法人に承継する事業	名　　称	
	所　在　地	
4　分割の期日		年　　月　　日

■吸収分割認可申請の必要書類

ア　吸収分割認可申請書

イ　吸収分割理由書

ウ　法第60条の３第１項又は第３項の手続を経たことを証する書類（吸収分割することを決議した社員総会又は理事会の議事録の写し（原本と相違ない旨の理事長の証明があること。））

エ　吸収分割契約書の写し

オ　吸収分割後の吸収分割医療法人及び吸収分割承継医療法人の定款又は寄附行為

カ　吸収分割前の吸収分割医療法人及び吸収分割承継医療法人の定款又は寄附行為

キ　吸収分割前の吸収分割医療法人及び吸収分割承継医療法人のその時点での財産目録及び貸借対照表

ク　吸収分割医療法人及び吸収分割承継医療法人の吸収分割後２年間の事業計画及びこれに伴う予算書

ケ　吸収分割医療法人及び吸収分割承継医療法人の新たに就任する役員の就任承諾書及び履歴書

コ　吸収分割医療法人及び吸収分割承継医療法人が開設しようとする病院，診療所，介護老人保健施設又は介護医療院の管理者となるべき者の氏名を記載した書面

サ　吸収分割医療法人及び吸収分割承継医療法人の勘定科目内訳書

シ　吸収分割医療法人及び吸収分割承継医療法人の登記事項証明書（履歴事項全部証明書）

ス　吸収分割医療法人及び吸収分割承継医療法人の吸収分割前及び吸収分割後の医療法人の概要

（財産目録及び貸借対照表の閲覧）

第60条の4　医療法人は，前条第4項の認可があつたときは，その認可の通知のあつた日から二週間以内に，財産目録及び貸借対照表を作成しなければならない。

2　医療法人は，前条第4項の認可を受けた吸収分割に係る分割の登記がされるまでの間，前項の規定により作成した財産目録及び貸借対照表を主たる事務所に備え置き，その債権者から請求があつた場合には，厚生労働省令で定めるところにより，これを閲覧に供しなければならない。

（財産目録及び貸借対照表の閲覧の方法）

医療法施行規則第35条の9　法第60条の4第2項の規定による書類の閲覧は，書面又は医療法人の使用に係る電子計算機に備えられたファイル若しくは磁気ディスク等に記録されている事項を紙面若しくは当該事務所に設置された入出力装置の映像面に表示する方法により行うものとする。

分割の認可後，財産目録及び貸借対照表を作成し債権者の保護が必要。

1　財産目録及び貸借対照表の作成

（1）概　要

医療法人が，都道府県知事から分割の認可を受けた場合には，分割認可の通知のあった日から2週間以内に，財産目録及び貸借対照表を作成しなければなりません。

これは，分割により医療法人の財産が流出し，債権者に重大な利害が生じることがあり，債権者が異議を述べる機会を与えるための措置と考えられます。

この場合の認可の通知の日とは，分割認可書に記載された日付でなく，分割認可書に添付された主務官庁担当部署からの送付状の日付と考えられます。

株式会社の分割において，新設分割設立会社が承継する債務を，新設分割会社がすべて併存的に引き受ける場合（重畳的債務引受け），債権者保護手続きを省略することができますが，医療法人にはこのような債権者保護手続きを省略できる方法はありません。

（２）作成時点

財産目録及び貸借対照表は，直前期末の財務諸表でなく，「その時点」すなわち，認可の通知のあった日の財産目録及び貸借対照表と考えられます。

これは，当初の通知（「医療法人の合併及び分割について」医政発0325第５号2016年３月25日）においては明らかにされていなかったものの，その後の改正通知（最終改正：医政発0330第33号／2018年３月30日）では，「その時点」の財産目録及び貸借対照表であることが明示されたことからも（「第６分割の手続」「３債権者の保護」），重要な論点と考えられます。ただし，認可の通知のあった日から２週間以内に財産目録及び貸借対照表を閲覧に供せるように作成するという経理的な実務が行えるのかという疑問はあります。

2　財産目録及び貸借対照表の閲覧

（１）閲覧方法

財産目録及び貸借対照表は，定款に定める主たる事務所において備え置き，その債権者から請求があつた場合には，閲覧に供さなければなりません。

一般的には，紙に出力した財産目録及び貸借対照表をフラットファイルに２穴とじ込みをし，閲覧者にファイルを閲覧提供する方法が取られています。

（２）電磁的閲覧

財産目録及び貸借対照表を電磁的記録，すなわちPDFなどの形式により閲覧させることも認められています。

この場合，パソコンの画面に表示された財産目録及び貸借対照表を，債権者に閲覧させることが考えられます。

（債権者保護手続き）

第60条の５　医療法人は，前条第１項の期間内に，その債権者に対し，異議があれば一定の期間内に述べるべき旨を公告し，かつ，判明している債権者に対しては，各別にこれを催告しなければならない。ただし，その期間は，二月を下ることができない。

２　債権者が前項の期間内に吸収分割に対して異議を述べなかつたときは，吸収分割を承認したものとみなす。

３　債権者が異議を述べたときは，医療法人は，これに弁済をし，若しくは相当の担保を提供し，又はその債権者に弁済を受けさせることを目的として信託会社等に相当の財産を信託しなければならない。ただし，吸収分割をしてもその債権者を害するおそれがないときは，この限りでない。

ポイント

分割契約の債権者保護として公告が必要なため，債権者保護期間を考慮した分割スケジュールが必要である。

１　公告手続き

分割を行う医療法人は，分割に異議があれば申し述べる旨の公告をし，さらに判明している債権者にはその旨を個別に催告しなければなりません（医法60の５）。

この公告により意見を述べる期間は２か月を下回ることができず，株式会社の分割における異議申述期間が１か月であることと混同しないよう注意が必要です。

公告の方法は，分割を行う医療法人の定款に次のように定められています。

> **第47条**　本社団の公告は，
> （例１）官報に掲載する方法
> （例２）○○新聞に掲載する方法
> （例３）電子公告（ホームページ）
> によって行う。

分割法人がどのように公告を行うかは，その法人の定款を確認しなければなりません。

定款に記載した公告方法を変更するには，社員総会の決議を経るなど所定の手続きが必要ですが，知事の認可がなくても定款変更の効力を有します（医規33の26）。

そのため，分割の決議に先立ち，社員総会の決議などを経て，公告方法を変更することも考えられます。

ただし，債権者異議申述期間を遡って記載するなど虚偽の公告を行い，これによって第三者に損害が生じた場合には，理事，監事，評議員はその損害を賠償する責任を負いますので，注意が必要です（医法48）。

■新設分割公告例

> 新設分割公告
>
> 当法人は，新設分割により新設する医療法人○○会（住所東京都東京区本町●丁目●番●号）に対して当法人の○○病院を開設する事業に関する権利義務を承継させることにいたしました。
> 当法人の社員総会の承認決議は●●年●●月●●●日に終了しております。
> この医療法人分割に異議のある債権者は，本公告掲載の翌日から二箇月以内にお申し出下さい。

2　債権者の異議

債権者が１の期間内に異議を述べなかった場合は，債権者は承認したものとみなされます。

また，異議を述べた場合であっても，医療法人はその債権を弁済するほか，相当額を信託することにより，分割手続きを進めることができます。

なお，公告手続きを行った書面は，分割登記の添付資料とされています。

分割を行う医療法人は，公告とともに，判明している債権者に対しては，個別にこれを催告しなければなりません。個別催告は債権者への通知が重要であり，書面による同意は必要とされていません。

（権利義務の承継）

第60条の６　吸収分割承継医療法人は，吸収分割契約の定めに従い，吸収分割医療法人の権利義務（当該医療法人がその行う事業の用に供する施設に関しこの法律の規定による許可その他の処分に基づいて有する権利義務を含む。）を承継する。

２　前項の規定にかかわらず，吸収分割医療法人の債権者であつて，前条第１項の各別の催告を受けなかつたものは，吸収分割契約において吸収分割後に吸収分割医療法人に対して債務の履行を請求することができないものとされているときであつても，吸収分割医療法人に対して，吸収分割医療法人が次条の分割の登記のあつた日に有していた財産の価額を限度として，当該債務の履行を請求することができる。

３　第１項の規定にかかわらず，吸収分割医療法人の債権者であつて，前条第１項の各別の催告を受けなかつたものは，吸収分割契約において吸収分割後に吸収分割承継医療法人に対して債務の履行を請求することができないものとされているときであつても，吸収分割承継医療法人に対して，その承継した財産の価額を限度として，当該債務の履行を請求することができる。

開設許可の承継が，分割制度創設の最大の効果である。

分割承継医療法人は，分割契約の定めに従って，分割医療法人の権利義務を承継します。この承継した権利義務には，開設する施設に関する許可事項も含まれます。

ここが，医療法人の分割制度が創設された最大のポイントです。

例えば以下の図の場合，甲医療法人が開設している，A 病院の開設許可は甲医療法人になされており，原則としてその許可を他の者が承継することはできません。

しかし，医療法における分割は，許可に関する権利義務も承継しますので，分割事業を受けた乙医療法人が新たに病院開設許可を受けることは不要であり，病床過剰地域においても，病院を承継することができます。

ただし，分割制度を利用すれば無制限に病院開設許可を移転できるとは考えられず，例えば分割対象となる病院事業の人員が法定基準より下回っているような場合は，そもそも都道府県知事の分割認可を行わないこともありえます。

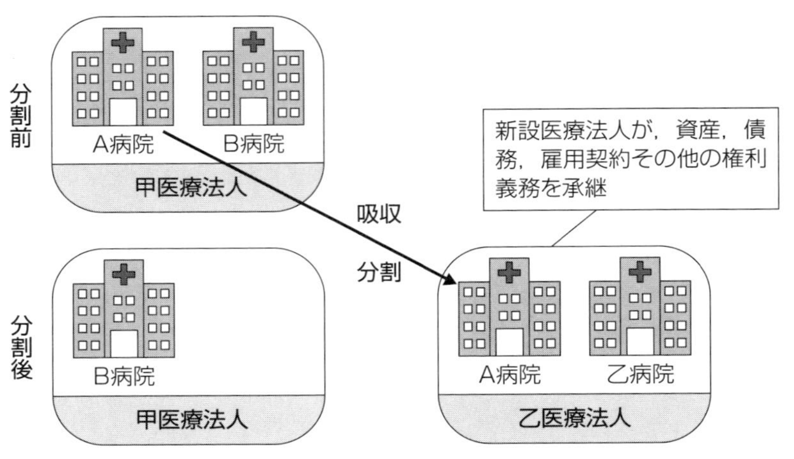

（吸収分割の効力の発生のための登記）

第60条の７　吸収分割は，吸収分割承継医療法人が，その主たる事務所の所在地において政令で定めるところにより分割の登記をすることによつて，その効力を生ずる。

ポイント

吸収分割は，登記をすることによって効力が生じる。

1　概　要

吸収分割は，吸収分割承継医療法人が，その主たる事務所の所在地において政令で定めるところにより分割の登記をすることによって，その効力を生じる。

2　登記の方法

吸収分割の登記は，吸収分割医療法人の変更登記及び吸収分割承継医療法人の変更登記についての変更登記と整理されています。

いずれも主たる事務所の所在地においては２週間以内に，従たる事務所の所在地においては３週間以内に登記を行うことを求められます（組合等登記令８の２，11，13）。

なお，登記期間の起算点は，債権者保護の手続きが完了したときになります。

3　分割の効果

吸収分割の効果は，医療法人がその事業に関して有する権利義務の全部又は一部を分割により他の医療法人に承継させる効果を生ずるものです。

分割により，医療法人が有する権利義務の全部の業務を他の医療法人に承継させた場合であっても，分割医療法人は当然に消滅しません。

分割医療法人を消滅させるためには，別途解散の手続きが必要です。

第2目　新設分割

（医療法人の新設分割）

第61条　一又は二以上の医療法人は，新設分割（一又は二以上の医療法人がその事業に関して有する権利義務の全部又は一部を分割により設立する医療法人に承継させることをいう。以下この目において同じ。）をすることができる。この場合においては，新設分割計画を作成しなければならない。

2　二以上の医療法人が共同して新設分割をする場合には，当該二以上の医療法人は，共同して新設分割計画を作成しなければならない。

ポイント

分割制度の創設導入は，地域医療連携推進法人促進のためである。

1　分割制度

新設分割とは，法定の手続きに基づき，当事者たる医療法人が事業に関して有する権利義務の一部を他の医療法人に移転する効果を持つ契約です。

分割には吸収分割（医法60）と，新設分割（医法61）があります。

2　新設分割制度

新設分割は，1又は2以上の医療法人が，その事業に関する権利義務の全部又は一部を分割に伴い新設する医療法人に承継させる契約を言います。

なお税制上の観点などから①社会医療法人，②特定医療法人，③持分の定めのある医療法人，④救急医療等確保事業の継続計画の認定を受けた社会医療法人であった法人（社会医療法人を取り消された法人）は，分割制度を適用することはできません（医規35の6）。

■新設分割

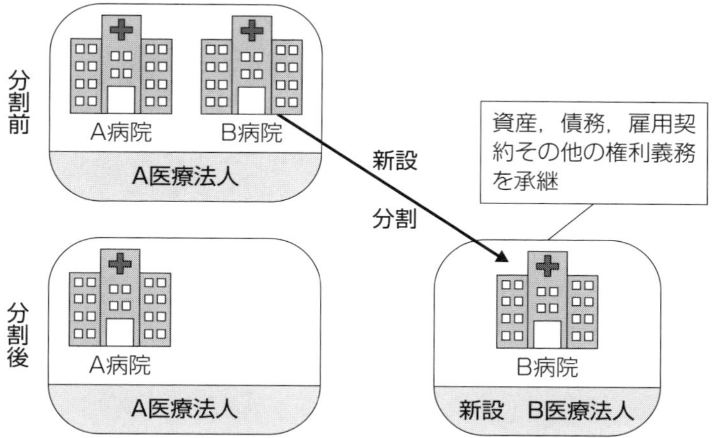
分割前
A病院
B病院
A医療法人
新設
分割
資産，債務，雇用契約その他の権利義務を承継
分割後
A病院
A医療法人
B病院
新設　B医療法人

（医療法人の新設分割の手続き）

第61条の２　一又は二以上の医療法人が新設分割をする場合には，新設分割計画において，次に掲げる事項を定めなければならない。

一　新設分割により設立する医療法人（以下この目において「新設分割設立医療法人」という。）の目的，名称及び主たる事務所の所在地

二　新設分割設立医療法人の定款又は寄附行為で定める事項

三　新設分割設立医療法人が新設分割により新設分割をする医療法人（以下この目において「新設分割医療法人」という。）から承継する資産，債務，雇用契約その他の権利義務に関する事項

四　前三号に掲げる事項のほか，厚生労働省令で定める事項

（法第61条の２第４号の厚生労働省令で定める事項）

医療法施行規則第35条の10　法第61条の２第４号の厚生労働省令で定める事項は，次に掲げるものとする。

一　新設分割医療法人（法第61条の２第３号に規定する新設分割医療法人をいう。）及び新設分割設立医療法人（同条第１号に規定する新設分割設立医療法人をいう。）の新設分割（法第61条第１項に規定する新設分割をいう。次条において同じ。）後二年間の事業計画又はその要旨

二　新設分割がその効力を生ずる日

ポイント

分割契約書により承継する資産，負債雇用契約などの範囲を定める。

1　新設分割の契約

医療法人が新設分割をする場合には，新設分割計画を作成しなければなりません。

また，２以上の医療法人が共同して新設分割をする場合には，これらの医療法人は，共同して新設分割計画を作成しなければなりません（医法61の２，

医規35の10)。

2　新設分割契約記載事項

医療法人が新設分割をする場合には次に掲げる事項を定めた新設分割契約を定めなければなりません。

■新設分割契約において定める事項

①　新設分割設立医療法人の目的，名称及び主たる事務所の所在地
②　新設分割設立医療法人の定款又は寄附行為で定める事項
③　新設分割設立医療法人が新設分割医療法人から承継する資産，債務，雇用契約その他の権利義務に関する事項
④　新設分割医療法人及び新設分割設立医療法人の新設分割後２年間の事業計画又はその要旨
⑤　新設分割がその効力を生ずる日

②の定款又は寄附行為で定める事項は，定款又は寄附行為を必ず定めなければならない次の事項を指します（医法44)。

1　目的
2　名称
3　その開設しようとする病院，診療所，介護老人保健施設又は介護医療院（地方自治法第244条の２第３項に規定する指定管理者として管理しようとする公の施設である病院，診療所又は介護老人保健施設を含む。）の名称及び開設場所
4　事務所の所在地
5　資産及び会計に関する規定
6　役員に関する規定
7　社団たる医療法人にあっては，社員総会及び社員たる資格の得喪に関する規定
8　財団たる医療法人にあっては，評議員会及び評議員に関する規定
9　解散に関する規定
10　定款又は寄附行為の変更に関する規定
11　公告の方法

（吸収分割規定の準用）

第61条の３　第60条の３から第60条の５までの規定は，医療法人が新設分割をする場合について準用する。この場合において，第60条の３第１項及び第３項中「吸収分割契約」とあるのは「新設分割計画」と，同条第４項中「吸収分割医療法人」とあるのは「新設分割医療法人」と，「吸収分割承継医療法人」とあるのは「新設分割設立医療法人」と読み替えるものとする。

（吸収分割に関する規定の準用）

医療法施行規則第35条の11　第35条の８及び第35条の９の規定は，医療法人が新設分割をする場合について準用する。この場合において，第35条の８中「第60条の３第４項」とあるのは「第61条の３において読み替えて準用する法第60条の３第４項」と，同条第２号中「第60条の３第１項」とあるのは「第61条の３において読み替えて準用する法第60条の３第１項」と，同条第３号中「吸収分割契約書」とあるのは「新設分割計画」と，同条第４号中「吸収分割医療法人」とあるのは「新設分割医療法人（法第61条の２第３号に規定する新設分割医療法人をいう。次号から第７号までにおいて同じ。）」と，「吸収分割承継医療法人」とあるのは「新設分割設立医療法人（同条第１号に規定する新設分割設立医療法人をいう。第７号において同じ。）」と，同条第５号及び第６号中「吸収分割医療法人及び吸収分割承継医療法人」とあるのは「新設分割医療法人」と，同条第７号中「吸収分割医療法人」とあるのは「新設分割医療法人」と，「吸収分割承継医療法人」とあるのは「新設分割設立医療法人」と，第35条の９中「第60条の４第２項」とあるのは「第61条の３において読み替えて準用する法第60条の４第２項」と読み替えるものとする。

ポイント

新設分割は吸収分割同様，分割契約の承認決議を経たうえで，都道府県知事の認可が必要である。

1　吸収分割規定の準用

新設分割手続きは，吸収分割の規定を準用し，吸収分割とほぼ同様の手続きです。

2　準用する規定

（1）分割契約の議決と認可（医法60の3）

新設分割計画は，社団たる医療法人は総社員の同意を得る場合，また，財団たる医療法人は，寄附行為に新設分割をすることができる旨の定めがある場合に限られますが，理事の3分の2以上の同意を，原則として得なければなりません。

ただし，寄附行為に別段の定めがある場合は，この限りではありません。

また新設分割は，新設分割により設立される医療法人の主たる事務所の所在地の都道府県知事の認可を受けなければ効力は生じません。

（2）財産目録等の作成（医法60の4）

新設分割の認可の通知を受けた場合には，認可の通知のあった日から2週間以内に，財産目録及び貸借対照表を作成し，分割の登記がされるまで主たる事務所に備え置き，債権者からの閲覧請求に備えなければなりません。

（3）債権者保護手続き（医法60の5）

分割に関して，2か月以上の期間を設けて債権者異議申述公告を行うとともに，債権者に個別催告をなさなければなりません。

（権利義務の承継）

第61条の４　新設分割設立医療法人は，新設分割計画の定めに従い，新設分割医療法人の権利義務（当該医療法人がその行う事業の用に供する施設に関しこの法律の規定による許可その他の処分に基づいて有する権利義務を含む。）を承継する。

２　前項の規定にかかわらず，新設分割医療法人の債権者であつて，前条において準用する第60条の５第１項の各別の催告を受けなかつたものは，新設分割計画において新設分割後に新設分割医療法人に対して債務の履行を請求することができないものとされているときであつても，新設分割医療法人に対して，新設分割医療法人が次条の分割の登記のあつた日に有していた財産の価額を限度として，当該債務の履行を請求することができる。

３　第１項の規定にかかわらず，新設分割医療法人の債権者であつて，前条において準用する第60条の５第１項の各別の催告を受けなかつたものは，新設分割計画において新設分割後に新設分割設立医療法人に対して債務の履行を請求することができないものとされているときであつても，新設分割設立医療法人に対して，その承継した財産の価額を限度として，当該債務の履行を請求することができる。

ポイント

個別催告を受けなかった債権者は，新設分割法人及び新設分割設立法人に債権の弁済履行を求めることができる。

1　権利義務の承継

新設分割により設立された医療法人は，新設分割計画に従い，新設分割のもととなった医療法人の権利義務を承継します。

この義務には，当然に分割医療法人が負うべき債務を含み，この債務を有する債権者は，分割に伴い個別催告を受けています。

権利義務には，病院開設の許可，DPC（医療費の包括評価）対象病院等に関する届出，公租公課の賦課など，行政庁の認可その他の処分なども承継する権利義務に含みます。

ただし，開設許可の効力は承継しますが，開設者を変更した旨の届出は必要です。

2　債権者保護の例外

（1）新設分割法人の債務履行

分割する医療法人は，債権者に対して異議申述催告をしなければなりません。

この催告に対して，異議を述べなかった債権者は，新設分割を承認したものとみなされます（医法61の3，60の5①②）。

個別催告を行わなかった場合には，20万円以下の過料が課されます（医法76⑩）。

また，個別催告をしたにもかかわらず，郵便事情などにより個別の催告を受けなかった債権者は，異議申述期間を経過した後であっても，新設分割医療法人が分割の登記のあった日に有していた財産の価額を限度として，新設分割法人に債務の履行を請求することができます（医法61の4②）。

ただし，個別催告が通知されているのに個別催告を受けていないと債権者が申し立てているのか，本当に個別催告書が到来していないのか，明らかにすることは困難と考えます。

（2）新設分割設立法人の債務履行

個別催告を受けなかった債権者は，分割を行った法人に債務の履行を請求する方法のほかに，新設分割により設立された医療法人に対して，その承継した財産の価額を限度として，当該債務の履行を請求する方法を採ることもできます（医法61の4③）。

（新設分割法人の設立登記）

第61条の５　新設分割は，新設分割設立医療法人が，その主たる事務所の所在地において政令で定めるところにより分割の登記をすることによつて，その効力を生ずる。

ポイント

分割医療法人の変更登記と，新設分割設立法人の設立登記は同時に申請する。

１　新設分割の効力発生

（１）概　要

新設分割は，新設分割により設立された医療法人が，その主たる事務所の所在地において登記をすることにより，分割の効力が生じます。

（２）新設分割に関する登記

新設分割において，新設分割により設立された医療法人の設立登記及び分割した医療法人の変更登記が必要です。

分割の登記は，債権者保護手続きが終了してから２週間以内に，分割した医療法人の分割による変更の登記と，新設分割をした旨の登記，及び新設分割により設立された医療法人の名称及び主たる事務所などの設立登記をしなければなりません（組合等登記令25，商業登記法84）。

２　新設分割の登記申請

（１）登記申請

分割医療法人の新設分割による変更の登記の申請と，新設分割により設立された医療法人の設立登記は，同時に行わなければなりません（組合等登記令25，商業登記法87①②）。

（2）新設分割設立登記の添付書類

新設分割による設立の登記の申請書には，次の書面を添付しなければなりません（組合等登記令21の3，16②③，21の2）。

① 定款又は寄附行為（組合等登記令16②）
② 代表権を有する者の資格を証する書面（組合等登記令16②）
③ 別表に掲げる事項を証する書面（組合等登記令16③）
④ 新設分割医療法人の登記事項証明書（組合等登記令21の2①）
⑤ 債権者保護手続関係書面（組合等登記令21の2②）
⑥ 都道府県知事の認可書又はその認証がある謄本（組合等登記令25，商業登記法19）

（3）分割医療法人がする新設分割による変更の登記

分割医療法人の新設分割による変更登記の申請書には，登記所において作成した新設分割医療法人の理事長の印鑑証明書を添付し，代理人の代理権限証書を除き，他の書面の添付を求められません。

ただし，新設分割により分割医療法人の資産の総額が減少しますので，資産の総額変更の登記の申請を，資産の総額の変更を証する財産目録などの書面を添付し行わなければなりません。

（4）登記審査

分割設立医療法人の主たる事務所の所在地を管轄する登記所において，次の事由がある場合には，申請内容を補正されない限り登記申請は却下されます（商業登記法24）。

一　申請に係る当事者の営業所の所在地が当該申請を受けた登記所の管轄に属しないとき。
二　申請が登記すべき事項以外の事項の登記を目的とするとき。
三　申請に係る登記がその登記所において既に登記されているとき。
四　申請の権限を有しない者の申請によるとき。
五　第21条第３項に規定する場合において，当該申請に係る登記をすることにより同項の登記の申請書のうち他の申請書に係る登記をすることができなくなるとき。
六　申請書がこの法律に基づく命令又はその他の法令の規定により定められた方式に適合しないとき。
七　第20条の規定による印鑑の提出がないとき，又は申請書，委任による代理人の権限を証する書面若しくは第30条第２項若しくは第31条第２項に規定する譲渡人の承諾書に押された印鑑が第20条の規定により提出された印鑑と異なるとき。
八　申請書に必要な書面（第19条の２に規定する電磁的記録を含む。）を添付しないとき。
九　申請書又はその添付書面（第19条の２に規定する電磁的記録を含む。以下同じ。）の記載又は記録が申請書の添付書面又は登記簿の記載又は記録と合致しないとき。
十　登記すべき事項につき無効又は取消しの原因があるとき。
十一　申請につき経由すべき登記所を経由しないとき。
十二　同時にすべき他の登記の申請を同時にしないとき。
十三　申請が第27条の規定により登記することができない商号の登記を目的とするとき。
十四　申請が法令の規定により使用を禁止された商号の登記を目的とするとき。
十五　商号の登記を抹消されている会社が商号の登記をしないで他の登記を申請したとき。

（新設手続きの適用除外）

第61条の６　第２節（第44条第２項，第４項及び第５項並びに第46条第２項を除く。）の規定は，新設分割設立医療法人の設立については，適用しない。

ポイント

新設分割により新たに設立された医療法人は，通常の医療法人設立手続きは求められない。

新設分割は，主たる事務所の所在地の都道府県知事の認可を受けます（医法61の３，60の３）。

そのため，分割により新設された法人は，改めて医療法人の設立認可を都道府県知事から受ける必要はありません。

第3目　雑　則

（分割法人の労働承継）

第62条　会社分割に伴う労働契約の承継等に関する法律（平成12年法律第103号）第２条から第８条まで（第２条第３項各号及び第４条第３項各号を除く。）及び商法等の一部を改正する法律（平成12年法律第90号）附則第５条第１項の規定は，この款の規定により医療法人が分割をする場合について準用する。この場合において，会社分割に伴う労働契約の承継等に関する法律第２条第１項及び第２項中「承継会社等」とあるのは「承継医療法人等」と，同項中「分割会社」とあるのは「分割医療法人」と，同条第３項中「次の各号に掲げる場合に応じ，当該各号に定める」とあるのは「医療法（昭和23年法律第205号）第60条の３第４項の認可の通知又は同法第61条の３において読み替えて準用する同法第60条の３第４項の認可の通知のあった日から起算して，二週間を経過する」と，同法第３条から第８条まで（第４条第３項を除く。）の規定中「分割会社」とあるのは「分割医療法人」と，「承継会社等」とあるのは「承継医療法人等」と，同法第４条第３項中「次の各号に掲げる場合に応じ，当該各号に」とあるのは「医療法第60条の３第４項の認可を受けた吸収分割又は同法第61条の３において読み替えて準用する同法第60条の３第４項の認可を受けた新設分割に係る分割の登記のあった日の前日までの日で分割医療法人が」と読み替えるものとするほか，必要な技術的読替えは，政令で定める。

（医療法人の分割に関する技術的読替え）

医療法施行令第５条の10　法第62条において医療法人が分割をする場合について会社分割に伴う労働契約の承継等に関する法律（平成12年法律第103号）第２条から第８条まで（第２条第３項各号及び第４条第３項各号を除く。）の規定を準用する場合においては，法第62条の規定によるほか，次の表の上欄に掲げる会社分割に伴う労働契約の承継等に関する法律の規定中同表の中欄に掲げる字句は，同表の下欄に掲げる字句に読み替えるものとする。[補注：表の上欄・中欄・下欄とは次表の左欄・中欄・右欄のこと]

第２条第１項	同法第757条に	医療法（昭和23年法律第205号）第60条に
	第763条第１項	第61条の２第１号
	第757条の	第60条の
	第762条第１項	第61条第１項
第４条第４項，第５条第３項並びに第６条第２項及び第３項	会社法第759条第１項，第761条第１項，第764条第１項又は第766条第１項	医療法第60条の６第１項又は第61条の４第１項

【会社分割に伴う労働契約の承継等に関する法律　読み替え】

（労働者等への通知）

会社分割に伴う労働契約の承継等に関する法律第２条　会社（株式会社及び合同会社をいう。以下同じ。）は，会社法第５編第３章及び第５章の規定による分割（吸収分割又は新設分割をいう。以下同じ。）をするときは，次に掲げる労働者に対し，通知期限日までに，当該分割に関し，当該会社が当該労働者との間で締結している労働契約を当該分割に係る承継医療法人等（吸収分割にあっては医療法（昭和23年法律第205号）第60条に規定する吸収分割承継会社，新設分割にあっては同法第61の２第１号に規定する新設分割設立会社をいう。以下同じ。）が承継する旨の分割契約等（吸収分割にあっては吸収分割契約（同法第60条の吸収分割契約をいう。以下同じ。），新設分割にあっては新設分割計画（同法第61条第１項の新設分割計画をいう。以下同じ。）をいう。以下同じ。）における定めの有無，第４条第３項に規定する異議申出期限日その他厚生労働省令で定める事項を書面により通知しなければならない。

一　当該会社が雇用する労働者であって，承継医療法人等に承継される事業に主として従事するものとして厚生労働省令で定めるもの

二　当該会社が雇用する労働者（前号に掲げる労働者を除く。）であって，当該分割契約等にその者が当該会社との間で締結している労働契約を承継医療法人等が承継する旨の定めがあるもの

2　前項の分割をする会社（以下「分割医療法人」という。）は，労働組合法（昭

和24年法律第174号）第２条の労働組合（以下単に「労働組合」という。）との間で労働協約を締結しているときは，当該労働組合に対し，通知期限日までに，当該分割に関し，当該労働協約を承継医療法人等が承継する旨の当該分割契約等における定めの有無その他厚生労働省令で定める事項を書面により通知しなければならない。

3　前二項及び第４条第３項第１号の「通知期限日」とは，医療法（昭和23年法律第205号）第60条の３第４項の認可の通知又は同法第61条の３において読み替えて準用する同法第60条の３第４項の認可の通知のあった日から起算して，二週間を経過する。

（承継される事業に主として従事する労働者に係る労働契約の承継）

会社分割に伴う労働契約の承継等に関する法律第３条　前条第１項第１号に掲げる労働者が分割医療法人との間で締結している労働契約であって，分割契約等に承継医療法人等が承継する旨の定めがあるものは，当該分割契約等に係る分割の効力が生じた日に，当該承継医療法人等に承継されるものとする。

会社分割に伴う労働契約の承継等に関する法律第４条　第２条第１項第１号に掲げる労働者であって，分割契約等にその者が分割医療法人との間で締結している労働契約を承継医療法人等が承継する旨の定めがないものは，同項の通知がされた日から異議申出期限日までの間に，当該分割医療法人に対し，当該労働契約が当該承継医療法人等に承継されないことについて，書面により，異議を申し出ることができる。

2　分割医療法人は，異議申出期限日を定めるときは，第２条第１項の通知がされた日と異議申出期限日との間に少なくとも十三日間を置かなければならない。

3　前二項の「異議申出期限日」とは，医療法第60条の３第４項の認可を受けた吸収分割又は同法第61条の３において読み替えて準用する同法第60条の３第４項の認可を受けた新設分割に係る分割の登記のあった日の前日までの日で分割医療法人が掲げる場合に応じ，当該各号に定める日をいう。

4　第１項に規定する労働者が同項の異議を申し出たときは，医療法第60条の６第１項又は第61条の４第１項の規定にかかわらず，当該労働者が分割医療法人との間で締結している労働契約は，分割契約等に係る分割の効力が生じた日に，承継医療法人等に承継されるものとする。

（その他の労働者に係る労働契約の承継）

会社分割に伴う労働契約の承継等に関する法律第５条　第２条第１項第２号に掲げる労働者は，同項の通知がされた日から前条第３項に規定する異議申出期限日までの間に，分割医療法人に対し，当該労働者が当該分割医療法人との間で締結している労働契約が承継医療法人等に承継されることについて，書面により，異議を申し出ることができる。

２　前条第２項の規定は，前項の場合について準用する。

３　第１項に規定する労働者が同項の異議を申し出たときは，医療法第60条の６第１項又は第61条の４第１項の規定にかかわらず，当該労働者が分割医療法人との間で締結している労働契約は，承継医療法人等に承継されないものとする。

（労働協約の承継等）

会社分割に伴う労働契約の承継等に関する法律第６条　分割医療法人は，分割契約等に，当該分割医療法人と労働組合との間で締結されている労働協約のうち承継医療法人等が承継する部分を定めることができる。

２　分割医療法人と労働組合との間で締結されている労働協約に，労働組合法第16条の基準以外の部分が定められている場合において，当該部分の全部又は一部について当該分割医療法人と当該労働組合との間で分割契約等の定めに従い当該承継医療法人等に承継させる旨の合意があったときは，当該合意に係る部分は，医療法第60条の６第１項又は第61条の４第１項の規定により，分割契約等の定めに従い，当該分割の効力が生じた日に，当該承継医療法人等に承継されるものとする。

３　前項に定めるもののほか，分割医療法人と労働組合との間で締結されている労働協約については，当該労働組合の組合員である労働者と当該分割医療法人との間で締結されている労働契約が承継医療法人等に承継されるときは，医療法第60条の６第１項又は第61条の４第１項の規定にかかわらず，当該分割の効力が生じた日に，当該承継医療法人等と当該労働組合との間で当該労働協約（前項に規定する合意に係る部分を除く。）と同一の内容の労働協約が締結されたものとみなす。

（労働者の理解と協力）

会社分割に伴う労働契約の承継等に関する法律第７条　分割医療法人は，当該分割に当たり，厚生労働大臣の定めるところにより，その雇用する労働者の理解と協力を得るよう努めるものとする。

（指針）

会社分割に伴う労働契約の承継等に関する法律第８条　厚生労働大臣は，この法律に定めるもののほか，分割医療法人及び承継医療法人等が講ずべき当該分割医療法人が締結している労働契約及び労働協約の承継に関する措置に関し，その適切な実施を図るために必要な指針を定めることができる。

分割により個別承諾なく労働契約を引き継げる。

1　労働契約の承継

医療法人が分割した場合には，分割法人と承継法人等が締結又は作成した分割契約等の定めに従って，分割法人の権利義務が承継法人等に包括的に承継されます。

しかし，労働契約の承継については，そのまま承継されるとした場合，労働者に与える影響が大きいため，分割時における労働者保護のために，労働契約の承継等に関する法律に

1）労働者及び労働組合への通知

2）労働契約の承継についての会社法の特例

3）労働協約の承継についての会社法の特例

4）会社分割にあたっての労働者の理解と協力を得る手続きについての規定

5）商法等改正法附則第５条に労働者との協議の規定

が設けられており，この規定を医療法人も適用することを定めたのが医療法62条です。

2　分割承継契約の流れ

労働契約の承継等に関する法律等に基づく手続きの流れについて，医療法人が社員総会等の承認を要する会社分割を行う場合の一連の手続きの流れを，同法に基づく条文の構成から示すと次のとおりです。

手続の流れ

労働者の理解と協力を得る努力
【法第7条】

・遅くとも労働者との協議の開始までに開始することが望ましい。その後も必要に応じて適宜行う【指針第2　4(2)ニ】

労働協約の債務的部分の承継に関する労使同意
【法第6条】

・分割契約等の締結前又は作成前にあらかじめ労使間で協議することにより合意しておくことが望ましい【指針第2　3(1)イ】

労働者との協議

・通知期限日までに協議
・通知期限日までに十分な協議ができるよう，時間的余裕をみて協議を開始【指針第2　4(1)ホ】

労働者・労働組合への通知【法第2条】

・通知日：事前開示事項の備置開始日又は株主総会招集通知発出日のいずれか早い日と同じ日が望ましい
【指針第2　1(1)】
・通知期限日：株主総会の2週間前の日の前日
【法第2条第3項第1号】

該当労働者による異議の申出【法第4・5条】

・異議申出期限日：通知期限日の翌日から株主総会の日の前日までの期間の範囲内で分割会社が定める日
【法第4条第3項第1号】
※通知日と異議申出期限日との間に少なくとも13日間置く必要がある【法第4条第2項】

労働契約の承継・不承継【法第3～5条】

・分割の効力が生じた日に，分割契約等に承継の定めのある労働契約が承継会社等に承継。一定の労働者が異議の申出を行った場合，分割の効力が生じた日に，労働契約の承継・不承継が覆る。

（出所）　厚生労働省「会社分割に伴う労働契約の承継等に関する法律（労働契約承継法）の概要」

（民法の準用）

第62条の２　民法（明治29年法律第89号）第398条の９第３項から第５項まで並びに第398条の10第１項及び第２項の規定は，この款の規定により医療法人が分割をする場合について準用する。この場合において，同法第398条の９第３項中「前二項」とあるのは「医療法（昭和23年法律第205号）第62条の２において準用する次条第１項又は第２項」と，「前項」とあるのは「同項」と読み替えるものとする。

【読み替え規定】

（根抵当権者又は債務者の合併）

民法第398条の９

１～２　略

３　医療法（昭和23年法律第205号）第62条の２において準用する次条第１項又は第２項の場合には，根抵当権設定者は，担保すべき元本の確定を請求することができる。ただし，同項の場合において，その債務者が根抵当権設定者であるときは，この限りでない。

４　前項の規定による請求があったときは，担保すべき元本は，合併の時に確定したものとみなす。

５　第３項の規定による請求は，根抵当権設定者が合併のあったことを知った日から二週間を経過したときは，することができない。合併の日から一箇月を経過したときも，同様とする。

（根抵当権者又は債務者の会社分割）

民法第398条の10　元本の確定前に根抵当権者を分割をする会社とする分割があったときは，根抵当権は，分割の時に存する債権のほか，分割をした会社及び分割により設立された会社又は当該分割をした会社がその事業に関して有する権利義務の全部又は一部を当該会社から承継した会社が分割後に取得する債権を担保する。

２　元本の確定前にその債務者を分割をする会社とする分割があったときは，根抵当権は，分割の時に存する債務のほか，分割をした会社及び分割により設立された会社又は当該分割をした会社がその事業に関して有する権利義務の全部又は一部を当該会社から承継した会社が分割後に負担する債務を担保する。

ポイント

分割医療法人の根抵当権は，原則として分割承継医療法人などにも引き継ぐ。

医療法の分割に伴う根抵当権の規定は民法を準用します。

元本の確定前に根抵当権者である医療法人に分割があったとき，根抵当権は分割の時に存する債権のほか，分割した医療法人及び分割新設医療法人，分割事業を承継した法人などが分割後に取得する債権も担保になります。

この際，根抵当権設定者は，担保すべき元本の確定を請求することができ，請求があった場合には，担保すべき元本は確定します。

第3款　雑　則

（包括委任）

第62条の3　この節に特に定めるもののほか，医療法人の合併及び分割に関し必要な事項は，政令で定める。

ポイント

合併及び分割に関し必要な事項は政令で定める。

法律に委任する事項を具体的に明示せずに，法律に定めるもののほか必要な事項を政令において定めることを，「包括委任規定」といいます。

医療法人の合併及び分割に関しても，必要な事項は政令で定めることとなっています。

具体的には，医療法施行令5条の10（医療法人の分割に関する技術的読替え）が該当します。

第9節　監　督

（立入検査）

第63条　都道府県知事は，医療法人の業務若しくは会計が法令，法令に基づく都道府県知事の処分，定款若しくは寄附行為に違反している疑いがあり，又はその運営が著しく適正を欠く疑いがあると認めるときは，当該医療法人に対し，その業務若しくは会計の状況に関し報告を求め，又は当該職員に，その事務所に立ち入り，業務若しくは会計の状況を検査させることができる。

2　第6条の8第3項及び第4項の規定は，前項の規定による立入検査について準用する。

医療法第6条の8

1～2　略

3　第1項の規定によつて立入検査をする当該職員は，その身分を示す証明書を携帯し，かつ，関係人の請求があるときは，これを提示しなければならない。

4　第1項の規定による権限は，犯罪捜査のために認められたものと解釈してはならない。

ポイント

医療法人の運営に問題がある場合に，知事は報告を求め職員による立入検査を実施することができる。

1　報告義務

医療法63条から69条までは，医療法人に対する都道府県知事の監督規定です。

63条は，医療法人の業務若しくは会計の状況を，都道府県知事に報告させ職員に立入検査権を認めています。

なお，医療法人の開設する病院などへの立ち入りは，医療法25条を根拠とします。

63条は，医療施設を開設していない場合や，附帯事業に問題がある場合にも適用することが可能です。

過去においては医療機関債を用いた詐欺事件が発生した際の立入検査の根拠に63条が用いられました。

しかし，医療法人に報告を求められたにもかかわらず報告を行わなかったとしても，直接的な罰則はありません。

2　運営状況の欠格

「運営が著しく適正を欠く」場合とは，附帯業務に多額の投資を行うことによって法人の経営状態が悪化するなど，医療法人の附帯業務の継続が法人本来業務の経営に支障があると認められる場合や法人の資金を役員個人又は関連企業に不当に流用し，病院又は診療所の経営の悪化を招いていると認められる場合等をいいます。

なお，この立入検査の権限は犯罪捜査のために認められたものではないことが明示されています。（健政発第410号1986年６月26日，厚生省健政局長通知）。

3　証明書の携帯

医療法人の事務所に立ち入り，業務若しくは会計の状況を検査する職員は，その身分を示す証明書を携帯し，かつ，関係人の請求があるときは，これを提示しなければなりません。

（業務停止命令）

第64条　都道府県知事は，医療法人の業務若しくは会計が法令，法令に基づく都道府県知事の処分，定款若しくは寄附行為に違反し，又はその運営が著しく適正を欠くと認めるときは，当該医療法人に対し，期限を定めて，必要な措置をとるべき旨を命ずることができる。

2　医療法人が前項の命令に従わないときは，都道府県知事は，当該医療法人に対し，期間を定めて業務の全部若しくは一部の停止を命じ，又は役員の解任を勧告することができる。

3　都道府県知事は，前項の規定により，業務の停止を命じ，又は役員の解任を勧告するに当たつては，あらかじめ，都道府県医療審議会の意見を聴かなければならない。

ポイント

不適切な会計を行うことは，医療法人の業務停止命令につながることがある。

1　概　要

（1）停止命令

この条文は，都道府県知事の業務停止命令権，改善命令，役員の解任勧告権を定めたものです。

医療法人が，定款又は寄附行為に定められた業務以外の業務を行っている場合や，適正な会計を行っていない場合，附帯業務が，本来業務に支障がある場合など，業務の停止を命じ，又は役員の解任を勧告する場合には，必ず事前に都道府県医療審議会の意見聴取を要します。

ただし，医療審議会の意見に拘束されるものではありませんが，この手続きを経ないでなした処分は違法です。

なお，処分を受ける者に対し，弁明の機会を与えなければなりません（医法67）。

（2）停止の意味

医療法64条にいう「停止」とは，業務の継続を一時やめることを指し，「廃止」のように将来に向かって永久的にやめさせることではありません。

（3）勧告の意味

64条にいう「勧告」とは，医療法人に役員の解任を勧め又は促す行為であり，医療法人にその履行を拘束するものではありません。

2　業務停止命令の範囲

医療法人の行う業務は，本来の業務，附帯業務にかかわらず，すべて定款又は寄附行為に定めることを求められます。

これに違反して定款又は寄附行為に定めることなく業務を行っている場合や，適正な会計が行われていない場合には，その違反業務だけでなく必要があると認める場合には，医療法人の行っている業務について，都道府県知事はその全部又は一部の停止を命ずることができます。

また，たとえ定款又は寄附行為に定められた附帯業務であっても，その継続が医療法人本来の業務の運営に支障があると認められる場合であり，この場合の停止処分の対象は，附帯業務の全部又は一部に限られます。

3　命令の事例

「必要な措置」の例として，不動産の買占め，不動産賃貸業等附帯業務の範囲を超える事業を行っている場合のその事業の中止，附帯業務の継続が，本来業務の運営に支障があると認められる場合のその附帯業務の中止や縮小などをいいます（1986年６月26日，健政発第410号，厚生省健政局長通知　医療法人制度の改正及び都道府県医療審議会について）。

この命令に違反して業務を継続した場合には，医療法人の理事，監事若しくは清算人又は地域医療連携推進法人の理事，監事若しくは清算人は，20万円以下の過料に処されることがあります（医法76⑬）。

（社会医療法人の収益業務停止命令）

第64条の２　都道府県知事は，社会医療法人が，次の各号のいずれかに該当する場合においては，社会医療法人の認定を取り消し，又は期間を定めて収益業務の全部若しくは一部の停止を命ずることができる。

一　第42条の２第１項各号に掲げる要件を欠くに至つたとき。

二　定款又は寄附行為で定められた業務以外の業務を行つたとき。

三　収益業務から生じた収益を当該社会医療法人が開設する病院，診療所，介護老人保健施設又は介護医療院の経営に充てないとき。

四　収益業務の継続が，社会医療法人が開設する病院，診療所，介護老人保健施設又は介護医療院（指定管理者として管理する病院等を含む。）の業務に支障があると認めるとき。

五　不正の手段により第42条の２第１項の認定を受けたとき。

六　この法律若しくはこの法律に基づく命令又はこれらに基づく処分に違反したとき。

２　都道府県知事は，前項の規定により認定を取り消すに当たつては，あらかじめ，都道府県医療審議会の意見を聴かなければならない。

ポイント

事業報告書の承認は，理事会の承認後社員総会又は評議員会が行う。

１　社会医療法人の収益業務停止命令

この条文は，社会医療法人における都道府県知事の業務停止命令権，改善命令，役員の解任勧告権を定めたものです。

都道府県知事は，社会医療法人の要件に反した場合や不正手段により認定を受けた場合，定款又は寄附行為に定められた業務以外の業務を行っている場合，収益業務の収益を本来業務に充当しないときなどに，必要に応じて速やかに社会医療法人の事務所への立入検査を行うとともに，社会医療法人に対する改善命令を発出したうえで，社会医療法人の認定を取り消し，期間を定めて附帯業務のうち第一種社会福祉事業（ケアハウスを除く）及び収益業務の全部の停止を命ずることができます。

2　社会医療法人の認定取消課税

社会医療法人の認定が取り消された場合，これまで蓄えた純資産額のうち，利益積立金額を超える額に所得とみなして課税されます。

この場合，社会医療法人が医療法第42条の２第１項第５号の厚生労働大臣が定める基準（以下「救急医療等確保事業基準」）を満たせない場合において，社会医療法人の認定の取消しが，社会医療法人に事業の継続の意思があり，かつ都道府県知事が一定の猶予を与えれば改善が可能であると認める場合には，当該社会医療法人に対して１年間の猶予を与えることができること，都道府県知事が猶予を与えるかどうかの判断を行うに当たっては，改善計画書など必要な資料を提出させたうえで行うことができます。

■「社会医療法人の認定について」（最終改正2019年３月29日医政発0329第36号）

6　社会医療法人の認定を取り消された医療法人の救急医療等確保事業に係る業務の継続的な実施に関する計画の認定等

(1)　社会医療法人の認定を取り消された医療法人のうち次に掲げる事項に該当するものは，救急医療等確保事業に係る業務の継続的な実施に関する計画（以下「実施計画」という。）を作成し，これを都道府県知事に提出して，その実施計画が適当である旨の認定を受けることができること。

①　社会医療法人の認定を取り消された事由が，法第42条の２第１項第５号ハに掲げる要件（救急医療等確保事業に係る業務の実績）を欠くに至ったことであって，当該要件を欠くに至ったことが天災，人口の著しい減少その他の当該医療法人の責めに帰することができないやむを得ない事情があると都道府県知事が認める事由によるものであること。

※　天災，人口の著しい減少その他の当該医療法人の責めに帰することができないやむを得ない事情があると都道府県知事が認める事由としては，例えば，

イ　自然災害，事件，事故により施設が著しく破損したこと

ロ　地域の人口の著しい減少により医療従事者の確保が困難となっており，

かつ，当該地域において救急医療等確保事業に係る業務の実施主体が不足していること（ただし，地域医療機関との連携不足等の状況，当該医療従事者の待遇が不十分である等の状況があれば認めない。）

ハ　道路整備等交通網の変化による他の病院等への患者の著しい流出があり，かつ，当該地域において救急医療等確保事業に係る業務の実施主体が不足していること（ただし，地域医療機関との連携不足等の状況があれば認めない。）

ニ　近隣の救急病院等の開設により当該病院等への患者の著しい流出があり，かつ，当該地域において救急医療等確保事業に係る業務の実施主体が不足していること（ただし，地域医療機関との連携不足等の状況があれば認めない。）などが考えられるが，必要に応じて，厚生労働省に相談すること。

② 法第42条の２第１項各号（第５号ハを除く。）に掲げる要件に該当するものであること。

(2) 実施計画の認定を受けようとする医療法人は，次に掲げる書類を提出すること。

① 認定申請書　別添７

② 実施計画　別添８（規則第30条の36の３の別記様式第１の３）

※　実施計画（変更があった場合はその変更後のもの）に記載された救急医療等確保事業に係る業務の実施期間（以下「実施期間」という。）中に整備される救急医療等確保事業に係る業務の実施に必要な施設及び設備は，別添１の基準に記載されている施設及び設備のうち，法人税法施行令（昭和40年政令第97号）第13条第１号から第８号までに掲げる資産に該当するものを記載すること。この場合において，同令第55条第１項に規定する資本的支出に該当するものは含まれるが，それ以外の修繕費，賃借料等については含まれないこと，当該救急医療等確保事業の用に供される見込みであるものであれば，その一部が当該救急医療等確保事業以外の事業の用に供される見込みであるものであっても，対象となることに留意すること。

③ 第３の１の（１）の①の「社会医療法人の認定申請等関係書類」のうち当該医療法人が法第42条の２第１項第１号から第６号まで（第５号ハを除く。）に掲げる要件に該当するものであることを証する書類

④ 当該医療法人の定款又は寄附行為の写し

(3) 都道府県知事は，実施計画が次に掲げる事項のいずれにも適合すると認め

るときは，その認定をすることができること（実施計画認定書　別添９）。認定に当たっては，必要に応じて，厚生労働省に相談することとし，あらかじめ都道府県医療審議会の意見を聴かなければならないこと。なお，各事項は実地検査により確認を行うこととし，特に，救急医療等確保事業に係る業務の実施に必要な施設及び設備の整備については，その実施する救急医療等の内容に照らして適切なものであること及びその整備に係る支出の積算根拠となる資料等が適切なものであることについて確認を行うこと。

① 当該医療法人が，法第42条の２第１項各号（第５号ハを除く。）に掲げる要件に該当すること。

② 実施計画に記載された救急医療等確保事業に係る業務の実施に必要な施設及び設備の整備がその実施期間において確実に行われると見込まれるものであること。

③ 実施計画に記載された救急医療等確保事業に係る業務がその実施期間にわたり継続して行われると見込まれるものであること。

④ その実施期間が12年を超えないものであること。ただし，当該医療法人の開設する救急医療等確保事業に係る業務を実施する病院又は診療所の所在地を含む二次医療圏におけるその救急医療等確保事業の実施主体が著しく不足している場合その他特別の事情があると都道府県知事が認める場合は，18年を超えないものであること。

※１　⑷の収益業務は，社会医療法人の認定取消日と実施計画の認定日とが同日でないときは，その認定日前は行うことができないことに留意すること。

※２　社会医療法人の認定を取り消された場合に法人税の課税対象となる累積所得金額（法人税法上の収益事業以外の事業による所得の金額の累積額をいう。７⑹及び⑻において同じ。）から，救急医療等確保事業に係る業務の実施に必要な施設及び設備の取得価額の見積額の合計額を控除できる措置（７⑻において「税制上の措置」という。）は，社会医療法人の認定取消日と実施計画の認定日とが同日でないときは，適用できないことに留意すること。

⑷ 実施計画の認定を受けた医療法人は，法第42条の２第１項及び第３項の規定の例により収益業務を行うことができること。

⑸ 実施計画の認定を受けた医療法人は，毎会計年度終了後３月以内に，次に掲げる書類を都道府県知事に提出しなければならないこと。

① 実施計画の実施状況報告書　別添10（規則第30条の36の９第１項の別記

様式第１の４）

② 第３の１の(1)の①の「社会医療法人の認定申請等関係書類」のうち当該医療法人が法第42条の２第１項第１号から第６号まで（第５号ハを除く。）に掲げる要件に該当する旨を説明する書類

(6) (5)の規定にかかわらず，実施計画の認定を受けた医療法人は，次に掲げる会計年度においては，次に定める日後３月以内に，実施状況報告書を都道府県知事に提出しなければならないこと。

① 実施計画の認定が取り消された日の属する会計年度 当該取り消された日

② 実施計画に記載された実施期間が終了したこと又は社会医療法人の認定を受けたことにより，実施計画の認定の効力を失った日の属する会計年度 当該効力を失った日

(7) 都道府県知事は，実施計画の認定を受けた医療法人から(5)の①の実施計画の実施状況報告書が提出された場合には，当該実施計画に記載された救急医療等確保事業に係る業務並びに当該業務の実施に必要な施設及び設備の整備の実施状況について，毎会計年度提出された書類を審査し，併せて実地検査により確認を行うこと。当該実地検査により，当該施設及び設備の整備に係る支出を確認したときは，当該医療法人に対してその旨を証する書類（施設及び設備の整備に係る支出確認書 別添11）を交付すること。

(8) 実施計画の認定を受けた医療法人は，その認定に係る実施計画を変更しようとするときは，その変更しようとする事項及び変更の理由を記載した申請書（実施計画変更認定申請書 別添12）にその変更後の実施計画を添えて，都道府県知事に提出し，その認定を受けなければならないこと。ただし，当初の実施期間からの１年以内の変更については，遅滞なく，その旨を都道府県知事に届け出ることで足りること。

(9) 都道府県知事は，実施計画の認定を受けた医療法人が令第５条の５の６第１項各号のいずれかに該当すると認めるときは，必要に応じ，速やかに法第63条の規定による医療法人の事務所への立入検査又は法第64条の規定による医療法人に対する改善命令を発出した上で，令第５条の５の６第１項の規定により実施計画の認定を取り消し（実施計画認定取消書 別添13），収益業務の全部の停止を命ずること。取消しに当たっては，あらかじめ都道府県医療審議会の意見を聴かなければならないこと。

(10) 実施計画の認定を受けた医療法人が，社会医療法人の認定を受けた場合には，当該実施計画の認定は，当該社会医療法人の認定を受けた日から将来に

向かってその効力を失うこと。

⑾　実施計画の認定を受けている医療法人が他の医療法人と合併をする場合には，次の事項に留意すること。

①　合併後の医療法人が当該認定を受けた実施計画を引き続き行う場合には，当該医療法人は合併の認可を申請する際，その旨を明示するとともに，法第42条の2第1項第1号から第6号まで（第5号ハを除く。）に掲げる事項に該当するものであることを証する書類を提出すること。この場合において，都道府県知事は⑶に準じて審査を行うこと。

②　合併後の医療法人が当該認定を受けた実施計画を引き続き行わない場合又は令第5条の5の6第1項各号に掲げる要件のいずれかに該当する場合には，都道府県知事は実施計画の認定を取り消すこと。

⑿　実施計画の認定を受けている医療法人（当該医療法人と合併する医療法人を含む。）は，その認定が効力を有する期間内において分割することはできないこと。

第9節　監　督

（設立認可の取消し）

第65条　都道府県知事は，医療法人が，成立した後又は全ての病院，診療所，介護老人保健施設及び介護医療院を休止若しくは廃止した後一年以内に正当な理由がなく病院，診療所，介護老人保健施設又は介護医療院を開設しないとき，又は再開しないときは，設立の認可を取り消すことができる。

ポイント

1年以上本来業務を開設していない医療法人は，設立認可が取り消され，解散となる場合がある。

1　概　要

都道府県知事は，医療法人の設立認可の取消権を有します。

稀に，医療法人を設立したにもかかわらず，本来業務を開設していない事例や，院長の急逝などにより本来業務を廃止したものの，附帯業務のみを開設している事例を見受けますが，このような医療法人は本条文により設立認可が取り消されます。

設立認可の取消しにより医療法人は，当然解散することとなるため，実質的に解散命令と同様の効果が生じます。

なお，医療法65条に基づき設立認可が取り消される場合には，次条の法令違反による設立認可取消しと異なり，医療審議会の審議は求められません。

2　制度趣旨

65条創設の趣旨は，医業を営む意思がないにもかかわらず医療法人を設立する等この制度を悪用することを防止するためとの説があります（厚生省健康政策局総務課編『医療法・医師法（歯科医師法）解』（第16版）102頁）。

3　1年の起算

医療法人が，成立後1年以内に正当な理由なくして病院その他本来業務を開設しないときは，65条の適用があり得ますが，この場合の「成立した後一年以内」とは，設立登記した日から起算するものと考えられます。

4　正当理由

医療法人の設立認可取消しとならない，成立後1年以内に開設又は再開できないことの正当理由とは，次のような場合が考えられます。

- 介護老人保健施設を新設するために設立認可を受けた医療法人で，介護老人保健施設の建物を建築中の場合
- 本来業務を営む建物を新築するために，既存建物を取り壊し，新たな建物の建築中である場合

（法令違反による設立認可の取消し）

第66条　都道府県知事は，医療法人が法令の規定に違反し，又は法令の規定に基く都道府県知事の命令に違反した場合においては，他の方法により監督の目的を達することができないときに限り，設立の認可を取り消すことができる。

2　都道府県知事は，前項の規定により設立の認可を取り消すに当たつては，あらかじめ，都道府県医療審議会の意見を聴かなければならない。

ポイント

医療法人は，医療法のほか他の法律違反を理由により設立認可が取り消されることがある。

1　概　要

都道府県知事は，前条のほか法令違反を行った医療法人に対して，設立認可の取消権を有します。

設立認可の取消しにより，医療法人は当然解散することとなるため，実質的に解散命令と同様の効果が生じることは前条と同様です。

法令の規定に基づく都道府県知事の命令とは，都道府県知事が，医療法その他法令に基づき医療法人に対して命令処分を行うことを指します。

例えば，医療法人の業務や会計等の違反の疑いによる業務若しくは会計の状況を検査させること（医法63）や，医療法人の法令違反による必要な措置命令（医法64），社会医療法人の認定の取消命令（医法64の２）などが該当します。

また，法令の範囲には医療法のほか法人税法や金融商品取引法などすべての法令に違反した場合も医療法66条に該当する場合があるほか，都道府県条例も含まれると考えられます。

2　意見聴取

医療法人の設立認可の取消しに当たっては，必ず事前に都道府県医療審議会の意見を聴くことが求められます。

医療審議会の意見に都道府県知事は拘束されるものではありませんが，この手続きを経なければ66条の適用は行えません。

なお当該処分を受ける者には，弁明の機会が与えられています（医法67）。

（厚生労働大臣による設立認可取消指示）

第66条の２　厚生労働大臣は，第64条第１項及び第２項，第64条の２第１項，第65条並びに前条第１項の規定による処分を行わないことが著しく公益を害するおそれがあると認めるときは，都道府県知事に対し，これらの規定による処分を行うべきことを指示することができる。

ポイント

厚生労働大臣は，法令違反等を行った医療法人への処分を都道府県知事に求めることができる。

1　概　要

都道府県知事は，医療法人の設立認可の取消権を有しますが，明らかに法令に違反しているにもかかわらず，設立認可の取消しを行わないことが考えられます。

そこで，医療法人の業務若しくは会計が法令，法令に基づく都道府県知事の処分，定款若しくは寄附行為に違反し，又はその運営が著しく適正を欠くと認めるとき（医法64①）業務停止命令又は役員の解任勧告（医法64②），社会医療法人の認定の取消し又は収益業務の停止命令（医法64の２①），本来業務の非開設（医法65），法令又は命令違反（医法66）において，都道府県知事が処分を行わないことが公益を害するおそれがある場合は，厚生労働大臣は都道府県知事に処分の指示を行えます。

2　医療法66条の２が設けられた趣旨

過去においては，２以上の都道府県の区域において病院，診療所又は介護老人保健施設を開設する医療法人については，認可処分権限者が都道府県知事ではなく，厚生労働大臣とされていました（旧医法68の２）。

しかし現状の医療法においては，認可処分権限者は複数の都道府県において本来業務を開設している医療法人であっても，都道府県知事が有しています（事務・権限の移譲等に関する見直し方針について（2013年12月20日閣議決定））。

そこで66条の２を設け，広範囲に本来業務を開設している医療法人などに対し，厚生労働大臣の認可処分権限を与えるものとしました。

事務・権限の移譲等に関する見直し方針について

2013年12月20日閣議決定

２　国から地方公共団体への事務・権限の移譲等に関する見直し

⑽　医療法（昭23法205）

(i)　以下に掲げる事務・権限については，都道府県に移譲する。

事務の区分，個別法に規定する国の関与等の移譲後の措置については，別紙を基本とする。

- 医療法人（二以上の都道府県の区域において病院等を開設する法人に限る。以下同じ。）のうち，社会医療法人の認定（68条の２第１項において準用する42条の２第１項及び２項）
- 医療法人の設立認可等（68条の２第１項において準用する44条１項及び３項並びに45条）
- 医療法人の理事等に係る認可等（68条の２第１項において準用する46条の２第１項ただし書，46条の３第１項ただし書及び２項，46条の４第５項，６項及び７項４号並びに47条１項ただし書）
- 医療法人の定款又は寄附行為の変更の認可及び届出（68条の２第１項において準用する50条１項から３項）

- 医療法人の事業報告書の届出等（68条の２第１項において準用する52条）
- 医療法人の解散及び合併の認可等（68条の２第１項において準用する55条６項，７項（57条５項において準用する場合を含む。）及び８項，56条の６，56条の11，56条の12第３項及び４項，57条４項並びに58条）
- 医療法人に対する報告徴収及び立入検査（68条の２第１項において準用する63条１項）・医療法人に対する措置命令，業務停止命令及び役員の解任勧告（68条の２第１項において準用する64条）
- 医療法人のうち社会医療法人の認定取消し及び業務停止命令（68条の２第１項において準用する64条の２）
- 医療法人の設立認可の取消し（68条の２第１項において準用する65条及び66条）
- 医療法人に対する弁明の機会の付与（68条の２第１項において準用する67条１項及び３項）・医療法人台帳の記載等（施行令５条の11）
- 社会医療法人に係る認定（施行令５条の15において準用する施行令５条の５）
- 医療法人の登記及び役員変更の届出（施行令５条の15において準用する施行令５条の12及び５条の13）
- 医療法人の書類等の保存（施行令５条の15において準用する施行令５条の14）

(ii) 国の開設する病院等の開設承認及び監督については，都道府県，保健所設置市及び特別区への移譲について検討を進める。

（他の都道府県知事からの意見具申）

第66条の３　関係都道府県知事（医療法人が開設する病院，診療所，介護老人保健施設又は介護医療院の所在地の都道府県知事であつて，当該医療法人の主たる事務所の所在地の都道府県知事以外の者をいう。）は，当該医療法人に対して適当な措置をとることが必要であると認めるときは，当該医療法人の主たる事務所の所在地の都道府県知事に対し，その旨の意見を述べることができる。

ポイント

主たる事務所の所在地でない都道府県知事は，主たる事務所の所在地の都道府県知事に処分の意見を述べることができる。

厚生労働大臣は，法令等に違反した医療法人に処分を行わない都道府県知事に処分の指示を行うことができます（医法66の２）。

この指示を求める都道府県知事は，その医療法人の主たる事務所の所在する都道府県です。

２以上の都道府県において本来業務を開設している医療法人がありますが，このような医療法人の処分権限は，主たる事務所の所在する都道府県知事にあります。そのため，主たる事務所が所在しないが，本来業務を開設している都道府県の知事には，法令違反等を行った医療法人の処分権限を有しません。

そこで，本来業務を開設している都道府県の知事は，主たる事務所の所在地の都道府県知事に対し，その医療法人に対して適当な措置をとることが必要である旨の意見を述べることができます。

ただし，主たる事務所の所在地の都道府県知事は，意見に従う義務はありません。また，附帯業務をのみを開設している都道府県の知事は，必要な措置を求める意見を述べることはできません。

（弁明の機会の供与）

第67条　都道府県知事は，第44条第１項，第55条第６項，第58条の２第４項（第59条の２において読み替えて準用する場合を含む。）若しくは第60条の３第４項（第61条の３において読み替えて準用する場合を含む。）の規定による認可をしない処分をし，又は第64条第２項の規定により役員の解任を勧告するに当たつては，当該処分の名宛人又は当該勧告の相手方に対し，その指名した職員又はその他の者に対して弁明する機会を与えなければならない。この場合においては，都道府県知事は，当該処分の名宛人又は当該勧告の相手方に対し，あらかじめ，書面をもつて，弁明をするべき日時，場所及び当該処分又は当該勧告をするべき事由を通知しなければならない。

2　前項の通知を受けた者は，代理人を出頭させ，かつ，自己に有利な証拠を提出することができる。

3　第１項の規定による弁明の聴取をした者は，聴取書を作り，これを保存するとともに，報告書を作成し，かつ，当該処分又は当該勧告をする必要があるかどうかについて都道府県知事に意見を述べなければならない。

ポイント

被処分者の弁明及び聴取，報告は書面をもって行われる。

1　概　要

都道府県知事が認可をしない処分や役員の解任勧告など行政処分をする場合に，被処分者保護のため弁明の機会を与えることが定められています。

これは，被処分者に必ず事前に弁明の機会を与え，当事者の保護を図る必要があるためです。

- 設立の不許可処分（医法44①）
- 解散の不認可処分（医法55⑥）
- 合併の不認可処分（医法58の２④，59の２）
- 分割の不許可処分（医法60の３④，61の３）
- 役員の解任の勧告（医法64②）

2　書面手続き

都道府県知事は，処分又は勧告の相手方に対し，あらかじめ，書面をもって，弁明をするべき日時，場所及び当該処分又は当該勧告をするべき事由を通知しなければなりません。

また被通知者は，代理人を出頭させ，かつ，自己に有利な証拠を提出することができます。

弁明の聴取をした者は聴取書を作り，報告書を作成しなければなりません。

これは，被処分者が不利な扱いとならぬよう，弁明手続きは書面をもって行われます。

（読み替え規定）

第68条　一般社団法人及び一般財団法人に関する法律第４条，第158条及び第164条並びに会社法第662条，第664条，第868条第１項，第871条，第874条（第１号に係る部分に限る。），第875条及び第876条の規定は，医療法人について準用する。この場合において，同法第664条中「社員に分配する」とあるのは「残余財産の帰属すべき者又は国庫に帰属させる」と，同法第868条第１項中「本店」とあるのは「主たる事務所」と読み替えるものとする。

【読み替え後条文】

（住所）

一般社団法人及び一般財団法人に関する法律第４条　一般社団法人及び一般財団法人の住所は，その主たる事務所の所在地にあるものとする。

（贈与又は遺贈に関する規定の準用）

一般社団法人及び一般財団法人に関する法律第158条　生前の処分で財産の拠出をするときは，その性質に反しない限り，民法の贈与に関する規定を準用する。

２　遺言で財産の拠出をするときは，その性質に反しない限り，民法の遺贈に関する規定を準用する。

（財産の帰属時期）

一般社団法人及び一般財団法人に関する法律第164条　生前の処分で財産の拠出をしたときは，当該財産は，一般財団法人の成立の時から当該一般財団法人に帰属する。

２　遺言で財産の拠出をしたときは，当該財産は，遺言が効力を生じた時から一般財団法人に帰属したものとみなす。

（条件付債権等に係る債務の弁済）

会社法第662条　清算持分会社は，条件付債権，存続期間が不確定な債権その他その額が不確定な債権に係る債務を弁済することができる。この場合においては，これらの債権を評価させるため，裁判所に対し，鑑定人の選任の申立てをしなければならない。

2　前項の場合には，清算持分会社は，同項の鑑定人の評価に従い同項の債権に係る債務を弁済しなければならない。

3　第１項の鑑定人の選任の手続に関する費用は，清算持分会社の負担とする。当該鑑定人による鑑定のための呼出し及び質問に関する費用についても，同様とする。

（債務の弁済前における残余財産の分配の制限）

会社法第664条　清算持分会社は，当該清算持分会社の債務を弁済した後でなければ，その財産を残余財産の帰属すべき者又は国庫に帰属させることができない。ただし，その存否又は額について争いのある債権に係る債務についてその弁済をするために必要と認められる財産を留保した場合は，この限りでない。

（非訟事件の管轄）

会社法第868条　この法律の規定による非訟事件（次項から第６項までに規定する事件を除く。）は，会社の主たる事務所の所在地を管轄する地方裁判所の管轄に属する。

（理由の付記）

会社法第871条　この法律の規定による非訟事件についての裁判には，理由を付さなければならない。ただし，次に掲げる裁判については，この限りでない。

一　第870条第１項第１号に掲げる裁判

二　第874条各号に掲げる裁判

（不服申立ての制限）

会社法第874条　次に掲げる裁判に対しては，不服を申し立てることができない。

一　第870条第１項第１号に規定する一時取締役，会計参与，監査役，代表取締役，委員，執行役若しくは代表執行役の職務を行うべき者，清算人，代表清算人，清算持分会社を代表する清算人，同号に規定する一時清算人若しくは代表清算人の職務を行うべき者，検査役，第501条第１項（第822条第３項において準用する場合を含む。）若しくは第662条第１項の鑑定人，第508条第２項（第822条第３項において準用する場合を含む。）若しくは第672条第３項の帳簿資料の保存をする者，社債管理者若しくは社債管理補助者の特別代理人又は第714条第３項（第714条の７において準用する場合を含む。）の事務を承継する社債管理者若しくは社債管理補助者の選任又は選定の裁判

（非訟事件手続法の規定の適用除外）
会社法第875条　この法律の規定による非訟事件については，非訟事件手続法第40条及び第57条第２項第２号の規定は，適用しない。

（最高裁判所規則）
会社法第876条　この法律に定めるもののほか，この法律の規定による非訟事件の手続に関し必要な事項は，最高裁判所規則で定める。

ポイント

財産の拠出受け入れ，財産の清算処分などについては，一般社団法人及び一般財団法人に関する法律と会社法を準用する。

1　医療法人の所在地

医療法人の住所は，その主たる事務所の所在地にあるものとされます（医法65，一社４）。

主たる事務所の所在地は，定款又は寄附行為により定め（医法44①②），その事項は登記がなされます（組合等登記令２）。

2　非訟事件の管轄

医療法人が対象となる非訟事件は，医療法人の主たる事務所の所在地を管轄する地方裁判所の管轄に属します。

（政令への委任）

第69条　この章に特に定めるもののほか，医療法人の監督に関し必要な事項は，政令で定める。

（医療法人台帳等）

医療法施行令第５条の11　都道府県知事は，医療法人台帳を備え，当該都道府県の区域内に主たる事務所を有する医療法人について，厚生労働省令で定める事項を記載しなければならない。

２　都道府県知事は，当該都道府県の区域内に主たる事務所を有する医療法人が，他の都道府県の区域内へ主たる事務所を移転したときは，当該医療法人に関する医療法人台帳の記載事項を，当該医療法人の主たる事務所の新所在地の都道府県知事に通知しなければならない。

（登記の届出）

医療法施行令第５条の12　医療法人が，組合等登記令（昭和39年政令第29号）の規定により登記したときは，登記事項及び登記の年月日を，遅滞なく，その主たる事務所の所在地の都道府県知事（次条において単に「都道府県知事」という。）に届け出なければならない。ただし，登記事項が法第44条第１項，第54条の９第３項，第55条第６項，第58条の２第４項（法第59条の２において準用する場合を含む。）及び第60条の３第４項（法第61条の３において準用する場合を含む。）の規定による都道府県知事の認可に係る事項に該当するときは，登記の年月日を届け出るものとする。

（役員変更の届出）

医療法施行令第５条の13　医療法人は，その役員に変更があつたときは，新たに就任した役員の就任承諾書及び履歴書を添付して，遅滞なく，その旨を都道府県知事に届け出なければならない。

（書類の保存期間）

医療法施行令第５条の14　都道府県知事は，医療法人台帳及び厚生労働省令で定める書類を，当該医療法人台帳及び厚生労働省令で定める書類に係る医療法人の解散した日から五年間保存しなければならない。

（医療法人台帳の記載事項）

医療法施行規則第38条　令第５条の11第１項の医療法人台帳に記載しなければならない事項は，次のとおりとする。

一　名称

二　事務所の所在地

三　理事長の氏名

四　開設する病院，診療所，介護老人保健施設又は介護医療院の名称及び所在地

五　法第42条各号に掲げる業務を行う場合はその業務

六　設立認可年月日及び設立登記年月日

七　設立認可当時の資産

八　役員に関する事項

九　法第42条の２第１項の収益業務を行う場合はその業務

十　その他必要な事項

2　前項各号の記載事項に変更を生じたときは，都道府県知事は，遅滞なく訂正しなければならない。

（都道府県知事が保存すべき書類）

医療法施行規則第38条の２　令第５条の14の厚生労働省令で定める書類は，法第６章及びこの章の規定により提出された書類（法第52条第１項の規定により届け出られたもの及び法第69条の２第２項の規定による報告に係るものを除く。）とする。

ポイント

医療法人台帳により役員の異動履歴が記録されている。

1　政令委任

医療法第６章に特に定めるもののほか，医療法人の監督に関し必要な事項は，政令とされている。

具体的には，医療法施行令５条の11～14が該当する。

2　医療法人台帳

都道府県知事は，次の事項を記載した医療法人台帳を作成します。

一　名称
二　事務所の所在地
三　理事長の氏名
四　開設する病院，診療所，介護老人保健施設又は介護医療院の名称及び所在地
五　法第42条各号に掲げる業務を行う場合はその業務
六　設立認可年月日及び設立登記年月日
七　設立認可当時の資産
八　役員に関する事項
九　法第42条の２第１項の収益業務を行う場合はその業務
十　その他必要な事項

役員の変更があった場合に，役員変更届の提出を求めるのは，この医療法人台帳の記載事項を変更するためです。

また，社員の変更に関する届け出を求めないのは，医療法人台帳に社員の異動を記載することがないからと推察できます。

3　登記事項届出

医療法人が，組合等登記令に基づき登記したときは，登記事項及び登記の年月日を，遅滞なく，その主たる事務所の所在地の都道府県知事に登記の年月日を届け出なければなりません（医令５の12）。

これは，医療法人台帳を整備する目的もあります。

■東京都　医療法人の登記事項の届出例

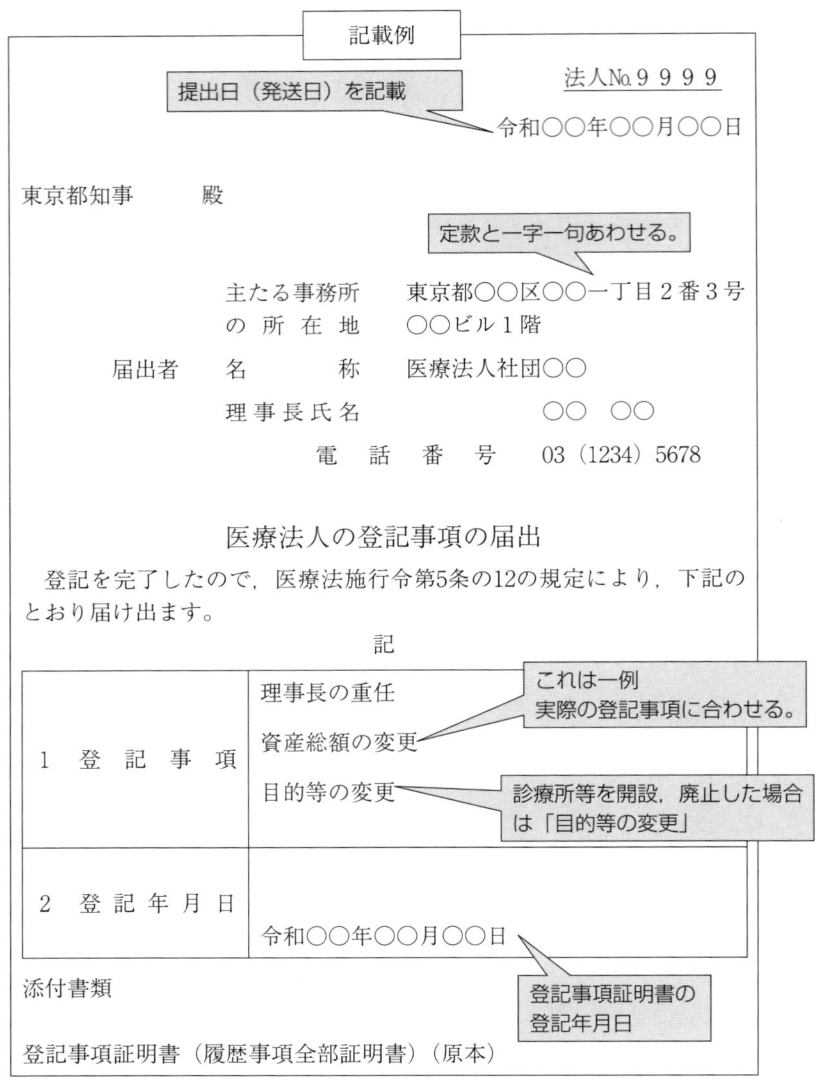

（注）　提出部数：１部＋控必要部数

第10節　医療法人に関する情報の調査及び分析等

（医療法人の経営情報のデータベース）

第69条の2　都道府県知事は，地域において必要とされる医療を確保するため，当該都道府県の区域内に主たる事務所を有する医療法人の活動の状況その他の厚生労働省令で定める事項について，調査及び分析を行い，その内容を公表するよう努めるものとする。

2　医療法人（厚生労働省令で定める者を除く。）は，厚生労働省令で定めるところにより，当該医療法人が開設する病院又は診療所ごとに，その収益及び費用その他の厚生労働省令で定める事項を都道府県知事に報告しなければならない。

3　厚生労働大臣は，医療法人の活動の状況その他の厚生労働省令で定める事項に関する情報を収集し，整理し，及び当該整理した情報（以下「医療法人情報」という。）の分析の結果を国民にインターネットその他の高度情報通信ネットワークの利用を通じて迅速に提供することができるよう必要な施策を実施するものとする。

4　厚生労働大臣は，前項の施策を実施するため必要があると認めるときは，都道府県知事に対し，当該都道府県の区域内に主たる事務所を有する医療法人の活動の状況その他の厚生労働省令で定める事項に関する情報の提供を求めることができる。

5　都道府県知事は，前項の規定による厚生労働大臣の求めに応じて情報を提供するときは，電磁的方法その他の厚生労働省令で定める方法によるものとする。

（法第69条の２第１項の厚生労働省令で定める事項）

医療法施行規則第38条の３　法第69条の２第１項に規定する厚生労働省令で定める事項は，同条第３項に規定する分析の結果その他の地域において必要とされる医療を確保するために都道府県知事が必要と認めるもの（個人の権利利益が害されるおそれがある部分を除く。）とする。

（法第69条の２第２項の厚生労働省令で定める者）

医療法施行規則第38条の４　法第69条の２第２項に規定する厚生労働省令で定める者は，租税特別措置法第67条第１項の規定を適用して最終会計年度の所得の金額を計算した医療法人とする。

（法第69条の２第２項の規定による報告の方法）

医療法施行規則第38条の５　法第69条の２第２項の規定による報告は，次に掲げる方法のいずれかにより，毎会計年度終了後三月以内（法第51条第２項の医療法人にあつては，四月以内）に行わなければならない。

一　電磁的方法を利用して自ら及び当該報告を受けるべき都道府県知事が同一の情報を閲覧することができる状態に置く措置を講ずる方法

二　書面の提出

２　前項第１号の措置は，厚生労働大臣が管理する電気通信設備の記録媒体に法第69条の２第２項に規定する厚生労働省で定める事項を内容とする情報を記録する措置であつて，同項の規定により報告をすべき医療法人が，自ら及び当該報告を受けるべき都道府県知事が当該情報を記録し，かつ，閲覧することができる方式に従つて行うものとする。

３　第１項第１号の措置が講じられたときは，前項の規定により厚生労働大臣が管理する電気通信設備の記録媒体への記録がされた時に法第69条の２第２項の規定による報告を受けるべき都道府県知事に到達したものとみなす。

（法第69条の２第２項の厚生労働省令で定める事項）

医療法施行規則第38条の６　法第69条の２第２項に規定する厚生労働省令で定める事項は，次に掲げる事項とする。

一　病院又は診療所（以下この条において「病院等」という。）の名称，所在地その他の病院等の基本情報

二　病院等の収益及び費用の内容

三　病院等の職員の職種別人員数その他の人員に関する事項
四　その他必要な事項

（法第69条の２第３項及び第４項の厚生労働省令で定める事項）
医療法施行規則第38条の７　法第69条の２第３項及び第４項に規定する厚生労働省令で定める事項は，次に掲げる事項とする。
一　法第52条第１項各号に掲げる書類に記載された事項
二　法第69条の２第２項の規定による報告の内容
三　その他必要な事項

（法第69条の２第５項の厚生労働省令で定める方法）
医療法施行規則第39条　法第69条の２第５項に規定する厚生労働省令で定める方法は，電磁的方法を利用して自ら及び厚生労働大臣が同一の情報を閲覧することができる状態に置く措置を講ずる方法その他の適切な方法とする。

ポイント

- **医療法人は，収益及び費用のほか給与などの経営情報の報告が求められる。**
- **報告は，医療機関等情報支援システム（「G−MIS」）のほか，紙の提出も可能である。**

1　医療法人に関する情報の調査及び分析

（1）制度の概要

生産年齢人口の減少や医療資源の地域格差などの課題が存在する我が国において医療法人の経営状況を把握し，新興感染症拡大時等の緊急時に迅速な医療提供体制の確保に必要な支援等を実施するために，平時から医療機関の経営状況を把握することが重要です。

そこで，医療法人が開設する病院及び診療所に係る経営等の情報を収集し，データベースとして整備することとなりました。このデータベースを，医療法人の経営情報のデータベース（MDCB）と言います。

（2）対象法人

原則としてすべての医療法人が毎会計年度終了後に，当該医療法人が開設する病院又は診療所ごとの収益及び費用等の経営情報等を，主たる事務所の所在地の都道府県知事に，原則として事業年度終了後３か月以内に報告しなければなりません。

ただし社会保険診療報酬の所得計算の特例（租税特別措置法67①）を適用している医療法人は，経費の実額を集計していない可能性もあることから報告の対象外とされますが，この特例を適用しているのは令和２年度では61法人（「租税特別措置の適用実態調査の結果に関する報告書」（令和４年１月））に過ぎません。

（3）報告事項

医療法人が報告を行う経営情報等は，病院，診療所別に様式が定められており，閲覧に供される事業報告書（医法52）とは別に作成しなければなりません。

報告は，損益に関する項目と人件費に関する項目であり，資産負債に関する項目の報告は求められません。

また，医療法人会計基準の定めがあるものの会計基準に準拠した決算書を作成している医療法人は稀であり，統一的な統計データが作成できるのか疑問が残ります。たとえば，控除対象外消費税を租税公課勘定で集計しているケースが代表的な例です。

（4）報告方法

報告先は，医療法人の主たる事務所の所在地の都道府県知事です。複数の都道府県にまたがって医療施設を開設している場合でも，主たる事務所の所在地の都道府県知事に報告します。

開設している病院の報告には（様式１），開設している診療所の報告には（様式２）を使用します。

都道府県知事への報告方法は，医療機関等情報支援システム（G-MIS）のほか，書面郵送による報告も認められます。

都道府県知事への報告期限は，当該医療法人の会計年度終了後３か月以内ですが，公認会計士又は監査法人の監査を受ける医療法人は，会計年度終了後４か月以内までに報告すれば足ります。

2　知事による調査及び分析

（1）活用方法

都道府県知事は，医療法人の活動の状況の調査及び分析を行い，必要と認めるものの内容を公表するよう努めることが求められます（医法69の２）。

調査及び分析の結果，次のような活用方法が考えられ（「『医療法人の経営情報のデータベース』の在り方に関する報告書」令和４年11月９日），開設する医療施設に対する財務把握などにつながると考えられます。

- 医療機関の経営状況をもとに，国民に対して医療が置かれている現状，実態の理解の促進
- 医療機関の経営状況の実態を踏まえた，効率的かつ持続可能な医療提供体制の構築のための政策の検討
- 物価上昇や災害，新興感染症の発生等に際し，経営への影響を踏まえた的確な支援策の検討
- 実態を踏まえた医療従事者等の処遇の適正化に向けた検討
- 社会保険診療報酬に関する基礎資料である医療経済実態調査の補完

（2）対象法人

調査対象となる法人は，いわゆる概算経費（社会保険診療報酬の所得計算の特例　租税特別措置法67①）を適用した法人以外の法人で，社会医療法人（医法42の２）や特定医療法人（租税特別措置法67の２）も，調査対象法人です（医規38の４）。

概算経費を適用している医療法人は，経費実額を集計していない可能性があり，調査対象法人から削除されました。なお，概算経費を適用している医療法人は，61法人に過ぎません。

求める経営情報が，病院及び診療所における収益及び費用並びに，任意項目として職種別の給与（給料・賞与）及びその人数であり，費用を集計していない可能性がある概算経費対象法人を含めると，集計に誤りが生じる可能

性があるため除外されました。

ただし，医療法人の本来事業であり，事業報告において附帯業務と区分して収益及び費用を報告している介護老人保健施設や介護医療院の求める経営情報は含まれておりませんが，医療法人の経営情報のデータベース事業は医療提供体制を所管する厚生労働省医政局が担当し，介護施設を所管する厚生労働省老健局は別途同様の集計システムを実施する予定です。

（3）経営情報

集計される経営情報は，次が予定されています。

（下線⇒任意項目　二重下線⇒病院のみ必須項目）

施設別
○医業収益（入院診療収益，室料差額収益，外来診療収益，その他の医業収益）
○材料費（医薬品費，診療材料費・医療消耗器具備品費，給食用材料費）
○給与費（給料，賞与，賞与引当金繰入額，退職給付費用，法定福利費）
○委託費（給食委託費）
○設備関係費（減価償却費，機器賃借料）
○研究研修費
○経費（水道光熱費）
○控除対象外消費税等負担額
○本部費配賦額
○医業利益（又は医業損失）
○医業外収益（受取利息及び配当金，運営費補助金収益，施設設備補助金収益）
○医業外費用（支払利息）
○経常利益（又は経常損失）
○臨時収益
○臨時費用
○税引前当期純利益（又は税引前当期純損失）
○法人税，住民税及び事業税負担額
○当期純利益（又は当期純損失）
○職種別の給与（給料・賞与）及び，その人数この経営情報は毎会計年度終了後３か月以内（公認会計士等による監査対象法人は４か月以内）に行わなければなりません。

3　経営情報データベース

医療法人の経営情報は，高度情報通信ネットワークの利用を通じて迅速に提供されます（医法69の２③)。

前述の通り，医療法人からの報告は医療機関等情報支援システム（G-MIS）のほか書面の提出も行われることから，全国の医療法人の経営上情報を自動的に収集されるのではなく，厚生労働大臣が都道府県に情報の提供を求めることによって，全国の集計がなされます（医法69の２④)。

書面提出を認めたことで，統計データを手作業で別のファイルに入力しなければ集計が取れないこととなりました。

[運用の概要]

「医療法人に関する情報の調査及び分析等について」医政発0731第２号令和５年７月31日）に示されているとおり，提出様式及びリーフレットを参照ください。

■提出様式

経営状況に関する情報（病　院）

様式１

医療法人整理番号		
法人番号		
病床・外来管理番号		
医療機関コード		

法人名							
病院名				役員数(人)		職員数(人)	
病院所在地	都道府県	市区町村		町域		二次医療圏	

期間　（自　　　至　　　）　Ver. 2.1

消費税の経理方式	

単位：円

	科　　目	金　額	備　考
01	医業収益		
01-01	入院診療収益		
01-01-1	保険診療収益（患者負担含む）		任意記載
01-01-2	公害等診療収益		任意記載
01-01-3	その他の診療収益	0	計算式あり
01-02	室料差額収益		
01-03	外来診療収益		
01-03-1	保険診療収益（患者負担含む）		任意記載
01-03-2	公害等診療収益		任意記載
01-03-3	その他の診療収益	0	計算式あり
01-04	その他の医業収益	0	計算式あり
01-04-1	うち保健予防活動収益		任意記載
01-04-2	うち運営費補助金収益		
02	医業費用		
02-01	材料費	0	計算式あり
02-01-1	医薬品費		
02-01-2	診療材料費、医療消耗器具備品費		
02-01-3	給食用材料費		
02-02	給与費	0	計算式あり
02-(02)	（うち消費税課税対象費用）		
02-02-1	役員報酬		
02-02-2	給料		
02-02-3	賞与		
02-02-4	賞与引当金繰入額		
02-02-5	退職給付費用		
02-02-6	法定福利費		
02-03	委託費		
02-03-1	うち給食委託費		
02-04	設備関係費		
02-(04)	（うち消費税課税対象費用）		
02-04-1	うち減価償却費		
02-04-2	うち器機賃借料		
02-05	研究研修費		
02-(05)	（うち消費税課税対象費用）		
02-06	経費		
02-(06)	（うち消費税課税対象費用）		
02-06-1	うち水道光熱費		
02-07	控除対象外消費税等負担額		
02-08	本部費配賦額		
03	医業利益（又は医業損失）	0	計算式あり
04	医業外収益		
04-01	うち受取利息及び配当金		任意記載
04-02	うち運営費補助金収益		
04-03	うち施設設備補助金収益		
05	医業外費用		
05-01	うち支払利息		任意記載
06	経常利益（又は経常損失）	0	計算式あり
07	臨時収益		
07-01	うち運営費補助金収益		
07-02	うち施設設備補助金収益		
08	臨時費用		
09	税引前当期純利益（又は税引前当期純損失）	0	計算式あり
10	法人税、住民税及び事業税負担額		任意記載
11	当期純利益（又は当期純損失）	-	計算式あり

※１　医療法人整理番号は、医療法人ごとに付された番号を記載すること。法人番号は、国税庁により法人ごとに指定された13桁の番号を記載すること。病床・外来管理番号は、病床・外来管理番号付与の有無を選択し、有の場合は病床機能報告又は外来機能報告で付された８桁の番号を記載すること。医療機関コードは、保険医療機関の指定の有無を選択し、有の場合は保険医療機関ごとに付された都道府県番号+点数表番号+医療機関コードの10桁の番号を記載すること。

※２　任意記載科目について記載が困難な場合は、「＊」を記載すること。

第10節　医療法人に関する情報の調査及び分析等

<リーフレット>

医療法人は、病院・診療所の経営情報の報告が義務化されます！

医療法人は、

これまでの事業報告書等とは別に、
令和５年８月以降に決算期を迎える法人から
毎年、会計年度終了後、原則、3ヶ月以内（※1）に都道府県へ
病院・診療所ごと（※2）の経営情報を報告することになります。

（※1）医療法第51条第２項に該当する大規模な医療法人は４ヶ月以内
（※2）介護施設・事業所も令和６年４月以降、医療法人と同様に報告を義務付け予定

報告方法は、医療機関等情報支援システム（G－MIS）で報告できます。
その他、都道府県の担当者への郵送でも報告できます。
これまでの事業報告書等もG－MISで届出できます。

経営情報は、国の管理下でデータベース化し、医療政策等に活用します。
その他、分析結果は、国民への医療政策の理解のため情報提供を行います。
ただし、報告いただいた個別の医療機関の情報は公表いたしません。

これからは経営情報の報告も必要（イメージ）

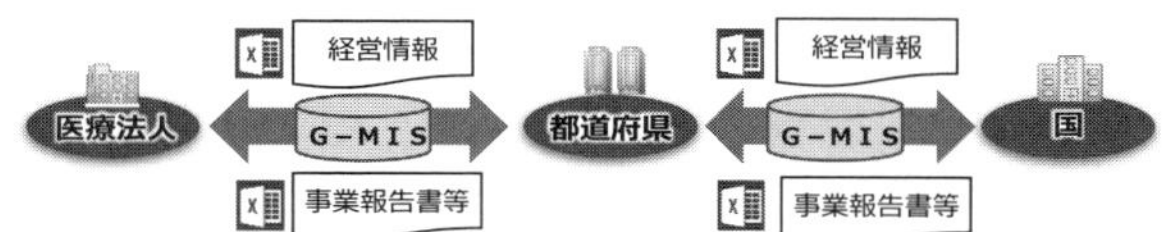

✓ Ｇ－ＭＩＳから入手した報告様式をアップロード
✓ 誤記等があれば都道府県からメールで通知
✓ 国で医療提供体制への政策の検討等に活用

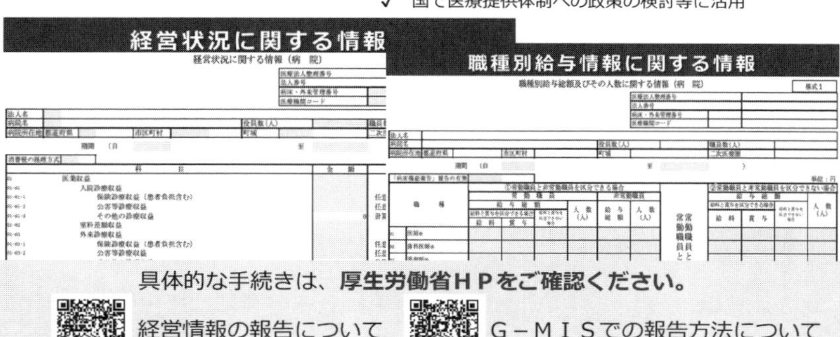

具体的な手続きは、**厚生労働省ＨＰをご確認ください。**

経営情報の報告について　　Ｇ－ＭＩＳでの報告方法について

厚生労働省 Ministry of Health, Labour and Welfare

（医療法人情報の統計分析）

第69条の3　厚生労働大臣は，その業務の遂行に支障のない範囲内において，厚生労働省令で定めるところにより，一般からの委託に応じ，医療法人情報を利用して，医療法人情報を利用して行うことについて相当の公益性を有する統計の作成及び統計的研究として厚生労働省令で定めるもの（第69条の7及び第69条の8第1項において「統計の作成等」という。）を行うことができる。

ポイント

- 医療法人情報は，相当の公益性を有する統計研究に利用される。
- 統計法により，統計研究には制限がなされている。

1　医療法人の統計の概要

厚生労働大臣は，一般からの委託に応じ，医療法人情報を利用して，相当の公益性を有する統計の作成及び統計的研究を行うことができます。

これは，医療法人の経営情報は，新たに政策の企画・立案に活用するとともに，国民の理解に向けた情報を作成することが目的であり，そのためには一定の法則に基づいた統計資料の作成が必要だからです。

また統計に使用された経営情報をむやみに開示するのではなく，匿名性の高い情報提供をすることによって，情報提供した医療法人を特定できないように公表するなどの加工も必要です。

2　統計法の適用

調査研究は，統計法34条に基づいた行われ，その運用は厚生労働省所管の統計調査の調査票情報等の利用に関する規程（平成21年10月15日　厚生労働省訓第32号）によって行われます。

(委託による統計の作成等)

統計法第34条　行政機関の長又は指定独立行政法人等は，その業務の遂行に支障のない範囲内において，総務省令で定めるところにより，一般からの委託に応じ，その行った統計調査に係る調査票情報を利用して，学術研究の発展に資する統計の作成等その他の行政機関の長又は指定独立行政法人等が行った統計調査に係る調査票情報を利用して行うことについて相当の公益性を有する統計の作成等として総務省令で定めるものを行うことができる。

2　行政機関の長又は指定独立行政法人等は，前項の規定により統計の作成等を行うこととしたときは，総務省令で定めるところにより，次に掲げる事項をインターネットの利用その他の適切な方法により公表するものとする。

一　前項の規定により統計の作成等の委託をした者の氏名又は名称

二　前項の規定により統計の作成等に利用する調査票情報に係る統計調査の名称

三　前二号に掲げるもののほか，総務省令で定める事項

3　行政機関の長又は指定独立行政法人等は，第１項の規定により統計の作成等を行ったときは，総務省令で定めるところにより，次に掲げる事項をインターネットの利用その他の適切な方法により公表するものとする。

一　前項第１号及び第２号に掲げる事項

二　第１項の規定により作成した統計若しくは行った統計的研究の成果又はその概要

三　前二号に掲げるもののほか，総務省令で定める事項

（医療法人情報の提供）

第69条の4　厚生労働大臣は，厚生労働省令で定めるところにより，医療提供体制の確保に資する調査，学術研究又は分析その他の医療法人情報の提供を受けて行うことについて相当の公益性を有する調査，学術研究又は分析（特定の商品又は役務の広告又は宣伝に利用するために行うものを除く。）を行う者に医療法人情報を提供することができる。

2　厚生労働大臣は，前項の規定により医療法人情報を提供しようとする場合には，あらかじめ，社会保障審議会の意見を聴かなければならない。

ポイント

- 医療法人情報は，相当の公益性を有する調査，研究，分析を行う者に提供されることがある。
- NDB データの第三者提供に準ずる運用が考えられる。

●医療法人情報の提供

厚生労働大臣は，医療法人の収益や費用，従業員数などの医療法人の活動の状況を集計整理した医療法人情報を，相当の公益性を有する調査，学術研究又は分析を行うものに提供することができます。

（1）提供を受けられる場合

医療法人情報の提供は，今後，ガイドラインが設けられ運用されると見込まれます。

具体的には2011年より実施されているレセプト情報・特定健診等情報データベース（NDB）の第三者利用に準じる方法で行われると想定されます。

NDB データの第三者公表と同レベルでの運用がなされた場合，提供を受けられる相当の公益性を有する者は，国の行政機関，都道府県及び市区町村，大学及び研究開発独立行政法人等，補助金等を充てて業務を行う個人などが想定され，一般の法人や個人は集計されたデータ使用，閲覧することになると考えられます。

（2）審査基準

NDB データ第三者提供に準じる方法で審査される場合，審査には研究内容の公益性のほか，情報の適正な管理を徹底することを誓約し，個人情報保護方針の策定・公表，情報セキュリティマネジメントシステム（ISMS）の実践などが求められることが想定されます。

■レセプト情報・特定健診等情報の提供に関するガイドライン（厚生労働省）抜粋

4　審査基準

有識者会議は，提供依頼申出者が提出する第５の６に規定する書類に基づいて，以下の⑴から⒂までの審査基準に則り，レセプト情報等の提供の可否について審査を行うものとする。

⑴　利用目的
⑵　利用の必要性等
⑶　過去の研究実績等
⑷　レセプト情報等の利用場所，保管場所及び管理方法
⑸　データ分析の結果の公表の有無等
⑹　提供依頼申出者の氏名，生年月日，住所，所属機関名・職名，電話番号及び E-mail 申出書類に記載されている提供依頼申出者の所属機関名・職名等が添付資料により確認できること。
⑺　所属機関の承認の確認
⑻　代理人の氏名，生年月日，住所，所属機関名・職名，所在地，電話番号及び E-mail
⑼　レセプト情報等の項目，期間等
⑽　レセプト情報等の利用期間
⑾　レセプト情報等を取り扱う者
⑿　外部委託の合理性
⒀　レセプト情報等の提供方法（提供媒体）
⒁　送付による提供希望
⒂　その他必要な事項

（医療法人情報の安全管理義務）

第69条の５　前条第１項の規定により医療法人情報の提供を受けた者は，当該医療法人情報の漏えい，滅失又は毀損の防止その他の当該医療法人情報の安全管理のために必要かつ適切なものとして厚生労働省令で定める措置を講じなければならない。

ポイント

- 医療法人情報の提供を受ける者には，セキュリティ対策が求められる。
- セキュリティ対策は，法令のほかガイドラインが定められる見込みである。

1　医療法人情報の安全管理義務の概要

医療法69条の４に基づき医療法人情報の第三者提供を受けた者は，セキュリティ対策が不十分であることによる情報漏洩や，提供を受けた目的と異なる不適切な利用を防止するため，データの利用者に対して安全管理の措置を講ずることを義務づけています（医法69の５）。

具体的な措置は，医療法施行規則に定められるとともに，ガイドラインが定められると考えられますが，いずれも執筆時点では定められていません。

2　ガイドラインの方向性

ガイドラインは，統計法施行規則42条２項，厚生労働分野における個人情報の適切な取扱いのためのガイドラインなどを参考に，次のような点が定められると考えられます。

措置のカテゴリ	規定する措置のイメージ
組織的管理措置 （組織的安全管理措置）	○データの適正管理に係る基本方針を定めること。 ○データを取り扱う者の権限及び責務並びに業務を明確にすること。 ○データに係る管理簿を整備すること。

	○データの適正管理に関する規程の策定及び実施並びにその運用の評価及び改善を行うこと。 ○データの漏えい，滅失又は毀損の発生時における事務処理体制を整備すること。
人的管理措置 （人的安全管理措置）	○利用者が，欠格事由に該当しない者であることを確認すること。 ○利用者に対する必要な教育及び訓練を行うこと。
物理的管理措置 （物理的安全管理措置）	○データを取り扱う区域を特定すること。 ○データを取り扱う区域として特定された区域への立入りの管理及び制限をするための措置を講ずること。 ○データの取扱いに係る機器の盗難等の防止のための措置を講ずること。 ○データを削除し，又はデータが記録された機器等を廃棄する場合には，復元不可能な手段で行うこと。
技術的管理措置 （技術的安全管理措置）	○データを取り扱う電子計算機等において当該データを処理することができる者を限定するため，適切な措置を講ずること。 ○データを取り扱う電子計算機等が電気通信回線等に接続している場合，不正アクセス行為等を防止するため，適切な措置を講ずること。 ○データを取り扱う電子計算機等が電気通信回線に接続していることに伴う匿名医療データの漏えい，滅失又は毀損を防止するため，適切な措置を講ずること。
その他の管理措置 （その他の措置）	○データの取扱いに関する業務を委託するときは，当該委託を受け，データを取り扱う者が講ずるべき当該データを適正に管理するための措置について必要な確認を行うこと。 ○取扱いに関する業務の委託を受けた者に対する必要かつ適切な監督を行うこと。

（参考）「医療保険制度の適正かつ効率的な運営を図るための健康保険法等の一部を改正する法律の施行について（案）（NDB・介護 DB・DPCDB の連結解析関係）」厚生労働省保険局・老健局

（医療法人情報の秘密保持義務）

第69条の６　第69条の４第１項の規定により医療法人情報の提供を受けた者若しくはその者の行う当該医療法人情報に係る調査，学術研究若しくは分析に従事する者又はこれらの者であつた者は，当該医療法人情報の利用に関して知り得た医療法人情報の内容をみだりに他人に知らせ，又は不当な目的に利用してはならない。

ポイント

- 医療法人情報の提供を受けた者は，秘密保持義務を負う。
- 守秘義務を守らないものには，罰則規定がある。

1　医療法人情報の安全管理義務の概要

医療法69条の４に基づき医療法人情報の第三者提供を受けた者や，分析などを担当した者は，医療法人情報の守秘義務を負います。

知り得た情報医療法人情報の内容をみだりに他人に知らせ，又は不当な目的に利用した者は，１年以下の懲役若しくは50万円以下の罰金に処し，又はこれを併科されることになります（医法86）。

医療法人情報を得ることができる者が，公務員など守秘義務を有する者でないこともありうることから，本条において守秘義務を課しています。

2　他の制度

同様の守秘義務規定は，DPC データ（匿名診療等関連情報）の個票情報提供の守秘義務違反についてもあり，本条と同じく，１年以下の懲役若しくは50万円以下の罰金に処し又はこれを併科することとされています（健康保険法207条の３）。

ただし，DPC データの秘密保持義務については，厚生労働大臣の是正命令に関する規定があるのに対し（健康保険法207条の３），医療法人情報の秘密保持義務には，是正命令に関する条文が設けられていません。

（医療法人情報の分析委託）

第69条の７　厚生労働大臣は，第69条の２第３項の規定による情報の収集及び整理並びに分析の結果の提供，第69条の３の規定による統計の作成等並びに第69条の４第１項の規定による医療法人情報の提供に関する事務の全部又は一部を独立行政法人福祉医療機構（次条において「機構」という。）に委託することができる。

医療法人情報の分析は，福祉医療機構が受託することができる。

1　福祉医療機構の概要

独立行政法人福祉医療機構（以下，「福祉医療機構」）とは，福祉の増進と医療の普及向上を目的として設立された独立行政法人であり，施設整備のための貸付事業のほか，施設経営の経営診断・指導事業，社会福祉施設職員の退職手当共済事業，心身障害者扶養保険事業などを行っています。

福祉医療機構では，福祉貸付・医療貸付を受けた事業所から提出を受けた決算書のデータをもとに毎期「経営分析参考指標」を作成しており，経営分析を行える一定の設備と人員がそろっています。

2　情報事務の委託

医療法人から報告を受けた経営情報は，収集した情報を国民にわかりやすくなるよう属性等に応じてグルーピングした分析を行う必要があり，一定の統計分析作業が必要になります。

しかし，経営情報の提供を受けた者は守秘義務を負う情報であり（医法69の６），その取扱いは慎重に行わなければなりません。

これは，守秘義務を定められている福祉医療機構であっても同様だと考えられ（独立行政法人福祉医療機構法10条），経営情報の取扱いを明確にするため，本条が設けられたと考えられます。

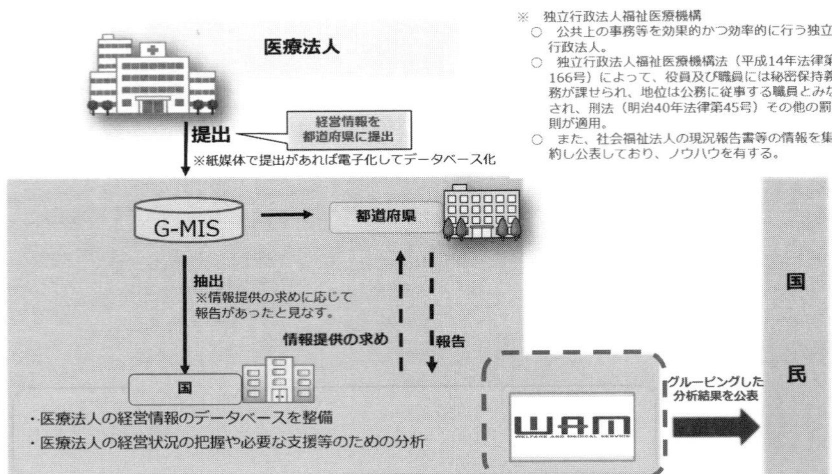

（出所）　厚労省 HP「『医療法人の経営情報のデータベース』の在り方に関する報告書」資料

（手数料の納付）

第69条の８　第69条の３の規定により厚生労働大臣に委託をする者及び第69条の４第１項の規定により医療法人情報の提供を受ける者は，実費を勘案して政令で定める額の手数料を国（前条の規定による委託を受けて機構が第69条の３の規定による統計の作成等及び第69条の４第１項の規定による医療法人情報の提供に関する事務の全部を行う場合にあつては，機構）に納めなければならない。

２　厚生労働大臣は，前項の手数料を納めようとする者が都道府県その他の良質かつ適切な医療の効率的な提供のために特に重要な役割を果たす者として政令で定める者であるときは，政令で定めるところにより，当該手数料を減額し，又は免除することができる。

３　第１項の規定により機構に納められた手数料は，機構の収入とする。

ポイント

MDCB データの第三者提供を求める者は，手数料の支払いが求められる。

１　手数料の納付

（１）概　要

医療法人の統計的研究を行う者は厚生労働大臣に，研究者が指定した抽出条件に基づいた経営情報の提供を委託することができます（医法69の３）。

また，同じく統計的研究を行う者は，医療法人情報の提供を受けることができますが（医法69の４），厚生労働省は情報提供のために，一定の匿名化処理を行うなどの作業が必要になります。

この業務に対して，手数料を徴することができることとするのが本条です。

（２）手数料金額

手数料金額は政令に基づくこととなっていますが，執筆時点において手数料額は定められていません。

また，手数料を減額，免除されることもありますが，この基準は明らかになっていません。

2　NDB データの手数料金額の例

（1）手数料金額

匿名医療保険等関連情報データベース（NDB）の第三者提供においては，新規申出，追加のデータ抽出が発生する変更申出などの場合手数料が徴収され，その額は1時間ごとに9,000円となっておりますので，同程度の金額なると見込まれます。

（2）免除される場合

手数料が免除される基準は公表されていませんが，匿名医療保険等関連情報データベース（NDB）の第三者提供においては，公的機関，補助金等を充ててNDBデータを利用する者，またはこれらの者から委託を受けた者（再委託を含む）は免除されるとされておりますので，同様の基準になると見込まれます。

巻末資料

医療法第6章「医療法人」条文の概要とポイント

節	款	目	条文番号	概　要	ポイント	頁
第1節 通則			39条	医療法人制度	医療法人には，非営利性は求められるが，公益性は求められていない。	14
			40条	名称の制限	医療法人名の類似チェックに，国税庁法人番号公表サイトが参考になる。	20
			40条の2	医療法人の義務	医療法人は，地域医療の担い手であることが求められる。	22
			41条	医療法人の資産要件	過去には，自己資本比率規制のため，実態のない資産を計上する法人があった。	24
			42条	業務範囲	・附帯業務を開設するには定款変更が必要であり，その期間は3か月程度を要する。 ・本来業務と附帯業務は，区分して経理する必要がある。	30
			42条の2	社会医療法人の認定	一定の救急医療等確保事業を行っている社会医療法人は，優遇税制制度がある。	46
			42条の3	社会医療法人の認定取消し	社会医療法人の認定が取り消されると課税が生じる可能性があるが，都道県知事の認定により課税が猶予される場合がある。	55
			43条	登記	医療法人は認可を受けただけでは成立せず，登記手続きが必要である。	63
第2節 設立			44条	設立の認可	・定款には，法令に基づく必須事項と法人独自に定める任意事項がある。 ・解散時の残余財産の帰属者は定款に定める。	67

節	款	目	条文番号	概　要	ポイント	頁
			45条	認可申請の審査	設立認可申請は，法令上の基準のほか，都道府県独自の基準に沿うことが実務的な対応である。	76
			46条	医療法人の設立登記	・設立認可を受けただけでは医療法人は成立せず，登記を行わなければならない。 ・設立認可申請時とは別に，成立時の財産目録を作成する必要がある。	80
第3節機関	第1款機関の設置		46条の2	社団及び財団の医療法人の機関	社団医療法人の社員は法人の構成員であるが，職員や理事と混同させる例が見受けられる。	86
	第2款社員総会		46条の3	社員総会の決議	重要事項は社員総会の決議がなければならない。	89
			46条の3の2	社団医療法人の機関としての社員	社員総会の決議は，法令において明確な手続きが定められている。	92
			46条の3の3	社員総会の議決	持分割合にかかわらず社員は，常に1個の議決権を有し，議決権に差異を設けてはならない。	97
			46条の3の4	役員の社員総会での説明責任	・理事及び監事は，社員総会において社員が説明を求めた事項について説明を果たす責任がある。 ・理由がある場合は，説明を拒むことができる。	100
			46条の3の5	社員総会の運営	社員総会の議長は，定款に定めがなければ社員でなくてもかまわない。	103
			46条の3の6	社員総会の議事録	・社員総会の議事録作成者は，出席社員とは限らない。 ・社員及び債権者は，社員総会議事録の閲覧権を有し，適切な議事運営の確認機会を有する。	105
			46条の4	財団医療法人の評議員	医療法改正により，評議員と役員又は職員の兼務が禁止となった。	116
			46条の4の2	評議員会の開催①	評議員会の開催方法は，法令によって定められている。	124

節	款	目	条文番号	概　要	ポイント	頁
	第3款評議員及び評議員会		46条の4の3	評議員会の開催②	評議員会は年1回開催しなければならないが，厚生労働省のモデル寄附行為では年2回となっている。	128
			46条の4の4	評議員会の決議	利害関係を有する評議員は決議に加われない。	133
			46条の4の5	評議員の意見聴取	一定事項は評議員の意見聴取が必要だが，同意は必ずしも必要ない。	135
			46条の4の6	役員からの意見聴取	評議員は常勤でないため情報が不足するケースが多く，役員から状況を確認する権利がある。	137
			46条の4の7	評議員会議事録	議事録作成者の署名又は記名押印がない評議員会議事録は有効と考えられる。	138
	第4款役員の選任及び解任		46条の5	役員の選任，解任	役員の任期が2年とされていることで，任期切れに間に合うように社員総会を開催したこととすることがある。	144
			46条の5の2	役員の解任	・社団医療法人の役員は，いつでも解任が可能であり，その理由も問われない。 ・財団医療法人の役員は，限定された理由のみ解任できる。	152
			46条の5の3	役員に欠員が生じた場合の措置	役員が存在しなかった場合，一時役員選任を行うことができる。	156
			46条の5の4	役員の選任に関する同意	監事は，2人目の監事の選任に関する議案を提出することができる。	158
	第5款理事		46条の6	理事長の選任	1985年の医療法改正によって，理事長が医師又は歯科医師であることが求められた。	161
			46条の6の2	理事長の代表権	過去は理事全員が代表権を有していた時代があった。	167
			46条の6の3	理事の報告義務	理事は，損害を及ぼす可能性を監事に報告する義務があり，報告を怠る理事は賠償責任を負う。	169

節	款	目	条文番号	概　要	ポイント	頁
			46条の6の4	代表理事についての一般社団法人及び一般財団法人に関する法律の準用	理事及び監事の報酬は社員総会又は評議員会の決議を受けなければならない。	170
	第6款理事会		46条の7	理事会の権利義務	重要財産の処分など重要な業務執行は理事長の単独行為が認められない。	176
			46条の7の2	理事会の議事録についての一般社団法人及び一般財団法人に関する法律の準用	・理事会の議事録は，出席役員全員が押印し，議事署名人制度はない。 ・理事と利害関係がある取引は，理事会議事録に明確に記載しなければならない。	178
	第7款監事		46条の8	監事の職務	監事は会計監査のほか，業務監査を行う義務がある。	191
			46条の8の2	理事会出席義務	出席義務のある監事が出席しなくても，理事会の開催は適法である。	197
			46条の8の3	理事会出席義務についての一般社団法人及び一般財団法人に関する法律の準用	月額給与のない役員への報酬は，年1回払いであっても損金となる。	200
			47条	理事の賠償責任	・医療法改正により，役員の賠償責任と責任の免除が明確化された。 ・役員が競合関係にある事業を行った場合には，理事の利益が損害とみなされる。	205

節	款	目	条文番号	概　要	ポイント	頁
	第8款 役員等の損害賠償責任		47条の2	理事の賠償額の免除	・役員等の損害賠償責任が免除されるケースには，社員総会・評議員会の特別決議と定款等による理事会決議がある。 ・兼務役員は，役員報酬と職員給与を合算した額を基礎に最低責任限度額が計算される。	208
			48条	第三者に対する役員等の損害賠償責任	過失のある役員は，取引の原因でなくても賠償義務がある。	221
			49条	損害賠償責任の連帯	役員の賠償義務は，連帯して債務を負う。	223
			49条の2	社員による責任追及の訴えについて	社員は，役員に責任追及の訴えを行えるが，医療法人に損害を与える目的で行うことは認められない。	225
			49条の3	役員等の解任の訴え	不正等を行った役員が解任されなかった場合には，社員又は評議員が解任の訴えを提起できる。	233
	第9款 補償契約及び役員のために締結される保険契約		49条の4	役員に対する補償契約及び役員のために締結される保険契約	役員の補償契約や賠償責任保険契約の締結は，社員総会の決議が必要である。	235
第4節 計算			50条	医療法人会計基準	医療法人会計基準は法人組織に関する会計，病院会計準則は施設に関する会計である。	240
			50条の2	計算方法に関する定め	医療法人は，会計帳簿を作成し，重要な書類を保存しなければならない。	245

節	款	目	条文番号	概　要	ポイント	頁
			51条	事業報告と公認会計士等の監査	・関係事業者との取引状況を報告させる目的は，配当類似行為の指導にある。 ・公認会計士等の監査により，自己資本が毀損している医療法人がある。	249
			51条の２	事業報告	事業報告書の承認は，理事会の承認後に社員総会又は評議員会が行う。	259
			51条の３	公告方法	事業報告書を電子公告する場合，３年以上公告を続けなければならない。	263
			51条の４	事業報告書の閲覧請求	社員，評議員，債権者は事業報告書等の閲覧を請求できる。	267
			52条	知事への事業報告	都道府県知事に報告した事業報告書等は，法令に定められた範囲内において閲覧に供される。	272
			53条	事業年度	・医療法人制度創設時は，３月決算のみであった。 ・医療法人の設立初年度開始の日は，認可日でなく登記日である。	279
			54条	配当禁止	医療法人は配当を行ってはならないが，持分の払戻しが実質的な配当ではないかとの説がある。	283
第５節社会医療法人債			54条の２	社会医療法人債の発行	社会医療法人は，金融商品取引法に該当する債券を発行できる。	287
			54条の３	社会医療法人債の募集	社会医療法人債の募集要項は，法令において詳細に定められている。	297
			54条の４	社会医療法人債原簿の作成義務	社会医療法人債原簿を作成し，債権の管理が求められる。	300
			54条の５	社会医療法人債管理者の選任	社会医療法人の役員は，社会医療法人債を管理する管理者を選任しなければならない。	302
			54条の５の２	社会医療法人債管理補助	社会医療法人債管理補助業務を委託することができる。	304

節	款	目	条文番号	概　要	ポイント	頁
			54条の6	債権者集会の開催	社会医療法人債権者集会を設け，債権者の利害調整を行う。	305
			54条の7	会社法読み替え規定	社会医療法人債の詳細は，会社法に定める社債に準じる。	307
			54条の8	担保付社債信託法の適用	担保付社債信託法の適用を受ける。	351
第6節 定款及び寄附行為の変更			54条の9	定款等の変更	・定款変更は，原則として都道府県知事の認可が無ければ効力が生じない。 ・事務所の所在地などは，都道府県知事の認可が無くても定款変更の効力が生じる。	352
第7節 解散及び清算			55条	医療法人の解散	・都道府県知事の認可を要する解散事由と，要しない解散事由がある。 ・清算人は医師又は歯科医師でなくても就任できる。	360
			56条	残余財産の帰属	残余財産の帰属者は，定款又は寄附行為に定め，定めがない法人は認可を受ける。	369
			56条の2	清算事業年度	清算事業年度は，決算日と解散日の関係によって決まる。	374
			56条の3	清算人の選任	清算人は，医師又は歯科医師であることを求められない。	377
			56条の4	清算人の不存在	清算人に就任する者がいない場合は，裁判所に清算人の選任を求めることができる。	380
			56条の5	清算人の解任	清算人は，裁判所への請求により解任することができる。	383
			56条の6	清算人の届出	清算人は，都道府県に就任の届出が必要である。	384
			56条の7	清算人の職務	清算人は，清算の目的で幅広い職務権限を有する。	386
			56条の8	債権の申出の催告等	清算人は，官報に3回以上公告するなど，債権者保護手続きを行わなければならない。	390
			56条の9	債権の申出がなかった場合	完済してもなお残余財産がある場合に限り，届出債権者に分配できる。	394

節	款	目	条文番号	概　要	ポイント	頁
			56条の10	破産手続き	債務超過でも，債務免除の見込みがあれば，必ずしも破産申立ては求められない。	395
			56条の11	清算結了届	清算結了は届出義務がある。	398
			56条の12	裁判所の解散監督	医療法人の解散は，裁判所の監督下に置かれるが，裁判所への届出は通常生じない。	401
			56条の13	裁判所の管轄区域	解散に関する裁判所の管轄区域は，医療法人の事務所所在地となる。	402
			56条の14	不服申立ての禁止	裁判所が行う清算人の選任には，債権者といえども不服を申し立てられない。	404
			56条の15	清算人の報酬	裁判所が選任した清算人の報酬は，裁判所が決定する。	405
			56条の16	検査役の選任	裁判所は，清算業務の調査のために検査役を選任することがある。	406
第８節合併及び分割	第１款合併	第１目通則	57条	合併契約の締結	持分の定めのある医療法人同士の合併は，持分に関する規定を存続することができる。	407
		第２目吸収合併	58条	吸収合併手続き	適格合併の要件を満たすことにより，合併による資産の受入れによる課税は生じない。	410
			58条の２	合併の条件	合併の決議は，社団医療法人は総社員の同意，財団医療法人は３分の２以上の理事の同意が必要である。	415
			58条の３	財産目録及び貸借対照表の作成と閲覧	合併認可から２週間以内に，財産目録及び貸借対照表を作成し，閲覧に供さなければならない。	419
			58条の４	異議を申し立てた債権者への弁済	定款に基づき，債権者へ異議申述公告を行わなければならない。	421
			58条の５	権利義務の承継	合併に伴い債権債務を引き継ぐので，医療施設の開設の許可申請も不要である。	424
			58条の６	合併効力の発生時点	合併は登記によって効力を生じる。	426

節	款	目	条文番号	概　要	ポイント	頁
		第3目新設合併	59条	新設合併契約事項	新設合併の重要事項は契約において定める。	430
			59条の2	吸収合併規定の準用	新設合併の規定は吸収合併の規定を準用する。	431
			59条の3	新設合併法人の権利義務承継	新設合併法人は，合併消滅法人の業務を届出により承継できる。	432
			59条の4	新設合併法人の効力発生	新設合併法人は，合併の登記を行わなければ成立しない。	433
			59条の5	新設手続きの適用除外	新設合併により新設された医療法人は，通常の医療法人の設立手続きは求められない。	434
	第2款分割	第1目吸収分割	60条	医療法人の分割手続き	分割制度の創設導入は，地域医療連携推進法人促進のためである。	435
			60条の2	吸収分割契約	分割契約書により承継する資産，負債，雇用契約などの範囲を定める。	446
			60条の3	医療法人の分割手続き	分割契約は決議を経たうえで，都道府県知事の認可が必要である。	448
			60条の4	財産目録及び貸借対照表の閲覧	分割の認可後，財産目録及び貸借対照表を作成し債権者の保護が必要。	453
			60条の5	債権者保護手続き	分割契約の債権者保護として公告が必要なため，債権者保護期間を考慮した分割スケジュールが必要である。	455
			60条の6	権利義務の承継	開設許可の承継が，分割制度創設の最大の効果である。	457
			60条の7	吸収分割の効力の発生のための登記	吸収分割は，登記をすることによって効力が生じる。	459

節	款	目	条文番号	概　要	ポイント	頁
		第2目新設分割	61条	医療法人の新設分割	分割制度の創設導入は，地域医療連携推進法人促進のためである。	460
			61条の2	医療法人の新設分割の手続き	分割契約書により承継する資産，負債雇用契約などの範囲を定める。	462
			61条の3	吸収分割規定の準用	新設分割は吸収分割同様，分割契約の承認決議を経たうえで，都道府県知事の認可が必要である。	464
			61条の4	権利義務の承継	個別催告を受けなかった債権者は，新設分割法人及び新設分割設立法人に債権の弁済履行を求めることができる。	466
			61条の5	新設分割法人の設立登記	分割医療法人の変更登記と，新設分割設立法人の設立登記は同時に申請する。	468
			61条の6	新設手続きの適用除外	新設分割により新たに設立された医療法人は，通常の医療法人設立手続きは求められない。	471
		第3目雑則	62条	分割法人の労働承継	分割により個別承諾なく労働契約を引き継げる。	472
			62条の2	民法の準用	分割医療法人の根抵当権は，原則として分割承継医療法人などにも引き継ぐ。	478
	第3款雑則		62条の3	包括委任	合併及び分割に関し必要な事項は政令で定める。	480
第9節監督			63条	立入検査	医療法人の運営に問題がある場合に，知事は報告を求め職員による立入検査を実施することができる。	481
			64条	業務停止命令	不適切な会計を行うことは，医療法人の業務停止命令につながることがある。	483
			64条の2	社会医療法人の収益業務停止命令	事業報告書の承認は，理事会の承認後社員総会又は評議員会が行う。	485

節	款	目	条文番号	概　要	ポイント	頁
			65条	設立認可の取消し	１年以上本来業務を開設していない医療法人は，設立認可が取り消され，解散となる場合がある。	491
			66条	法令違反による設立認可の取消し	医療法人は，医療法のほか他の法律違反を理由により設立認可が取り消されることがある。	493
			66条の２	厚生労働大臣による設立認可取消指示	厚生労働大臣は，法令違反等を行った医療法人への処分を都道府県知事に求めることができる。	494
			66条の３	他の都道府県知事からの意見具申	主たる事務所の所在地でない都道府県知事は，主たる事務所の所在地の都道府県知事に処分の意見を述べることができる。	497
			67条	弁明の機会の供与	被処分者の弁明及び聴取，報告は書面をもって行われる。	498
			68条	読み替え規定	財産の拠出受け入れ，財産の清算処分などについては，一般社団法人及び一般財団法人に関する法律と会社法を準用する。	500
			69条	政令への委任	医療法人台帳により役員の異動履歴が記録されている。	503
第10節医療法人に関する情報の調査及び分析等			69条の２	医療法人の経営情報のデータベース	・医療法人は，収益及び費用のほか給与などの経営情報の報告が求められる。 ・報告は，医療機関等情報支援システム（「G-MIS」）のほか，紙の提出も可能である。	507
			69条の３	医療法人情報の統計分析	・医療法人情報は，相当の公益性を有する統計研究に利用される。 ・統計法により，統計研究には制限がなされている。	516
			69条の４	医療法人情報の提供	・医療法人情報は，相当の公益性を有する調査，研究，分析を行う者に提供されることがある。 ・NDB データの第三者提供に準ずる運用が考えられる。	518

節	款	目	条文番号	概　要	ポイント	頁
			69条の５	医療法人情報の安全管理義務	・医療法人情報の提供を受ける者には，セキュリティ対策が求められる。 ・セキュリティ対策は，法令のほかガイドラインが定められる見込みである。	520
			69条の６	医療法人情報の秘密保持義務	・医療法人情報の提供を受けた者は，秘密保持義務を負う。 ・守秘義務を守らないものには，罰則規定がある。	522
			69条の７	医療法人情報の分析委託	医療法人情報の分析は，福祉医療機構が受託することができる。	523
			69条の８	手数料の納付	MDCB データの第三者提供を求める者は，手数料の支払いが求められる。	525

【著者略歴】

佐々木　克典（ささき・かつのり）

1969年生まれ。埼玉県さいたま市出身。
91年税理士試験に合格。資産税専門会計事務所，大手監査法人・医療法人専門会計事務所を経て，2001年より税理士佐々木克典事務所を開設。
主な著書に，『医療法人の法務と税務』（法令出版，共著），『会社法関係法務省令逐条実務詳解』（清文社，共著），『メディカルサービス法人をめぐる法務と税務』（清文社），『税理士が勧める院長の事業承継』（大蔵財務協会，共著），『相続税の鉄則50』（中央経済社，共著），『会社法の法務・会計』（清文社，共著），『病院経営事務マニュアル』（第一法規出版，共著），『一般社団法人　一般財団法人　信託の活用と課税関係』（ぎょうせい，共著），『介護サービス事業の経営実務』（第一法規出版，共著），「旬刊速報税理」（ぎょうせい，記事掲載），その他多数。

実務家のための医療法人法 逐条解説（第２版）

2020年９月10日　第１版第１刷発行
2022年１月５日　第１版第２刷発行
2024年９月１日　第２版第１刷発行

著　者　佐々木　克　典
発行者　山　本　　継
発行所　㈱中央経済社
発売元　㈱中央経済グループパブリッシング

〒101-0051　東京都千代田区神田神保町1-35
電話　03（3293）3371（編集代表）
03（3293）3381（営業代表）
https://www.chuokeizai.co.jp
印刷／昭和情報プロセス㈱
製本／誠　製　本　㈱

＊頁の「欠落」や「順序違い」などがありましたらお取り替えいたしますので発売元までご送付ください。（送料小社負担）

ISBN978-4-502-50431-0　C3032